普通高等教育“十一五”国家级规划教材

移动商务概论

张润彤 朱晓敏◎编著

北京大学出版社
PEKING UNIVERSITY PRESS

图书在版编目(CIP)数据

移动商务概论/张润彤,朱晓敏编著. —北京:北京大学出版社,2008.9
(21世纪经济与管理新兴学科教材)
ISBN 978-7-301-13788-8

Ⅰ.移… Ⅱ.①张… ②朱… Ⅲ.电子商务-高等学校-教材
Ⅳ.F713.36

中国版本图书馆CIP数据核字(2008)第066490号

书　　名:移动商务概论
著作责任者:张润彤　朱晓敏　编著
责 任 编 辑:张静波
标 准 书 号:ISBN 978-7-301-13788-8/F·1907
出 版 发 行:北京大学出版社
地　　址:北京市海淀区成府路205号　100871
网　　址:http://www.pup.cn
电　　话:邮购部62752015　发行部62750672　编辑部62752926
出版部62754962
电 子 邮 箱:em@pup.pku.edu.cn
印　刷　者:北京宏伟双华印刷有限公司
经　销　者:新华书店
730毫米×980毫米　16开本　26.75印张　465千字
2008年9月第1版　2008年9月第1次印刷
印　　数:0001—4000册
定　　价:43.00元

序　言

近年来，电子商务的发展已经给全球的商务活动带来巨大的影响，企业或个人可任意在Internet上从事丰富的商务活动。然而，当我们越来越依赖互联网这一诱人的通信渠道时，却发现自己已被拴在了显示器、键盘和语音拨号上。这意味着，我们正在失去自由。而这时，一直在飞速发展的无线技术将我们从这种不自由的状态中解救出来，与使用电脑上网相比，无线技术上网几乎不受时间、空间、设备的限制。的确，建立在移动通信平台上的电子商务——移动商务赋予了电子商务新的机遇、新的内容和新的动力。移动商务不仅是电子商务的表现形式之一，更代表着电子商务的发展趋势。

信息传递从飞鸽传书到固定电话花了几千年时间；从电话时代到互联网时代花了近百年时间；而互联网兴起才十多年，移动互联网、无线通信就出现了。并且随着手机、PDA、掌上电脑等各类移动终端的普及，同时也借力于移动通信网络的成功商业化，人类已经进入了移动商务时代。如今世界上移动商务发展非常迅速，尤其是在亚洲的韩国和日本、北欧的瑞典和芬兰等国家，人们不但可以随时随地用手机打电话、发短信，还可以支付购物、停车等各种费用，手机银行、移动互联网、移动定位和急救等应用更是早已进入人们的生活。

手机的迅速普及带动了移动商务的迅速发展。截止到2007年年底，全球手机用户已超过33亿户，手机普及率达49%。仅到2004年年底，意大利、瑞典、英国和荷兰的手机拥有率就已经达到甚至超过100%，这些国家正是移动商务最发达的国家和地区。中国也是移动商务应用比较领先的地区。早在2001年，中国的手机用户数量就已经达到世界第一。截止到2008年6月底，中国手机用户已超过6亿户。然而，中国手机用户的拥有率仅为44.5%左右，因此，今后移动用户数量方面仍然有很大的发展空间。从应用开发利用方面来看，中国今后的移动商务的发展具有相当大的潜力。

移动商务是各种具有商业活动能力和需求的实体为了提高商务活动效率，在移动互联网和相关无线通信技术平台上用电子方式实现各种商品交易和服务交易的一种贸易形式。移动商务的发展得益于全球经济一体化的迅速发展，也得益于移动通信技术的迅速发展和成熟。同时,移动商务企业管理信息系统以及移动金融业自动服务系统的形成和不断完善也为移动商务的形成奠定了基础,并为电子商务的进一步发展创造了更加有利的条件。移动商务将成为电子商务最重要的形式之一,并成为21世纪人们的主要商务模式和用来推动社会、经济、生活和文化进步的重要动力和工具。全球性的移动商务正逐渐渗透到每个人的生存空间,将对人们的工作方式、生活方式、商业关系和政府作用等产生深远的影响。

移动商务无论对国家、对企业还是对个人,都带来了更多的机会。新型的商务通信渠道将重新定位每一个实体,新的生存规则将开始制定。因此,正视个人、企业和政府在移动商务时代的位置,抓住移动商务这一契机,促进经济的腾飞和社会的发展,提高人们的工作效率和生活质量,应当是每个政府工作者、企业经营者、技术人员、管理人员乃至每个信息时代的公民不可回避的现实。

为满足移动商务快速发展的需要,我们编写了这本《移动商务概论》。本书系统全面地介绍了移动商务的整体框架及其涵盖的主要内容,使读者在阅读此书后对移动商务理论、技术与应用有一个清晰完整的了解。本书强调相关概念、理论和应用的成熟性和系统性,使其可以反映教材特点;同时也强调研究成果的先进性,力图反映出移动商务的发展趋势。此外,本书配有大量的复习思考题和丰富的国内、国外案例。

本书已入选普通高等教育"十一五"国家级规划教材,也是"高等学校2004年度国家精品课程——电子商务"课程建设成果之一。本书可作为高等院校电子商务、计算机应用、信息管理、经济贸易和工商管理等专业高年级本科生和研究生的教材,同时也可作为相关领域科研人员、管理人员和工程技术人员参考用书或培训教材。

张润彤、朱晓敏担任本书的主编,负责全书的组织设计、质量控制和统编定稿。各章分工如下:韩玲负责第一、二章,伦墨华负责第三、七章,杨东晓负责第四章,林华负责第五章,樊心月负责第六、八章,石声波负责第九、十章。本书的写作得到了教育部、北京市教委和北京交通大学教务处的大力支持与鼓励,在此表示感谢。同时,还得到了北京大学出版社编辑的有力配合,以及移动通信和电子商务等领域一些专家学者的大力支持与鼓励,在此表示衷心的感谢。本书引用了相关领域的最新研究成果和参考文献,正是移动商务领域广大学者和从业者的努力工作,以及一大批企业的大胆探索才有本成果的产生。在此,谨向这些文献著(作)者表示真诚的谢意。

移动商务是一门新兴的学科,它的理论、技术和应用都是在不断发展和变化中得以成熟与完善的,加之这是一个由信息技术、管理、法律等众多学科高度交叉而形成的全新的学科领域,所以尚有许多未知领域等待进一步开发与探索。在此,希望广大读者对此教材提出宝贵意见,以期不断改进。

张润彤、朱晓敏
2008 年 9 月于北京

目 录

第一章

移动商务的概念

学习目的

1. 了解移动商务的基本概念；
2. 了解移动商务的基本内容；
3. 了解移动商务的分类与流程；
4. 理解移动商务的运作机理。

第一节　移动商务的产生

随着计算机通信网络技术快速发展和电子商务活动的日益丰富,人们再也不能满足固定的电子商务形式,越来越多的企业或个人因商务和职业的需要,希望能随时随地进行商务活动。随着移动通信技术和移动手持设备的迅速成熟和普及,人们越来越多地利用手机或手提电脑收发电子邮件、查阅新闻、股市行情、订购各种急需商品;商家进行移动中的咨询洽谈、遥测位置、广告宣传、提供移动娱乐服务、移动教育平台,等等。这些活动就是我们要讨论的移动商务。

一、移动商务的产生背景

近年来,电子商务和无线通信技术的发展已经给全球的商务活动带来巨大的影响,企业或个人可任意在 Internet 上从事丰富的商务活动。然而,随着时间的发展和技术的进步,人们不再满足于传统的局限在有限空间里的信息存取方式,而希望将活动的地点延伸到广阔的地理区域。人们也不再满足于固定的信息存取模式,而希望随时随地查询数据,甚至在移动的过程中处理数据。他们更需要的是能够随时随地获取商业信息并进行商务活动,以便能够在激烈竞争的一体化的全球经济活动中,更快地捕获商机。

如今,移动通信技术和移动终端的发展终于满足了人们的这种要求。移动商务以其灵活、简单、方便的特点正受到越来越多人的关注,人们迫切希望能够享受到移动商务带来的便利。

(一) 移动通信技术的发展

移动数据通信和联网技术的飞速发展为移动商务的发展提供了保障。相对于互联网的发展,移动通信领域是当前发展最快、应用最广和最前沿的通信领域之一,它的最终目标是实现任何人可以在任何地点、任何时间与其他任何人进行任何方式的无线电通信。移动通信目前已从 20 世纪 80 年代的第一代模拟及频分多址通信技术(简称 1G),发展到 90 年代初时分多址的第二代数字移动通信技术(简称 2G),再到目前普遍应用的介于 2G 和 3G 之间的 2.5G,乃至目前的新技术——第三代数字移动通信技术(简称 3G)。这是促成移动商务飞速发展的主要因素。

无线互联的技术发展很快,比较有代表性的主要有以下几种:GPRS 业务,充分利用现有的 GSM 网络,能为移动用户提供高达 171.2 Kb/s 的数据速率,由于 GPRS 是基于分组交换的,用户可以保持永远在线;"天翼通"无线宽带业务可以为用户提供与有线宽带相当的上网服务;"蓝牙"是一种低成本、低功率的无线技术,可以使移动电话、个人电脑、个人数字助理(PDA)、便携式电脑、打印机及其他计算机设备在近距离内无须线缆即可进行通信,这是实现无线电子钱包的一项关键技术。另外还有 3G 业务,不仅在于采用了码分多址(CDMA)等技术,而且具备高速移动数据的传输能力,能够为用户提供出色的宽带多媒体连接。

(二) 移动设备的发展和运用

随着移动通信和移动 Internet 的迅速发展和普及,移动通信设备无论从功能和种类到数量和质量都得到了飞速的发展,从概念到实施只经历了很短的时间,而且还在以一种前所未有的速度在全球推进。从第一代的 WAP 手机到第二代 GPRS 手机,再到第三代 3G 手机,以及各式各样的掌上通信工具,人类通信在互联网技术的推动下创造着一个又一个的应用新境界,而每一次跨越都对人们的生活、思维习惯和社会规范产生着深远的影响。移动接入设备的发展为移动商务的运用提供了可能,这类设备具有一定的运算处理能力、网络连接能力和存储能力。由于体积小,所以携带方便,而且集中了计算、编辑、多媒体和网络等多种功能,它不仅可用来管理个人信息、访问网络资源、收发 E-mail 等,甚至还可以通过无线通信方式与远程计算机进行交互控制。移动设备发展的趋势和潮流就是计算、通信、网络、存储、娱乐、电子商务等多功能的融合。

由于移动设备的便携性及移动通信技术的飞速发展,近年来在电子商务中,作为对台式计算机的补充,大多数人已经开始使用移动设备进行各种各样的贸易,从而提高工作效率。移动商务不仅仅能提供在互联网上的直接购物,还是一种全新的销售与促销渠道,通过移动商务,用户可随时随地用移动电话或 PDA 查找、选择及购买商品和服务。甚至有人预测,到 2016 年,移动商务将覆盖传统的电子商务。

二、移动商务的定义

电子商务(E-commerce)是人类创造和应用电子工具与改造和发展商务活动相结合的产物,它产生的原动力是信息技术的进步和社会商业的发展。随着移动通信、数据通信和 Internet 的融合越来越紧密,整个世界正在快速地向移动信息社会演变,在商务领域,移动商务(M-commerce)大大扩展了电子商务的应用范围和领域。

(一) 电子商务的定义

从宏观上讲,电子商务是计算机网络的第二次革命,是通过电子手段建立一个新的经济秩序,它不仅涉及商业交易本身,而且涉及金融、税务、教育等社会其他层面。

从微观上讲,电子商务是指各种具有商业活动能力的实体(生产企业、商贸企业、金融机构、政府机构、个人消费者等)利用网络和先进的数字化传媒技术进行的各项商务贸易活动。然而,一次完整的商业贸易过程是复杂的,包括交易前了解商情、询价、报价、发送订单、应答订单、发送接受送货通知、取货凭证、支付汇兑过程等,此外还有涉及行政过程的认证等行为。因此,严格讲,只有上述所有贸易过程都实现了无纸贸易,即全部是非人工介入,使用各种电子工具完成,才能称为一次完整的电子商务。

因此,一般而言,电子商务应包含以下五点含义:① 采用多种电子通信方式,特别是通过 Internet;② 实现商品交易、服务交易(包括人力资源、资金、信息服务等);③ 包含企业间的商务活动,也包含企业内部的商务活动(生产、经营、管理、财务等);④ 涵盖交易的各个环节,如询价、报价、订货、结算及售后服务等;⑤ 采用电子方式是形式,跨越时空、提高效率、节约成本是主要目的。

(二) 移动商务的定义

从宏观上来说,移动商务是继电子商务之后计算机网络的又一次创新,它通过 Internet 和移动通信技术的完美结合将电子商务推向更高的水平,它利用移动通信的各种终端将有线电子商务带给用户。

从微观上来说,移动商务是指各种具有商业活动能力的实体利用网络和先进的移动通信技术进行的各项商务贸易活动。通过移动商务,用户可随时随地获取所需的服务、应用、信息和娱乐,他们可以在自己需要的时候,使用智能电话或个人数字助理(PDA)、笔记本等通信终端查找、选择及购买商品和服务。

可见,电子商务将商务活动网络化与电子化,而移动商务是将固定通信网的商务活动提升到移动网。移动商务的主要特点是灵活、简单、方便。它能完全根据消费者的个性化需求和喜好定制,设备的选择以及提供服务与信息的方式完全由用户自己控制。通过移动商务,用户可随时随地获取所需的服务、应用、信息和娱乐。

综合以上分析,我们可以将移动商务定义为各种具有商业活动能力和需求的实体(各种形式的企业、政府机构、个人消费者等)本着跨越时空限制、提高商务活动效率及节约商务活动的成本,在电子商务的基础上利用计算机通信网络、移动通信技术和其他数字通信技术等电子方式实现商品和服务交易的一种贸易形式。

三、移动商务与电子商务的关系

（一）电子商务是移动商务的基础

移动商务是由电子商务的概念衍生出来的，是电子商务的表现形式之一。现在的电子商务以个人计算机（PC）为主要界面，是“有线的电子商务”；而移动商务则是通过手机、PDA 这些可以装在口袋里的终端来完成商务活动的。几乎所有的无线互联以及有线互联企业都会进入移动商务，因为只有进入这个领域，才能将无线终端用户以及有线终端的网民两个社会群体转变为消费的群体，从而为企业的生产带来实质的利益。

电子商务的发展为移动商务的研究和应用提供了丰富的经验，无论是市场开发还是发展环境都为移动商务的发展提供了一个很好的平台。近几年来，随着计算机与 Internet 的发展，电子商务无论是作为一种交易方式、传播媒介还是企业组织的进化，都在广度与深度等各方面取得了前所未有的进展。然而，与此同时，电子商务发展的基础环境问题，尤其是电子商务的法律环境也越来越引起了人们的关注。在法律环境上，我们需要建立完善的贸易自由化下对国内产业的保障机制，制定完善的反倾销与反补贴法以及货物贸易与服务贸易市场的进口保障机制，增强贸易政策的透明度；需要完善技术法规、标准和评定程序，修改知识产权法律法规，加强知识产权执法力度，放宽对外商投资的限制，和与贸易有关的投资措施协议并轨，建立有效的争端解决机制等。在电子商务下的法律环境，仍然适合移动商务对法律的需要，这为移动商务的健康发展提供了法律保障。

另外，电子商务也为移动商务重新建立新的商务模式节约很多成本。B2B、B2C 等经典的商务模式不但适用于移动商务模式，而且还可以加快移动商务的发展。

（二）移动商务是电子商务的未来

从积极的角度来看，移动商务的企业应用有着广泛的空间。移动商务是传统电子商务的扩展，它能利用最新的移动技术和各种各样的移动设备，派生出很多更有价值的商务模式。当电子商务的概念逐渐普及，企业部署电子商务的基础架构基本完成，接下来的一波必然是移动商务。如图 1-1 所示，在整个互联经济的发展过程中，从最初的基于 Web 的简单应用（Web-site），到电子交易系统(E-commerce)的建立,再到电子商务(E-business)的完全成型,最后到移动商务(M-commerce)应用,已经经历了四个阶段。可见,移动商务还属于Internet的范畴,属于电子商务发展的一个必然延伸。移动商务融合了移动通信的优势,有很大的发展空间。

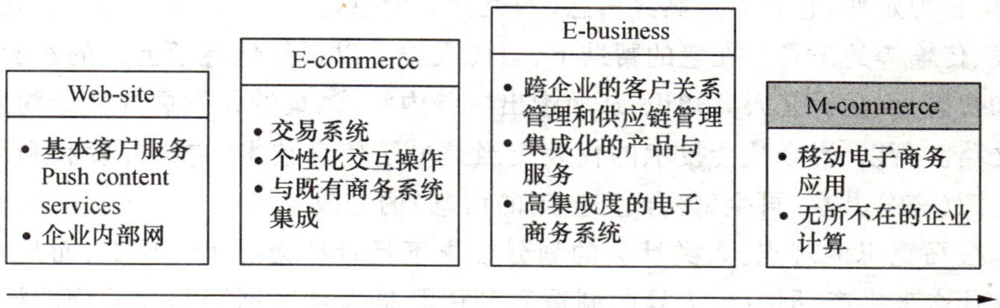

图1-1　移动商务是发展的必然趋势

但目前,由于一些电子商务固有的老问题还没有解决,移动商务新业务发展必然是缓慢和有限的。比如在电子商务方面,虽然现在的移动通信基础有了,但金融体制没有健全,支付问题难以解决;认证和信用体系更是一片空白,商业欺诈比比皆是。这些问题无法解决的话,针对个人的移动商务还是纸上谈兵。

尽管如此,从总的发展趋势上看,移动商务是电子商务的未来。截至2005年,已有25%的数据业务通过移动通信设备来传输。2006年,移动商务市值已经达到了250亿美元。在中国,目前已经有超过4.5亿手机用户和数目众多的PDA,这些移动终端构成了移动商务巨大的潜在市场。据预计,2008年中国移动商务市场规模将达到306.5亿元,年复合增长率达到40.7%。这些都显示,移动商务是电子商务的未来,是发展的必然趋势。

第二节　移动商务的内容

本节将通过讨论移动商务的内涵、功能和特点,论述移动商务的具体内容和本质含义。

一、移动商务的内涵

(一)移动商务是人类社会发展的需求

人类社会发展的总趋势是由技术经济的低级状态向着高级状态转变的。

从人类技术发展历史看,以往的各种技术已经把人类社会的物质文明提高到了一个相当高的程度。但是,以往的技术发明和创造主要是针对开发和利用自然界的物质、能源资源的,而自然界的物质、能源资源是有限的,许多是不可再生的。以计算机为代表的电子信息技术的发明创造和利用,主要是针对人的知识获取、智力延伸,它是对自然界信息、人类社会信息进行采集、储存、加工、处理、分发、传输等的工具。在它的帮助下,当代人类可以很好地继承前人的经验、教训和智慧,大大扩充人类知识,从而走出一条内涵式、集约化发展的社会物质文化之路。所以,当今社会技术的代表应当是电子信息技术,它是开发和利用信息资源(充分共享、再生、整合、产生新的信息)的有效工具。

按马克思的观点,人类社会的划分标志不是看社会能生产什么,而是看社会拿什么来生产,即生产工具的制造和利用既是人类区别于其他动物的标志,又是人类社会各发展阶段的标志。从这个角度认识,今天的社会应该被称为电子信息社会或信息时代。在信息时代里,信息技术的广泛应用已经渗透到人类社会、经济的各个领域。在全球经济一体化的今天,各个国家的商务实体需要随时随地在全球范围内进行采购、订货、生产、配送、交易、结算等一系列的经济活动,所有的商流、信息流、资金流、物流等贸易要素都在全球范围内流动,因而商务活动主体也要具备流动性。在这种情况下,用电子商务方式来获取这些流动的信息已不能满足人们的要求,这就使得移动商务在此基础上发展起来。现在,美国、西欧、日本等发达国家和地区在移动商务的研究和利用已初具规模,而新兴的发展中国家这几年也开始注重移动商务的开发利用,否则,永远不会摆脱在经济上对发达国家的依赖。

(二)移动商务的关键是人的知识和技能

首先,移动商务是一个社会性的系统,而社会系统的中心是人;其次,移动商务系统实际上是由围绕商品交易的各方面代表和各方面利益的人所组成的关系网;最后,在移动商务活动中,虽然十分强调工具的作用,但归根结底起关键作用的仍然是人,因为工具的发明、制造、应用和效果的实现都是靠人来完成的。所以,强调人在移动商务中的决定性作用是必然的。也正因为人是移动商务的主宰者,进而有必要考察什么样的人才是合格的。很显然,移动商务是 Internet 技术、移动信息技术和商务活动的有机结合,所以能够掌握移动商务理论与技术的人才必然是掌握 Internet 技术、现代化移动信息技术和商务理论与实务的复合型人才。而一个国家或地区能否培养出大批这样的复合型人才,就成为该国、该地区发展电子商务的最关键因素。

（三）移动商务的工具是系列化、系统化、高效稳定的电子工具

从广义来讲，移动商务重点强调主体的移动性。商务信息是客观存在的，并且具有很强的流动性，所有的商流、信息流、资金流、物流等贸易要素都在全球范围内流动，因而商务活动主体也要具备流动性，只要人们能随时随地进行商务活动，就可以称为移动商务。这里的移动商务工具不但包括适用于 Internet 的手机、膝上电脑、PDA 等，也包括电子商务工具，如在外面人们可以使用手机上网，回到家或公司仍可以用 PC 上网。可以看出，广义的移动商务所应用的商务工具具有广泛性，它保证的是人的移动性。而这里所研究的是狭义的移动商务，即具有很强的时代烙印的高效率、低成本、高效益、高安全性的移动商务。因而，重点研究的移动电子工具就不是泛泛而谈的一般性的电子工具，而是能跟上信息时代发展步伐的系列化、系统化的移动电子工具。从系列化来讲，强调的移动电子工具应包括商品的需求咨询、商品订货、商品买卖、商品配送、货款结算、商品售后服务等，伴随着商品生产、流通、分配、交换、消费甚至再生产的全过程的移动通信工具，如移动电话、手提电脑、PDA、商务通等，这些移动商务工具可以完成电子商务的所有商务程序，而且更具高效率、低成本的特性。从系统化来讲，商品的需求、生产、交换要构成一个有机的整体，形成一个庞大的系统，同时，为了防止“市场失灵”，还要将政府对商品生产、交换的调控引入该系统，而达到此目的的移动电子工具主要有移动局域网（MLAN）、移动城市网（MCAN）和移动广域网（MWAN）。而它必然是将移动通信网、计算机网络和信息网结合，实现纵横结合、宏微结合、反应灵敏、安全可靠、跨越空间的移动电子网络，以利于大到国家间小到零售商与顾客间的方便、可靠的移动商务活动。

二、移动商务的应用

移动商务是通过移动网络为用户提供灵活、安全、快速的商务服务。它能完全根据消费者的个性化需求和喜好定制，设备的选择以及提供服务与信息的方式也完全由用户自己控制。通过移动商务，用户可随时随地获取所需的服务、应用、信息和娱乐，他们可以在自己方便的时候，使用智能电话或 PDA 查找、选择及购买商品和服务。移动商务的应用领域非常广泛，主要包括移动金融服务、移动网上商品交易、广告宣传、移动娱乐、信息提供服务、遥测服务、咨询洽谈、移动库存管理、移动商务重构、超前服务管理、交易管理、移动网上商品交易、内容提供服务等。

（一）移动金融应用

移动金融应用（MFA）是移动商务应用中最为重要的一种，它包含若干应

用,如移动银行、经纪人业务、股票交易、移动资金转移业务和移动小额支付业务等。移动金融应用将移动终端从单纯的通信工具变为了一种商务工具。

在移动金融应用中,最有前景的移动金融应用模式是小额支付业务(如图 1-2 所示)。移动终端通过无线网络与自动售货机通信,以完成交易过程。小额支付可以通过多种途径实施。一种方式是用户可以拨打一个固定号码,由此产生的话费与购买的商品价格相当,这种方式已经由一家芬兰公司 Sonera 在销售可口可乐和百事可乐的自动售货机上使用。另外一种小额支付的方法是通过向银行、服务提供商或信用卡公司购买一个预付费号码,通过无线局域网技术完成支付过程。为了支持这种交易,移动服务提供商将会与银行竞争,并可能最终取代银行、自动取款机和信用卡。

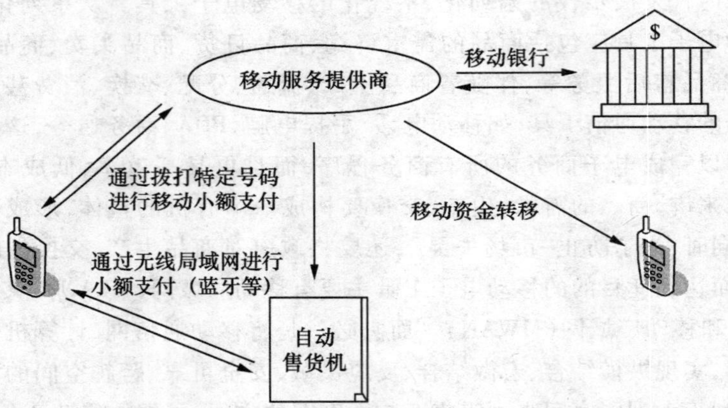

图 1-2　移动小额支付业务

(二) 移动网上商品交易

移动网上商品交易主要是指企业和客户利用各种移动通信终端在移动 Internet 上进行商品预订购和电子货款支付。企业的移动 Internet 上订购系统通常都是在商品介绍的页面上提供十分友好的订购提示信息和订购交互表格,当客户填完订购单时,系统回复确认信息单表示收悉。移动商务的客户订购信息采用加密的方式使客户和商家的商业信息不会泄露。

电子货款的支付也是移动商务交易过程中的重要环节,客户和商家之间可采用电子账户、电子钱包、电子支票和电子现金等多种电子支付方式在移动 Internet 上进行支付,采用这种支付方式为商务交易节省了成本。同时,目前的移动 Internet 技术已经能够很好地保证商务信息的传输安全性。

（三）广告宣传

与各种传统广告形式相比，移动商务提供的广告成本最为低廉，并且为客户带来更为丰富的商务信息；与电子商务提供的广告形式相比，移动商务主要体现了灵活、安全和快速的特点。这种广告形式通常可以采取短信（SMS）或是彩信（MMS）等形式送达用户。移动广告的出现改变了商业广告的传统形态，极大地提高了广告的效率性和针对性。

由于移动广告可以基于用户偏好信息和用户当前所处的位置，非常有针对性地进行广告投送，因而为广告投送的个性化提供了一个极好的平台。移动运营商对用户的偏好信息的收集可以是基于早期用户的访问信息，也可以是基于用户购买习惯的积累。

广告信息可以被商家甚至是用户预先确定投送到某一特定区域，如距某一超市 500 米范围内的所有用户将收到该超市目前的促销信息或者是发送给用户 500 米范围内的所有酒店信息；也可以根据商家的要求，按照移动用户的兴趣和个性特征来投送广告，如给经常购买啤酒的人发送促销的啤酒广告（如图 1-3 所示）。被投送的广告信息随着无线基础设施带宽的增加，将包括内容丰富的广告形式，包括声音、图片和视频片断。运营商可以考虑采用 Push 和 Pull 技术基于单个用户或某一类用户进行投送。

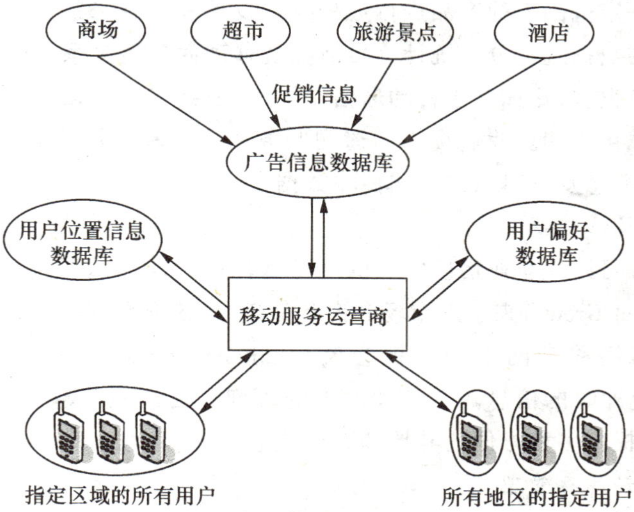

图 1-3　移动广告应用

（四）信息提供服务

移动商务这方面的功能是利用无线信道的分发特性来提供数字内容，其中包括新闻信息浏览、即时查询天气、体育比赛记分、票务信息、市场价格等动态信息以及目录服务。

（五）移动娱乐

随着社会的发展，越来越多的人处在移动之中。人们不仅需要在移动中办公，还需要在移动中娱乐。目前，这方面的需求可能是拉动移动商务应用普及最为可能的因素。越来越多的人会选择在移动环境中进行娱乐休闲。移动娱乐内容涵盖多个方面，包括图铃下载、视频点播、移动电视、虚拟服务、音乐下载、在线游戏等。

（六）遥测服务

移动商务提供的遥测服务系统是移动商务的重要组成部分及发展的一个重要方向，它通过 GSM 网络对产品进行遥测。遥测服务系统通过 GSM 模块连接整个 GSM 网络，再通过 GSM 网络进行信息的传递。整个系统具有高可靠性、高稳定性的特点，提供点对点、短消息协议的遥测服务，更好地体现 GSM 网络的优点，并给出了实际测试及运行结果。移动商务的遥测服务系统是移动通信网及计算机技术发展到一定程度的产物，是整个移动商务中的重要一环，其主要应用于一定范围内的产品进行远程参数设置和信息采集，同时实现在主站对采集得到的数据进行分析统计。目前实现移动商务遥测系统的版本很多，基于的媒介也有很多，比如基于移动通信局域网、公共移动电话网、专用的移动通讯网或是无线接入网。我们提出的遥测服务系统是基于目前应用广泛的 GSM 网络，采用短消息及点对点的方式传输数据。

（七）咨询洽谈

移动商务可以使企业借助实时的电子邮件（E-mail）、新闻组（News Group）和讨论组（Chat Group）来了解市场和商务信息、洽谈交易事务，如有进一步的需求，还可以引用移动网上的白板会议（Whiteboard Conference）、电子公告板（BBS）来交流即时的信息。在移动网上的咨询和洽谈能超越人们面对面的商务洽谈限制，提供多种方便的异地即时交谈形式。

（八）移动库存管理

移动库存管理（MIM）主要应用于对商品、服务和人员的跟踪，以便供应商能够确定送货时间，由此改善用户服务，并增强商家的竞争力。例如，就滚动盘存而言，多台送货车满载大量货物，当商店需要某些物品时，它能通过货车内微波装置(芯片)发出的无线电信号,调控附近装有这些物品的运货车辆,实现实时供货,从而降低供货商和销售商的库存量和成本,并大大缩短商品的送达时间。移动库存管理的成功取决于成本、无线设施的可靠性和用户使用新技术的能力。这是一种典型的 B2B 移动商务应用,潜在的用户包括航运公司、配件厂商、其他大宗物资运输公司等。

(九)移动商务重构

很多公司的客服人员在走访客户的时候遵循的是以下流程:访问客户并记录下客户的要求,返回公司调阅客户档案,查看并输入客户的要求,调整服务或报价方案,再次走访用户。如果方案还没有得到客户认可,就需要重复上述过程。这既耽误客户的宝贵时间,也可能会由于运作效率低下而失去客户。移动商务重构应用的过程类似于企业流程重组(BPR),可以通过对移动终端的应用,提供高效率的服务,提升企业的价值。在上述流程中,客服人员可以在走访客户时使用移动终端,连接企业服务器调阅客户的详细资料和以往的购买记录,将客户的要求实时发回公司并调整方案,这将大大提高客服人员的工作效率,提升企业的竞争力。当然,为了保证企业的商业机密,使用安全链接技术是十分必要的。

(十)超前服务管理

这一管理功能是通过各种应用程序收集用户的需求信息,然后通知商家提供服务。例如,某种应用程序可以收集汽车部件老化的信息,即汽车上的智能传感器连续跟踪部件的磨损和破裂信息,并通过无线电、微波或卫星系统把该信息送给供应商,从而使供应商为用户提供即时服务。同时,汽车制造商还可以利用这些信息改进汽车设计和制造技术,从而提供超前服务管理,当部件需要更换时及时提示车主。甚至在未来,警察部门也可以使用这种服务管理功能,保证执行任务时的交通安全。

(十一)交易管理

移动商务的交易管理系统可以借助移动 Internet 快速、准确地收集大量数据信息,利用计算机系统强大的信息处理能力,针对与移动 Internet 上交易活动相关的人、财、物、客户及本企业内部事务等各方面进行及时、科学、合理的协调和管理。

三、移动商务的特点

移动商务的主要特点是灵活、简单、方便。移动商务不仅能提供在互联网上的直接购物，还是一种全新的销售与促销渠道，它全面支持移动 Internet 业务，可实现电信、信息、媒体和娱乐服务的电子支付。移动商务能完全根据消费者的个性化需求和喜好定制，设备的选择以及提供服务与信息的方式完全由用户自己控制。通过移动商务，用户可随时随地获取所需的服务、应用、信息和娱乐，不受时间和空间的限制，这从本质上完善了商务活动。用户还可以在自己方便的时候，使用智能电话或 PDA 查找、选择及购买商品和各种服务。采购可以即时完成，商业决策也可以马上实施。服务付费可以通过多种方式进行，可直接转入银行、用户电话账单或者实时在专用预付账户上借记，以满足不同需求。对于企业而言，这种方式更是提高了工作效率，降低了成本，扩大了市场，必将产生更多的社会效益和经济效益。

移动商务是能够为人们生活带来变革的业务，与传统电子商务相比，它具有明显优势，主要表现在以下几个方面：

（一）不受时空限制

同传统的电子商务相比，移动商务的一个最大优势就是移动用户可随时随地获取所需的服务、应用、信息和娱乐。移动电话天生的特性就是便于人们携带，可随时与人们相伴，而且只要用户开机，一般都可以享受 24 小时的全天服务。这将使得用户更有效地利用空余时间来从事商业活动。他们可以在自己方便的时候，使用智能电话或 PDA 查找、选择及购买商品和服务，更可以在旅行途中利用可上网的移动设备来从事商业交互活动，如商务洽谈、下订单等。虽然当前移动通信网的接入速率还比较低，费用也比固定网高，但随着下一代移动通信系统的推出和移动通信市场竞争的结果，这些因素的影响将逐渐淡化。

另一方面，移动商务不受时空限制也体现在接入的便利性上。电子商务系统的接入，首先必然受到地理位置的限制。然而，移动商务的接入方式更具便利性，它可使人们免受日常烦琐事务的困扰。例如，消费者在排队或遇到交通阻塞时，可以进行网上娱乐或通过移动商务来处理一些日常事务。由于接入的便利性带给了消费者舒适的体验，这将使得顾客更加忠诚。因此，移动商务中的通信设施是传送便利的关键应用。

（二）更好的个性化服务

移动商务的提供者可以更好地发挥主动性，为不同顾客提供定制化的服务。例如，依赖于包含大量活跃客户和潜在客户信息的数据库，从而开展具有个性化的短信息服务活动。此数据库需要包含客户的个人信息，如喜爱的体育活动、喜欢听的歌曲、生日信息、社会地位、收入状况、前期购买行为等。

此外,利用无线服务提供商提供的人口统计信息和基于移动用户当前位置的信息,商家还可以通过具有个性化的短信息服务活动进行更有针对性的广告宣传,从而满足客户的需求。总之,移动商务为个性化服务的提供创造了很好的条件。

（三）可识别性

与 PC 机的匿名接入不同的是,移动电话利用内置的 ID 来支持安全交易。移动设备通常由单独的个体使用,这使得商家基于个体的目标营销更易实现。并且,通过 GPS 技术,服务提供商可以十分准确地识别用户。随着时间和地理位置的变更而进行语言、视频的变换,移动提供了为不同的细分市场发送个性化信息的机会。

并且,正是由于移动商务中用户的可识别性,使得移动商务比 Internet 上的电子商务更具安全性。由于移动电话已经具备了非常强大的内置认证特征,因此比 Internet 更适合电子商贸。手机所用的 SIM 卡对于移动商务中就像身份证对于社会生活一样,因为 SIM 卡上储存着用户的全部信息,可以唯一地确定一个用户的身份,对于电子商务来说,这就有了认证安全的基础。

（四）信息的获取将更为及时

在固定网络的电子商务中,用户只有在向系统发出请求时,系统才会根据要求反馈一些数据信息。这无形中为用户获取信息附加了一些潜在的前提条件,如具备网络环境,要有时间、有意愿主动索取信息。这必然导致信息不能完全及时地获取。

而在移动商务中,移动用户可随时随地访问信息,这本身就意味着信息获取的及时性。更需要强调的是,同传统的电子商务系统相比,用户终端更加具有专用性。从运营商的角度看,用户终端本身就可以作为用户身份的代表。因此,商务信息可以直接发送给用户终端,这进一步增强了移动用户获取信息的及时性。

（五）基于位置的服务

移动通信网能获取和提供移动终端的位置信息,与位置相关的商务应用成为移动商务领域中的一个重要组成部分。不管移动电话在何处,GPS 都可以识别电话的所在地,从而为用户提供相应的个性化服务,这给移动商务带来有线电子商务无可比拟的优势。利用这项技术,移动商务提供商将能够更好地与某一特定地理位置上的用户进行信息的交互。

（六）支付更加方便、快捷

在移动商务中,用户可以通过移动终端访问网站、从事商务活动,服务付费可通过多种方式进行,可直接转入银行、用户电话账单或者实时在专用预付账户上借记,以满足不同需求。

从移动商务的特点来看,移动商务非常适合大众化的应用。移动商务不仅能提供在互联网上的直接购物,还是一种全新的销售与促销渠道。它全面支持移动 Internet 业务,可实现电信、信息、媒体和娱乐服务的电子支付。不仅如此,移动商务不同于目前的销售方式,它能完全根据消费者的个性化需求和喜好定制,用户随时随地都可使用这些服务。互联网与移动技术的结合为服务提供商创造了新的机会,使之能够根据客户的位置和个性提供服务,从而建立和加强其客户关系。

第三节　移动商务的分类与层次

移动商务可以从服务类型、商务形式、采用的支付系统等不同的角度进行分类,并可以按照移动商务交易的信息网络范围不同而分为三个不同的层次。

一、按服务类型分类

移动商务可提供的服务分为三个方面。

(一) 推式服务(Push)

传统 Internet 的浏览是一种自助餐形式,容易造成浪费,虽然各取所需,但最后剩下许多。移动商务的推式服务就是客房式服务,根据用户的爱好,把所需的各种服务,如新闻、天气预报、彩票、股市、旅游、招聘等信息送到你的房间,这就避免了浪费。这是一种个性化的信息服务。

(二) 拉式服务(Pull)

这类似于传统的信息服务,如查询电话号码、旅游信息、航班、影院时间安排、火车时刻表、产品信息等。

(三) 交互式服务

这是移动商务能提供的最常用的服务方式,包括:即兴购物;使用“无线电子钱包”等具有安全支付功能的移动设备在商店或自动售货机上购物;预订机票、车票或入场券并能在票价优惠或航班取消时立即得到通知,也可支付票费或在旅行途中临时更改航班或车次;随时随地在网上进行安全的个人财务管理,通过移动终端核查账户、支付账单、转账以及接收付款通知等;游戏或娱乐;信息查询等。

二、按商务形式分类

按商务形式来划分，移动商务可分为 B2C（Business to Consumer）、B2B（Business to Business）、G2C（Government to Consumer）、G2B（Government to Business）、A2A（Any to Any）、P2P（Peer to Peer）等多种形式。从目前的国际移动商务的市场来看，B2C 业务与 B2B 业务仍占据着主导地位，在全球移动商务的销售额中所占比例高达 80% 以上。然而，从移动商务的发展未来分析，B2C 业务与 B2B 业务发展趋于平稳，A2A 业务与 P2P 业务作为移动商务的新型业务应在未来的移动商务市场上占有一席之地。

（一）B2C

B2C 业务是指企业对消费者的业务，又称直接通过移动通信终端对用户市场销售，相当于商业电子化的零售业务。主要包括：有形商品的电子订货和付款、无形商品和服务产品的销售。其特点是能迅速吸引公众和媒体的注意。

（二）B2B

B2B 业务是指企业与企业之间通过移动 Internet，进行数据交换、传递，开展丰富的商业贸易活动。它主要包括企业与供应商之间的采购行为协调，物料计划人员与仓储、物流公司间的业务协调，销售机构与产品批发商、零售商之间的协调，为合作伙伴与大宗客户提供服务等。其特点是具有很好的稳定性，并迅速为企业带来利润和回报。

（三）C2C

C2C 的移动商务是个人对个人的商务形式。C2C 这个模式的特点是消费者与消费者之间的讨价还价。例如，移动手机拍卖、全球性竞价交易网站，每天可以通过 SMS 形式提供数种商品，供移动用户和网上用户竞价，可拥有上万注册用户。C2C 模式的成功来源于它准确的市场定位。运营商可根据中国国情，建起一个拍卖交易移动网络，让消费者通过 SMS 自由交易或在该网站上议价。网站可以多客户类型、多交易形式、多拍卖品类型，以英式拍卖、集体竞价、标价求购等方式运营，通过提供交易平台和相关服务，收取交易金。

在 C2C 模式的背后，目前仍存在物流不畅、信用不高的情况，有一些拍卖网站创造新模式对此有所改善，如本地网站鼓励人们在同一个城市进行网上交易或移动交易，交易者先竞价后通过网上支付或移动支付进行现金交易。

（四）G2G

G2G 是上下级政府、不同地方政府、不同政府部门之间的电子政务。G2G

主要包括以下内容：

(1) 电子法规政策系统。对所有政府部门和工作人员提供相关的现行有效的各项法律、法规、规章、行政命令和政策规范，使所有政府机关和工作人员真正做到有法可依、有法必依。

(2) 电子公文系统。在保证信息安全的前提下在政府上下级、部门之间传送有关的政府公文，如报告、请示、批复、公告、通知、通报等，使政务信息十分快捷地在政府间和政府内流转，提高政府公文处理速度。

(3) 电子司法档案系统。在政府司法机关之间共享司法信息，如公安机关的刑事犯罪记录、审判机关的审判案例、检察机关检察案例等，通过共享信息，改善司法工作效率和提高司法人员综合能力。

(4) 电子财政管理系统。向各级国家权力机关、审计部门和相关机构提供分级、分部门历年的政府财政预算及其执行情况，包括从明细到汇总的财政收入、开支、拨付款数据以及相关的文字说明和图表，便于有关领导和部门及时掌握和监控财政状况。

(5) 电子办公系统。通过电子网络完成机关工作人员的许多事务性的工作，节约时间和费用，提高工作效率，如工作人员通过网络申请出差、请假、文件复制、使用办公设施和设备、下载政府机关经常使用的各种表格，报销出差费用等。

(6) 电子培训系统。对政府工作人员提供各种综合性和专业性的网络教育课程，特别是适应信息时代对政府的要求，加强对员工与信息技术有关的专业培训，员工可以通过网络随时随地注册参加培训课程、接受培训、参加考试等。

(7) 业绩评价系统。按照设定的任务目标、工作标准和完成情况对政府各部门业绩进行科学测量和评估等。

(五) G2B

G2B是指政府通过电子网络系统进行电子采购与招标，精简管理业务流程，快捷迅速地为企业提供各种信息服务。G2B主要包括：

(1) 电子采购与招标。通过网络公布政府采购与招标信息，为企业特别是中小企业参与政府采购提供必要的帮助，向它们提供政府采购的有关政策和程序，使政府采购成为阳光作业，减少徇私舞弊和暗箱操作，降低企业的交易成本，节约政府采购支出。

(2) 电子税务。使企业通过政府税务网络系统，在家里或企业办公室就能完成税务登记、税务申报、税款划拨、查询税收公报、了解税收政策等业务，既方便了企业，也减少了政府的开支。

(3) 电子证照办理。让企业通过 Internet 申请办理各种证件和执照，缩短办证周期，减轻企业负担，如企业营业执照的申请、受理、审核、发放、年检、登记项目变更、核销，统计证、土地和房产证、建筑许可证、环境评估报告等证件、执照和审批事项的办理。

(4) 信息咨询服务。政府将拥有的各种数据库信息对企业开放，方便企业利用，如法律法规及政策数据库、政府经济白皮书、国际贸易统计资料等信息。

(5) 中小企业电子服务。政府利用宏观管理优势和集合优势，为提高中小企业国际竞争力和知名度提供各种帮助。包括为中小企业提供统一政府网站入口，帮助中小企业同电子商务供应商争取有利的能够负担的电子商务应用解决方案等。

(六) G2C

G2C 是指政府通过电子网络系统为公民提供的各种服务。G2C 主要包括：

(1) 教育培训服务。建立全国性的教育平台，并资助所有的学校和图书馆接入 Internet 和政府教育平台；政府出资购买教育资源，然后对学校和学生提供；重点加强对信息技术能力的教育和培训，以适应信息时代的挑战。

(2) 就业服务。通过电话、Internet 或其他媒体向公民提供工作机会和就业培训，促进就业。如开设网上人才市场或劳动市场，提供与就业有关的工作职位缺口数据库和求职数据库信息；在就业管理劳动部门所在地或其他公共场所建立网站入口，为没有计算机的公民提供接入 Internet 寻找工作职位的机会；为求职者提供网上就业培训，帮助他们分析就业形势，指导就业方向。

(3) 电子医疗服务。通过政府网站提供医疗保险政策信息、医药信息、执业医生信息，为公民提供全面的医疗服务。公民可通过网络查询自己的医疗保险个人账户余额和当地公共医疗账户的情况；查询国家新审批的药品的成分、功效、试验数据、使用方法及其他详细数据，提高自我保健的能力；查询当地医院的级别和执业医生的资格情况，选择合适的医生和医院。

(4) 社会保险网络服务。通过电子网络建立覆盖地区甚至国家的社会保险网络，使公民通过网络及时全面地了解自己的养老、失业、工伤、医疗等社会保险账户的明细情况，有利于加深社会保障体系的建立和普及；通过网络公布最低收入家庭补助，增加透明度；还可以通过网络直接办理有关的社会保险理赔手续。

(5) 公民信息服务。使公民能够方便、容易、费用低廉地接入政府法律法规规章数据库;通过网络提供被选举人背景资料,促进公民对被选举人的了解;通过在线评论和意见反馈,了解公民对政府工作的意见,改进政府工作。

(6) 交通管理服务。通过建立电子交通网站提供对交通工具和司机的管理与服务。

(7) 公民电子税务。允许公民个人通过电子报税系统申报个人所得税、财产税等个人税务。

(8) 电子证件服务,允许居民通过网络办理结婚证、离婚证、出生证、死亡证明等有关证书。

此外,随着 P2P 技术的发展,P2P 也将慢慢发展成为一种成熟的商务形式。P2P 形式主要利用了 P2P 技术、网络即时通信技术,实现基于宽带网络的声音、文字、视频、数据、邮件的即时通讯以及文件共享和计算机远程控制。这种技术支持断点续传、MPEG4 视频压缩,满足宽、窄带用户的使用要求,具有使网络更加安全的独特的身份认证和数据加密技术,从而使 P2P 的商务形式越来越受到人们的欢迎。这种形势下的服务可包括在 Internet 上实现面对面交流、远程监控、集群通信、远程教育、互动办公、互动商务等。

三、按采用的支付系统分类

移动商务的一个基本问题就是如何通过现有的移动通信网络、数据加密、公钥基础设施及数字证书(PKI/CA)系统、防火墙技术、各种交易协议(如SET)、客户端浏览技术和软件等,使得客户和商家透明地进行安全交易。其中,支付系统的可靠和安全是整个移动商务框架的基础和保障。按照支付系统的不同,移动商务可分为以下几种:

(一) 支付系统无安全措施的移动商务

支付系统无安全措施模型是用户从商家订货、通过信用卡付款的模型,信用卡信息通过手机、PDA 等移动通信终端传送到移动 Internet 上,但无安全措施。在这种交易模型中,商家完全掌握用户的信用卡信息,信用卡信息在传递时无安全保障,所带来的风险由商家承担。这种模式的弊端是商家得到了用户的信用卡信息,这样商家就有义务妥善保护用户的这些信息,否则用户的隐私权很容易遭到侵犯。事实上,有些商家并未履行这个义务,而是为了商业利益把信息透露给第三方。同时,信用卡信息的传递没有安全保障,这样就很容易被人截获或篡改。由此可见,这种模型是很不安全可靠的。

(二)通过第三方经纪人支付的移动商务

通过第三方经纪人支付模型是用户在移动 Internet 的网上经纪人处开账号,网上经纪人持有用户账号和信用卡号。用户用账号从商家订货,商家将用户账号提供给经纪人,经纪人验证商家身份,给用户发 E-mail,要求用户确认购买和支付后,将信用卡信息传给银行,完成支付过程。用户在第三方付费系统服务器上开设账户并使用这个账户付款,这种方法的交易成本很低,对小额交易很适用。使用这种模型,用户账户的开设不通过移动通信网络,信用卡信息不在开放的移动通信网络上传送,通过电子函件来确认用户身份,商家的自由度大、风险小。支付通过双方都信任的第三方经纪人来完成,这种方式的关键在于第三方,交易双方都对它有较高的信任度,风险主要由它承担,保密等功能也由它实现。

(三)电子现金支付型的移动商务

电子现金(E-cash)支付模型是用户在现金服务器账户中预先存入现金,然后得到相应的电子现金,以此在电子商业领域中进行流通。电子现金的主要优点是匿名性和不可追踪性,缺点是需要一个大型数据库来存储用户的交易情况和电子现金的序列号,以防止重复消费。具体流程是用户在 E-cash 发布银行开 E-cash 账号并购买 E-cash,然后从 E-cash 银行取出一定数量的 E-cash 存在移动通信终端上。用户从同意接收 E-cash 的商家订货,使用 E-cash 支付所购商品的费用。接收 E-cash 的商家与 E-cash 发放银行之间进行清算,E-cash 银行将用户购买商品的钱支付给商家。这种模型的特点是适用于小额交易,电子现金与普通现金一样可以存、取和转让。

(四)支付系统使用简单加密型的移动商务

简单加密支付系统模型是现在比较常用的一种支付模式,用户只需在银行开设一个普通信用卡账户;在支付时,用户提供信用卡号码,但传输时要进行加密。目前,采用的加密技术有 SHTTP、SSL 等。这种加密的信息只有业务提供商或第三方付费处理系统能够识别。由于用户进行网上购物时只需提供信用卡号,这种付费方式带给用户很多方便。但是,这种模型需要对信用卡等关键信息加密,使用对称或非对称加密技术,可能还要启用身份认证系统,以数字签名确认信息的真实性,需要业务服务器和服务软件的支持等,这一系列的加密、授权、认证及相关信息传送,使交易成本提高,所以这种方式不适用于小额交易。这种模型的关键在于业务服务器,保证业务服务器和专用网络的安全就可以使整个系统处于比较安全的状态。由于商家不知道用户信用卡的信息，商家泄露用户隐私的可能性就被杜绝了。

（五）安全传输协议（Security Electronic Transfer，SET）型的移动商务

SET是安全电子交易的简称，SET模型是在开放的移动Internet上实现安全电子交易的国际协议和标准。SET协议规定了交易各方进行安全交易的具体流程。SET协议使用的主要技术包括：对称密钥加密、公开密钥加密、Hash算法、数字签名以及公开密钥授权机制等。SET通过使用公开密钥和对称密钥方式加密保证了数据的保密性，通过使用数字签名来确定数据是否被篡改，保证数据的一致性和完整性，并可以防止交易方抵赖。交易各方之间的信息传送都使用SET协议以保证其安全性。电子钱包是SET在用户端的实现，电子商家是SET在商家端的实现，支付网关是银行金融系统和移动Internet之间的接口，负责完成来往数据在SET协议和现存银行卡交易系统协议之间的转换。目前，SET已获得互联网工程任务小组（IETF）标准的认可，是移动商务未来的发展方向。

四、移动商务的层次

从开展移动商务交易的信息网络范围来看，移动商务可分为三个层次，即本地移动商务、远程国内移动商务和全球电子商务。

（一）本地移动商务

本地移动商务通常是指利用本城市内或本地区内的移动通信网络实现的移动商务活动，移动商务交易的地域范围较小。本地移动商务系统是利用移动Internet、移动内部网或专用移动通信网将下列系统联结在一起的网络系统：

（1）参加交易各方的移动商务信息系统，包括买方、卖方及其他各方的移动商务信息系统。

（2）银行金融机构移动电子信息系统。

（3）保险公司移动电子信息系统。

（4）商品检验移动电子信息系统。

（5）税务管理移动电子信息系统。

（6）货物运输移动电子信息系统。

（7）本地区电子数据交换（EDI）中心系统（实际上，本地区EDI中心系统联结各个信息系统的中心）。本地移动商务系统是开展远程国内移动商务和全

球移动商务的基础系统。

（二）远程国内移动商务

远程国内移动商务是指在本国范围内进行的移动通信网上商务交易活动，其交易的地域范围较大，对软硬件和技术要求较高，要求在全国范围内实现商业电子化、自动化，实现金融电子化，交易各方具备一定的移动商务知识、经济能力和技术能力，并具有一定的管理水平和能力等。

（三）全球电子商务

全球移动商务是指在全世界范围内进行的移动商务交易活动，参加移动商务交易各方通过移动通信网络进行贸易交流，涉及有关交易各方的相关系统，如买方国家进出口公司系统、海关系统、银行金融系统、税务系统、运输系统、保险系统等。全球移动商务业务内容繁杂，数据来往频繁，要求移动商务系统严格、准确、安全、可靠，应制定出世界统一的移动商务标准和移动商务（贸易）协议，使全球移动商务得到顺利发展。

第四节　移动商务的价值链

价值链，就是指一群互相合作以满足市场需求的公司集合。一般情况下，价值链包含了一个或几个基本的价值（产品或服务）供应商，还有很多其他为产品和服务增值的供应商，使得最终呈现给购买者的产品具备所有的价值。这些互不相同但又相互关联的生产经营活动，构成了一个创造价值的动态过程，即价值链。本节将介绍移动商务的价值链。

一、商品交易活动的演进

商品交易是人类生存和社会发展的重要内容，它从有人类历史开始发展至今，已经历了许多形态。但不管是最初的物物交换，还是一般等价物——货币的出现，甚至是今天极为庞大、高度复杂的社会交易体系的建立，这一切归根到底，还是基本交易活动的发生：商品和服务所有权的转移。无论在哪个时期，商务交易的目的都是相同的，只是随着科技的进步，实现交易的工具在不断更新演变，商务活动因此而显得更加高效、广泛且节约社会成本。从图 1-4 中，我们可以清晰地看到交易工具的更新是怎样不断促进商务活动进步的。

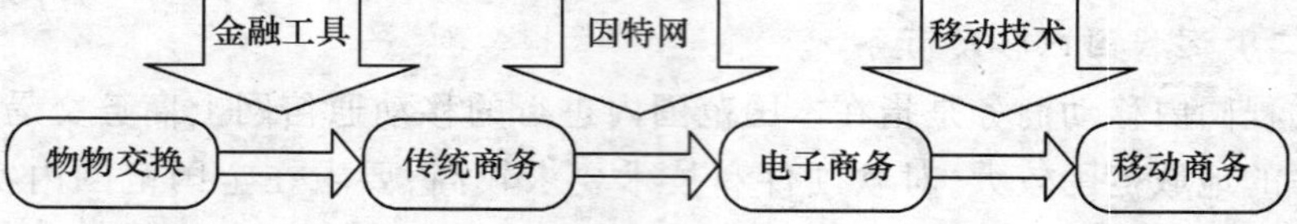

图 1-4　商品交易活动的演进

商品的交易活动就是物流、资金流和信息流的运动。在早期物物交换的时代,没有明显的信息流动,而物流与资金流是一体的。那时单纯的商务交易流程是商品发现及考察→买卖双方讨价还价→买方支付→卖方交货→确定交易完成。然而,随着社会的进步,社会分工高度细化,商务交易环境发生巨大变化,大量存在于买卖双方之间的中介机构顺势而生。它们为满足交易双方各种各样的需求而生,一方面使得交易更便捷地实现,一方面也使得交易的实现过程由于多方的参与而更复杂。也就是说,商务交易原本只是买卖双方的事情,然而如今,一项交易越来越多地依靠第三方的参与来实现。

商业信用使得物流与资金流彻底分离,交易双方公认的商业信用中介机构如银行等承担了交易的部分风险,促成了这种分离。因此,各方为避免可能出现的风险而使用各种手段获得全面、真实的信息,比如买卖方的经营情况、品牌、价格、质量、支付能力等。

此外,信息技术的发展使信息流超越物流与资金流,成为各种交易得以实现的核心要素。并且随着信息获取技术的不断更新换代,信息流在商务交易中的作用更加凸现,因此有了电子商务的出现。

并且,随着固定网向移动网的转变,商务活动又开始从互联网时代的电子商务迈向移动通信时代的移动商务。

二、移动商务价值链的定义

价值链概念的提出者——哈佛大学商学院教授迈克尔·波特认为,每一个企业都是在设计、生产、销售、发送和辅助其产品的过程中进行种种活动的集合体。所有这些活动可以用一个价值链来表示。

价值链是一种对企业业务活动进行组织的方法,企业实施这些活动对其销售的产品或服务进行设计、生产、促销、销售、运输和售后服务。但是,现代交易的完成不仅涉及供需两方,还有为交易实现提供服务的第三方。信息技术的发展逐渐打破了企业、行业发展的界限,使不同行业融合发展,共同参与某一商务交易活动。因此,在移动商务活动中,企业的价值增长不再单纯取决于企业自身或某一方，而是需要处于价值链不同环节的企业或个人协调、努力，实现多方共赢。

如图 1-5 所示，在移动商务交易活动中，所有的价值链参与者都基于移动商务平台参与交易活动。从而，移动商务的价值链可以定义为由移动网络运营商、支付服务机构、物流公司、内容及服务应用提供商、移动终端制造商等共同打造的一个创造价值的动态过程。而图 1-5 中还有芯片制造商、软件提供商及设备提供商等，由于它们处在移动商务交易的后台，为交易实现提供软硬件的支持，但是它们不直接参与交易过程，因此，不在移动商务价值链的范畴内。

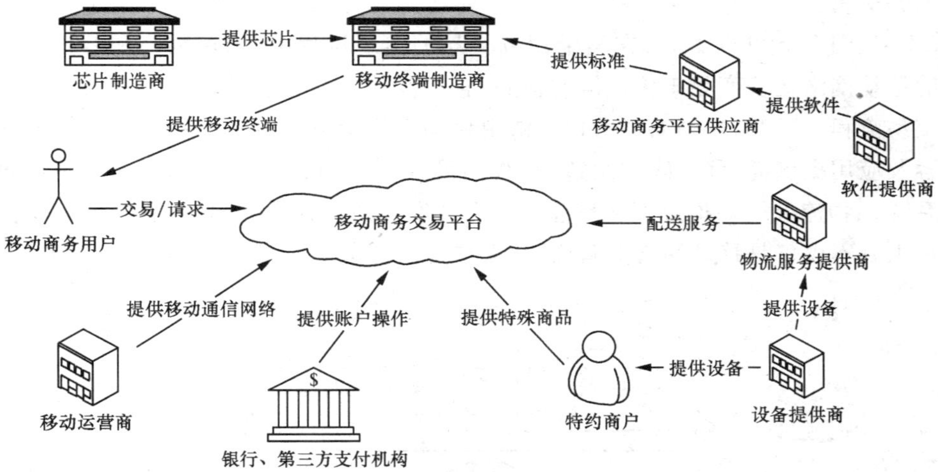

图 1-5　移动商务价值链构成模型

在此，需要注意的是，移动商务价值链不同于企业、行业价值链。企业价值链是企业通过一系列活动进行价值创造构成的，这些互不相同但又相互关联的生产经营活动，构成了一个创造价值的动态过程。行业价值链是指一个特定的企业价值链所从属的行业内更大的业务流。行业价值链可以帮助企业找到沿产品生命周期向前或向后发展的机会，从而提高企业的效率，改进产品的质量。而移动商务价值链使不同类型的企业打破行业界限，使同处一条价值链中的企业之间保持战略合作的关系，而不仅仅是一种简单的买卖关系。企业之间的竞争不再是企业单体之间的竞争，而是企业所处的价值链之间的竞争。以价值链为基础的生态系统必须借助信息管理系统才能最终形成良性循环，集成信息流、资金流和物流，将供应商、制造商、协作厂家、分销商、用户全部纳入管理资源之中，使业务流程更加紧密地集成在一起，进而提高对用户的快速响应能力。

三、移动商务价值链的构成

（一）价值链构成要素

通过商品交易的演进，各种金融、科技工具转变为生产力参与商务活动，行业分工因此更加细致与深入。这使得商务交易的价值链上不再仅仅是买卖两方，更多的中介服务机构参与到商务的交易活动中，商务交易的价值链内容从而变得更加丰富。移动商务价值链上的各方基于移动商务交易平台实现整个商务交易。

从图 1-6 可以看到，在整个商务交易的实现过程中，掌握网络和客户资源的移动网络运营商处于价值链的核心，它将其他参与者连接起来实现整个商务交易流程。因此，移动商务的价值链由移动网络运营商、产品及服务供应商、内容及应用提供商、移动终端制造商、终端设备制造商、金融服务机构（支付结算系统）、物流公司等构成。在目前移动商务发展的进程中，移动商务交易平台的提供者不仅仅是移动网络运营商，甚至包括软件提供商、服务应用提供商等。

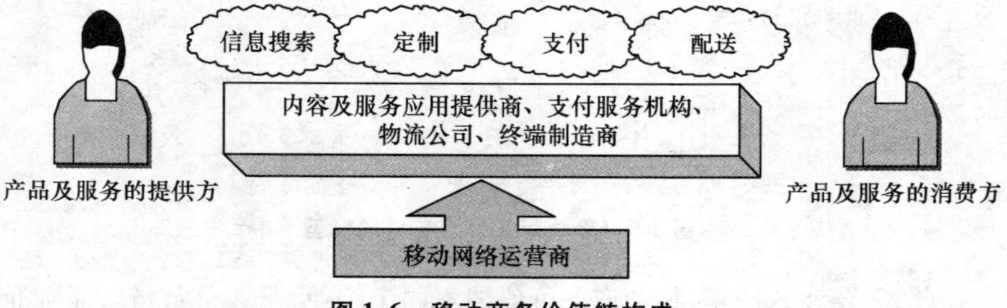

图 1-6　移动商务价值链构成

（二）价值链参与者的功能介绍

移动商务价值链上的各方通过移动商务应用平台相互联系、彼此制约地提供服务及产品，最终促成各种商务交易活动的完成。这些参与方以移动用户为中心，在一定的政府管制政策的限定下开展各种活动，以实现自己的商业价值。不同的参与方为了最大限度地获取自己的商业利益，在开展移动商务的过程中担当不同的商业角色。对于移动商务价值链参与者的角色，我们简单描述如下：

（1）移动网络运营商。为移动用户提供各种通信业务，实现对运营商网络

（包括对其他运营商网络和互联网）的接入，也提供各种网络相关的业务，如位置信息、用户身份认证等，如中国移动、中国联通等。

（2）产品及服务供应商。提供移动应用和相关平台（如中间件、应用服务器等），如上海灵通、TOM 等。

（3）内容提供商。提供相关的数据和信息产品（新闻、音乐、位置信息等），并通过移动网络实现分发，如新浪、网易等。

（4）终端设备制造商。提供移动终端设备，如诺基亚、爱立信、西门子等。

（5）支付方案提供商。为移动用户提供移动支付方法或移动支付平台等，如上海捷银、联动优势等。

（6）物流公司。提供有形产品的物流配送，如中邮物流、中铁快运等。

（7）政府管制部门。制定政策，规范竞争市场。

这里需要说明的是，在我国移动通信市场，内容提供商（CP）和服务应用提供商（SP）两者之间的分工并不是很明确，SP 兼有了 CP 的职能。此外，政府监管部门虽然并不直接参与移动商务的交易活动，但它在移动商务活动中起到制定政策、规范市场发展的作用。因此，政府监管部门同样是移动商务价值链的一个参与者，并发挥着其特殊的功能。

四、移动商务价值链的交易环节

（一）产品及服务的生产环节

自从有了计算机，产品与服务的概念就被无限地延伸。尤其到了今天这样一个离不开计算机和网络的时代，电子产品及服务充斥着人们生活的方方面面，比如在学习中除了原有的书本，还有各类电子图书、新闻等，并且后者在人们的生活中正占据着越来越重要的地位。因此，需要注意的是，这里的产品及服务不再单纯指的是有形的商品或传统的服务。

在移动商务中，产品及服务的生产环节不仅有原来的生产企业及传统服务提供者，更有为网络应用提供内容及服务的提供商（如 ISP、ICP），它们是数字产品的制造者或者二次加工者。

（二）产品及服务的定制环节

移动商务的交易模式改变了人们获取和选择信息的方式，使交易的对象不受时间及空间的限制进行信息交换，并最终做出决策。在这一环节的参与者中，不但有产品服务制造商、消费者，还有为用户提供移动终端产品的制造企业。消费者可通过移动网络，依据需要及个人偏好，对所购买的产品或服务提出个性化的需求。制造企业通过对这些个性化需求的信息进行搜集,从而制定出符合个性化要求的个性化产品或服务方案。

(三) 产品配送环节

电子商务是资金流、物流与信息流的统一,缺少任一环节就不能称为真正的电子商务,移动商务也是如此。因此,实物产品的配送也是移动商务活动的重要环节,该环节的重要参与者就是具有高度信息化的物流企业。

(四) 支付环节

同物流在移动商务中的地位一样,资金流也是真正实现移动商务不可缺失的重要部分。要顺利解决移动支付的问题,仅仅依靠移动网络运营商是不够的,还要有传统的金融服务机构和新出现的第三方支付服务机构的参与。

第五节 移动商务系统的机理

移动商务系统是以一个服务器为中心的总线结构,它使各组件之间能以一个公共的接口相互连接,并可使各组件即插即用、无缝集成,从而为商务交易提供一个灵活、统一、完整的应用服务平台。下面就对移动商务系统的网络平台、系统构成、子系统及系统的主要功能进行介绍。

一、移动商务系统的网络平台

互联网与移动通信技术的完美结合创造了移动商务。随着移动通信技术的发展,目前已有几种相当成熟的移动网络解决方案,并且还在持续改进和发展中。下面简单介绍几种目前主要的移动网络平台。

(一) 无线应用协议

无线应用协议(WAP)是开展移动商务的核心技术之一,但在应用中,已被人们认识和接受为一种无线网络平台。通过 WAP,手机可以随时随地、方便快捷地接入 Internet,真正实现不受时间和地域约束的移动商务。WAP 是一种通信协议,它的提出和发展是基于在移动中接入 Internet 的需要。WAP 提供了一套开放、统一的技术平台,用户使用移动设备很容易访问和获取以统一的内容格式表示的 Internet 或企业内部网信息和各种服务。它定义了一套软硬件的接口,可以使人们像使用 PC 一样使用移动电话收发电子邮件以及浏览 Internet。同时,WAP 提供了一种应用开发和运行环境,能够支持当前最流行的嵌入式操作系统。WAP 可以支持目前使用的绝大多数无线设备,包括移动电话、双向无线电通信设备等。在传输网络上,WAP 也可以支持目前的各种移动网络,如 GSM、CDMA、PHS 等,它也可以支持未来的第三代移动通信系统。目前,许多电信公司已经推出了多种 WAP 产品,包括 WAP 网关、应用开发工具和 WAP 手机,向用户提供网上资讯、机票订购、流动银行、游戏、购物等服务。WAP 最主要的局限在于应用产品所依赖的无线通信线路带宽。对于 GSM,目前简短消息服务的数据传输速率局限在 9.6 Kb/s。

(二) 通用分组无线业务

传统的 GSM 网中,用户除通话以外最高只能以 9.6 Kb/s 的传输速率进行数据通信,如 Fax、E-mail、FTP 等,这种速率只能用于传送文本和静态图像,但无法满足传送活动视频的需求。通用分组无线业务(GPRS)突破了 GSM 网只能提供电路交换的思维定式,将分组交换模式引入到 GSM 网络中。它通过仅仅增加相应的功能实体和对现有的基站系统进行部分改造来实现分组交换,从而提高资源的利用率。GPRS 能快速建立连接,适用于频繁传送小数据量业务或非频繁传送大数据量业务。GPRS 是 2.5 代移动通信系统。由于 GPRS 是基于分组交换的,用户可以保持永远在线。

(三) 第三代(3G)移动通信系统

经过 2.5G 发展到 3G 之后,无线通信产品将为人们提供速率高达 2 Mb/s 的宽带多媒体业务,支持高质量的语音、分组数据、多媒体业务和多用户速率通信,这将彻底改变人们的通信和生活方式。3G 作为宽带移动通信,将手机变为集语音、图像、数据传输等诸多应用于一体的未来通信终端。这将进一步促进全方位的移动商务得以实现和广泛地开展,如实时视频播放。

3G 技术的共同特点是:频谱利用率高,覆盖范围广,稳定性能好,可以适应现代全球无缝覆盖的通信要求;可以约定无线通话质量;提供多媒体通信功能;结合全球卫星定位系统定位;高速移动状态下的高数据传输率,满足移动状态下的上网要求,等等。

第三代移动通信系统最吸引人的地方并不在于语音质量与通信稳定性的提高,而是数据传输速率的大幅提升,这将大大促进移动多媒体业务的发展。高速无线网络介入不仅可以随时随地通信,更可以直接用手机进行交易、支付、遥控、信息浏览和娱乐。

二、移动商务系统的构成

移动商务系统采用三层应用框架:客户层、移动商务应用服务器层和商务信息数据服务器层。总体系统结构如图 1-7 所示。

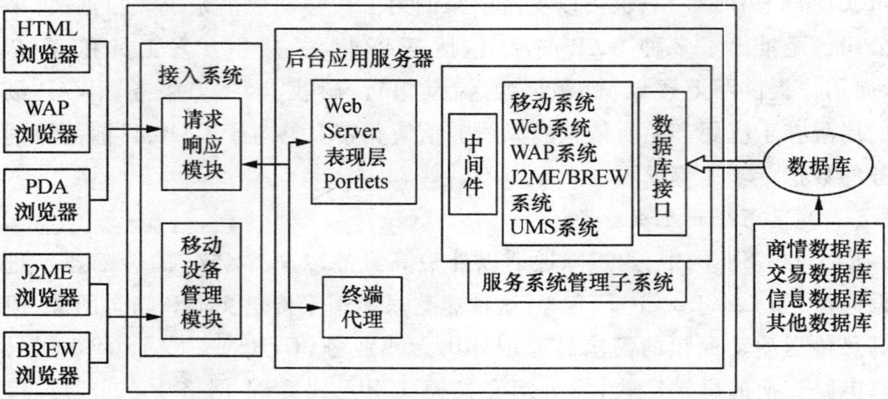

图 1-7　移动商务系统

支持基本的移动商务服务正常工作的构造模块有软件组件、设备的组织过程、网络、公司服务器等。

（一）客户端软件

大多数 PDA 都可从网上下载浏览器软件。移动浏览器由诺基亚、Openwave、爱立信等公司提供。这些移动浏览器软件具有不同的图形用户界面，可满足个性化的要求。除了上述移动浏览器之外，掌上型移动浏览器、PocketPC 用的 PocketIE、RIM 用的 AvantGo 等也都非常流行，这些浏览器大多数仅运行简单的位图（WBMP）。

（二）客户端服务设置

目前，消费者要接受移动商务需要一个较长的时间过程，其中一个主要原因就是设置新 WAP 电话非常麻烦，非常耗时。要连接 WAP 网关，用户需要设置太多的参数。另外，在用户好不容易建立无线连接之后，还需要按照一定的方式输入许多其他参数，如手机与服务器的握手之后，才能真正建立连接。因此，为了吸引用户而用无线分组业务应该尽量简化用户每次上网时的操作，同时，可以空中接口支援服务器帮助用户配置他们的手机，以便尽快访问特定的网站。但是现在的一些网络，如 Palm、Net、PocketPC 等与蜂窝数字分组数据（Cellular Digital Packet Data，CDPD）进行了集成，这些网络将使手机与网络的连接大大简化，目前正在寻求在公司或企业市场上的应用。

（三）网络

在移动网络上，移动商务数据从内容服务器传送到 GSM 网络，然后 GSM 负责把移动商务数据传送给移动设备。只要网络是联通的,服务提供商就无须担心无线网络的问题。有些时候,如果数据通过短信息业务(SMS)传送,服务提供商就需要通过 SMS 网关进行网络访问。这个过程中,涉及的部件通常有基站(BS)、归属位置寄存器(HLR)、移动交换中心(MSC)、访问位置寄存器(VLR)以及计费和收费系统。其中,MSC 也是公共交换电话网络(PSTN)的一个访问点;VLR 用于临时存放用户信息,以便管理漫游用户的请求。在欧洲,GSM 非常庞大,但是在美国,CDPD、Mobitex、CDMA、DataTAC 等网络更常见一些。

(四) 服务器软件组件

移动软件服务通常都是基于一定版本的 HTML 或者 XML。HTML 仅仅处理数据的显示问题,而不处理数据本身的内容,也就是说,HTML 只是在图形环境下,分配文本、图像和按钮的排列方式。XML 功能较强且更加流行,它不仅能够显示、解释信息,还允许信息提供商定义信息的外观及其功能属性。例如,如果信息将传送到一个无线屏幕上,那么,通过 XML 就可以删除信息中的所有图像。

三、移动商务系统的子系统

整个移动商务的服务系统根据业务功能划分为若干个子系统,分别为 Web 商情服务子系统、WAP 商情子系统、J2ME&BREW 交易子系统、UMS 统一消息服务子系统、移动门户子系统以及服务系统管理子系统等。下面对其中的主要子系统进行简单介绍:

(一) Web 商情服务子系统

Web 商情服务子系统是移动商务服务平台的一个主要部分,实现了移动终端调用远程 Web Service 提供的商情服务的功能。Web 商情服务子系统主要由移动终端、Web 服务平台和商情服务器组成,移动终端通过 HTTP 协议与 Web 服务平台建立连接,随后 Web 服务器与外部商情服务器采用 Socket 连接进行信息交流。

(二) J2ME&BREW 交易子系统

J2ME&BREW 交易子系统主要实现了在 J2ME 手机和 BREW 手机上浏览查询商务信息,委托下单进行交易的功能。J2ME&BREW 交易子系统采用了 C/S 结构,功能模块主要由 KJava/BREW 移动终端应用和商务信息查询及交易服务两部分组成。

(三) WAP 商情子系统

WAP 商情子系统是移动商务信息服务平台的一部分,实现了 WAP 手机和浏览网页的功能,该部分使用 Java 语言编写,用 ECS(Element Construction Set)开发编写 WAP 页面。WAP 商情子系统由 WAP 手机、服务平台和商情服务器组成。

(四) 服务管理子系统

移动商务服务平台中系统的功能以应用服务器的服务形式提供,因此,如何动态地部署(Deploy)和反部署(Undeploy)应用,也是系统需要解决的问题。在移动商务系统中,采用 Tomcat 的动态加载和管理部件方法,实现系统的配置和管理。

四、移动商务系统的主要功能

移动商务系统的主要功能如下:

(一) 无线信息查询功能

有线网络时代,E-mail 和短信服务可以说已经变成日常生活的必要组成部分。短信息服务在移动商务领域是一种非常受欢迎的功能服务。很多商务人员在行程中用笔记本电脑上网就是为了查看 E-mail。移动设备之间的信息传递在欧洲(GSM 电话使用 SMS 服务)和美国(用能够无线上网的移动通信终端)已经很普及了。欧洲的数字无线网络标准从一开始就包含短信息的服务功能,这项标准就是现在知名的 GSM。移动商务系统都会以文本的方式将信息传到 E-mail 接受者的手机上,用户的移动邮箱也可以使用其他的 POP 账号接收 E-mail,PDA 用户可通过无线调制解调器发送或接收 E-mail、运行 IM。移动商务系统提供的 SMS 提供各种各样信息查询功能,包括气象预报、交通信息、娱乐信息(如电影院、戏剧院和音乐会)、金融信息(如股票报价、汇率、银行业务、代理服务)、导向服务等。

(二) 无线网络接入功能

据统计,到 2004 年年底,无线网络的收入就已达到了 7.32 亿美元。而且更多公司已逐渐参与到了无线网络的竞争。其中,大多数公司属于无线应用服务提供商或 WASP,这些公司的职能与有线网络中的 ISP 有点类似。例如,GoAmerica 就是这样的一家服务提供商。对于 PDA 用户,无线网络接入功能可以帮助用户做到 PDA 与桌面计算机的信息同步,从而使两台设备上的信息能够同时更新。这样,在用户离开办公室之前,就能够自动地把最新、最喜欢的网站内容、工作文件、合同及日程安排传送到用户的 PDA 上。对于公司来说,无线网络接入功能可以直接从用户指定的数据库,而不仅仅是目标网站获取数据,并实现数据同步。微软公司的袖珍浏览器在显示移动网络内容时，颜色更加丰富，图像内容也比较多，同时，这种浏览器还能对网络内容进行调节，使其符合PocketPC的技术规范。而Palm.Net则向所有袖珍系列产品提供网络内容剪辑服务。

（三）语音提示服务功能

移动商务做得好与坏，关键在于它对人的一些自然行为处理得怎么样。为了把语音控制功能带入网络，使网络具有语音导航功能，并使网络界面具有语音识别功能，AT&T、Lucent、Motorola、IBM等公司制定了VoiceXML标准。具有语音导航功能的网络直接面向大众市场，移动电话或PDA用户无须任何技巧，便可直接访问这种网络。Kelsey集团统计，2005年仅在北美洲，就大约有4 500万的手机用户使用具有语音提示功能的网络端口。Retrieve就是一家可向用户提供语音接入服务的电子商务公司。该公司每月向用户提供一次服务，公司用户可拨号登录到公司的网站，利用手机便可读取他们的E-mail。MapQuest.com提供带语音驱动的导向服务更加直观。

（四）系统设置与管理功能

Web应用与服务器管理功能，提供系统的开启和停止、重启等功能，查询当前已有的Web服务的列表和服务状态信息。Web服务注册管理功能，提供注册服务、查询服务和删除服务等功能。移动终端信息管理功能，根据HTTP中的User-Agent得到相关的硬件信息，如屏幕长和宽、支持颜色、浏览器、型号支持的图片格式等各种信息。

第六节　移动商务发展环境分析

中国已经加入WTO，国内企业如果想与外国企业争夺有限的市场份额，就不能同Internet时代一样一直跟在外国企业后面走，而需要在标准、技术、战略营销等方面进行全面竞争。从一定程度上讲，能否有效地发展移动商务是决定加入WTO后中国相关企业成败的关键。不可否认，中国企业与国外大企业相比，在移动商务基础技术和管理上存在较大的差距。要想在竞争中获胜，我们必须借助国外移动商务的先进经验，深刻剖析影响移动商务发展的原因，找出移动商务走向成功的关键因素，确立正确的移动商务发展战略，下力气迎头赶上。

一、全球移动商务的发展现状

移动商务正快速发展成为一个庞大的市场。早在2005年,全球20亿移动用户中,使用移动商务的用户就达到了1.7亿户,交易额达到了108亿美元。2006年,移动商务的市值甚至达到了250亿美元。最近,在引进各种创新的移动商务服务平台以后,移动商务业务飞速增长,尤其是在日本和韩国。2007年,移动商务预计大约有3亿用户和超过250亿美元的收入,这占全球移动总用户和收入的一半以上。届时,移动商务将占全球在线交易市场15%的份额。

在国内,随着计算机、互联网及电信技术的发展和融合,移动商务为手持产品市场创造了巨大的市场空间。目前已经拥有近4.5亿手机用户和数量众多的PDA,这些庞大的用户和移动终端构成了移动商务巨大的潜在市场。

同时,越来越多的国内外知名企业通过掌上电脑储存数据、查询信息、传递资料,有效地降低了企业成本。例如,海尔公司通过构建短信平台,依靠掌上电脑在第一时间给业务人员传递订单信息,从产品出厂到客户仓库所需的时间仅为3—4天,不仅减少了库存成本、加快了资金周转速度,更提高了企业的订单反应速度。上海光明乳业于2000年正式启动了Oracle的ERP系统,然而ERP数据源头的不畅直接影响了其后相关环节的业务水平和管理效率。针对这些问题,光明乳业采用移动解决方案,通过移动计算技术把数据量分摊到每个业务员手中,业务人员在任何地方都能把业务订单数据传输到公司。

现在,更多的服务供应商推出更多的移动Internet内容和服务,如即时信息、工程设计、分配、物流、医疗保健、销售自动化、市场营销、任意位置的电子邮件、基于位置的宣传等。在中国,移动商务的应用范围包罗万象,如提高工作效率、在线交易、企业应用、获取信息和娱乐消费等,这些服务将会在企业用户、专业人士和消费者中受到广泛的欢迎。

尽管移动商务在中国已经取得了一定的发展,但是由于现阶段移动通信运营商、银行、商户和移动商务服务使用者自身条件等诸多方面的限制,中国的移动商务仍处于起步阶段,很多应用还处于试点阶段,还未得到广泛推广和应用。不过,移动商务已经显示出了明显的发展势头,中国因其庞大的人口基数,必将成为移动商务的巨大市场。

二、我国移动商务发展的环境分析

未来十年内,人类将全面利用网络,而无线网络将成为最重要的传输方式,现阶段急速发展的电子商务也将随着无线上网的普及，进入全新的移动商务时代。通过随时随地的网络连接，可让顾客在极短时间内收到商品，打破现有的定点交易模式。下面从优势、劣势、机遇、威胁等多个角度对我国移动商务的发展环境进行深入的分析。

（一）优势分析

1. 广泛的用户基础

中国互联网络信息中心（CNNIC）发布的《第 20 次中国互联网络发展状况统计报告》显示，截至 2007 年 6 月底，我国网民数已达到 1.62 亿人，宽带网民数达 1.22 亿人，手机网民数较去年翻了 2.6 倍，已有 4 430 万人。另外报告显示，受手机上网资费下调的影响，手机上网已经在我国渐成气候，已有 27.3% 的网民使用手机上网。不难看到，未来几年移动用户仍将保持稳定增长的趋势。面对如此巨大的市场，将电子商务应用扩展到服务于约近 5 亿的手机用户该是怎样一番景象？移动市场规模的大幅度扩张给更多企业带来新的发展机遇。

2. 无线终端的方便、及时与个性化特征

从物物交换时代到今天的电子交易时代，每一次商业交易模式的变革都是从交易工具开始的。在今天这样一个无线通信时代里，以手机为代表的无线终端设备具有轻便、易携带及个性化设计等时代特征，它们使用户可随时随地获取所需的服务、应用、信息和娱乐，在任何方便的时候选择及购买商品和服务，并通过多种方式完成交易的支付过程。移动终端不受时间及空间限制完成交易活动的特性决定了电子商务向移动信息领域的迁移。

（二）劣势分析

1. 使用成本高

对日益广泛的移动终端用户来说，影响其接受新业务的主要因素还是成本。该成本包括以下两方面：

（1）终端成本。虽然以手机为代表的移动终端设备的价格已经越来越低，但便宜的只是功能较少的低端产品。支持移动商务的高端产品，价格依然偏高，不能普及。更换移动终端设备的高成本已经成为移动商务发展的障碍之一。

（2）业务使用成本。中国移动的一次调查显示，51% 的用户都认为 WAP 费用高低将最终影响用户使用 WAP 业务。目前国内 WAP 的资费大致分为三部分：一是国家已有明确资费规定的通信费，即无线接入费；二是互联网接入费；三是信息服务费。按照目前的标准来计算，手机通话费为每分钟 0.4 元，上网时按实际通话费计算。如果按上网费每小时4元、通话费每分钟0.4元收取,用手机上网每小时的费用是28元。从这个数字可以看出,在没有具备极有吸引力业务的情况下,普通用户是不可能接受这样的资费的。

2. 存在多方面的技术限制

虽然移动通信技术发展迅速,但要真正实现移动商务的全面应用,从终端设备到网络都还存在着种种技术上的限制。

(1) 移动终端设备的技术限制。首先,电源一直是移动设备所面临的一个主要问题。移动终端设备的功能(内存、存储容量、计算能力等)越强大,意味着能量消耗也越大。其次,为了保证移动设备的便携性,人机界面必须要做得比较小;由于使用了非常小的键盘或手写输入,将造成用户操作的不便(键盘太小,手写输入的识别率有限)。同时,屏幕尺寸又进一步限制了设备的输出能力,无法显示高质量的图像。

此外,同固定终端相比,移动设备本身还存在着多样性,它们可能使用不同的硬件平台、不同的网络接口、不同的操作系统、不同的应用系统,这也成为运营商设计移动商务应用的一个重要障碍。

(2) 移动通信网络的技术限制。移动通信网络技术的快速发展提高了向移动用户提供更为丰富的移动业务的实现可能性,但移动通信网络的一些固有缺陷依然影响着移动通信业务的开展。具体缺陷有无线传输干扰导致的数据丢失、低带宽、无线接口更容易受到攻击、经常断线等。

(3) 移动支付的技术限制。现阶段真正使用移动支付的无线交易主要是手机代缴费、手机投注彩票、手机证券及小额支付,但即使是在这些领域的使用也是非常有限的。造成如此尴尬局面的主要原因是:相对于互联网电子商务,移动商务的安全性更加薄弱。另外,使用并不十分方便。现在的手机支付和银行卡捆绑,用户先要注册账号绑定,每进行一次交易还要记住一个商品代码,许多人会觉得麻烦,而手机银行则需要更换专门的STK卡,很少有人会为此换卡。

(三) 机遇分析

3G将给移动商务带来强大的网络技术支持。经过2.5G发展到3G之后,无线通信产品将为人们提供速率高达2 Mb/s的宽带多媒体业务,支持高质量的语音、分组数据、多媒体业务和多用户速率通信,这将彻底改变人们的通信和生活方式。3G作为宽带移动通信,将手机变为集语音、图像、数据传输等诸多应用于一体的未来通信终端。这将进一步促进全方位的移动商务的实现与开展。

在无线宽带网络的环境下,频带加大,可应用的服务增多,除了可传输传统的文字数据外，图像、视频的传送也不再遥不可及。未来无线宽带网络可提供的服务种类，一般可归纳成三类：多媒体信息传送、个人信息管理、地理位置定位服务。未来移动电话将不只是传送声音或文字的通信器材，而会变成个人化的多媒体信息传输设备。消费者不但可以通过移动电话进行实时影像沟通，甚至可以通过移动电话接收 MP3 声音资料、看球赛转播、玩在线多方交互式的多媒体电子游戏或取得实时路线图。这已经不是遥不可及的事情，目前在瑞典已经有超过 1/3 的银行交易业务通过移动网络完成。

在未来的通信时代，传输的信息不只是语音，还包括各种数据与多媒体影像等。任何时间、任何地点、任何设备是移动商务的目标，而要达到这个目标，就牵涉到系统整合，除了硬件，还需要开发软件系统。目前，相关各方无不为了无线平台的应用开发各种无线应用的解决方案，未来谁能抓住这个市场的趋势仍然是个未知数。而作为无线通信市场的主角——移动电话和互联网，将掀起未来移动商务的新高潮。

（四）威胁分析

发展移动商务同样面临着许多威胁，有技术性的，也有非技术性的。技术性的问题从来都是可以解决的，而非技术性的问题（诚信缺失、用户认知度低）也要做好充分的认识，有时它可能比技术性问题更加难以解决。

1. 诚信缺失

商业交易的诚信问题不是有了电子商务才出现的，在传统的交易模式下就已经存在，而在电子商务的虚拟环境中更加突出。在移动商务交易中，商务活动不再受时间、空间的限制，原本就脆弱的信用体系就更显得无可奈何。

2. 用户认知度低

据赛迪资讯的调查显示，目前国内消费者对 WAP、移动梦网、移动商务的认知程度还比较低，近 50% 的被调查者对目前被炒得火热的 WAP 持观望态度。用户希望得到移动商务服务也并没有像众多媒体宣传的那样急切，已经使用了 WAP 等移动商务业务的被调查者仅占到了所有被调查者的 7%，另外还有近 26% 的被调查者并不关心什么时候能使用该业务，即目前他们并没有使用该业务的意向。

（五）其他关键影响因素分析

1. 移动商务市场所处的阶段

近年来，移动电话在中国电信服务业中成为发展最为迅猛的业务。我国是全球第一手机用户大国，截至 2007 年 6 月底，全国手机用户已近 5 亿。庞大的市场规模奠定了移动商务的坚实基础。移动商务在中国已经有实际应用,如中国移动在北京等六大城市同时推出了“全球通”WAP商用网,通过无线移动装置来接收服务,可以下载图片、游戏、铃声等。中国银联开通的移动POS业务,使移动商务业务突破信息商品的范畴,除了用于旅游订票,还用于物流配送、送货服务、移动网上支付等领域,实现了不受时间、场地和线路限制的商务交易活动。

根据美国经济学家罗杰斯(E. M. Rogers)的“高技术产品生命周期中消费者类型”模型分析,发现中国移动商务的应用还属于早期市场。尽管这种划分并非精确,但对于认识中国移动商务的应用状况提供了一种全新的思维方式。罗杰斯把消费者划分成五种类型:创新采用者、早期采用者、早期大众、晚期大众和落后采用者。不同类型的采用者各自所占比例不同,采用时间大体服从统计学中的正态分布。前两种类型的消费者构成了早期市场,其余三种类型消费者则组成了大众市场。

早期移动商务市场的客户主要是由创新采用者和早期采用者构成,他们或者热衷于技术,或者能够预见这种新技术产品的市场潜力。全球最近出现一群“Smart Mobs”族,就属于移动商务早期市场重要的顾客;著名网络学者霍华·莱葛(Howard Rheingold)为他们下了定义:他们是一群会用网络、手机等互相沟通、串联,参与特定族群活动并做出实际行动的人,即将引发全球新一波消费文化革命。

如果以中国5亿移动客户为基数,按照罗杰斯的模型,以早期市场用户16%的比例计算,这一消费群也达到8 000万人。相对于早期市场而言,大众市场比较复杂,由早期大众、晚期大众和市场落后采用者构成。三种类型消费群体生活方式迥异,但其共同特性是更加注重实用,愿意避开风险。这两类市场之间形成了一条难以跨越的鸿沟。企业如果不能过渡到下一个类型市场,就会失去大众市场,从而失去获得高额回报的可能。

2. 我国相关产业政策

自20世纪90年代末Internet进入中国社会日常生活以来,无论是政府主管部门还是普通国民,对Internet的认识水平都在不断提高,信息意识不断加强,应用步伐大大加快。

首先,法规建设纳入议事日程,《电信条例》和《网络管理条例》先后颁布,电信管制机构已经建立,管理体系正在逐步形成;积极推动电信网络法规和技术的研究与制定;对于消除电信网络“数字鸿沟”的措施更加具体。

其次，网络技术和应用开始进入社会。尽管对网络的信息安全、社会服务体系、信誉、结算系统持不同程度的怀疑，但是人们对电子商务和移动商务的认同感有了明显提高，电子政务、电子商务、企业上网等正在成为现实。各种综合的、专业的和垂直的门户、交易网站纷纷诞生，“水泥”+“鼠标”的模式逐渐为人们所接受，陷入低谷的网络公司找到了一条求生存、求发展的道路。信息化步伐不断加快，数字经济已经在中国国民经济中占有重要地位。

复习思考题

1. 简要阐述移动商务概念。
2. 论述移动商务与电子商务的关系。
3. 简要阐述移动商务的内涵。
4. 列举移动商务的功能。
5. 列举移动商务的主要特点。
6. 请就一种分类方式阐述移动商务的分类以及各类别的特点。
7. 简述移动商务的运作流程。
8. 移动商务系统平台有哪些主要组成部分？
9. 简述移动商务系统的网络结构。
10. 简单列举影响移动商务的关键因素。

第二章

移动商务带来的革命

学习目的

1. 了解电子商务与移动通信技术的发展现状；
2. 了解移动商务在各国的发展情况；
3. 了解移动商务给其支撑环境带来的影响；
4. 了解移动商务给人们的工作和生活带来的变革；
5. 了解移动商务给企业带来的变革。

第一节 电子商务的现状与移动通信技术的发展

21世纪是信息化的时代，第三产业在各国的比重不断上升，特别是服务业，因而信息服务业成为21世纪的主导产业，电子商务的蓬勃发展给我们的生活方式和生活渠道都带来了巨大的变化。如今，随着移动通信技术的快速发展，电子商务又呈现出了另一种全新的形式——移动商务。甚至，还有一种观点认为，移动商务绝不仅仅是电子商务的一种补充，而是它的一种取代。

一、电子商务的发展现状

电子商务一诞生就以超常速度发展，规模急剧扩大，交易额直线攀升。1994年，全球电子商务交易额仅为12亿美元，1997年达到26亿美元，1998年更是比1997年增长了近15倍，高达376亿美元。此后，2000年全球电子商务交易总额为580亿美元，到了2001年已达到5 500亿美元，2003年约为1万亿美元。根据《2006—2007年世界电子商务发展研究年度报告》显示，2006年世界电子商务交易总额达到了12.8万亿美元，占全球商品交易的18%。这一切足以证明，电子商务具有强大的生命力，它在世界范围内持续快速发展，甚至成为经济全球化的助推器。

从整体情况看，以美国为首的发达国家一直是电子商务主力军。但中国等发展中国家电子商务近几年异军突起，日益成为国际电子商务市场的重要力量。在中国，据2006年2月22日中国社会科学院互联网发展研究中心发布的《2005年中国电子商务市场调研报告》显示，2005年中国电子商务市场交易额由2004年的3 500亿元升至7 400亿元，比上年增长50%。赛迪顾问于2007年3月发布的《2006—2007年中国电子商务市场研究年度报告》显示，截至2006年年底，中国电子商务市场共实现交易额1.1万亿元人民币，同比增长了48.6%。可见，中国电子商务市场保持了持续高速增长的势头。赛迪顾问调查显示，2006年有超过80%的网民已经尝试或者愿意尝试网上购物，只有16.8%的网民表示不打算尝试网上购物。结合《电子签名法》、《支付指引》等的顺利实施，2007年电子商务国际化的势头将更加显著，越来越多的中小企业参与到国际采购与招标之中，这将使针对外贸的电子商务平台更加受欢迎。

下面是近年来电子商务发展呈现的几大趋势和现象：

1. 传统企业成为电子商务的主体

电子商务从20世纪90年代初、中期开始发展,至90年代末形成第一个高潮。但好景不长,由于炒作过度,到1999年下半年和2000年,电子商务热急剧降温,许多IT企业的股票价格急剧下跌,众多从事电子商务的企业严重亏损,有的甚至被淘汰出局。人们在2000年网络泡沫破灭后深刻体会到:企业,尤其是传统企业才是电子商务的主体。因而,电子商务发展到今天,必须要有大量传统企业的加盟,才能推动电子商务走向下一个高潮。

2. B2B成为全球电子商务发展的主流

在电子商务的几种交易方式中,B2C和B2B两种方式所占比重较高,而B2B又是重中之重。从国际电子商务发展的实践和潮流看,B2B业务在全球电子商务销售额中所占比例高达80%—90%。从交易额上看,B2B交易可以说是电子商务中的大宗交易。因此,B2B被认为是下一代电子商务的新起点。

B2B未来的发展趋势将从根本上体现出商业的特质,即必须从每一个细节来引导(不是等待)消费,来创造(即便用户原本无打算)消费,来实现(提供最多、最方便辅助用户决策的功能)消费。初期的信息交流平台也将发展成为电子商务交易场(或在线市场),建立一个可容纳众多商家,直接实施国内贸易、跨国交易并与多家国际(内)增值服务提供商对接的电子商务平台。在这样一个虚拟的存在于网络媒介上的中心交易场所里,买方和卖方将以动态价格进行交易,价格的制定由交易场的规则决定。此外,交易场为买卖双方提供端对端的、囊括交易过程各个环节的整合服务,从而使交易双方都能提高商业效率,降低商业成本。

3. 进入电子商务市场的企业日趋多元化

从国际电子商务的发展来看,进入电子商务市场的企业越来越多,主要有四种类型:

一是传统的IT巨头。像微软公司,始终在积极参与电子商务领域。其他较早进入电子商务领域的公司如IBM、Sun、Intel等也纷纷加大投资。

二是新型互联网巨头。如Yahoo、AOL、eBay、Beyond. com、Priceline. com等,这些新型互联网巨头与传统IT企业不同,它们凝聚了网上大部分的人气,并且有足够的互联网经营经验。

三是传统行业的跨国公司。通用汽车公司、杜邦公司等传统领域的巨头纷纷斥巨资进入这一领域,希望通过电子商务平台优化、改进其原有的价值链,以创造Internet时代新的竞争优势。

四是现有的 B2B 电子商务公司。面对各种各样的公司纷纷涌向电子商务市场，Ariba、Commerce One 等这一领域的先行者也不甘示弱，纷纷表示欲凭借自身已经建立起来的技术优势和经验与后来的竞争者抗衡。

4. 各地区和各行业的电子商务发展的差异

世界电子商务的发展很不平衡，电子商务鸿沟有逐渐扩大的趋势。美国电子商务的应用领域和规模远远领先于其他国家，在全球所有电子交易额中，目前大约占 50% 以上。世界范围内已经形成了以美国为首、欧洲和亚洲发达国家紧随其后的国际电子商务发展格局。

电子商务给不同行业所带来的机会也大不相同，不仅向各个产业渗透的顺序不一样，而且各产业所获得的收益也不尽相同。研究表明，计算机和通信设备生产厂商特别适合采用电子商务。同样，在未来几年内，计算机和通信设备、食品和饮料、汽车以及配件、制造业设备和原材料、建筑物和房地产等五大行业将是运用电子商务的重点行业。

5. 向移动商务的方向发展

随着移动通信技术的发展，移动商务已逐渐成为电子商务发展的新方向，这是因为移动商务具有一些电子商务无可比拟的优势。

通过电子商务，用户可随时随地获取所需的服务、应用、信息和娱乐。他们可以在自己方便的时候，使用移动电话或 PDA 查找、选择及购买商品和服务。服务付费可通过多种方式实现以满足不同需求，可直接转入银行、用户电话账单或者实时在专用预付账款上借记。

另外，从移动商务的特点来看，移动商务非常适合大众化的应用。移动商务具有灵活、简单、方便等特点，这不仅仅能提供移动网络上的直接购物，可实现电信、信息、媒体和娱乐服务的电子支付，同时它也是一种全新的销售与促销渠道。移动商务不同于目前的销售方式，它能完全根据消费者的个性化需求和喜好定制，用户随时随地都可以使用这些服务，设备的选择以及提供服务与信息的方式完全由用户自己控制。

目前，移动商务因其快捷方便、无所不在的特点，已成为了电子商务的一种新方向。移动商务的发展将使普通消费者在预订门票、支付费用、股票交易以及财务办理上受益。同时，移动商务的发展也会给移动运营商带来接连不断的惊喜。

二、移动通信技术的发展

随着信息技术尤其是无线网络技术的进步和移动通信技术的发展，Internet

的发展已经进入了无线网络时代,传统电子商务也表现出了一系列不同于以往的新特点,在移动通信技术的引领下进入了一种新形式——移动商务。下面就对目前主要应用的移动通信技术——蜂窝技术的发展演进做介绍。

蜂窝移动通信技术是在20世纪80年代开始发展起来的,蜂窝移动通信网络的发展速度远远超过固定网络,已得到相当的普及,开创了个人移动通信时代。人们对移动通信的需求推动了移动通信的发展。至今,蜂窝移动技术的发展历程如图2-1所示。

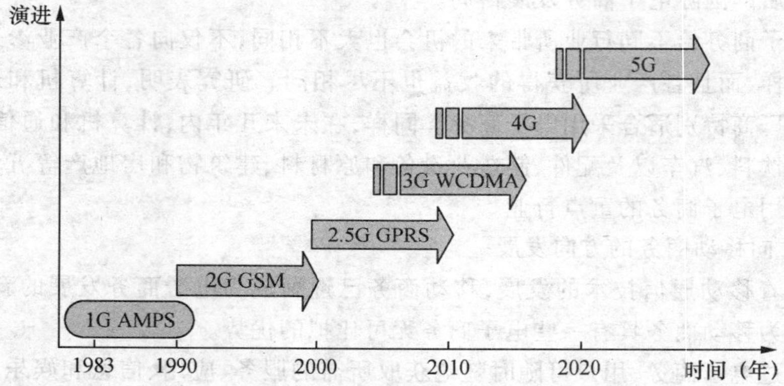

图2-1 蜂窝移动通信技术的发展演进

经过20世纪80年代的第一代模拟蜂窝移动通信(AMPS),到90年代发展起来、目前主导市场的第二代窄带数字蜂窝移动通信(GSM和标准CDMA),再到正在推广的以CDMA为基础、以宽带化通信为特征的第三代移动通信(IMT-2000),一直是公共移动通信网络的主要力量。并且,宽带移动无线接入还是近几年快速发展起来的替代传统宽带上网方式的先进技术。

进入21世纪以后,与其他现代技术的发展一样,移动通信技术的发展也呈现加速趋势。目前,数字蜂窝移动通信技术应用方兴未艾,关于下一代移动通信的研究和应用成果已如雨后春笋般出现。各种方案纷纷出台,其中最热门的是所谓宽带移动通信系统,即第三代移动通信技术,它是正在商业化推广的新一代移动通信技术。3G能够提供高质量的宽带综合业务并实现全球无缝覆盖,真正实现数字、语音、图像、视频等多媒体通信服务这一移动通信的最高目标。随着技术的进步,第四代移动通信技术(4G)甚至第五代移动通信技术(5G)也都有了突破,商业应用已经指日可待。

(一)第一代模拟移动通信技术(1G)

第一代移动通信技术是采用美国贝尔实验室发明的小区理论开发的模拟

蜂窝移动电话系统,以调频方式传输模拟语音信号,仅能提供 9.6 Kb/s 通信速率。典型的代表系统是 1983 年实际投入商业应用的美国 AMPS。

第一代蜂窝电话系统把微型计算机和移动通信技术相结合,频率复用、多信道公用和全自动接入固定电话网。这一时期是移动通信技术随着技术的进步不断成熟完善的过程。然而模拟移动通信系统毕竟存在固有的技术局限性,所以很快就被更先进的数字蜂窝技术所取代。

(二) 第二代窄带数字移动通信技术(2G)

第二代窄带数字移动系统的接入技术主要有时分多址技术和码分多址技术两种,它可以提供 9.6—28.8 Kb/s 的传输速率。其典型系统主要有欧洲提出的 GSM、美国提出的 CDMA IS-95 两大制式。

1. GSM 技术

1992 年欧洲标准化委员会提出的数字通信技术标准 GSM,已经在一百多个国家运营,成为欧洲和亚洲实际上的标准。

GSM 允许在一个信道同时进行八组通话,提高了系统容量。由于采用独立信道传送指令,使系统性能大为改善,传输速率为 9.6 Kb/s。与第一代模拟蜂窝移动通信相比,第二代移动通信系统具有保密性强、频谱利用率高、标准化程度好等特点。并且,除了语音业务以外,GSM 还可开展一些简单的数据业务,如收发短消息等。

无论是第一代还是第二代移动通信系统,都主要是针对语音通信设计的,数字语音移动通信仍是移动通信的主流市场。GSM 的主要缺点是频谱利用率低、信令干扰语音业务、通话质量差、保密性差。

2. 标准 CDMA 技术

第二次世界大战期间,因战争需要而研究开发出 CDMA 技术,其初衷是防止敌方对己方通信的干扰,后来由美国高通公司发展为商用窄带蜂窝通信技术,主要技术标准有 CDMA IS-95,一般称为标准 CDMA。

CDMA 技术的特点有发射功率小,数据传输速率较低,安全性高而不易被窃听,通话质量高,没有掉线现象,基站覆盖面积大等。

(三) 2.5 代移动通信技术(2.5G)

通常把介于 2G 与 3G 之间的移动通信技术称为 2.5G 技术。2.5G 技术突破了 2G 电路交换技术对数据传输速率的制约,引入了分组交换技术,从而使数据传输速率有了质的突破。目前,2.5 代移动通信技术包括 GPRS、CDMA 2000-1x。

1. GPRS 技术

GPRS 是通用分组无线业务(General Packet Radio Service)的英文简称,是在 GSM 系统上发展出来的一种新的分组数据承载业务。它与 GSM 拨号的电路交换技术不同,采用的是分组交换数据传输方式。

GPRS 兼容 GSM 技术,原有手机不用升级就可以继续使用,具备很好的向下兼容性,通过增加相应的功能实体和对现有的基站系统进行部分改造就可以实现。

GPRS 技术的特点可以概括为:高速传输(理论上达到 150 Kb/s,实际应用约 56 Kb/s),实时在线,按量计费(收费合理,尽管手机一直连接在网上,但没有传输数据是不收费的),快速登录(每次只需 1—3 s 的激活过程,就能登录),自动切换(手机在上网的同时还可以接收语音电话,数据与语音可同时传输或切换传输)。

2. CDMA 2000-1x 技术

CDMA 2000-1x 是在标准 CDMA 基础上的改进版本。它可提供无线带宽达 153.6 Kb/s,比标准 CDMA 技术高出 10 倍,可以实现高清晰的实时视频传输,满足移动银行、电子交易等各种信息服务的要求。

(四)第三代移动通信技术(3G)

当前,处于巅峰状态的 2.5G 技术正向第三代移动通信技术过渡。第三代移动通信技术是宽带数字数据移动通信技术。目前,国际电联接受的第三代移动通信系统标准主要有三个,即美国提出的 CDMA 2000、欧洲和日本提出的 WCDMA,以及我国提出的 TD-SCDMA。

第三代移动通信系统提出的要求如下:

(1) 全球统一频段——2 GHz。全球统一标准,使终端在任何环境下都能提供各种业务。

(2) 能支持语音、遥测、定位和导航、远程控制、信用卡认证、多媒体业务等除基本业务外的多种补充业务。

(3) 适应多种无限运营环境,终端可以在静止、缓慢移动、高速运动等状态下工作,拥有较高的通信服务质量。

在这一要求下,3G 技术的共同特点是:频谱利用率高,覆盖范围广,稳定性能好,可以适应现代全球无缝覆盖的通信要求;提供多媒体通信功能;结合全球卫星定位系统定位;高速移动状态下的高数据传输率,满足移动状态下的上网要求,等等。

第三代移动通信系统最吸引人的地方并不在于语音质量与通信稳定性的提高，而是数据传输速率的大幅提升，这将大大促进移动多媒体业务的发展。高速无线网络介入，不仅可以随时随地通信，更可以直接用手机进行交易、支付、遥控、信息浏览和娱乐。

目前，欧洲、日本、韩国等已经推出的3G业务，主要增值业务大多基于多媒体信息的服务。中国移动通信公司也在积极采用WCDMA技术实现对现有网络设施的升级、改造，发展3G业务。

（五）第四代移动通信技术(4G)

第四代移动通信技术是正在研制中的移动通信技术，也称后三代移动通信技术。其技术特点是：

（1）以移动数据传输为主；

（2）传输速率达100 Mb/s，比现在高100倍；

（3）发射功率比现在降低90%—99%，安全高效，解决了电磁干扰问题；

（4）支持手机交互功能，支持实现可穿戴无线终端；

（5）提供丰富的移动业务服务，如高清晰度图像通信、会议电视、虚拟现实业务等。

目前移动通信技术标准全球不统一，如2G有GSM、CDMA IS-95，2.5G有GPRS、CDMA 1x，3G有WCDMA、CDMA 2000、TD-SCDMA等。这给用户使用带来不便，也造成社会资源的浪费。未来第四代移动通信要求实现全球统一的标准，真正实现一部手机在全球任何地点都能通信，因此，广泛充分的国际合作是实现这一目标的前提。

第二节　移动商务的发展

近几年，移动商务在全球范围内得到了快速发展。信息传递从飞鸽时代到电话时代花了几千年时间；从电话时代到互联网时代花了百年时间；而互联网才兴起十多年，移动商务就出现了。随着蓝牙技术、无线网卡的出现，使得利用手机、PDA、笔记本电脑等进行无线商务已成为现实。目前，WAP上网已成为一种被大众接受的互联网接入方式，尤其是3G的开通，使手机上网成为另一种重要的上网方式。

Frost & Sullivan公司最新公布的调查报告显示，移动商务在未来几年内将出现"质"的飞跃，2006年移动商务市值就达到了250亿美元，预计2008年中国移动商务市场规模将达到306.5亿元,年复合增长率达到40.7%,被喻为信息领域的又一大金矿。届时,移动商务将占全球在线交易市场15%的份额。可见,目前在全世界范围内已经兴起了一股移动商务的热潮。

一、移动商务在国外的发展

近年来,移动商务的发展在全球范围内掀起了新的高潮:日本在移动商务方面处于领先地位,其建立的第三代移动通信具有可视电话、数码照相、数码摄像及高速上网等多媒体功能,构成了移动商务的高速信息传输平台;韩国正在进行有线和无线、电视网和电信网的融合;欧洲很多国家开发的用移动电话支付的自动售货机业务已受到广泛关注,用移动电话订票的应用正在逐步推广,等等。下面我们就对移动商务在各个国家的发展进行介绍。

(一)日本移动商务的发展现状

日本移动通信在发展、技术、业务等方面都处于世界领先地位。随着移动市场的成熟和服务提供商竞争的加剧,在日本,移动运营商不能仅仅依靠移动通信收入来实现可持续发展。相应地,它们通过将移动产业同其他产业结合而努力创造新的商业模式,这也加速了移动融合。移动商务作为一个概念出现,在为移动运营商创造巨大利润方面具备最大潜力。

日本总务省2006年7月18日汇总了面向上网手机的企业网站推出的手机业务的数据,并发表了移动商务市场规模的相关统计结果。数据显示,2005年的市场规模比上年猛增39%,达7224亿日元。其中,发送铃声等移动内容的业务同比增长21%,达3150亿日元,处理邮购和演出门票的移动商务业务同比增长57%,达4074亿日元。截至2005年11月,商用网站为11743个,运营商数量达3463家。

移动内容业务方面增长率最高的是来电歌曲业务,约为2004年的2.8倍,达562亿日元,市场规模不断扩大。或许是受此影响,铃声业务同比下滑10%,为1048亿日元,低于2004年业绩。另一方面,移动商务业务中,邮购类、服务类(演出门票、旅行住宿预约、飞机票及火车票)、代办交易类(证券交易、拍卖及正规比赛)的市场规模均扩大至2004年的1.4—2倍。另外,代办交易类方面只将销售手续费作为市场规模计入,此次调查对象中不含该领域的销售额。

移动技术方面,日本也处于领先地位。在全球移动通信市场上,虽然日本手机所占份额不大,但是从3G到4G的研发,日本一直处于领先地位,早在2001年,日本最大移动电话供应商NTT DoCoMo就已着手研发4G手机,并且拥有一定技术积累。在日本政府4G研发项目中,NTT DoCoMo扮演领军角色,由日本总务省牵头,以NTT DoCoMo、KDDI、J-Phone三家公司为主导,联合富士通、NEC等厂商,共同开发4G网络系统,并在2006年投入测试。

目前,NTT DoCoMo和该公司的I-Mode无线数据服务,用户已经达到了3 400万。此外,截至2006年10月,该公司在日本推出手机信用卡5个月的时间里,用户总数已经超过100万。I-Mode在日本的普及率高达90%。在4G手机研发的同时,NTT DoCoMo还与三星公司合作,已经正式启动5G手机的研发,预订在2020年左右推出相关产品,并投入商用。

由于NTT DoCoMo使用的移动通信系统PDC与国内竞争对手及欧美国家使用的GSM、CDMA系统不同,所以用户要有独特的手机才能享受服务。目前供应I-Mode的手机厂商有NEC、富士通、三菱、日立、松下及诺基亚等,共有十多种产品,相对于现在适用于WAP的手机只有诺基亚7110、爱立信R320、摩托罗拉L2000i等少数几种,I-Mode使用者可选择的手机样式相对较多。

由于DoCoMo公司1999年才开始提供I-Mode移动Internet服务,因此在技术上放弃了GSM和PHS中使用的CSD技术,选择了目前最先进的包交换技术。而与之类似的GPRS技术刚刚开始试用,目前所支持的终端还相当少。这一举措使I-Mode拥有了目前国际上最先进的Internet接入技术。

NTT DoCoMo当初推行I-Mode无线上网服务时,就决定采用Compact HTML语言。这是一种与国际网络标准语言HTML相近的网页语言,所以I-Mode的用户可以浏览任何以HTML撰写的网页。也因为其网页语言的特性,所以将一般网页改写为I-Mode手机可以浏览的格式变得非常容易,只要拥有网站制作技术的人,都可以轻易制作I-Mode网站,市场进入障碍相当低,于是I-Mode网站如雨后春笋般涌现出来。在日本,已有超过13 000个专为I-Mode设计的网站。这对于提供手机上网的DoCoMo而言,是相当有利的,一方面可以吸引网页内容提供者的加入,另一方面可以提供使用者更多的选择,促使用户可以在无线网络上进行更多的消费。相对于EZweb使用HDML、J-Sky使用MML或WAP使用WML网页语言,将一般网页改写为手机可以读取的格式有较大的困难,造成内容提供者兴趣不高,在无法提供使用者多元化的服务时,要争取消费者的使用就更加困难。

因为NTT DoCoMo采用自行订立的PDC无线通信规格,在PDC的网络上,架构起其PDC-P的封包(Packet),把使用者需要的资料分成许多小封包后传出,以封包传输数量多寡来计费,所以不论使用者在网络上流连多久,只要不涉及资料的传输，皆不计费，这对使用者而言是较为公平的计费方式。使用者要成为 I-Mode 用户，必须先缴 3 000 日元的设定费（相当于月租费），在享受业务服务时费用又分为基本费、资料使用费和增值服务费。基本费只要 300 日元；资料服务费为每传送一个 128 字节的封包，收取 0.3 日元；增值服务如账户查询、餐厅指南等每次收取 10—40 日元，传送 E-mail 则按照字数每 50 字收取 0.9—1.5 日元。据摩根士丹利分析师 Hironori Tanaka 的介绍，平均而言，每个订户每天大约传送 120—150 个数据包，仅传输费用每月就可达到大约 1 080—1 350 日元。

支持 I-Mode 服务的网站可以分为两种，一种是 Office Site，也就是可以在屏幕选单中直接点击进入的网站，而 NTT DoCoMo 针对收费内容网站收取 9% 的手续费；另一种则是 Unoffice Site，使用者必须直接输入网址方能进入的网站。根据 DoCoMo 的统计，已经有超过 624 个 Office Site，而 Unoffice Site 则已经超过 13 000 个，并且每天增加 40—50 个支持网站。丰富的内容与服务也创造了每日 4 000 万网页的高流量。而付费网站约占整个支持网站的 20%，不过这 20% 却占了使用者常浏览网页的 70%，显示 I-Mode 成功营造了使用者付费的观念，让消费者觉得只要值得，就愿意花钱来满足自己的需要。此外，使用者也可以根据自己的喜好，设定自己的手机接口，将偏好的网站直接显示在手机选单上，DoCoMo 也与部分网站结合，主动告知使用者相关信息，让用户可以得到实时的信息，努力向客户定制化发展。

（二）美国移动商务的发展现状

在美国，由于受无线互联网接入、短消息以及即时信息业务等拉动，2004—2007 年无线领域的规模以平均每年 9.1% 的速度增长。目前，美国移动电话市场的格局是：Verizon Wireless、Cingular 和 AT&T Wireless 三家公司前面领跑，Sprint PCS、T-Mobile USA 和 Nextel 通信三家公司紧随其后。

在美国，Sprint PCS 公司于 2000 年推出了可让用户查看电子邮件和预订个人 Internet 信息的移动电话业务。这种无线新闻和信息服务针对移动电话有字符闲置的特点进行了特殊设计，它可以提供新闻、天气预报、市场最新信息、体育和娱乐新闻，通过手机的屏幕显示给手机用户。Sprint PCS 公司的这项无线互联业务遍布美国 280 多个城市，服务合作伙伴包括 Bloomberg、CNN 和 Map Quest 地图网站。AOL 交互式项目组已经宣布，AOL 会耗资 100 亿美元促进消费者在家庭通过光缆、增强的电话线、卫星和无线技术来访问 Internet。

美国电子商务领域的权威人士表示，移动商务在未来一段时间内将成为电子商务的主流发展模式之一。据得州大学电子商务研究中心主任安德鲁·温斯顿(Andrew Whinston)称,由于拥有Internet接入功能的移动电话迅速普及,全世界已经兴起了一股移动商务的热潮。由于这种商务模式方便及时、随处可用,因此它很快在全世界推广开来,现在美国众多的企业用户都开始把移动商务作为其电子商务发展的重点之一,以前人们经常谈论的电子商务也将被移动商务所代替。移动商务能够在未来获得成功,一个重要条件是服务商必须能够为移动电话用户提供足够丰富的信息内容,只有这样,才能够获得大量稳定的客户,移动商务才能够真正发展起来。从这一点上说,新闻报道、网上拍卖、娱乐游戏等都需要包括在服务商的服务范围之内。

美国花旗银行与法国Gemplus公司、美国M1公司于1999年1月携手推出了手机银行,客户可以用GSM手机银行了解账户余额和支付信息,并利用短信息服务向银行发送文本信息执行交易,客户还可以从花旗银行下载个人化菜单,阅读来自银行的通知和查询金融信息。这种服务方式更加贴近客户,客户可以方便地选择金融交易的时间、地点和方式。波士顿咨询公司的一项调查显示,60%以上的早期移动用户及潜在用户希望,移动终端能在三五年内成为广泛使用的支付工具。

最近的一项调查表明,目前美国18—24岁的青年人最有可能成为拉动美国移动通信业务增长的主力军,而吸引这批人加入手机使用人群的主要力量就是目前美国各大移动通信公司正在力推的各种数据服务项目,其中最让年轻人为之向往的就是手机互动游戏。该调查还揭示,目前在美国18—24岁的青年人之中只有20%的人拥有手机,因此具有互动游戏功能的手机市场潜力巨大。与传统的商用手机服务项目不同,目前美国各大移动通信运营商都紧紧盯着这群18—24岁青年的钱包,特别注重为他们的手机提供手机互动游戏以及受到青年人青睐的手机短信息服务。Nextel公司就为它的年轻用户提供了一系列手机互动游戏;Sprint公司最近已经向它的用户提供一种名为Vision的手机互动游戏服务项目,Vision项目共提供20个游戏,这20个游戏由美国多家著名游戏开发公司专门为手机用户量身打造。

最近,美国电信运营商宣布在全国部署商用3G网络,采用CDMA 2001xEV-DO技术标准。美国主要城市即将享受到第三代(3G)高速数据网络服务。目前,美国各运营商也在为开展3G服务而积极准备。Verizon旗下的Verizon Wireless将建造一个支持3G服务的高速无线数据网络,这个网络已于2004年夏天在美国的主要城市投入使用。据美国电信行业协会预测,美国2007年在电信方面的年度支出将达到1万亿美元,而2003年仅为7 000亿美元,其中移动通信服务和设备支持服务支出以两位数增长,投资增加又将促进移动业务的进一步发展,同时也为移动商务在美国的发展做好准备。

(三) 欧洲移动商务的发展现状

欧洲由于移动电话普及水平最高,正成为无线 Internet 以及移动商务最大的试验场。英国最大的移动电话和 Internet 运营商 BT Cellnet 已在现有的 GSM 网络上成功开发了 GPRS 业务,实现了 GSM 手机用户上网。BT Cellnet 的每个用户平均每月的收入为11美元,每年因无线 Internet 增值的收入为5 000万美元。瑞典移动电话运营商 Telia Mobile 使用 MyDOF 平台提供手机商网服务,用户可以访问包括信息交易在内的系列业务,如用移动电话购买机票等,它与诺基亚已经签署了协议,准备利用诺基亚支持 WAP 的 Artus 平台开展 WAP 业务。

世界上率先实现商业性运作的手机银行项目是由 Expandia 银行与移动通信运营商 Radiomobile 公司在布拉格地区联合推出的,其 GSM 网络从1996年9月31日开始使用,拥有315 000个用户,由德国捷德(G&D)公司提供 SIM 卡技术及安全系统。至今,该银行系统已由最初支持一家银行业务发展为目前支持多家银行业务,其基于捷德公司的 STARSIM 平台,能运行在一系列的标准化手机上。该手机银行可为客户提供包括账户资料和安全支付在内的大量在线金融服务,功能包括账户结算要求、股票和货币信息、账单支付以及客户服务热线等。如果客户申请了这项服务,就将得到一张载有手机银行应用的 STARSIM 卡,凭借这张卡,客户可得到由 Expandia 银行和 Radiomobile 提供的范围广泛的新颖服务。

西欧在移动通信普及率方面一直是最高的,这主要得益于 GSM,但在未来移动业务尤其是3G业务的发展方面却发生了转折。作为欧洲重量级巨头,沃达丰和 T-Mobile 已为 PCMCIA 卡部署了第一个3G服务。相对之前的2G终端,3G终端在性能和工艺上都更具竞争力,新的开发商纷纷部署模型加快3G终端大规模上市进程,尽管这些终端的成本可能要比它们的 GSM 副本高许多。预计到2009年年底,在西欧的移动用户中,约有70%的用户(2.4亿户)将使用支持3G的终端。

二、中国移动商务的发展现状

外国发展移动商务的同时,中国的移动商务发展也呈现了可喜的局面。

2000 年初，“全球通 WAP”服务在北京、天津、上海、杭州、深圳、广州六个城市试用。到目前为止，移动商务服务业务已遍及中国的各大中型城市，而且正向更高的层次迈进。

由于在固定 Internet 领域创造新的概念已经越来越难，门户网站和垂直网站的地位已经被占领，而移动 Internet 就像一个新大陆，有大片未开垦的处女地。因此，很多专家都预测中国有望成为全球最大的移动 Internet 市场之一。

中国信息产业部副部长奚国华在博鳌亚洲论坛 2007 年年会上透露，中国电话用户总数已突破 8.5 亿，位居世界第一。而且中国手机用户数量以每年 5 000 万至 6 000 万的速度在增长。截至 2007 年 6 月底，全国手机用户已超过 5 亿，可见手机上网拥有无数潜在的用户——只要有 20% 的客户使用移动 Internet，那将是一个超过 1 亿的巨大市场。这充分说明在普通语音业务逐渐饱和的今天，移动商务业务的发展已成为运营商利润来源的又一强大支柱。

有专家表示，中国无线互联网瓶颈正逐渐被破除，手机上网大众化进程提速。中国互联网络信息中心（CNNIC）发布首份《2007 中国无线互联网（WAP）发展状况调查报告》。报告显示，截至 2007 年 3 月底，中国的 WAP 活跃用户数约为 3 900 万人，具有独立域名的 WAP 站点数量约为 6.5 万，中国无线 Internet 已经进入导入期。

目前，我国针对个人的移动商务业务有了空前发展。例如，中国联通“互动视界”WAP 上网注册用户数已达到 850 万；“联通无限”的提升品牌“uni”也正式推出，并采取多种措施加大增值业务的推广力度，开展体验式营销。中国联通将把“uni”打造成一个综合性媒体门户，以“娱乐、工作、生活”为主题，面向时尚、新新、精英三大客户群体，为他们提供娱乐、生活和商务等方面的多种数据增值业务。图 2-2 说明了中国 2006 年的个人移动应用的现状。

除了针对个人的移动商务业务，国内一些 IT 企业也开始推出面向企业和政府的移动商务解决方案。例如，中国移动通信联合会、信息产业部电信研究院、中国移动和中国联通联合推出的短信网址注册服务正式开通。所谓短信网址，就是以企业为应用主体，利用短信方式，为手机、PDA 等移动终端设备访问无线互联网而建立的寻址方式。企业在注册短信网址后，就可得到特定的全国唯一的特服号，开展一系列的应用服务。

目前，中国移动 Internet 正在重复着固定 Internet 的游戏规则。这是前景诱人的大市场，但没有人知道它确定的盈利模式是什么。然而，不管目前移动 In-

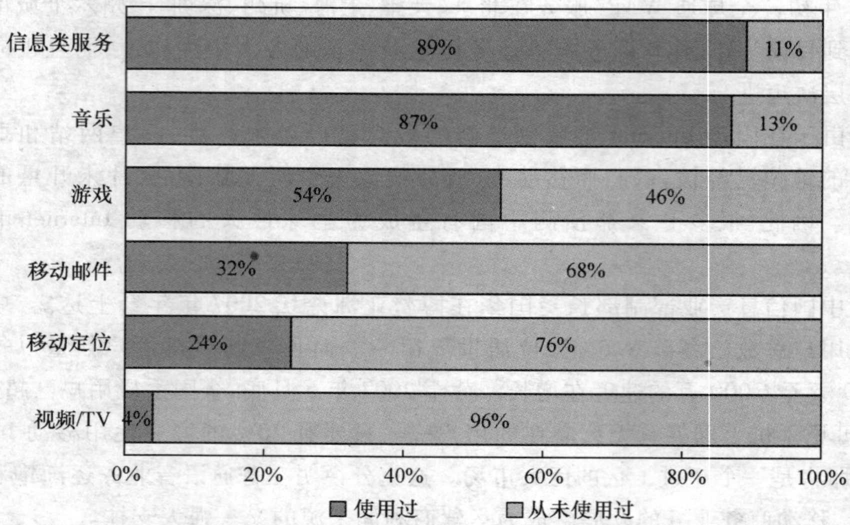

图 2-2　2006 年中国个人用户移动应用状况

ternet 有多大困难，那些设备制造商、网络运营商和一些技术支持商将是最大的赢家，它们的商务模式很简单，即让更多的人用自己的设备和网络无线上网。移动互联越热，它们越高兴。目前，诺基亚、爱立信、摩托罗拉等手机巨头不遗余力地在积极扶持应用开发商，现在的 WAP 网站无一例外地都成了它们的合作伙伴，目的就是为了让移动 Internet 的概念做得更大。

爱立信(中国)有限公司和新浪网最近宣布签署一项战略合作谅解备忘录，为中国市场共同开发移动 Internet 业务。根据该项备忘录，新浪网将通过其 WAP 门户和爱立信门户向爱立信手机客户提供新闻信息和 Internet 服务；爱立信和新浪网将共同携手，向中国运营商及终端客户提供并开发移动 Internet 方案。在万事达卡国际有限公司、西门子公司和 Brokat 公司的共同努力下，目前中国内地、中国香港地区、中国台湾地区、新加坡、澳大利亚和新西兰等地居民已经可以通过手机实现网上支付和安全购物了。根据协议，万事达公司将提供多种支付服务，比如信用卡、借记卡和电子现金等。而 Brokat 和西门子两家德国公司则负责该系统的技术支持。

上海移动通信公司还同步推出了 WAP 门户站点，并成功地为梅林正广和、华印科技等电子商务企业建立了移动商务系统。电商网、搜狐、阿里巴巴等都已经或准备推出移动商务服务，搜狐和诺基亚公司宣布联手推出无线 Internet 服务。虽然中国有近 30 个已经开通的无线互联(WAP)业务的网站，但用户申请WAP业务的不足1 000人,所以从目前来看,中国WAP业务还处在初级阶段。中国移动确定的每分钟0.15元的WAP上网费用标准以及正式启动的“移动梦网”计划将有助于中国移动商务的进一步发展。因为它不但打消了用户对WAP收费的疑虑,还借鉴日本移动运营商NTT DoCoMo的经验,为国内的内容提供商(ICP)开放短消息(SMS)及移动应用WAP平台,共同开发移动Internet服务,实行收益共享的合作方式。这样,一方面为收入模式单一的ICP扩大了收入来源,中国移动通过它庞大的收费系统,帮助ICP收取费用(中国移动向ICP收取15%的佣金);另一方面也会促进移动Internet服务水平的提高。资费政策的明确和服务内容的丰富,无疑将进一步推动移动商务的发展。此外,由摩托罗拉出资主办的中国WAP市场发展研讨会在京举行,中国移动在深圳开通GPRS试验网,中国联通和西门子在北京演示其GPRS试验网……有了运营商的热情参与,再加上新浪、搜狐、网易等国内著名ICP内容服务商的积极支持和各大手机生产厂商的合作,标志着中国的WAP正迈向成熟。

此外,针对当今全世界正在激烈争论的第四代通信技术——4G,中国也在积极地参与该技术的研究与开发。国际电信联盟(ITU)为4G制定了明确的时间表:2006—2007年完成频谱规划,2010年左右完成全球统一的标准化工作。而关于4G标准的征集、确定将在2008年开始进行。信息产业部副部长娄勤俭和科技司相关负责人透露,中国正积极地参与有关技术的研发和标准的制定,期望在4G上夺得先机。国际电信联盟4G标准的征集及确定将在2008年开始进行,考虑按TD-SCDMA的演进思路提交独立的4G标准提案,以谋求中国电信业具有更强的竞争力。与现有的移动通信技术相比,4G的传输速度可提高1 000倍,信息产业部和科技司的此举显然宣告了中国要及早抢占4G技术制高点的果决态度。

吸取在前几代通信技术发展中“只能跟在别人后面打工”的教训,为了逐步迈向产业上游,中国相关政府部门很早就开始关注4G的发展,并积极参与4G国际标准的制定。早在2001年,中国“863计划”就启动了面向后三代/四代移动通信发展的重大研究计划——未来通用无线环境研究计划(FuTURE计划)。为了在4G中提前部署标准战略,自2005年10月开始,中国有关部门专门成立了“未来移动通信论坛”,挂靠在中国移动通信标准化协会下面。目前该论坛已吸纳了33家会员,这些会员包括国内外众多知名的通信运营企业、设备制造企业和研究院校,如西门子、爱立信、华为、中国移动和清华大学等。同时,该论坛也在积极与相关的国内外标准化组织和产业联盟合作,目前已与国外民间标准组织 WWRF、mITF 和 NGMC 正式签署了双边合作协议。

在准备4G国标的过程中,中国已有了具体成果。2007年年初,中国在上海地区对自主开发的4G移动技术进行了测试。上海4G实验网是为国际标准提出而特设的。由于4G手机支持更高的传输速率,可提升影像质量及改善数据服务,还允许用户享受电视广播服务,因此,在测试现场的人们感受到了4G时代的便捷生活。负责项目实施的项目总体组组长、东南大学移动通信国家重点实验室主任尤肖虎表示:"这次测试证明了中国开发4G技术的可行性,意味着我们已朝实现商用的目标又前进了一步。如果说3G研究中我们是在技术标准制定末端介入,那么4G研究我们则是从起始端介入,5年的研发形成了一个相对完整的技术创新框架。"此次测试总共花费了1.5亿元,全部由中国政府埋单。

据了解,上海4G实验网通过验收后,中国将启动重大专项——"新一代宽带移动通信网",该项目包含4G的关键技术研究和标准化工作。相关部门目前已决定,将在更多地区进行4G系统的测试工作,且要赶在2010年之前对其进行商业化测试。中国在上海进行的4G实验是一种很有前瞻性的举措。在3G上马已成定局的情况下,在诸多国内外电信运营商纷纷研发设计4G通信技术的前提下,中国进行"后3G技术"的研发实验是未雨绸缪之举,因为3G标准的确立已经为我们提供了经验和借鉴。

第三节　移动商务对其支撑环境的影响

在本节,我们将从金融、工商管理、工业工程及人力资源等方面来阐述移动商务的支撑环境,并在介绍的同时,展示移动商务给这几大领域带来的影响及改变。

一、移动商务所涉及的金融工程

电子商务的快速发展已经将金融行业推向了一个很高的服务平台,而移动商务的出现将会带来又一个全新的金融行业。有手机、PDA、手提电脑等移动通信终端进行在线电子支付是移动商务得以顺利发展的关键环节和基础条件,随着移动商务在电子交易环节上的突破,网上银行、银行卡支付网络、银行电子支付系统以及电子支票、电子现金等服务,将全球的金融业带入了一个全新的领域。中国从1993年开始的"三金工程"和后继的"金系列工程",是电子商务得以迅速发展的基础，再加上现在各大金融系统和移动通信运营商合作开发的移动银行系列，都为移动商务在金融领域里的广泛应用提供了必要条件。

（一）移动商务时代的金融服务

移动商务的发展使信息的获取范围更为广泛，获取手段更为简便。贸易、商务活动中的商品认识、合同谈判、交易实现都可以通过移动通信网络和相关的软件来完成，金融服务中的支票、柜台、保险、投资、企业银行和家庭银行业务也可以在移动通信网络上实现，电子货币（信用卡、数字现金等）这种在线支付方式取代了传统的货币交易，金融业的竞争力影响因素也由人员数量、分支机构数量和规模等扩展到包括信息交流、数字现金等在内的更广阔的范围。移动商务给金融业带来了巨大的影响。信息交流和数字化电子货币在空间地域上的突破在促进金融业变革的同时，也带来了金融管制上的困难。各国政府都需要制定相关的金融法规和法律，结合技术上的控制来规范这一新兴金融商务模式的正常运转。

在中国银行领域，以中国人民银行为牵头单位，配合国家各主要商业银行及金融机构联合建设的中国金融数据通信网和全国银行卡信息交换中心，充分利用了金融系统电子化基础设施，加强中央银行的支付清算职能，已逐步确立和完善中国的支付清算体制，并加快实现全国范围内银行卡跨行、跨地区、跨国支付业务的授权及清算信息自动交换。

（二）移动商务的金融服务内容

移动商务实际上是把人们在传统办公室、商场、银行以及管理部门等地方进行的商务活动搬到一个公共的媒体上，即移动通信 Internet 上进行。移动商务的范围包括连锁管理、异地银行、订货、购置、网络营销、广告，乃至终端家庭购物，其中金融服务将主要表现在：

1. 网上银行

这里提到的网上银行与电子商务中的网上银行具有共同的业务基础，不同的是移动商务为用户提供了更为方便的服务，体现了即时性、移动性及更为人性化的特点。移动商务环境下的网上银行，是指银行利用移动通信技术，通过移动通信网络向客户提供开户、销户、查询、对账、行内转账、跨行转账、信贷、网上证券、投资理财等传统服务项目，客户可随时随地且安全便捷地管理活期和定期存款、支票、信用卡及个人投资等。网上银行为企业或个体工商户提供信息查询、货币支付、储蓄、结算、在线投资等服务。例如，发布金融信息、完成基本支票业务、货币市场服务、信用卡业务、基本储蓄业务等，也可提供客户信息查询、私人保密服务等多种金融服务。

2. 手机银行

手机银行可提供完整方便的个人金融服务。个人可随时使用手机进入网上银行,进行支票、储蓄、货币市场、存款账户的信息查询和管理等,可检查当前账户余额,划拨资金。利用理财软件,个人可进行在线支付、查看账户并进行理财管理(例如,使用支票簿规划所有金融事务,甚至跟踪和分析花费情况),制定纳税、消费、储蓄等资金计划,以及通过移动通信网络进行金融活动等。

3. 网上购物与消费

移动商务环境要求商场、厂家、政府部门(税务、工商、海关等)、银行以及认证机构联结网络,保证信息流和资金流的通畅。客户通过网上商场可进行商品预览、订货、金额支付等商务活动,也可以进行在线订票、购物、娱乐等消费。

4. 金融支付

传统的支付方式有汇款支付、支票支付、转账支付,而电子支付出现后,其支付方式将扩展为企业信用卡支付、电子支票支付、电子转账支付、信用认证支付等形式。

5. 企业在线理财

企业在线理财可以实现的功能有:① 企业集团服务,集团客户可以通过网上服务查询集团各子公司的账户余额、交易信息,划拨集团内部公司之间的资金;② 对公账务实时查询,企业可以实时查询对公账户余额及交易历史;③ 网上转账,企业可以通过移动通信网络在线支付和转账;④ 国际收支申报,企业客户可以通过移动 Internet 向外汇管理局进行汇入汇款申报,此项业务目前可以在总行申请办理。

6. 银证快车

针对国内证券市场的一、二级清算业务,专门推出了适用于广大券商的“银证快车”服务产品。“银证快车”可以在最短的时间内,完成证券公司与交易所之间、证券公司各营业部之间的资金清算业务,也可随时随地和股民进行业务往来。

二、移动商务所涉及的工商管理

移动商务给工商企业的营销手段带来了巨大的变革。通过移动通信网络和计算机网络,商家们可以随时随地与客户联系,利用网络进行结算;政府还可以方便地进行电子招标、政府采购等。而且在网上不仅可以购买物理类产品,如汽车、电视机和录音机，还可以购买数字类产品，如信息、录像、录音、数据库、软件及各类知识产品。

企业经营和生产方式也因为移动商务的存在而获得各方面的发展。虚拟商店使得客户可以在网上与供货方联系，利用网络进行会计结算和支付服务；企业可以方便地与政府部门以及竞争对手发生联系。移动商务对传统的行业来说又是一场革命，通过人与移动电子通信方式的结合，极大地提高了商务活动的效率，减少了不必要的中间环节。传统的制造业借此进入了小批量、多品种的时代，“零库存”成为可能；传统的零售业和批发业开创了无店铺网上营销的新模式；各种网上服务业提供了全新的服务方式。新的工商管理思想因为移动商务的存在而变得可以实现，并具有更大的价值，客户关系管理、供应链管理、物流管理等管理理念在电子商务活动中得到了充分的体现。

（一）MCRM 与营销自动化

无线通信技术与无线 Internet 的发展为客户关系管理系统插上了移动的翅膀。MCRM（Mobile CRM）使客户能够收到及时的、满足自己需求的信息，公司可通过无线设备了解其销售骨干和营销队伍。图 2-3 介绍了基于营销自动化的 MCRM 实施框架。

对营销人员而言，让客户关系管理信息能通过多种无线平台进行访问是一个不容易突破的障碍。为了满足无线用户的需求，公司需要重新规划自己的网站，使其内容能在不同的无线设备上正确显示。如果一个公司将电话支持作为无线客户关系管理的选项之一，该公司就应该尽量缩短客户服务代表接听客户电话的时间，因为许多无线客户的电话服务都是计时收费的。

提高 MCRM 的服务水平需要公司内部实现营销自动化，包括及时维护和查明产品或服务优势、管理联系名录和其他营销活动。营销自动化并不意味着销售人员会丢掉他们的工作，而是旨在减轻对销售队伍的管理负担，使得销售人员可以将注意力集中在重要的细节上，并关注那些可提高生产力和增加利润的产品或服务优势。销售人员与客户之间的关系可提升客户对公司的信任和忠诚度。客户在消费过程中，大多希望与经常为他服务的人打交道，尤其是在购买贵重的物品时。要想提供高品质的客户关系管理，公司必须设定一个含有既定目标的计划，并与营销和信息技术部门合作执行这项计划。业务分析员应该检查计划中的每个细节，并审查数据，如减少了多少客户服务成本或增加了多少客户投诉，借此优化客户管理系统。

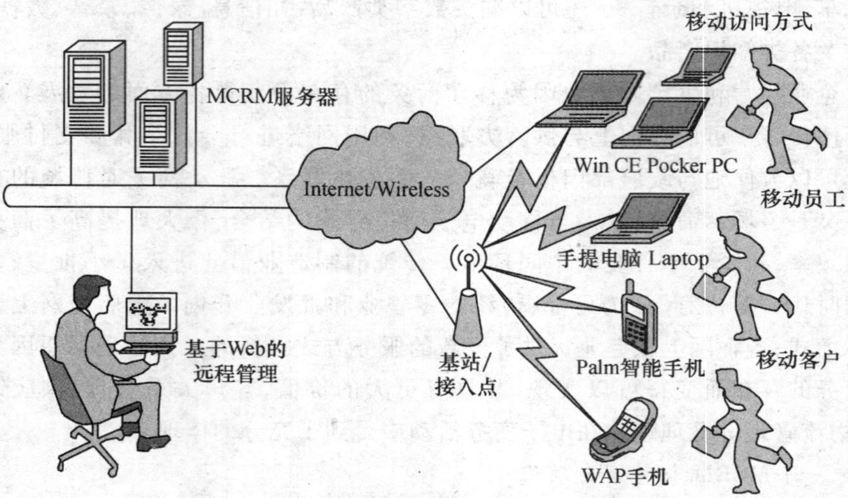

图 2-3　基于营销自动化的 MCRM 实施框架

（二）供应链管理

供应链管理(Supply Chain Management,SCM)是围绕核心企业,通过物流、资金流和信息流,将供应商、制造商、分销商、零售商直至最终用户连成一个整体的功能网络结构模式。一个完整的供应链始于原材料的供应商,止于最终用户。

Internet、交互式 Web 以及移动商务的出现,彻底改变了商业方式,也改变了供应链的结构,传统意义上的经销商功能弱化,其功能为移动商务所代替。因而,传统多层的供应链将转变为基于 Internet 的开放式的全球网络供应链。

在网络上的企业具有客户和供应商双重身份,在这种新的商业环境下,所有的企业都面临更为严峻的挑战,它们必须在提高客户服务水平的同时努力降低运营成本;必须在提高市场响应速度的同时给客户以更多的选择。同时 Internet 和移动商务使供应商与客户的关系发生重大转变,其关系将不再仅仅局限于产品的销售,更多的是以服务的方式满足客户需求来代替将产品卖给客户。越来越多的客户不再仅仅以买产品的方式来实现其需求,而是更看重未来应用的规划与实施、系统的运行与维护等,本质上讲它们需要的是某种效用和能力,而不是产品本身,这将极大地改变供应商与客户的关系。企业必须更加细致、更加深入地了解每一个客户的特殊需要,才能巩固其与客户的关系,这是一种长期的有偿服务,而不是产品时代的一次或多次性购买。整个供应链的协同运作将取代过去的电子订单,供应商与客户间信息交流层次的沟通与协调将是一种交互式、透明的协同工作。一些新兴的、有益于供应链运作的代理服务商将代替传统的经销商，许多新兴业务如交易代理、信息检索服务等，将会提供更多的商业机会。这种全球网络供应链将广泛和彻底地影响并改变所有企业的经营运作方式。

（三）物流管理

移动商务环境下一切商务活动的实现，都要依赖一个良好的移动商务物流系统的运作。物流系统在移动商务环境中所占据的关键位置和作用是促进移动商务快速发展的基础。

移动商务物流是在电子商务物流基础上的又一次飞跃。所谓的移动商务物流，是信息流、货币流、物流的整合体。移动商务作为数字化的生存方式，代表未来的贸易方式、消费方式和服务方式，因此要求整体生态环境要完善，要求打破原有行业的传统格局，发展、建设以商品代理和配送为主要特征，物流、商流、信息流有机结合的社会化物流配送中心，建立移动商务物流体系。

此外，第三方物流（Third-party Logistics, 3PL）的思想已经成为流通领域一个广泛谈论的话题。现在，第三方物流提供的主要物流职能（运输、仓储、物料管理与辅助性管理）已占20%以上。笔记本电脑、手机、PDA和EDI的推广方便了外包协议的执行。目前，信息技术的发展与普及对流通体制产生了重大影响，移动商务的发展对物流产业提出了更高的要求。第三方物流的发展将促进传统物流向现代物流的转变，无疑也将推动移动商务的发展。

随着移动商务的发展，第四方物流（4PL）的出现亦是必然，它将作为客户的战略伙伴而不是像3PL那样的战术伙伴。4PL是供应链集成商，它整合自身及其他服务提供商的资源、能力和技术，提供综合供应链解决方案。3PL和运输中间商必须在两个层面上进行运输采购决策，它们既是运输的买方又是运输的卖方。承运人可能发现提供市场交易确定价格并不容易，因为它们缺少必要的信息系统和人员来应付市场的变化。在这种情况下，与3PL签订合同是不错的选择。客户也常常发现自己在变化莫测的市场交易中力不从心，它们也会趋于寻求3PL的服务。信息是供应链的关键部分，将持续推进运输与物流市场的变化，移动商务将是这一转变的主要内容。尽管有许多风险投资投入运输与物流移动商务市场，但大多数会被少数幸存者所购并。

三、移动商务所涉及的工业工程

制造是人类经济活动的重要基础，也是人类社会发展的原动力。随着人类工业文明的不断进步,制造业已经成为一个国家的经济发展支柱,成为国民经济收入的重要来源。

(一) 移动商务时代的工业工程

移动商务时代满足社会需要的基本方式是不断地开发出新的物质产品和知识产品,因此,在移动商务时代决定制造业国际竞争力的关键是新产品的开发能力。当代企业生产的市场需求导向,导致产品的生命周期大幅度缩短,某种产品市场的存在也是有时限的。为此,企业必须不断地搜索和发现新的消费需求,通过技术创新,积极主动地去研究市场、开发市场,增强竞争力,如此才能争取主动,获得较好的经济效益。制造业必须敏锐地意识到这种需求,并加快知识创新和技术发展步伐,充分考虑到提高质量和降低成本等因素,从而快速地生产出消费者需求的新产品。

快速产品创新要求实现制造模式的历史性变革,传统的大量生产方式和“刚性”制造系统已难以适应市场的瞬息万变,同样地,传统的管理模式也缺乏快速应对市场变化的能力。因此,传统的先进制造模式面临着重大的变革,包括从以技术为中心向以人为中心转变,从多层次递阶结构向扁平网络结构转变;从顺序工作方式向并行工作方式转变;从以功能划分的固定职能组织向动态、自主管理的团队组织转变;从质量第一的竞争策略向快速响应市场的竞争策略转变;从单纯注重竞争向双赢策略转变等。

(二) 移动商务环境下的柔性制造

由于移动商务时代人们对产品的功能和质量要求的提高,产品更新换代周期缩短,以及产品复杂程度的提升,使得传统的大批量生产方式受到了严峻挑战。几十年来,从单台数控机床的应用到加工中心、柔性制造单元、柔性制造系统和计算机集成制造系统的实现,使柔性自动化得到了迅速发展。

柔性制造系统是一种技术复杂、自动化程度高的系统,它将微电子、计算机和系统工程等技术有机地结合起来,成功地解决了机械制造高自动化与高柔韧性之间的矛盾,从而可以获得设备利用率高、生产能力相对稳定、产品质量高、运行灵活和产品应变能力强等优势。就制造业的柔性制造系统而言,其基本组成部分有自动加工系统、物流系统、信息系统、软件系统。

柔性制造系统的成功实现依赖于两个方面。一方面是与计算机辅助设计和辅助制造系统相结合,利用原有产品系列的典型工艺材料,组合设计出不同模块,构成各种形式的模块化柔性系统。另一方面是实现从产品决策、产品设计、产品生产到产品销售的整个过程自动化。

制造业从单一规格无差别的大规模、批量生产发展到根据不同用户的具体需求生产出满足不同客户、不同需求的产品的柔性制造系统，是制造/加工工业发展的最高阶段。信息获取渠道是制约柔性制造系统发挥更大功效的瓶颈，用户需求与柔性制造系统信息获取之间的时滞影响了其快速、准确响应的能力，进而影响了其优势的充分发挥。柔性制造的潜力的真正发挥需要快速、准确的信息采集和处理系统来配合。没有需求信息的及时、准确获取，柔性制造就是一句空话。在移动商务时代，计算机网络和移动通信网络已经把每个人和单位有机地组成一个个小的地球村，移动商务技术正是制造企业及时、准确获取需求信息的最佳手段，它为柔性制造系统提供了新的发展机会。在移动商务环境下，用户需求可以通过网络迅速、准确地传递给柔性制造系统，从而迅速设计、研制出合格的个性化产品以满足用户需要。TCL 集团在这方面已经走在前面。

四、移动商务所涉及的人力资源组织

智力资本就是企业组织的集体智慧，可以用来为企业创造财富。智力资本管理的原则不是企业独占其人力和顾客资本，而是与员工、供应商和顾客共同分享这些资本。人力资源管理的首要任务就是建立和开发人力资本，为企业树立团队精神、集体运作环境以及其他社会学习形式，积累知识数据并加速企业内部的信息流，使企业所拥有的这些无形资产成为企业强大的竞争利器。

（一）移动商务环境下的企业人力资源开发与管理模式

移动商务环境下的人力资源开发与管理的核心思想是运用现代化科学管理的方法，采用移动商务综合技术对人力进行合理的培训、组织与调配，使人力、物力保持最佳比例，从而使人力资源的优势得到最大限度的发挥。具体包括以下内容：

（1）人力资源发展战略目标：企业人力资源发展战略目标是由企业发展的战略目标决定的。

（2）人力资源现状及需求预测分析：对目前人力资源的各项指标进行分析，看其是否适应目前企业的需要，根据企业的发展战略对未来人力资源需求做出预测。

（3）制定人力资源发展规划：根据需求预测结果和现状分析，提出企业员工在数量、素质、知识结构等方面的调整与改善规划，包括网络人才引进与网络人才培养。

（4）制定培训规划：做出整体规划和实施计划，不断完善员工的知识结构，提高企业的竞争实力。

(5) 考核评价:定期对员工业绩进行考核评价。

(6) 激励:不断完善激励机制,为员工的个人发展提供网络学习条件,激发他们的工作热情和创造性。

企业人力资源的开发和管理不能完全脱离传统的人力资源管理模式,而是应该把网络人才融合到企业人力资源的管理中来,达到两者的互补。

(二) 移动商务环境下的人力资源组织系统

在移动商务环境下,制定人力资源发展规划时,可以通过网络获得更全面的信息,使得人力资源发展规划更有针对性、更符合企业发展的需要。人才的引进、培养和考核等都可以通过网络进行,这会比传统的方法更及时、更有效。

在人员招聘方面,企业可以通过互联网和移动通信网络向外界发布招聘信息,应聘者可以根据兴趣选择空缺的职位,输入必要的应聘信息。

在内部管理方面,Intranet 更方便员工交流,他们能查找其他员工的电话号码、传真号码、房间号码、同事照片和邮箱地址。员工可通过 Intranet 随时查询有关本人的出勤记录、工资情况、差旅费用等。

移动商务环境下的人力资源必须与传统人力资源进行整合。移动商务环境下的一个重要特征就是网络资源的应用,相应的人力资源管理体系就应该首先从网络人力资源入手。由于移动商务信息流的分布改变了组织架构,工作场所无国界,组织运作通过网络实现,使得传统的组织结构不再完全适应企业发展的要求,人力资源市场外部化程度进一步扩大。移动商务环境下的人力资源结构必须能够适应以上的变化,提供在线人力资源分析与诊断,认知员工的综合技能、经验和专长,及时地为适当的人提供所需的知识,而且必须能够把个人知识转化为组织知识,有效地连接“知道者”和“需要知道者”,创造一个不断学习、获取、发展和积累知识以增加人力资源服务价值的学习型企业(组织),从而真正实现网络环境下的知识共享、在线培训以及组建网络大学,发挥网络环境下人力资源组织的优势,从而整合成为新的人力资源管理环境。

第四节　移动商务给人们的工作和生活带来的变革

移动商务对社会影响是多方面的,并且正在改变着人们的生活、工作、学习、娱乐甚至思维方式,以及人们还没有想到的许多其他方面。目前,人们所能享受到的移动商务服务主要有以下几方面:

一、信息传播

移动商务主要通过移动 Internet 进行，这些网站能够更快、更直观、更有效地将信息或思想向全世界传播，实现了真正的大众传媒作用。通过移动通信网络查找新闻或信息将逐渐成为人们及时获得信息的方式。移动商务的交易过程通过遍及全世界的移动 Internet 来传递电子邮件、短信息及各种语音数据业务，既快捷又便宜，使人与人之间的感情交流或企业之间的业务交往更加直接方便，使商家与消费者之间进行交易变得更为方便。

移动 Internet 上的出版物更为便宜，因为在网上建立网页并不需要纸张，任何人均可以方便地在移动 Internet 上建立自己的网页来宣传自己的主张。其生存的条件在很大程度上将不再是资金，而在于网页本身的内容。移动 Internet 作为一种具有私人和公共的双重功能的媒体，传播信息具有双向性的特点，人们可以根据自己的需要获取信息、提出疑问，没有时间和地域的限制。例如，利用 CDMA 手机、PDA 或其他可上网的移动通信终端进行股票交易和股市查询，查询实时的体育报道并发表自己的评论，通过网上黄页寻找商机或就业机会，也可以发布招聘广告招聘职员。在移动通信网上刊登广告正成为大众所重视和喜欢的方式，并在很多方面比固定电子商务、电视、报纸和杂志等传统的媒体竞争更有优势。人们熟悉的各种饮食、服装、电话、汽车、房产等行业的公司逐渐将注意力转向在移动 Internet 上做广告。

二、办公方式

由于通过移动商务方式进行交易可以保证及时通信和进行大部分的业务处理，因此在移动商务环境下，办公的方式更为灵活，无论何时何地，都可以进行办公处理。对于执行独立任务的管理人员来说，他们可以方便地选择自己喜欢的工作方式和工作地点。例如，公司派出的出差人员，就可以利用移动商务的办公方式和公司总部保持联系，取得信息并及时反馈给公司，从而以最快的方式做出决策。

在日常办公中，办公人员需要花费大量的时间进行讨论和交流意见，才能做出某种决策。而这种在群体中互相沟通、合作的工作方式就是所谓的“协同工作”。随着网络技术的发展，异步协作方式如电子邮件、网络论坛等，以及同步协作方式如网络实时会议正在逐渐成为除了面对面开会之外的新的工作方式，它们打破了时间、地域的限制，使人们可以随时随地参与到协同工作中去，大大提高了工作效率。

所谓“移动办公”,就是提供办公人员在办公室以外的办公手段,他们可以远程拨号或登录到出差地的网络,通过电话线或广域网络,随时可以访问办公自动化系统;为提高工作效率和减少费用,办公人员还可以选择“离线”工作方式,即将需要处理的信息先下载到本地便携机上,然后切断连接,“离线”地处理信息(例如,可以在旅途中批阅公文、起草电子邮件等),待工作完毕再次登录网络,将自己的工作结果发出或再次下载新的待办信息。办公自动化系统作为网络应用系统应提供用户协同工作支持和移动办公支持。

移动商务环境下的办公方式包含大量的工作流。所谓工作流,就是一组人员为完成某一项业务所进行的所有工作与工作转交(交互)过程。办公自动化应用系统的大多数应用如公文审批、各类申请等。每一项工作以流程的形式,由发起者(如文件起草人)发起流程,经过本部门以及其他部门的处理(如签署、会签),最终到达流程的终点(如发出文件、归档入库)。工作流程可以是互相连接、交叉或循环进行的,如一个工作流的终点可能就是另一个工作流的起点,如上级部门的发文处理过程结束后引发了下级部门的收文处理过程。工作流程也可以是打破单位界限的,发生在机关与机关的相关单位之间。工作流自动化有三种实现模式,即基于邮件的、基于共享数据库的、基于邮件和共享数据库结合模式(群件模式)的。从信息技术的角度出发,群件模式结合了“推”、“拉”技术,充分发挥了不同技术的优点,克服了其缺点,是理想的办公自动化流程处理模式,也使办公自动化人员拥有了完整的信息技术工具。

三、生活方式

移动 Internet 实质上已经形成了一个范围广阔的、没有国界的虚拟社会,不同年龄的人们都可以在网上找到自己的活动领域,发表自己的意见,参加聚会、购物、看电影、玩游戏、看书、收藏、旅游等。比如,孩子们可以在移动 Internet 上玩游戏,看少儿节目,学习少儿科普知识;青年人可以利用网络谈恋爱、交友,移动 QQ 就是一种很典型的手机交友方式;成年人可以通过移动通信网络随时收集信息,了解税收法律的改变情况,即时填写税收表格和缴纳税费;老年人也可在网上聊天,发表自己的言论,学习各种健康知识。移动商务在人们的生活中占据了越来越重要的位置。当然,在网络改变人们生活方式的同时,也带来一些如信息污染等负面影响。

同时,“手机钱包”业务的推出,使得银行与通信业间跨行业的业务合作成为可能，既推动了金融机构和中国移动核心业务的发展，又为双方增强客户服务创新带来了新的发展机会，更为广大客户带来新的支付渠道和方式。“手机钱包”业务必将成为中国移动商务领域一个新的亮点。

随着“移动梦网”、“联通在线”的建设，各电信增值服务提供商(SP)与中国移动、中国联通纷纷合作，短消息服务处于令人眼花缭乱的变化之中，正在兴起的数据业务为移动通信运营商带来了新的增长点。移动运营商通过为各SP提供一个公平、公开、透明的运营环境，向用户提供更多、更好的应用，达到市场主体的多赢格局。运营商与SP的合作，为我们提供了更及时、丰富、多元化和个性化的信息服务。从近来的移动秘书、手机炒股、定制信息点播、短信聊天、图片和铃声下载，到日渐流行的游戏业务，移动电话已成为同时为用户提供沟通、娱乐、金融、证券、新闻、商务助理等多种服务的贴身终端，成为人们生活中不可或缺的生活工具，移动电话给人们带来的不再仅仅是一种通信的便利，更是一种全新的生活方式。

四、消费方式

移动商务的推广已经使即时购物成为现实，消费者可以随时随地通过不同的移动通信终端进入网络商店，查看商业目录并从中挑选自己需要的商品，查看商品的规格和性能，填写订单，然后通过信用卡进行付款。在用户确认之后，商家几乎立即就可以收到顾客的订单，尽快送出或寄出顾客所选定的商品。在网上，消费者只需要拥有一个网络账号，就可以随时随地不间断地与银行、证券、保险公司等进行储蓄、转账等各种业务联系。可以预见，通过移动商务的方式进行消费，将是21世纪的新热点。

移动商务将改变人们的消费方式。通过移动商务方式购物的最大特征是消费者的主导性，购物意愿掌握在消费者手中；同时消费者还能以一种轻松自由的自我服务的方式来完成交易，消费者主权可以在网络购物中充分体现出来。

但人们对消费方式的固有认识和习惯一开始就给中国移动的“手机钱包”带来了一种天然局限性。在国内，大部分的交易依然是现金，尽管银行卡推广了十几年，但依然不是交易的“主力”。目前，通过手机进行大额的现金交易还不是人人可以接受的，毕竟在许多人看来，只有现金交易才是最安全的。其实，移动支付对消费者来说似乎已经习以为常。手机支付话费、手机缴纳水电气费、手机投注等业务的成功，不仅让通信运营商，同时也让产业链上的各个环节为移动支付业务的深度扩展苦苦寻觅。

移动支付是移动通信向人们的日常生活进一步渗透的过程，因此这个过程必然是从不成熟到成熟、从不被认可到认可的过程。试想，如果在没有商家和用户捧场的情况下，移动运营商将平台建设得再美轮美奂也是枉然。关键要让商家得到好处，让用户感到方便，让整个产业链完善起来，这样才能让“手机钱包”深得人心。

移动商务的安全保障、支付渠道完全可以通过技术和法规予以规范，最大的制约应该是如何发掘用户的真正需求。一旦顺应用户需求，习惯不需过多培养就会成为自然。随着移动通信技术的普及，移动金融服务的实时数据交换是金融业的发展方向，消费行为正日益从固定消费地点模式向各种不限地域、不限时间、不受固定通信线路限制、随时进行交易的模式发展，移动支付方式的出现日新月异地改变着人们的消费习惯。

五、教育方式

随着移动通信事业和 Internet 的飞速发展，通过网络大学进行远程教育已经为国内外的众多大学采用，它以移动通信技术、计算机通信技术和 Internet 技术为依托，采用远程实时多点、双向交互式的多媒体现代化的教学手段，实时传送声音、图像和电子课件，使身处两地的师生能像现场教学一样进行双向视听问答。这是一种实现跨越时间和空间的教育传递过程。美国、欧洲和东南亚许多有名的大学在网上开设网络大学。国内的很多大学都开设了网络大学，学生可以通过手提电脑进行远程登录，随时随地学习网络大学提供的各门课程。网络大学需要的管理机构和人员很少，进行网上教育成本低、效果好，可以很好地发挥师资和教材优势，可以低投入、高产出地完成高质量的教育。同时，现代社会要求对人们进行终身教育和培训，各个年龄层次、各种知识结构、各种需求层次和各个行业的从业者，均可以通过网络大学完成继续教育。

同时，教育的内容也随着移动通信事业和 Internet 的快速普及而发生着剧烈的变化。电子商务已经成为大学里的新兴学科，有很多大学开设了电子商务专业，而移动商务也逐渐成为各高校所关注的焦点，相信近两年会在各高校迅速普及。当然，移动商务对人类的工作和生活方式的改变并不仅局限于此，其对人类产生的影响是多方面、深层次的，因此，其重要性也是显而易见的。我们应该重视移动商务并积极投入其中，这样才能跟上时代的步伐并从中得到益处。

第五节 移动商务使企业发展获得竞争优势

在市场经济环境中，任何企业都面临着竞争的压力，如何提升企业竞争力、创造企业的竞争优势是每个企业都关心的问题。移动商务的发展为企业提供了一个良好的机遇，因为移动商务能够有效地创造企业在移动商务环境下的竞争优势。

一、竞争优势理论

企业竞争优势是美国哈佛大学的教授迈克尔·波特提出来的。他认为，竞争战略旨在针对决定产业竞争的各种作用力建立对企业有利的竞争地位。因此，企业竞争战略的选择包括如何适应产业的长期盈利能力及其影响因素，以及如何确立企业在产业中的超出平均盈利机会能力。

波特教授发现，任何产业和企业都受到五种竞争力的作用：① 来自潜在的新竞争对手的威胁；② 来自其他产品创新的本企业产品被代替的威胁；③ 来自供应商的卖方侃价能力；④ 来自消费者的买方侃价能力；⑤ 来自产业内部的现有企业之间的竞争。这五种竞争力决定了产业的盈利能力，它们影响着企业产品的价格、成本和企业投资等多种因素，综合起来决定产业中的企业获取超出行业平均水平的利润的能力。

波特教授细分了五种竞争力的内容，他认为，尽管企业相对于其他对手可以拥有很多的优势或劣势，但有两种基本优势是最为重要的，即成本优势和差异性（歧异性）优势。具有成本优势和差异性优势的企业可以在较大程度上对五种竞争优势的作用力加以控制。

波特教授认为，企业的竞争境况可以划分为远期目标和近期目标，分别描述企业的远期总体计划和近期局部市场计划。企业的竞争优势和竞争境况相结合，产生了三种基本战略，即成本领先战略、差异化战略和集聚战略。成本领先战略是指企业成为产业中的低成本的生产厂商，以低成本为优势；差异化战略是指企业在某些产品、服务上保持与其他企业有鲜明差别的竞争战略；集聚战略是在市场内部的特定狭小空间做出的战略选择，具有细分目标市场的针对性。集聚战略还可以细分为成本集聚战略和差异化集聚战略，前者是企业将成本作为在目标市场上的竞争优势，后者则把差异化作为优势。

波特认为，企业可以使用任何一种基本战略获得竞争优势，也可以将几种战略混合使用。在三种基本战略中,成本优势是长期、稳定的,是最基本的优势来源;差异化战略则通过产品、服务的创新,发展企业新的竞争优势。

二、移动商务创造企业新的竞争优势

移动商务之所以得到西方发达国家企业的重视,是因为它能够有效创造和提高企业的竞争优势。移动商务以现代化的电子技术和移动通信技术为基础,利用移动通信网络在信息传递和资源共享方面的特长,在创造企业成本优势和差异化优势等方面起到了积极的作用。具体体现在创造成本优势和创造差异化优势两个方面。

(一) 创造成本优势

若企业进行所有价值活动的累计成本低于竞争者的成本,它就具备成本优势。移动商务中的移动通信技术影响企业的每一项价值活动及联系,其中均蕴涵着降低成本及费用的潜力。

1. 降低企业经营成本,提高企业利润,为企业持续发展提供动力

尽管开展移动商务需要一定的投资,但与其他销售渠道相比,其运营成本已经大大地降低了。根据国际数据公司(IDS)的调查,利用移动商务进行广告宣传,进行网上促销活动,结果是销售额增加 10 倍的同时,费用只是传统广告费用的 1/10。一般而言,采用手机邮件和短信的促销成本只是邮寄广告的 1/10。

美国宾夕法尼亚州的安普公司曾经花费 800 万美元印刷产品目录,而现在将其销售的 7 万种产品目录做成数据库的形式,放到移动 Internet 上展示,成本已经大大降低,而销售额却大大增加。除此之外,精心制作的数据库网页使客户可以准确、及时地查找到所需要的设备情况,而纸张印刷品却无法做到这一点。

随着企业移动商务的展开,移动网络客户支持系统的使用受到厂家和客户的欢迎。企业提供有效的网上客户支持活动,可以大大地降低电话咨询的次数。例如,美国联邦快递公司(Federal Express)通过建立移动 Internet 上咨询服务系统,使客户可以随时随地跟踪快递包裹的运输情况,而客户每次查询只要花费公司 0.1 美元,而用传统的咨询方式却要花费 7 美元。可见,移动通信技术支持服务的费用大大低于传统的电话咨询的费用。

每一项产品的生产成本都涉及固定成本的支出,固定成本并不随生产数量的变化而变化,而是与产品的生产周期有关。移动商务的出现缩短了产品的生

产周期，从而降低了企业的生产成本。

今天，网络技术和移动通信技术的应用为产品的开发与设计提供了快捷的方式。第一，开发者可以利用移动网络技术进行即时快速的市场调研，了解最新的市场需求；第二，开发者可以利用信息的传播速度，很快了解到产品的市场反馈，以对正在开发的产品进行适当的调整，从而取得竞争优势。而这一过程，在传统生产中，将是一个漫长的过程。现在，移动商务改变了一切。

2. 降低采购成本，减少库存占用，大力发掘企业的第三利润源泉

传统的原材料采购是一个程序烦琐的过程。通过移动商务活动，企业可以加强与主要供应商之间的协作，将原材料的采购和产品的制造过程有机地结合起来，形成一体化的信息传递和处理系统。

目前，许多大公司纷纷通过移动商务增值战略方案，采用一体化的移动电子采购系统，从而降低了劳动力、打印和邮寄成本。采购人员也有更多的时间致力于合同条款的谈判，并注重和供应商建立稳固的供销关系。

美国通用电气公司的照明部自从由手工采购转向采用电子商务的采购系统，进而升级到移动商务采购系统以后，产生了积极的效应，既改善了服务，又节省了劳动力与原材料成本。通用电气公司的发言人说："自从升级到移动电子采购系统后，公司的采购费已经降低了30%。"

产品的生命周期越长，企业就需要越多的库存来对付可能出现的交货延迟、交货失误，对市场的反应也就越慢。而且，库存的增多也会增加运营成本，降低企业的利润。何况，高库存量也不能保证向客户提供最佳的服务。

因此，适当的库存量不仅可以让客户得到满意的服务，而且可以尽量地为企业减少运营成本。为了达到上述目标、提高企业库存的管理水平，企业可以通过提高劳动生产率，在提高库存周转率的基础上，降低库存的总量。

（二）创造差异化优势

若企业能够为顾客提供独特性的商品或服务，那么企业相对于竞争者来说就能赢得差异化优势。企业任何一种价值活动都是独特性的潜在来源。移动商务为企业创造的差异化优势有以下几个方面：

1. 提高服务质量，形成服务差异化优势

以移动通信网络和Internet为基础的移动商务将彻底改变企业旧的经营模式，它打破了传统职能部门依赖分工与协作完成整个工作过程的惯例，形成了并行工程的思想。在移动商务构架中，除了市场部和销售部可以与客户打交道外，企业其他的职能部门也能够通过移动商务网络与客户频繁地接触、交流，从

而大大提高了对客户的服务质量。

2. 提高买方价值,满足个性化的需求

移动通信技术和电子技术的发展与应用,使经营者迅速了解、分析顾客的个性化需求成为可能,并可以通过自动订货系统,随时满足顾客个性化需求,达到提高买方价值的目的。

3. 完善信息系统本身是差异化优势之所在

移动商务将信息传递数字化,使用标准的数据传输数据,形成即时的沟通,能有效地改善企业的管理环境。企业的信息系统能实现企业内信息低成本共享,管理信息可以通过网络迅速传递到每个部门和责任人员,实现信息传递的扁平化,从而可以实现中间管理人员的裁减,降低管理成本,信息的传递也会更快、更准确。同时,移动商务系统可以使企业实现外部信息的内化,管理人员可以及时地获得商务信息,加快决策速度。

4. 形成独特的地理位置优势

差异化优势可以来自地理位置优势。移动商务系统提供的移动定位系统是借助于最先进的移动通信技术进行位置查询、结合地理资源进行分析的管理系统,这种系统可以作为商机评估及选址条件的决策参考,使企业选定的店址能够最大限度地方便顾客,相对于竞争者来说具有独特性。

5. 推动产品创新

移动商务的创新作用有两个方面。一方面,移动商务本身包含着传统商业服务和新产品服务。基于网络的商品销售属于传统的商业服务;移动通信网络信息服务、手机娱乐、短消息等是新产品,是基于移动商务的产品创新。现在,包括微软、戴尔等大公司的相当一部分产品都是通过移动商务的形式完成的,在国内像海尔、TCL也都借助移动商务进行商品销售。

另一方面,移动商务通过产品创新推动市场创新,并且带动了新型信息企业的崛起,成为经济新的增长力量。移动商务的发展要求有电脑硬件和软件的支持,要求更高级的信息处理器和网络传输速度,带动系列计算机硬件、软件和移动电子产品的发展。一批新生企业也在利用移动商务发展起来的商务活动新概念,率先进入市场,有望在不久的将来形成一个独立的新兴产业。

6. 树立企业的自身形象,推动企业更长远的发展

移动商务为企业提供了一个全面展示自己产品和服务的虚拟空间,良好的移动网络广告方案有利于提高企业的知名度和商业信誉,达到提高企业竞争形象的目的。如何通过移动通信网络这种低成本的新型媒体宣传企业,从而提高

企业形象是决策者们必须考虑的问题。率先使用移动商务的企业将在同行中树立起进取的形象，体现出容易接纳新事物的创新精神，将有助于企业树立健康、向上的良好形象。能够提供品种齐全的产品、灵活的折扣条件、可靠的安全性能、友好的用户访问界面、完善的技术支持是一个网络公司获得良好形象的关键。移动商务能够改变企业传统落后的价值理念，建立起创新、迅捷、严谨、诚信的企业文化，大大提高企业信誉，为企业的长远发展提供支持。

7. 为企业提供全球采购系统

目前，传统的采购模式存在六大问题：① 采购、供应双方都不进行有效的信息沟通，出现典型的非信息对称博弈状态，采购很容易成为一种盲目行为；② 无法对供应商的产品质量、交货期进行事前控制，经济纠纷不断；③ 供需关系一般为临时或短期行为，竞争多于合作；④ 响应用户需求的能力不足；⑤ 利益驱动造成暗箱操作，舍好求次，舍贱求贵，舍近求远；⑥ 生产部门与采购部门脱节，造成库存积压，占用大量流动资金。

移动商务采购模式有六大优势：① 可以扩大供应商比价范围，提高采购效率，降低采购成本，突破传统采购模式的局限，从货比三家到货比百家、千家，大幅度地降低采购费用，降低采购成本，大大提高采购效率。② 实现采购过程的公开化，有利于实现实时监控，使采购更透明、更规范。③ 实现采购业务操作程序化。由于必须按软件规定流程进行，因此大大减少了采购过程的随意性。④ 促进采购管理定量化、科学化，实现信息的大容量和快速传送，为决策提供更多、更准确、更及时的信息，决策依据更充分。⑤ 生产企业可以由“为库存而采购”转变为“为订单而采购”。在电子商务模式下，采购活动是以订单驱动方式进行的。用户需求驱动制造订单产生，制造订单驱动采购订单产生，采购订单再驱动供应商生产。该模式可以快速响应用户需求，降低库存成本，提高物流速度和库存周转率。参与采购的供需双方进入供应链，从以往的“输赢关系”变为“双赢关系”。同时，供需双方之间建立起长期的、互利的合作关系，使自己在供应链中成为不可替代的角色。⑥ 实现采购管理向外部资源管理的转变。由于供需双方建立起长期的、互利的合作关系，因此采购方可以及时将质量、服务、交易期的信息传送给供方，使供方严格按要求提供产品与服务。

移动商务采购为采购提供了一个全天候、超时空的采购环境，即 365 × 24 小时的采购环境。该方式降低了采购费用，简化了采购过程，大大降低了企业库存，使采购交易双方易于形成战略伙伴关系。从某种角度来说，移动商务采购是企业的战略管理创新。

综上所述,移动商务带给企业的优势是显而易见的。通过个人移动设备来进行可靠的电子交易的能力被视为移动 Internet 业务最重要的方面。移动通信提供了高度的安全性,而且其安全性还可通过各种方式得到进一步增强,如电子签名、认证和数据完整性。互联网与移动技术的结合为服务提供商创造了新的机会,使之能够根据客户的位置和个性提供服务,从而建立和加强其客户关系。有了移动商务技术,就可以实现流动办公,大大节约了成本,提升企业或个人的效率。移动商务作为对企业的新的推动力,将对现存的商业模式、商务流程、竞争规则等产生深刻的影响,具体表现在:新经济向传统产业渗透、延伸,使产业界限由清晰变得模糊;以资本为纽带的实体企业向以契约为联系的虚拟企业发展;信息从独占走向资源共享;组织从正式结构向网络化非联盟转化;竞争模式从独立竞争向企业联盟、网络生态环境的竞争模式转化。

复习思考题

1. 简述电子商务的现状。
2. 简述移动通信技术的发展。
3. 简述移动商务在国外的发展。
4. 简述中国移动商务的发展现状。
5. 移动商务的主要支撑环境有哪些?
6. 移动商务对人们的生活带来了哪些影响?
7. 移动商务对人们的工作带来了哪些影响?
8. 什么是竞争优势理论?
9. 移动商务为企业创造了哪些新的竞争优势?
10. 移动商务给你的生活乃至思维方式带来了哪些改变?

第三章

移动商务流程与运作模式

学习目的

1. 了解传统商务的流程与运作模式；
2. 了解移动商务的运作模式与价值链；
3. 了解移动商务环境下的物流与供应链管理；
4. 了解移动商务中产业链成员的发展战略；
5. 了解 I-Mode 模式给移动商务企业的启示。

第一节 传统商务的流程与运作模式

传统商务的任何一笔交易都包含三种基本流:实物流、信息流、资金流。在传统商业企业中,商品流通过程是以实物流(商品的实际流动)为物质基础,信息流(商品基本信息的流动)贯穿始终,引导资金流(货币流动)正向流动的动态过程。在传统商务活动中,信息流更多表现为票据资料的流动,它贯穿商品交易进程始终,记录整个商务活动的流程,是分析实物流、引导资金流、进行经营决策的重要依据。

一、传统商务的流程与运作模式

(一) 传统商务的流程

百货商场作为一种较为成熟的业态形式,在中国已得到了广泛的发展并还将继续存在下去。我们以百货商场为例来分析传统商务流程,参见图 3-1。

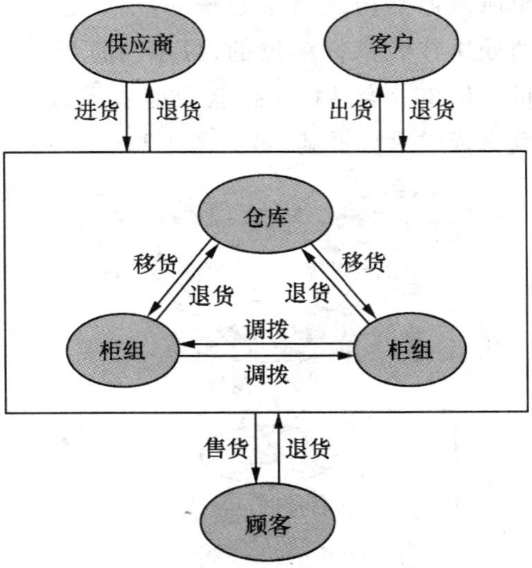

图 3-1 百货商场商务流程

商场进货,即商场资金的投入、商品的增加。商场从供应商处进货,首先要在科学核算的基础上,确认自身需求,拟订商品进货数量、品种和结构,向供应商发出询价单,在反馈的报价单的基础上与供应商进行洽谈,签订进货合同,发出订货单。供应商在备好货后发出通知,商场经与订货单档案核对无误后准备收货。货到后如果货单不一致，则还要与供应商洽谈做补货或退货处理。最后要与供货商发来的对账单进行核对，无误后确认。

商场所进的货可以进入仓库，也可以直接进入柜组销售。商场柜组既可以从仓库中领商品，也可以将商品退还仓库，完成仓库与柜组间的移货操作，生成移货单或移货退货单。柜组与柜组间还可以填写调拨单，进行商品的相互调拨。在与客户进行批发交易时，商场可从仓库或柜组出货，填写出货单，发生退货时生成出货退货单。商场商品的零售则以柜组为基本单位，填写三联购货小票或开出零售发票。这两种商务流程，由于交易的规模不同而有所差异，但它们应属于企业与消费者之间的商务活动，属于零售范畴。当然，对百货商场而言，这一环节是它的主业，是百货商场得以生存和发展的基础。

连锁超市是中国近年来出现且发展非常迅速的另一种商务形式，并正在形成积极的发展趋势。由于同属于零售业，它的业务流程与百货商场有一定的共同点，但也有特殊性，主要在于它一般不采取多级管理，而是由配送中心统一商品进货，进行集中式管理。商品由配送中心统一采购，办理进货或退货手续，填写相应单据。各超市所需商品由配送中心统一配送，送货时填写配货单，有些商品需要直接从厂商处送往各销售单位的，可填写直配单，各销售单位向配送中心退货时填写配货退货单。商品批发销售只能由配送中心进行，由配送中心与客户企业办理批发出货或退货手续，参见图 3-2。

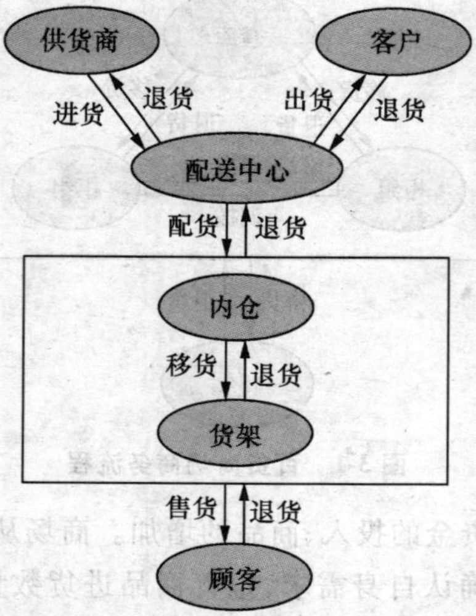

图 3-2　连锁超市商务流程

（二）传统商务的运作模式

传统的商务运作过程包括生产过程、流通过程、消费过程；相应地，国民经济也包括生产领域、流通领域和消费领域。在流通领域中，专门从事商品流通经营活动和服务性活动的特殊企业即为商业企业。它通过商品买卖活动，把商品从生产领域送到消费领域，实现商品的价值，满足社会生产和人民生活的需要，并获得利润。商业企业按其在商品流通中的地位和作用不同，可分为批发企业和零售企业。下文将逐一介绍各种类型的运作方式。

1. 批发企业

批发企业是一种专门从事转售或加工后转售大批量商品买卖的商业企业，处于商品流通的起点或中间阶段。按批发商性质的不同，分为独立批发商、制造批发商、共同批发商、批零兼营批发商、连锁批发商等。

（1）独立批发商。它不依附于生产部门而独立存在，它用自己的资金，并以自己的核算组织进货，取得商品所有权，然后再批发商品。独立批发商专门从事批发业务，是现代批发商组织结构中最主要的形式。

（2）制造批发商。是设立在生产企业所设的销售机构中，占有批发地位的批发商。我国商业活动中的工业自销，一部分就属于这种类型。

（3）共同批发商。为了与百货商店、连锁商店等大型零售商进行竞争，由零售商团体组织的共同批发企业，目的在于通过批量采购，节约流通费用，提高竞争力。

（4）批零兼营批发商。以批发业务为主，同时又进行零售业务的批发商。在市场竞争激烈的情况下，部分批发商为了提高经济效益，便开展多角化经营，既搞批发又兼营零售业务。

（5）连锁批发商。由许多家批发商共同组成的连锁组织。这种组织利用大批量采购等有利条件，联合其下面的零售商，以对抗大型零售商的竞争。

2. 零售企业

零售企业是指专门经营商品的零售业务或者以零售业务为主的商业企业，处于商品流通过程的终点。相对于批发企业而言，零售企业进行的是小批量、多批次的商品交易，而且直接面向消费者。我国零售商业已经进入了一个较快的发展时期，其中，百货商店、专业商店、综合商店、超级市场、连锁商店、仓储商店又是发展势头比较好的。

（1）百货商店。百货商店是指以经营日用工业品为主的综合性零售商店。一般以大中型居多，经营范围广，商品类别多，花色品种齐全，而且明码标价，保证货物质量,按部门出售商品。百货商店一般设在大城市的主要商业区,是今后我国零售商业的一种主要经营类型。

(2) 专业商店。专业商店是经营一类或几类商品的零售商店。围绕一类或几类商品,把主要商品及其配件组成主体、配件齐全,规格合乎标准,花色式样繁多,便于消费者选择的供应体系,也有专门经营某一类顾客所需商品的商店,如儿童用品商店等。专业商店是我国各类商店中的主要形式。

(3) 综合商店(通常又称为杂货店)。经营多类商品的零售企业,是我国零售商店的主要形式。其特点是:经营品种较多,但花色、规格较少,主要是一些购买频繁、数量不大、挑选性不强的日常生活必需品,多设在居民区内,规模一般较小。

(4) 超级市场。是一种实行敞开式售货、顾客自我服务的零售商店。其主要特点是:由顾客自我服务代替售货员服务,可以随意挑选商品,广泛采用定量包装,明码标价,便于携带,适合一次购买较多数量的商品;由电脑结算代替人工结算,减少差错,占用售货员少,劳动效率高,节约费用开支。现已成为销售大众化商品的主要商业组织形式。

(5) 连锁商店。连锁商店是指由众多的、各种类型的零售商店(如百货商店、超级市场)等所组成的一个大型零售企业。连锁商店的所有分店都属于同一投资系统,并由该系统加以管理和控制。各分店的购销计划、服务方式、商店装修等都由公司统一规定,便于顾客辨认同一组织所属的连锁商店。另外,连锁商店各分店的商品货源由公司集中采购供应,实行批零一体化,具有其他独立商店难以具有的薄利多销的优势。同时,运输上利用整车运送,能节省运费。连锁商店是我国目前发展最快的一种零售商业经营类型。

(6) 仓储商店。它是一种仓店合一的经营方式,特点包括投资少、成本低、自选购物、方式自由、价格低廉,适合广大工薪阶层和低收入者。所以,仓储商店仍有较大的发展潜力。随着 1993 年广州广客隆商场的开业,我国零售商业的仓储商店形态就诞生并发展起来了。目前的任务主要是加强规范管理,提高服务水平,引进连锁机制,优化经营结构,使这种经营形式更加健康地发展。

二、电子商务的流程及运作模式

(一) 电子商务的流程

电子商务的流程与传统方式一样,通常也包括以下三个阶段:电子商务的前期准备、电子商务的中间流程和电子商务的后期运作。

1. 电子商务的前期准备

这一阶段主要是指参加交易各方在签约前的准备活动,以保证电子商务能正常进行。一般情况下,买方根据自己要买的商品,准备购货款,制定购货计划,进行货源市场调查分析,了解各个卖方国家的贸易政策,反复修改进货计划,确定和审批购货计划。然后,再按计划确定购买商品的种类、数量、规格、价格、购货地点和交易方式等,尤其要利用 Internet 和各种贸易网络寻找自己满意的商品和商家。

卖方根据自己所供产品的情况,确定产品目标市场的定位,制定营销组合计划。例如,召开商品新闻发布会,制作广告进行宣传,全面进行市场调查分析,制定各种销售策略和销售方式。此外,还要了解各个买方国家的贸易政策,利用 Internet 和商务网络发布商品广告,寻找贸易伙伴和交易机会,扩大贸易范围和商品所占市场的份额。

电子商务的前期准备工作还有很多,涉及其他参加交易各方,如中介方、金融机构、信用卡公司、海关系统、商检系统、保险公司、税务系统、运输公司,也都为进行电子商务交易做好准备。

2. 电子商务的中间流程

(1) 商务洽谈和签约阶段。这一阶段主要是指交易双方对所有交易细节通过 Internet 沟通的方式进行商务谈判,将双方磋商的商务谈判结果以法律认可的文件形式确定下来,即以书面文件形式和电子文件形式签订贸易合同,并在数字签名后生效,使法律文件具备法律效力。电子商务的特点是可以签订电子商务贸易合同,贸易双方可以利用现代电子通信设备和通信方法,经过认真谈判和磋商后,将双方在交易中的权利、所承担的义务,以及对所购买商品的种类、数量、价格、交货地点、交货期、交易方式和运输方式、违约和索赔等合同条件,全部以电子交易合同做出全面详细的规定。合同双方可以利用电子数据交换(EDI)进行签约,也可以通过数字签名等方式签约,保证了电子合同的安全性、保密性、有效性和不可抵赖性。

(2) 办理交易手续阶段。这一阶段主要是指买卖双方签订合同后到合同开始履行之前办理各种手续的过程。买卖双方要利用 EDI 与有关各方如中介方、金融机构、信用卡公司等进行各种电子票据和电子单证的交换,直到办理完可以将所购商品从卖方按合同规定开始向买方发货的一切手续为止。这样,作为卖方才能按合同规定的要求,将产品发运;作为买方,才能按照合同规定收货付款。这一阶段和第一阶段工作看似有重叠,其实不然。前者是准备,后者是办理,如运输环节;前者是联系船,后者是装船。

3. 电子商务的后期运作

这一阶段从买卖双方办完所有各种手续之后开始,卖方要备货、组货,同时进行报关、保险、取证、信用等,然后商品交付给运输公司包装、起运、发货,买卖双方可以通过电子商务服务器跟踪发出的货物,银行和金融机构也按照合同处理双方收付款,进行结算,出具相应的银行单据等,直到买方收到自己所购商品,就完成了整个交易过程。

索赔和传统贸易方式下的索赔一样,也是指交易双方在贸易过程中出现违约时,需要对违约方按合同要求进行违约处理的工作,受损方要向违约方索赔,必要时,可采取仲裁或司法诉讼方式解决贸易争端。

(二) 电子商务的运作模式

当 Internet 在商业上成功地应用、无数企业纷纷购置设备和软件与 Internet 联结、许多高技术企业投入大量资金建立网站大做广告时,电子商务的运作模式引起了人们的关注与重视,因为它是网络企业生存和发展的核心。电子商务运作模式可以从不同角度划分,根据其参与者的性质不同,可以将其分为 B2B、B2C、G2B、G2C 等几种基本模式。

B2B 是目前发展最快的电子商务模式。从全球电子商务发展的实践和潮流来看,B2B 业务占据绝对的主导地位,在全球电子商务销售额中,B2B 业务份额高达 80%—90%。B2B 运作模式即企业与企业之间通过专用网络或 Internet 进行数据信息的交换、传输,开展贸易活动的商务模式。它包括企业与其供应商之间采购事务的协调,物料计划人员与仓储、运输公司之间的业务协调,销售机构与其产品批发商和零售商之间的协调,为合作伙伴及大宗客户提供的服务等。

B2C 是人们最熟悉的一种类型。尽管迄今为止,其交易额远远低于 B2B,但它是一种极具发展潜力的模式,未来将会有快速发展。B2C 运作模式即企业和消费者利用 Internet 直接参与经济活动的形式,即企业通过 Internet 为消费者提供一个新型的购物环境——网上商店,消费者通过网络在网上购物、支付。

G2B 与 G2C 是政府尝试利用 Internet 与企业及消费者进行商务活动的一种方式,是电子商务的新发展。G2B 指政府部门与企业之间通过网络进行各项商务活动。G2C 是指政府通过电子网络系统为消费者提供各种服务。

第二节　移动商务的运作模式与价值链分析

移动通信技术的发展带动了移动商务的发展,传统的 B2B、B2C 电子商务也开始由固定的 IP 网络拓展到无线网络。基于无线网络的服务更加及时方便,随时随地可用,为电子商务公司提供了新的商机。不同企业为了充分利用无线网络达到最佳的商业效果,必然会根据自身的经营特点,采用不同的移动商务的运作模式,制定适合自身发展的移动商务战略,利用适合的商业模式实现移动商务交易。

一、移动商务交易的实现方式

个性化的移动终端不仅能使我们获得多种数据业务,而且成为人们移动交易的便捷途径。与在线电子商务相比,移动商务具有许多的优点。第一,移动交易不受时间和地点的限制;第二,效率高,大大节省客户交易的时间;第三,移动终端的身份固定,能够向用户提供个性化移动交易服务;第四,可以提供与位置相关的交易服务。不过,目前的移动终端也存在一些缺点,如屏幕小、人机界面不够友好、用户输入和浏览不方便。但不可否认,移动通信的网络和终端技术都在不断进步,这些问题将得到有效解决。

目前,实现移动商务的方式主要有以下几个方面:

(1) 短信息 STK 方式。这是目前移动银行和移动证券主要采用的方式。SIM 卡之所以支持移动增值业务,是通过 SIM 工具包 STK 实现的。用户通过 SIM 卡上的菜单对银行发出指令后,银行经过一系列的处理之后将处理结果转换成短信格式转发到短信中心,短信中心将短信发给用户。但是,这种方法限制了移动交易的灵活性。可以采用 WAP + STK 的方法,用户在交易前的浏览和查询时使用 WAP 的方式,当需要交易时,交易服务器会激活 SIM 卡中的菜单,用户的交易过程仍然使用短消息方式。还有一种动态 STK 的方法,用户使用时,SIM 卡上菜单条目可以从交易服务器下载到用户的移动终端上。从根本上讲,这三种方式都属于短信息方式。

(2) 直接拨入方式。在这种方式下,交易服务商自己拥有拨入服务器和 WAP 服务器/网关,用户通过移动终端直接拨入到 WAP 服务器上完成交易的全部过程,这样从移动电话到交易服务器之间形成一个封闭的通道,运营商不参与交易的数据流动。在这种方式下,交易服务商需要投入资金购买 WAP 服务器,不同的交易商有不同的拨入号,用户在站点间切换时,需要重新设置。

(3) 采用 WAP 定义的 WIM 智能卡。它能在无线传输层和应用层实施安全保护措施,是一个比较完整的移动交易解决方案。WIM 的应用有三种方式。首先,它可以存在于 SIM 卡中,用户的使用方法和 STK 卡相似;其次,根据不同无线服务的需要,独立成为一个 WIM 卡;最后,它可以作为一个模块附加到各种智能卡中,如银行的信用卡,这时需要具有双槽的移动电话才能支持。

二、移动商务的商业模式

移动商务是一个涉及社会方方面面的系统工程,它涉及客户、企业商家、认证中心、配送中心、金融机构、监管机构等通过网络而组织在一起的要素。我们可以按照参与交易的主体类型的不同,将移动商务的商业模式分成几类,从而明确一个企业的市场定位和盈利目标,以及为了满足目标顾客主体需要采取的一系列整体的战略规划。下文中所讲的各种商业模式所在的移动商务上的分类层次及其定义均在第一章中有所介绍,因此本节更注重从商业运作及盈利点的角度加以分析。

(一) 企业与消费者交易模式

1. B2B 模式

B2B 模式使得供求企业以及协作企业之间利用网络交换信息,传递各种票据,支付货款,从而使电子化、移动化在企业商务过程中大行其道。它可以视为移动商务时代企业的生存平台。企业由此可以降低经营成本,提高经营管理水平和效率,进而获取更多的利润。人们普遍认为,B2B 是企业发展的机遇,是未来移动商务的模式。特别是中国加入 WTO 以后,B2B 已经得到了进一步的发展,因为这种模式可以避开传统的落后的行销系统,使中国的企业和国外的企业连接起来,加快企业的国际化步伐。B2B 模式发生在企业之间,交易频率相对较低,交易数额却相对较高,而且交易条件成熟,整个交易过程规范合理,因此可以预见,B2B 模式具有强大的生命力。

2. B2C 模式

B2C 模式与其他模式不同之处在于它直接面对最终消费者。移动娱乐、移动银行、移动缴费等移动应用服务给人们的生活提供了方便和快捷。作为以数目巨大的消费者为核心的移动商务平台,B2C 面临着来自安全认证、移动支付、配送与售后服务等方面的瓶颈限制。根据网上销售产品的不同,B2C 移动商务模式又可分为两种类型:一种是无形产品和劳务的移动商务模式。无形产品和劳务，如信息、计算机软件、视听娱乐产品等，往往可以通过网络直接向消费者提供。无形产品和劳务的移动商务模式主要有移动订阅模式、付费浏览模式和广告支持模式。另一种是实物商品的移动商务模式。实物商品指的是传统的有形商品，这种商品和劳务的交付无法通过网络，仍然需要通过传统的方式来实现。网上实物商品销售的特点主要是移动营销使得时空限制消失了。与传统的电子商务营销相比，网上销售可以随时随地将业务伸展到世界各个角落。

3. C2C 模式

C2C 的移动商务是个人对个人的商务形式。C2C 模式的特点是消费者与消费者之间的讨价还价。例如，移动手机拍卖、全球性竞价交易网站，每天可以通过 SMS 形式提供数种商品供移动用户和网上用户竞价，可拥有上万注册用户。C2C 模式的成功来源于它准确的市场定位。运营商可根据中国国情，建起一个拍卖交易移动网络，让消费者通过 SMS 自由交易或在该网站上议价。网站可以英式拍卖、集体竞价、标价求购等方式运营，通过提供交易平台和相关服务，收取交易金。C2C 模式目前仍存在物流不畅、信用不高的情况，有一些拍卖网站通过创造新模式来克服这些缺点，如本地网站鼓励人们在同一个城市进行网上交易或移动交易，交易者先竞价后通过网上支付或移动支付进行现金交易。

（二）移动电子政务

作为以网络技术和移动通信技术为核心的信息技术在政府管理与服务中的基本应用，移动电子政务正在世界范围内蓬勃兴起，必将对传统的电子政务活动产生根本性的变革。移动电子政务所包含的内容极为广泛，几乎可以包括电子政务活动的各个方面。根据近年来国际电子政务的发展和中国电子政务的实践，目前移动电子政务的主要模式也有 G2G 模式、G2B 模式和 G2C 模式三种。

1. G2G

G2G 模式是移动电子政务的基本模式，政府的工作并非征税一项，从国防、外交、公安、海关、统计到邮电、铁路、航空等国有经济部门，管理内容庞杂，靠手工或固定网络根本不能适应经济发展的要求。因此，近年来由于计算机网络的建立使得政府工作部门提高了工作效率，降低了开支，减轻了社会负担。这些网络化的办公系统结合移动终端的普及使用，使得政府的工作可以日益满足公民需要。

2. G2B

政府在移动电子政务方面有双重角色,既是移动商务的使用者,进行购买活动,属商业行为;又是移动商务的宏观管理者,对移动商务的发展起着扶持和规范的作用。在发达国家,发展移动商务主要是依靠私营企业参与和投资,政府只起引导作用。在发展中国家,则更需要政府的直接参与和帮助。与发达国家相比,发展中国家企业规模偏小,信息技术落后,资金不足或资金动员能力弱,政府的参与有助于引进和推广先进技术,提供一部分信息基础设施建设基金。

3. G2C

G2C 这类移动电子政务活动目前还不够完善,但应用前景广阔。居民的身份登记、统计和户籍管理以及征收个人所得税和其他契税、发放养老金、失业救济和其他社会福利是政府部门与社会公众个人日常关系的主要内容,随着中国社会保障体制的逐步完善和税制改革,政府和个人之间的直接经济往来会增加,这方面业务的电子化、网络化和移动化也可以提高政府部门的办事效率,增加国民福利。

三、移动商务盈利模式

随着移动网络从 2.5G 向 3G 的演进,网络所支持的移动数据速率的快速提升,一些面向移动商务领域发展的趋势日益明显:越来越多的消费者喜欢上了网上购物,增值的 SMS 业务大受欢迎,而且越来越多的预付费充值购买可以通过移动电话进行。移动商务成为现在和今后商务应用的重要内容。

尽管移动通信市场已经形成一定的规模,但移动商务是否能够真正为企业和客户带来价值,最终还要取决于是否能提供更为方便、快捷、有效、安全的服务,从而改变人们传统商务模式下的消费和经营习惯。如果在此基础上推出满足客户需求的应用服务,那么移动商务就会找到适合自己的盈利模式。

在移动商务世界里,随着市场的成熟,网络标准和技术将会进一步降低盈利壁垒,竞争机会也就会越来越激烈。银行、商家和内容提供商如果能够判断顾客需要什么服务和产品,盈利机会就会越来越多,对运营商来说,一些应用可以提高网络的使用率,由此获得利润,在这种情况下,运营商有时会与该应用提供商分享收益。接下来,主要介绍目前在移动商务开展中,获得成功的几种典型盈利模式:

（一）I-Mode 的盈利模式

1．I-Mode 概述

I-Mode 是由日本 NTT DoCoMo 公司于 1999 年 2 月推出的移动 Internet 商业模式。I-Mode 提供无线数据传输服务，是一项基于 PDCP 的手机增值服务。该业务开展方式是由社会各界多方合作共同向用户提供服务，其中运营商向用户按使用量收取网络使用费，内容提供商、应用开发商等则根据不同的服务内容向用户收取信息服务费（通常由运营商代收信息服务费，内容提供商、应用开发商等向运营商支付一定比例的佣金）。

I-Mode 用户可以随时连接 Internet 进行浏览。与一般 PC 机拨号上网不同，I-Mode 更像专线上网，只要开机就一直保持在线上，这种随时随地传送信息的方式深受用户喜爱。一般的 I-Mode 手机售价在 30 000 日元左右（约 3 000 多元人民币），在线浏览按数据流量收费，每 128 个字节 0.3 日元。I-Mode 手机一经推出，迅速风靡日本。有人称，I-Mode 对日本 Internet 的发展起到了改变历史的作用，甚至改变了美国创造的 PC 称霸 Internet 的经典模式。

由于使用 I-Mode 的用户半数以上的目的是为了浏览娱乐类信息，DoCoMo 加强了这方面的服务，如网络音乐、游戏下载、线上游戏、电影预告短片等。如 I-Mode 对战游戏，用户可以下载游戏及喜欢的人物图像，可以选择性别、星座、流派（空手道及相扑等）来创造自己的角色。手机及无线应用设备与网络的连接已经成为通信业的新商机。

2．I-Mode 商业模式分析

I-Mode 所采取的商业模式是“移动门户”，也就是经由 DoCoMo 的 I-Mode 平台进行各式各样的商务活动与信息交流，与内容提供商进行广泛而深入的合作，为用户提供方便的接入服务。比如，在与迪士尼的合作项目中，用户可以通过 I-Mode 手机观赏迪士尼的卡通形象，听迪士尼的音乐，DoCoMo 就此项服务向用户收取的费用大约每个月 1 美元，并从中获取利润。

与欧洲竞争对手的 WAP 服务不一样，I-Mode 的用户无须拨号便可畅游 Internet——只要用户处于开机状态，他就处于联网状态。同时，I-Mode 还允许网络工程师用 CHTML 语言制作网页，这就意味着传统的 Internet 内容供应商可以轻而易举地提供 I-Mode 内容服务。WAP 使用的语言则是 WML，传统的 Internet 内容供应商要想提供 WAP 内容服务，需要重新建设一个 WAP 网站。

在 I-Mode 模式的推广中，最棘手的是如何处理与其他内容提供商之间的关系。目前，DoCoMo 的策略是与大多数内容提供商“保持安全距离”，立场中立。

就像雅虎那样,把最受欢迎的内容放在第一位。那些对I-Mode服务推广最得力的内容提供商,DoCoMo则采取注资的方式以维持紧密合作,特别是游戏提供商。

尽管人们对I-Mode的热情持续了很久,但不少人对在日本取得很大成功的I-Mode移植到其他国家是否能获得同样的成功,仍持怀疑态度。很多证据表明,I-Mode现象也许只能发生在日本,因为日本市场的特点是独一无二的。当I-Mode在1999年前推出的时候,Internet的普及率还远低于20%,更不必说在这个市场上手机是受到补贴的。至于I-Mode的"按每次下载付款"的商业模式在其他市场,尤其是美国和欧洲市场是否行得通还需要进一步探究。

(二)"卖三次"的盈利模式

"卖三次"实际上是亿美软通的一个商业模式,也叫亿美模式。移动通信的高效率、随时性以及牢固的对位关系可以实现"更高效的管理、更便捷的沟通和更精准的营销"。这也是亿美软通公司"卖三次"的盈利模式赖以成立的基础。

一些传统的软件企业,一般来讲是"卖一次",即将软件交付后,收取软件的费用。以后项目升级的时候,再收取一定的升级费用。但是这对中国来讲,很难实现。一般来讲,企业都是靠免费升级作为促销的手段。

1. 一卖软件

盈利模式中的软件销售事实上是技术直接实现价值。要将企业的应用系统与个人的手机相连,这个软件不像"短信群发器"那么简单,而是类似于应用软件。

亿美软通公司经过一年多的开发,研制出针对不同运营商的一个开放架构的通信平台。它既能以软件套件的形式销售,也可以作为开发组件嵌入企业的应用软件中。亿美软通公司与惠普(中国)公司的售后服务部门合作的经历就充分显示了这一点。

惠普公司的售后服务部门的需求是:基于短信应用实现用户群发、数据采集、信息反馈、自动点播、服务定制和通信管理。亿美软通公司最终选择的方法是定制开发中间件平台,将这些功能直接嵌入惠普公司的CRM(客户关系管理)系统。这种嵌入式的好处是惠普公司服务部门工作人员只需上网登录,就可以在线对各种信息进行编辑,并按照相应的群组一次即可实现批量的短信发送。所有在册用户、上门服务的工程师的手机均在覆盖范围之内,包括用户的需求、约定的维修时间、维修服务定时提示等都可以即时实现。同时,这一系统还可以通过统一资源定位器(Uniform Resource Locator,URL)的方式进行定制,允许用户在惠普公司相应的网站上方便地进行短信点播，以获取他们所需要的信息，这为惠普公司实现离线用户的信息采集与意见反馈提供了技术支持。

提供给惠普公司的中间件平台实质就是将原有的CRM系统"移动化"。对用户来说是一次信息系统的功能扩充，对亿美软通公司来说则是根据行业需求开发软件的过程。

2. 二卖短信资费

亿美软通公司第二个盈利点是与移动通信运营商的短信费用分成。基于短信的业务模式使亿美软通公司必须与移动通信运营商合作，在这一点上，亿美软通公司的地位是移动运营商的SP。SP面临着来自运营商的政策风险，对于提供大量短信群发的亿美软通公司来说尤其如此。如何确保系统不被用于从事不良信息的大规模发布，不出现用户骚扰、对用户收费等违规行为，规避被运营商停止SP资格的风险，对亿美软通公司来说十分重要。

规范的短信行为、确保优质SP的形象是亿美软通公司生存的基础，而跨网络的SP资质则是一种竞争的优势。如在为中国康辉旅行社有限责任公司提供"短信全程报平安"的产品中，跨网络的服务成为不可缺少的要件。在欧洲旅游市场刚刚开放时，康辉旅行社组织了一次"欧洲开放、父母先行"的活动，推出了"健康老人欧洲之旅"150人的首发团。考虑到游客以老年人为主，康辉旅行社希望每到一地，由领队导游向公司报告，并由公司相关人员向游客的亲属即时发送"平安"短信，消除亲属们的担心。康辉旅行社在起初选择企业短信的时候，考虑到游客都是来自"五湖四海"，预留的手机号码可能属于不同的网络，现有的大多数集团短信服务都受到移动电话的网络限制——无法兼容中国移动通信集团公司的GSM网和中国联合通信有限公司的CDMA两网。这种情况下，跨网络的资质成为亿美软通公司赢得客户的一个重要原因。

3. 三卖移动商务服务

基于信息系统的移动化和稳定的SP资质，为客户提供移动搜索、移动支付等商务服务则是"卖短信"的最高境界，这些服务标志着一家SP从集团短信提供商提升到了移动商务层面。同用户沟通渠道的改变，将会影响甚至改变一些企业的商业模式，而这些新的模式在一个行业中的推广，对于亿美软通公司这样的服务提供者，才是最大的市场机会所在。

从北京青鸟健身中心的典型应用到将北京90%的健身俱乐部收入囊中，体现了这种模式的威力。北京春季马拉松是北京青鸟健身中心的传统参与项目，参加人数由最初的几百人，增加到如今的1 000余人。由于马拉松项目对体能储备的要求极高，青鸟健身中心提前两个月给会员制定周密的训练计划，但如何控制众多的参与者执行该计划、达到预期的效果成为一个难题。针对上千人的客户规模，电话、传真、访问等方式显然无法进行。而如果会员不能很好地执行计划，届时不仅不能完成比赛，还有可能对身体造成伤害。青鸟健身中心采用短信的方式，事先把训练计划编制好，每天准时发送给会员，由于系统可以接收手机回复信息，在训练过程中可以经常询问会员的反应，了解训练效果，帮助会员逐步增加训练强度以达到最终的效果。短信内容包括定时提醒每位参赛人员参加的健身课程、时间和强度，为参赛人员制定切实可行的跑步计划及合理的饮食计划，提供相关的运动、健康小知识，定期询问每位参赛人员的身体情况。结果在最近的北京春季马拉松比赛中，青鸟健身90%的会员都跑完了全程，创造了一个不小的奇迹。而这种成功也使得用短信和客户沟通的模式风靡了北京的健身行业，成为行业内的普遍做法。

（三）“挣三次”的盈利模式

1. “三合一”整合

高维公司在近6年的移动商务开拓中，逐步在IT业界形成了独特的“三合一”的高维模式，三合一是指高维将企业应用、Internet和移动增值有效地进行整合，打造成了目前业界独特的“高维模式”。

（1）企业应用：向企业提供专业的IT应用方案和服务。这对于传统的Internet公司和个人娱乐SP，无疑是一道很难逾越的鸿沟，而高维公司是企业专业服务出身，企业应用是自己的老本行，对企业需求理解深刻并提供专业的应用方案，优势明显。

（2）Internet：Internet模式的核心是低门槛，通过长期运营赚钱，企业短信天生是Internet模式，门槛低（应用和实施简单，费用低廉），收益来自长期运营，因此高维公司在其产品功能、运营模式和价格策略的设计上，深深打上了Internet的烙印。

（3）移动增值：移动增值业务给大家提供了一个持续盈利的商业模式，小小的短信将价值链上各个环节的利益关系紧密联系在一起。高维公司通过前几年巨大的投入，精心打造了一个领先的企业移动增值业务模式，愿意开放给众多合作伙伴，一起打造中国的企业移动商务市场，实现多赢局面。

2. “挣三次”盈利模式

高维公司对企业应用、Internet和移动增值三大业务方向的盈利模式进行了深度分析，形成了高维独特的“挣三次”盈利模式，并为所有的企业客户所接受。

(1) 挣第一次:软件收入。由于 EMO 产品无论从技术架构还是功能设计上,都是目前市场上绝大多数群发类短信产品无法比拟的,而且在解决方案上体现管理价值,因此企业愿意支付费用购买产品和实施服务。

(2) 挣第二次:服务收入。由于企业通过高维的全网短信网关接入移动运营商平台,企业和高维之间的短信中心处于 7 ×24 小时的连接状态,企业短信应用涉及成千上万的手机用户,而且 EMO 软件产品的升级和技术支持也很重要,因此长期运营服务的好坏是企业关注的重点,而且愿意支付适当的长期服务费用。

(3) 挣第三次:短信收入。企业采用预充值方式向高维购买短信,高维和移动运营商进行利润分成,这一点与传统 SP 的盈利模式相同。随着企业客户数的不断增加,以及每个企业的短信发送量的不断增长,将给高维带来长期持续的盈利,这也是移动增值业务的巨大魅力。

"企业应用 + Internet + 移动增值"三合一造就了高维移动商务运作模式,对应的"软件收入 + 服务收入 + 短信收入"形成了高维独特的"挣三次"盈利模式,软件收入可以支撑公司的营销和开发成本,服务收入可以支撑公司对于企业客户的长期运营服务成本,而短信收入将成为企业的纯利润。

(四) SP 的典型盈利模式

无线网络重复着有线网络的游戏规则,这是前景诱人的市场,它不是把有线网络上的内容向无线网络用户进行简单的移植。移动商务最大的特色就是面向移动用户提供产品或服务;同时,移动商务中的商务所涵盖的不仅是有形产品,还包括各种各样的无线服务,如证券交易、彩票购买、全方位的个人信息管理、个性化与位置化信息服务、休闲娱乐服务等。

目前 SP 所表现出来的以及未来将会形成的无线增值业务发展模式可以分为三个主要类型。

1. 依托门户网站

虽然无线增值服务的门槛很低,但是,如果要在无线增值服务领域获得优势,相应的基础仍然是非常关键的。以新浪、搜狐、网易为代表的门户网站,显然是依据其门户网站的优势而获得如今在无线增值服务领域的领导地位。2004 年新浪在无线增值服务领域名列第一,达到 1.99 亿美元。网易相比新浪和搜狐,这两年更多地倾向于游戏领域,因此,相对而言,网易的无线增值服务收入是最低的,2004 年只有 1 800 多万美元。

2. 以腾讯为代表的一种虚拟运营商的模式

一般的SP提供个性化的增值服务，在用户进行体验之后获得好感，然后SP获得相应的收益，从而确定相应的用户群体。而QQ拥有数量庞大的用户群体，QQ本身在给用户提供服务，腾讯做SP只需要对已有的用户增加服务即可实现SP的功能，因此，腾讯的这一独特性使其在无线增值领域仅次于新浪、TOM在线，超过了网易。马化腾认为，QQ更适合作为一个吸引用户、留住用户的平台，在这个平台上发展更多增值服务、门户资讯、互动娱乐、电子商务等业务，发展成为一个综合的互联网企业。

3. 以TOM为代表的拥有跨媒体的集团优势

目前TOM集团已经横跨了电视、互联网、报纸、杂志等多种媒体形式，它可以提供内容、信息、服务，由于拥有跨媒体的服务，在无线增值服务领域，TOM的产品研发能力相当强。在无线增值服务领域，TOM仅次于国内第一大门户新浪，2004年前三季的无线增值收入已超过了8 000万美元。

从上面的分析来看，无线增值业务曾经是互联网的救命稻草，现如今已经站稳脚跟的互联网又是无线增值业务的板斧，专业的SP在营销方面已经和互联网公司拉开了极大的差距，所以未来的依附关系将重新定位。

四、移动商务的价值链分析

移动商务的真正价值不在于技术，而在于为企业、客户提供快速、便捷的信息服务，应用于内部办公、外部服务、信息发布及定向宣传等领域。移动商务已经占领并正在进军的行业包括娱乐、新闻、旅游、零售、金融、保险、房地产、汽车等。在可预见的未来，无线移动商务应用将会普及到人类工作、生活中的各个领域，实现电信、信息、媒体和娱乐服务的互联互通，形成电子支付与网上交易密切合作的IT产业联盟价值链。

（一）移动商务价值产生的方式

同传统的移动通信价值链比较，更多的参与者加入到了移动商务的价值链中。应用平台供应商、内容提供商和移动门户供应商都是新的参与者。而以前以语音通信作为收入的主要来源也将转换到按照移动商务提供的内容上来。最终用户将按照所享受到的服务来支付费用。图3-3比较清楚地展示了移动商务的发展方向：信息由简单的语音到复杂的交互式交流；应用由简单的信息交流到复杂的商务应用。当然，最终其创造的商业价值也在不断地提高。

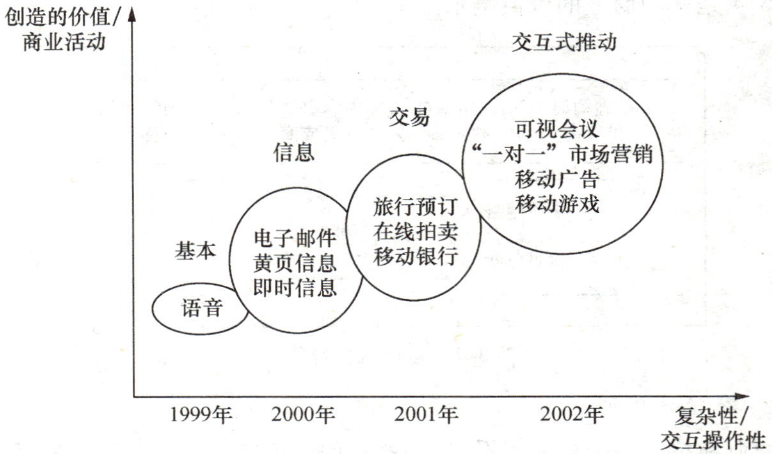

图 3-3　移动商务的发展方向

（二）移动商务价值链

价值链理论认为,现代企业可以看做是为了满足客户需求而建立起来的一系列有序作业的集合体。各种作业之间实际上形成了一个始于供应商,经过企业内部,最后为客户提供产品的作业链。而这些作业又伴随着价值的产生和成本的消耗,形成了一个价值链。公司内部的价值链通过采购又与供货商的价值链发生联系,直到最初的原材料供应商;同时通过销售以及售后服务作业与客户价值链发生联系,直到最终客户,由此形成了产业价值链。

与有线 Internet 用有限、通用的内容和服务关系把客户锁定在价值链的末端相比,今天的无线 Internet 的供应——驱动价值链将提供更开放、更个性化的模式,以及确立类似内容提供和集成商、移动门户供应商、移动网络运营商之间更扩散的关系。而这些参与者都将在移动商务产生的收入上分一杯羹。

相对于以前以提供传统语音业务为主的移动业务价值链,移动商务中的市场价值将由以前的传输转移到内容,由以前的运营商转移到内容供应商。据 KPMG 公司预计,移动商务 25% 的收入将分配给信息传输方面,而 75% 的收入将在内容提供和集成商、移动门户供应商和移动服务商之间进行分配。

在此,还要强调的一点是,负责支付的机构将在此价值链中作为一个重要角色而发挥推动移动商务发展的作用。尽管移动商务的主导支付方式还未确定,但银行由于是传统的支付机构而被认为是自然的支付机构。当然,由于运营上已经确立了向移动用户收费的体制,银行将会与运营商一起承担起移动商务的收费职责。

图 3-4 是移动商务的价值链示意图。

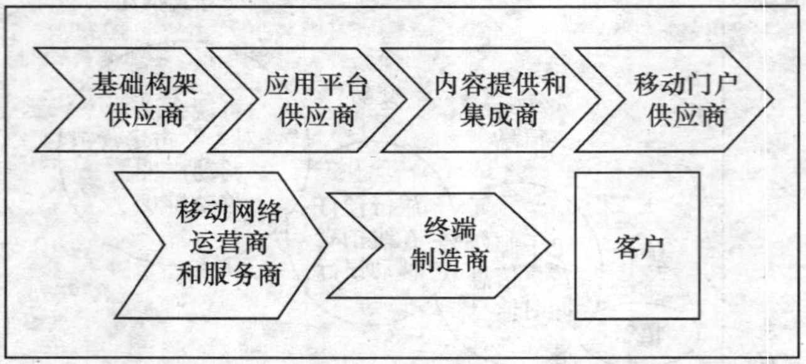

图 3-4　移动商务价值链

（三）价值链分析

从商业和技术两个层面来看，移动商务的价值链主要包括下面的环节：

一是通信承载环节。提供基础设施的维护和运营，在应用服务和终端用户之间搭建基本的信息、数据沟通桥梁。在这个环节上，移动运营商扮演着重要角色。

二是基础服务环节。主要包括服务器托管、系统集成等基础服务。这一环节是移动商务的重要增值环节，它可以在很大程度上通过规模经济效应实现巨大的成本节约。

三是交易支持环节。主要指计费、安全认证、支付等支持交易发生的各种支持机制。其中，不仅包括直接的支付，还包括相应的客户奖励机制等。

四是服务实现环节。主要指从有线互联网内容转化为无线互联网内容的转换技术，属技术解决方案环节。因为基于有线互联网的传统电子商务是基于无线互联网的移动商务的基础，所以有线互联网电子商务信息和数据向无线互联网的转换将成为移动商务发展不可或缺的环节。

五是个性支持环节。这是移动商务发展的重要特色。由于移动终端对信息的处理在某种程度上存在一定的缺陷，因此移动商务所必需的个人信息，如用户身份信息、地理位置信息、账单信息，甚至用户所使用的移动终端本身的信息，其处理方式必须通过更加便捷的方式来实现。这个环节不仅需要商业上的创新和设计技巧，而且还需要技术上的巧妙支持。

六是应用服务环节。这是移动商务中的一个实质性环节，相应的应用服务不仅包括目前有线互联网所能够提供的各种服务，如电子银行、电子邮件、旅行服务，而且包括各种全新的、专为移动用户所设计的各种应用服务，如提供离用户当前位置最近的咖啡店的信息、提供离用户当前位置最近的朋友信息、随时随地向用户提供所选股票的成交提示和预警提示等。其中，后者将成为移动商务中重要的特色服务。

从移动商务目前的发展来看,上述六个环节都已经有了一定程度的发展。同时,各个环节之间也不是孤立的,而是相互依存、相互支持的。每一个环节都对移动商务的发展具有重大的推动作用或形成制约因素。

对商业运作的具体方式而言,这些环节往往相互之间紧密结合起来,或者其中两个,或者其中三个。这种结合在相互利用公司资源的基础上,发挥着协同作用。

第三节　移动商务环境下的物流与供应链管理

随着移动商务的蓬勃发展,物流对移动商务活动的重要性日益显现。物流与供应链管理对企业发展十分重要,尤其是在移动商务环境下,对供应链的要求也提高到一个新的层次。第三方物流的发展将促进电子商务时代物流向移动商务时代物流的转变,同时也将推进移动商务向前发展。因此,加强物流与供应链管理的现代化建设,使其适应移动商务的要求,将直接推动和保证移动商务活动的健康发展。

一、移动商务中的物流

移动商务中的任何一笔交易都包括几种基本的"流",即信息流、资金流和实物流。由此可见,物流是移动商务的重要组成部分。然而,物流在这其中是最为特殊的一种,即指物质实际的流动过程。物流与移动商务存在着特殊的关系,下文将分别就几种典型的企业分别说明移动商务活动和其中的物流管理状况。

(一) 生产制造企业的移动商务与物流

作为商品生产企业,它首先要千方百计地了解市场的需求,商务活动也由此开始:调查市场的商品情况,预测生产前景,生产什么,为谁生产等。移动工具在此方面具有无可比拟的优越性。利用计算机网络、E-mail、短信、移动电话等工具对市场进行调查、对用户进行访问等,收集方方面面有关企业生产需求的信息,实现按合同进行生产。

在决定了生产什么商品后,要制定原材料、设备的采购计划。为了使成本尽可能降低,企业希望采购到质量好、价格优的原材料,它们要借助移动工具来进行价格和质量的调查、比较、分析,并通过筛选实现订货。

生产制造出产品后,企业要按销售合同将产品送交收货人或顾客。如果还有未按合同和订单生产的产品，则可通过移动手段，如发短信息、做移动广告等向社会销售。当商品需求方按合同要求配送或自行提货时，必须进行资金支付，移动支付手段投入使用。

（二）商贸企业的移动商务与物流

在市场经济条件下，商贸企业要非常审慎地根据市场的要求组织进货，即根据市场的需要决定商品采购。根据生产企业或顾客的订货和供货要求，商贸企业要接受订货，并最终将实物送交收货人。移动商务活动主要由下列活动构成：市场需求调查、市场需求统计、制定商品采购计划、实现商品采购、商品库存、商品配送到商店（零售商）、商品销售、售后服务。

由于商贸企业没有生产环节，所以商贸企业的移动商务活动几乎覆盖了整个企业的经营管理活动，是利用移动商务最多的企业。通过移动商务，商贸企业可以及时获得消费者信息，准确订货；通过无线网络促进销售，从而提高效率，降低成本；通过库存、配送等物流活动，达到用户最终消费的目的。

（三）直销企业的移动商务与物流

直销被公认为移动商务将来的发展趋势之一。直销企业在其直销网站上，提供了一个跟踪和查询消费者订货状况的窗口，供消费者查询从发出订单到货物送到消费者手中整个过程的订货情况。对待任何消费者都采用定制的方式销售产品，其物流服务也配合这一政策而实施。

直销系统要获得成功，必须建立一个覆盖面广、反应快速、成本有效的物流网络和系统。这种依赖准确的需求预测，随时随地了解用户的订货通知，然后组织生产和配送的形式，蕴藏着较大的市场、生产及物流风险，为此，直销企业要完成整个直销过程，具有较大的难度。

从上述移动商务的实际流程中，我们可以看到，移动商务集信息流、实物流、资金流为一体，是整个贸易交易的过程。物流是移动商务的组成部分，缺少了现代化的物流系统，移动商务过程就不完整，移动商务的发展就会受到巨大的制约。

二、移动商务与第三方物流

移动商务的优势之一就是能大大简化业务流程，降低企业运作成本。而移动商务下企业成本优势的建立和保持必须以可靠和高效的物流运作为保证，这也是现代企业在竞争中取胜的关键。专业化的第三方物流的发展，已成为目前世界各国和大型跨国公司所关注、探讨和实践的热点。

（一）第三方物流的概念和内涵

第三方物流通常又称为契约物流或物流联盟，是指从生产到销售的整个流通过程中进行服务的第三方，它本身不拥有商品，而是通过签订合同或结成合作联盟，在特定的时间段内按照特定的价格向客户提供个性化的物流代理服务。具体内容包括商品运输、储存、配送以及其他附加增值服务等。它以现代信息技术为基础，实现信息和实物的快速、准确协调和传递，提高仓库管理、装卸、运输、采购订货以及配送发运的自动化水平。

与社会经济领域的许多经济概念一样，第三方物流有广义和狭义之分，因而在不同的领域涵盖的范围也就不同。

1. 广义的第三方物流概念

广义的第三方物流是相对于自营物流而言的，凡是由社会化的专业物流企业按照货主的要求，所从事的物流活动都可以包含在第三方物流范围内。至于第三方物流是从事哪一个阶段的物流，物流服务的深度和服务的水平，这与货主的要求有着密切的关系。

2. 狭义的第三方物流概念

狭义的第三方物流主要是指能够提供现代的、系统的物流服务的第三方物流活动。其具体标志是：有提供现代化的、系统物流服务的企业素质；可以向货主提供包括供应链物流在内的全程物流服务和特定的、定制化服务的物流活动；不是货主向物流服务商偶然的、一次性的物流服务购销活动，而是采取委托—承包形式的业务外包的长期物流活动；不是向货主提供的一般性物流服务，而是提供增值物流服务的现代化物流活动。

一般而言，我们在研究和建立现代物流系统时，第三方物流不是按照自营物流与否来进行区分的，尤其在中国，小生产式的物流服务活动还相当多，并且还不能在很短的时间内解决这个问题，如果把这些企业都包括在第三方物流企业之中，显然会混淆人们对第三方物流的认识。所以，我们在讲第三方物流时，应当从狭义的角度来理解，把它看成是一种高水平、专业化、现代化的物流服务方式，看成是网络经济时代社会物流服务的发展方向。

（二）第三方物流与移动商务

1. 移动商务中第三方物流的新特点

移动商务的发展，给全球物流业带来新的变化，使现代第三方物流具备了一系列新的特点。

（1）信息化。移动商务时代的第三方物流，是建立在现代移动通信技术基础上的，信息技术实现了数据的快速、准确传递，提高了仓储管理、装卸、运输、采购、订货、配送发运、订单处理的自动化水平，使订货、包装、保管、运输、流通加工实现一体化，企业可以更方便地适应信息协调，合作有可能在短时间内迅速完成。同时，电脑软件的飞速发展，使混杂在其他业务中的物流活动的成本能被精确计算出来，有效管理物流渠道中的信息流，企业就有可能把原来在内部完成的作业交给物流公司来做。常用于支撑第三方物流的信息技术有实现资金快速支付的 EFT 技术、实现信息快速输入的条形码技术、实现网上交易的电子商务技术和实现移动交易的移动商务技术等。

(2) 联盟化。第三方物流更加强调供应链上诸点之间"优势互补、利益共享"的共生关系，也就是说，移动商务环境下一个企业的迅速发展只靠自身的资源，力量是远远不够的。因此，企业必须迅速寻找战略合作伙伴，通过联盟的方式形成竞争优势。第三方物流企业与第三方物流企业之间、第三方物流企业与客户之间、第三方物流企业与相关企业之间，必将形成重要的战略伙伴关系。第三方物流企业与客户企业的命运紧密相连，它们共生共存、共同发展。

(3) 个性化。个性化是为实现"以顾客为中心"，在生产领域最初提出来的，但要真正做到根据消费者需求的变化来灵活调节生产工艺，没有配套的个性化的物流系统是不可能达到目的的。运输的货物价值从几万美元到几百万美元；运输条件有的要求防震，有的要求恒温，有的要求无菌，有的要求特殊包装；还有的客户订货后要求物流企业介入监督，包括所定的设备不同部分在不同工厂甚至不同国家制造，都要求物流企业代客户监督，使之按进度完工并运到总装厂，拆开包装检查，如没有因运输受损，则进行总装后再包装运到最终目的地。如此复杂多样的工作，如此严格的要求，如果缺乏个性化的物流服务，是不可能顺利完成的。

2. 移动商务中第三方物流的作用

移动商务是在 Internet 开放的网络环境下，基于移动通信设备应用方式，实现商户之间的移动交易(B2B)和消费者移动购物(B2C)，即移动支付的一种新的商业运作模式，代表了现代物流的发展方向。

移动商务这种新经济形态，是由网络经济和现代物流共同创造出来的，是两者一体化的产物。如果要表述移动商务的内涵，我们可以提出以下公式：

移动商务 = 移动信息传递 + 移动交易 + 移动结算 + 配送

其简要流程为：

(1) 企业将商品信息通过网络展示给客户，客户可以随时随地通过移动通信设备访问网站，选择希望购买的商品，填写订单。

（2）厂方通过订单与客户确认，告知收费方法，同时通过自己的应用系统组织货源。

（3）客户通过移动结算交付货款，金融部门（或其他方式）通知买卖双方转移的结果。

（4）厂方组织货物并发送到客户手中，如图 3-5 表示。

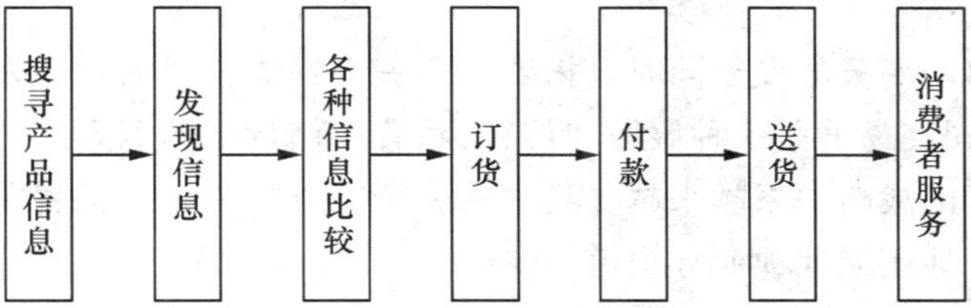

图 3-5　移动交易流程简图

分析以上流程，我们可以看到，移动商务是集信息流、资金流和物流为一体的移动交易过程。

3. 移动商务中第三方物流的发展

移动通信技术及其应用于电子商务领域的延伸即移动商务的发展，深刻地影响着第三方物流的发展进程，同时也为第三方物流带来了新的发展机遇。具体表现在：

第一，移动商务对配送要求的多样性和分散性，为第三方物流整合系统内资源提供了内在的动力和外在的需求。移动商务的运作本身是没有时间和空间的限制的，打破了传统经营方式中地理范围的限制和电子商务中的时间限制。但是，移动商务为众多企业拓展市场的同时，也对企业的物流配送提出了全球化服务的要求。随着网络技术的发展，世界经济全球化的进程越来越快，中国加入 WTO 后，中国国内市场国际化和国际市场国内化的趋势将十分明显，能否为全球用户提供满意的服务将成为衡量中国物流企业国际竞争力的重要因素。

物流配送的全球化要求中国物流企业对物流各系统的相关要素进行合理调整，选择最佳的物流配送模式，按照国际惯例来组织物流运作。同时，物流配送的全球化趋势也使得传统的生产企业不得不依靠专业的第三方物流企业提供物流配送服务，并且它们之间的关系变成了新型的战略伙伴关系。

第二，无线 Internet 的出现正改变着第三方物流产业的运营。第三方物流服务商或者加入到移动交换中去,或者自己创立一个类似的服务。第三方物流平台由无线网络计算中心、物流信息中心通过数据库交换订单信息、出货信息和其他信息。无线网络计算中心涉及的 IT 应用主要有移动商店运作。同时,随着物流越来越依赖于移动通信工具来管理其仓储和库存活动,第三方物流服务商在全球范围内提供延伸的信息技术服务。现在,许多第三方物流服务商开始与移动运营商结成同盟,以便为客户提供支持服务,同时提供一站式解决方案。

第三,移动商务的发展同时也拓展了第三方物流公司的业务发展渠道。第三方物流公司交易的是一种服务和信誉,随着人们认识的深入及移动商务的迫切需求,两者的战略关系越来越受到重视。第三方物流公司具备很好的物流信誉,才能更好地拓展此项业务渠道。

三、移动供应链管理

(一) 移动供应链管理的概述

移动供应链管理(Mobile Supply Chain Management,MSCM)是一种新的供应链管理方式,属于移动商务的一部分,它基于供应链管理平台,利用移动通信技术、各种移动设备、计算机技术和互联网技术,对提供某种共同产品或服务的相关企业的特定关键信息资源进行随时随地的管理,从而帮助实现整个渠道商业流程的优化。

这个定义表明了移动供应链管理的几个构成特征。

(1) 供应链管理是移动商务的一部分,是移动商务在供应链管理中的扩展。因此,移动供应链管理必须满足“移动”的本质,即 3A 化(Anyone,Anywhere,Anytime)——能够对商务信息资源进行随时随地的管理,从而随时随地地进行必要的供应链管理活动。3A 化的实现意味着供应链管理活动将超越许多既有的限制而向超空间(Hyper-space)、实时(Real-time)的方向发展。

(2) 移动供应链管理不是取代供应链管理平台,而是供应链管理平台某些功能的实现方式,是部分和整体的关系。供应链管理平台是移动供应链管理存在的基础,没有供应链管理平台,移动供应链管理就无从谈起。移动供应链管理实际上是供应链管理平台上某些具体功能在移动商务领域的延伸。

(3) 移动供应链管理要有针对性,但不需要达到全面性。在功能上,移动供应链管理不需要复制供应链管理平台的全部管理功能,但必须突出某些针对性的功能;在信息处理上,移动供应链管理要能够实现随时随地收发、存储、处理供应链上某环节的关键信息;在信息共享上,移动供应链管理的发展方向是能够实现跨企业的信息交互。

(4) 移动供应链管理的最终目的和价值体现在帮助实现整个渠道商业流程的优化。渠道是供应链的核心,渠道能力决定供应链的成败。移动供应链管理的作用是要帮助实现渠道能力的优化,提升整个供应链的效率。

按照应用分类,移动供应链管理可以分为移动物流管理、移动供销管理、移动生产制造管理和移动库存管理等,如图 3-6 所示。

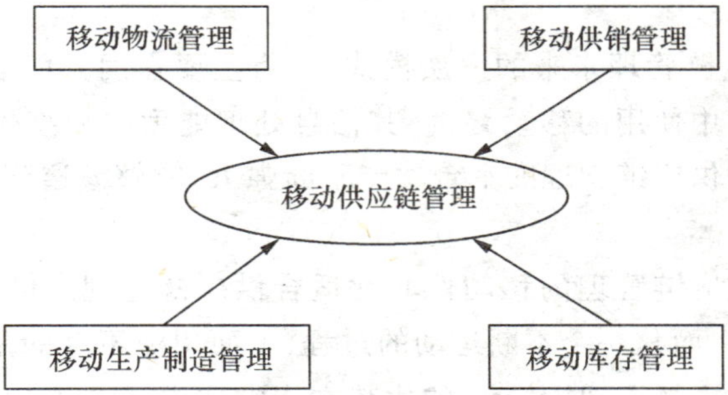

图 3-6 移动供应链管理的应用

通过移动供应链管理,二级供应商或二级经销商能够与核心企业进行实时的信息互动,加强核心企业对渠道的控制能力,缩短数量繁多而又极为分散的二级供销企业与核心企业、一级供销商的距离,使它们之间的联系更为紧密。另外,移动供应链管理还能够实现移动的订单管理。在库存管理中,通过利用移动设备或无线设备,对原材料和库存的管理能力大大提高。企业能够更好地追踪、分析、整合整个供应链上的库存,或更好地管理货物在供应链上从一个节点到另一个节点的转移。

(二) 移动供应链的发展

移动供应链管理从概念的提出到实际的应用发生了较大的变化,这些变化是随着供应链管理理论的不断加深和移动技术的不断发展而产生的。最初,移动供应链管理仅仅在很小的局部范围内实施,而且只能够处理简单的信息传递与交互。

不过,对于许多比较大的"纵向一体化"企业,它们的工厂常常分布在不同的地理位置,执行不同的功能。为了满足这些企业供应链管理的需要,移动供应链管理发展到第二个阶段。这一阶段,移动供应链管理把无线设备收集的各工厂的数据信号通过 Internet 传递到总部,从而把分散在各地的工厂都与总部联系起来,实现企业内部供应链管理的整合。

第二阶段的移动供应链管理只能在一个企业内部使用,不能协调企业间的关系。因此,移动供应链管理发展到目前的“平台化”阶段,较好地解决了这个问题。此阶段移动供应链管理具有不同于前阶段的两个要素:公用移动通信网络和移动供应链管理平台。两个要素都用于实现企业间信息的共享和交互,并由第三方提供,这大大降低了企业自建成本和维护费用,加强了企业移动供应链管理系统的稳定性和安全性。这个阶段的移动供应链管理才是真正意义上的移动供应链管理。

在移动供应链管理未来的发展模式中,将主要在两方面取得更大的突破。一方面是人们手中使用的移动终端,其信息处理能力和便携性都将大大提高。另一方面是移动供应链管理的平台功能不断强大,能够渗透到供应链管理的各个层面。

(1) 移动供应链管理的移动性非常适合供应链管理。供应链本身就不是一个静态的事物,而是一个不断运动的过程,上面川流不息的是物流、资金流和信息流。移动供应链管理“移动”的优势在于它非常适合于对供应链上不断运动变化着的信息资源进行随时随地的捕捉和管理。

(2) 移动供应链管理降低了供应链上信息交互的门槛。能够不受地域限制地进行信息交互,无疑增加了机会,降低了成本。许多从前不能直接实现的信息交互,也在移动供应链管理的帮助下得以实现。

(3) 移动供应链管理具有高度的实时性。在移动供应链管理中,信息的发出和接收过程几乎是不费时间的,即几乎没有信息延迟。因此,移动供应链管理能够对供应链上不断变化的过程进行实时管理。

(4) 移动供应链管理高度自动化,提高了供应链上关键信息的处理效率,避免了人工数据输入的高成本和高差错率问题。

(5) 移动供应链管理对分散信息具有高度的聚合能力。这种能力十分有利于供应链上分散的关键信息的整合。例如,对数以万计的二级经销商的“供、销、存”信息的管理。

(6) 移动供应链管理便利的客户反馈机制符合在供应链中以最终客户需求为核心的信息资源的获取、应用和反馈为供应链管理内容的要求。

(7) 移动供应链管理的实施,不是对原有供应链流程的再造,而是对原有流程的优化改造,是锦上添花。这样,移动供应链管理作为新添功能,实施起来就要容易得多。

（三）移动供应链管理模型

移动供应链管理的模式和传统的供应链管理模式不同。经典的供应链管理模式，以供应链运作参考模型（SCOR）为代表，描述了五个基本流程：计划（Plan）、采购（Source）、生产（Make）、发运（Deliver）和退货（Return）。此模型抽象了供应链流程的全过程。移动供应链管理模式则不同，它并不是供应链全过程的模式，而是各个利用移动供应链管理局部过程的抽象模式。

移动供应链管理的模式和移动商务的模式较为类似，但它们也有区别。移动供应链管理只是针对供应链管理的商务活动，它的专指性更强。并且，移动供应链管理模式还包括实现跨企业信息互动的可能。

移动供应链管理模式分为三个层次。第一层为用户层，代表实际使用移动供应链管理的用户，包括直接使用移动终端的用户和使用供应链管理平台的企业；第二层为网路层，也可以称为通信层，是移动供应链信息流动的具体通道，包括移动终端、移动通信服务商、电信网络、集成运营商和 Internet 网络；第三层是系统平台层，包括供应链管理平台和移动供应链管理平台，它们共同实现移动供应链的具体功能并管理着整个移动供应链管理系统。

（四）主流移动供应链介绍

1. mySAP 移动供应链系统

在 mySAP 供应链管理解决方案的移动供应链管理中，整个供应链网络中的人员可以采用远程移动设备对活动进行计划、执行与监控。将供应链管理信息扩展到桌面与有线网络范围以外，并使决策人无论是在途中、仓库还是其他位置都可获取信息以及采取行动，从而提高工作效率。

员工通过 mySAP 供应链管理解决方案在现场或车间输入数据，可以实现多种数据获取活动的自动化操作，从而减少错误，并提高效率。例如，无线设备可用于传输数据，包括收货确认、运出的销售订单、发运通知以及交货点接收确认。你可以将多种设备轻松地连接在一起，创建一个从条形码到无线设备再到企业系统的无缝信息流。

在生产过程中，mySAP 供应链管理解决方案可为车间经理与工人提供支持。例如，加工行业中的操作工可通过移动工艺卡将数据输入系统，从而不再采用容易出错的纸张记录，并确保了数据可以实时获取。

mySAP 移动功能在仓库管理方面有助于了解正在储存或移动货物的最新可靠信息。仓库利用人员和设备接收、储存并发运货物，将仓库管理过程中的行政工作量降至最低，准确地在线获取仓库中的产品信息、库存状况和货箱信息。通过同步在线监控所有库存移动交易进行实时存货控制。

mySAP 供应链管理解决方案中的移动供应链管理功能深入地了解从车间到仓库整个过程中的关键供应链流程和产品的移动状况。

2. 摩托罗拉的移动销售管理

摩托罗拉公司用“协同式数字化供应链”来定义供应链。这需要从三个层面来理解,首先就是供应链,其次是数字化,最后是协同式。

摩托罗拉“移动商务解决方案”的工作原理是:首先按照用户的应用要求,将应用程序在计算机编制后嵌入到手机数据采集器中。手机数据采集器通过 PC 的数据库获得基本数据信息。然后再利用采集器获得的数据结果及时通过 GPRS 网络接入互联网并导入后台中央网管模块中,进行数据分析及数据汇总,最后实现数据信息在内部网络和无线终端上的共享。全球知名护肤和彩妆用品公司——玫琳凯(中国)公司将全面采用摩托罗拉的移动商务解决方案。玫琳凯(中国)公司于 2003 年 4 月开始部署摩托罗拉为其开发的移动销售和人员管理系统。利用此系统,玫琳凯的美容顾问和客户可以轻松便捷地通过手机 SMS 短信服务实时接收产品和销售信息。该系统还可以为其化妆品销售商们提供一种低成本、界面友好的服务。

3. Oracle 移动商务套件

电子商务解决方案供应商 Oracle 公司最近发布了移动商务套件(Mobile-enabled Oracle E-business Suite)。移动商务套件能够帮助用户通过桌面、Web 和各种移动设备(Palm、Web 电话、PDA 等)访问行业销售、行业服务、客户智能、财务管理、供应商应用和数据仓库管理等关键电子商务应用。

Oracle 移动商务套件是利用 Oracle9iAS 集成的无线功能来提供对关键业务应用的移动接入,具有与 Oracle9iAS 一致的移动功能,包括定位、个性化、消息和通知等,能够有效帮助企业用户增强应用功能、改进生产力。最新推出的移动商务套件的组件包括移动 CRM、移动财务、移动供应链、数据仓库管理和移动员工目录等。这些新的移动应用是现有 Oracle 电子商务套件桌面应用的简单扩展,对于套件中的大多数移动应用,Oracle 电子商务套件的现有用户都可以通过简单下载附加的移动功能来实现移动功能,而新用户在购买 Oracle 电子商务套件时就可以获得移动功能。

多家大型企业利用 Oracle 移动和无线解决方案来提高移动客户、员工和合作伙伴的效率。手机制造商 Kyocera 无线公司正在利用 Oracle 移动解决方案,让员工能够通过 Kyocera QCP 6035 智能电话访问 CRM、财务和制造等 Oracle 电子商务套件中的应用。

4. 上海国通供应链管理平台的移动供应链

上海国通是目前国内真正基于电信基础平台提供移动供应链服务的信息服务企业。在多家大型企业的供应链管理系统中，通过应用手机短信、PDA、无线笔记本等多种终端设备接入供应链管理平台，从而使得供应链下游的终端零售商、二级批发商、一级批发商等基层信息化水平低，应用技术层弱而又急需信息化支持的大众加入信息化大军。通过移动供应链打通整条供应链，突破木桶原则的瓶颈，实现整条供应链的优化。加强核心企业对供应链企业的控制和辅助力度，帮助企业经济共同体节约协同成本，减少供应链各环节之间的浪费，提升供应链的整体利润。

第四节　移动商务中产业链成员的发展战略

移动商务市场参与者有移动运营商、金融服务提供商、特约商户和内容服务商、内容整合和门户站点、移动终端提供商和 IT 行业等，这些参与者的共同驱动力在于相信移动商务市场能提高企业吸引客户的能力，以及长期的盈利前景，如图 3-7 所示。

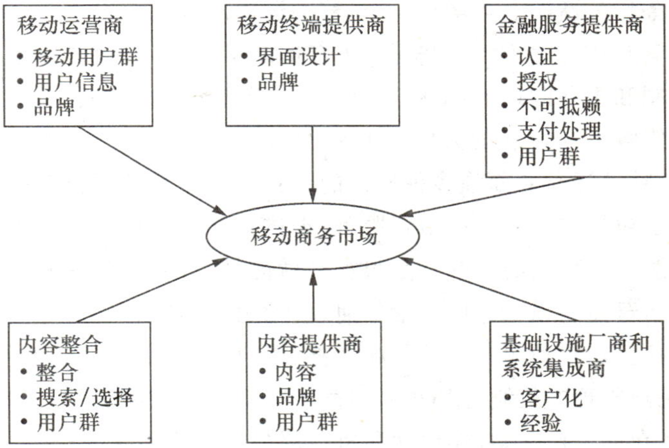

图 3-7　移动商务市场结构图

移动商务市场的参与者呈现出既竞争又合作的态势。移动商务的成果，取决于传统与非传统参与者的一系列的合作与联盟，但是根据市场条件的不同，运营商与金融服务提供商也有可能采取谨慎态度。比如，对金融服务商来讲，尽管初期与运营商合作可以较快推出服务，但自身的批评会有所稀释，而且运营商有可能会逐渐架空金融服务商，所以在结盟时必须谨慎。总之，在移动商务活动中既存在竞争也有合作，但合作是一个基本前提。在合作中，根据不同参与者的动机、所面临的障碍和在价值链中的定位不同，形成不同的市场战略。

一、移动运营商的战略

近几年里，移动运营商面临着艰难的战略选择。中国移动虽然在目前市场上占有90%以上的份额，但其垄断地位正在受到中国联通的挑战；中国联通由于成为上市公司，也面临着脱胎换骨的改造；同时，中国电信作为第三家被准许经营移动通信业务的公司，也需要在战略上形成自己的特色。随着我国加入WTO，移动运营商们还面临着来自其他方面的竞争压力。新的竞争对手往往在增值服务方面有独到的见解，又不受传统业务的束缚，所以对市场会有较大的冲击。而中国的移动运营商们由于长期以来处于垄断和半官方的地位，在网络覆盖、服务质量、资费和效率等方面都与国外竞争对手有相当大的差距。面对竞争压力，移动运营商必须在原有的语音服务基础上，拓展增值服务市场，这是无法逃避的选择。可以预见，今后若干年的电信市场将呈现以提供语音服务为主向提供丰富的服务内容转变的局面，将来的语音服务会是多种服务渠道的一种。移动商务作为新的业务增长点，对移动运营商有重大的意义。

相对于其他的市场参与者来讲，在市场的早期，移动运营商最有可能在市场上占据控制和主导的地位。移动运营商由于掌握着网络资源和客户群，能在很大程度上影响市场发展的方向。但移动运营商并不是一点顾虑也没有。在未来五年内，移动运营商面临多种多样的选择。移动商务仅仅是其中一种增长途径，此外，还包括进一步扩展语音服务、提供移动办公应用等。进入提供信息和移动商务服务的市场的抉择不是很容易就能做出的，因为这些领域原来并不是蜂窝网络运营商的强项。但无论如何，移动运营商在移动商务方面都扮演着举足轻重的角色。移动运营商的品牌优势、用户信息、地理定位的信息、网络安全的机制、用户管理的机制等都对移动商务的市场有很大贡献。如何充分利用自己的优势，在商业模式、合作伙伴和特色服务等方面做文章，必须成为移动运营商长期的战略重点。所以，移动运营商必须：

（1）建立良好的客户服务体系，确保服务质量，同时为了扩大移动商务市场的整体规模，在提供终端和服务时要采取鼓励性的价格政策，提供多样性的无线数据服务以促进流量的提高。据国外最新调查，数据流量已开始占据移动运营商整个收入的近 1/10，而且根据产业趋势和预测，在未来几年，数据流量还将大幅增长并最终超过语音流量。因此，对移动运营商来说，从传输中获取利润的最佳方法便是增加网络的传输流量。为达到这一目的，唯一的途径便是为用户提供尽可能广泛的数据服务。这一策略已被日本 NTT DoCoMo 的 I-Mode 数据服务的成功案例所验证：DoCoMo 创建于 1999 年 2 月，在成立一年内便推出了 7 000 种互联网应用服务，吸引了几百万用户（平均每天新增一万多用户），而每个用户的月平均营业收入也从 90 美元上升到 120 美元。

（2）与内容提供商和金融服务商形成伙伴关系。因为移动商务市场上内容的重要性会越来越突出，而移动运营商通常都没有办法很快变成大型内容管理者或电子商务提供者；长远来看，内容和金融服务应该成为移动运营商的核心业务，而不仅仅是一项增值业务。移动运营商尽早参与合作，提供服务，一方面可以分享合作伙伴的客户群，提高用户忠诚度，增加盈利；另一方面可以尽早发现用户需求，对市场进行有效细分，开发受欢迎的应用，对产品定价和市场策略进行尝试和研究。但与此同时，也必须对合作双方的长期定位有清醒的认识，以免移动运营商在价值链中的作用被稀释。

（3）建立自己的门户站点。与有线领域相比，无线领域中的门户站点显得更重要。而运营商在建立无线门户站点后，才会拥有天生的优越性。首先，移动运营商能控制手机终端的最初配置即缺省的门户站点和初始页面，其次移动运营商有许多用户的信息资料，善加利用，可为用户提供很好的个性化服务，从而使自己的无线门户较其他门户更有特点，更有优势。

（4）为第三方提供服务集成和管理，以此获取收益。移动运营商利用在网络和用户管理方面的优势，可以提供个性化和组合的服务，利用已有的话单计费系统来提供电子商务支付服务、社区服务和基于定位的服务。这可能需要用到数据挖掘的技术，在这方面做积极投入将会产生巨大的收益。总而言之，任何能提高网络传输流量和收取交易手续费的活动都是有价值的。

二、金融服务提供商的战略

对金融服务提供商来讲，移动商务既是机遇，又是挑战。金融服务提供商的服务，是移动商务必不可少的环节，所以有很多参与者都需要同金融服务提供商结盟。但长期来讲，金融服务的边界会模糊，因为这些其他参与者也会逐渐实现某种金融服务的功能，如运营商可能有预付费服务等，这实际上是一种变相的储蓄服务。在中国，何时会出现这种局面，取决于金融管制的开放和金融市场的竞争。

金融服务提供商在移动商务市场上扮演着三方面的角色：

(1) 提供内容。以银行服务内容和股市、汇市行情为主。在移动平台上提供这些内容，可以吸引顾客，提高品牌竞争力，降低成本。虽然向顾客提供移动服务本身无法产生额外收益，但间接的收益是不难理解的。

(2) 为其他核心服务提供支付服务。支付服务是移动商务必不可少的环节，但到底该由银行还是运营商来提供支付服务一直有不同的见解，而且支付手段也不尽统一，这我们以前已介绍过。不管怎样，银行由于有其独特的客户和资金优势，提供支付服务还是大家比较接受的。

(3) 为交易提供安全认证。银行长期以来在商家和客户心目中建立的信任感是其最宝贵的资源，在网上交易双方互不认识的情况下，银行作为受信任的第三方，可以提供可靠的安全保障。

所以，在战略上金融服务提供商必须：

(1) 与运营商形成伙伴关系，特别是在支付方面。但金融服务提供商最好不要限制他们的顾客只使用一家运营商的移动金融服务。如果他们的顾客原来就使用别的运营商，可能会有所不满。在某种场合，银行甚至可以考虑向运营商付费来确保网络安全和畅通，以免顾客对金融服务不满意。还有一种办法就是自己拥有和维护一套 WAP 网关，以直接提供安全性和用户管理。

(2) 提供在移动平台上有用的服务。不是所有的金融服务都需要在手机上实现，有些应用比其他应用更适合于移动的特点，如信用提示、查账和转账等。

(3) 提供安全性保障。金融服务提供商最大的资产是消费者、商家和零售商对安全支付体系的信任。

(4) 积极建立品牌。应该注重对银行真正的资产（亦即服务和客户关系）建立品牌，而不要被移动终端的新形式所迷惑。

三、内容提供商的战略

内容提供商必须对以下方面有足够的认识：移动终端的显示有相当大的限制，特别是当用户可以定制他们的界面和菜单选项时，推广内容的难度将会增大。哪些内容是用户希望在手机上显示并愿意花钱购买的？支付会不会比较麻烦？特别是在很多场合，移动运营商会逐渐介入内容和门户站点市场，而且拥有较大的用户群和品牌优势，在这些情况下，内容提供商有被架空的危险。

尽管在目前,由于网络带宽和终端等方面的限制,还无法提供流媒体的信息,但这并不是说内容就可以是枯燥乏味的。用户往往会被那些既有价值和时效,又极富个性化和面向地理定位的服务吸引,提供这些特色的服务,不但可以使内容服务商在初期获得市场成功,而且可以为长期的成功打下良好的基础。

内容提供商必须:

(1) 认识到只需少量数据传输的简单应用可以很成功。用户会比较接受这些应用,即便以前没有这些需求。

(2) 谨慎地与移动运营商结盟。运营商一般能提供有效的市场通道,但内容提供商必须清醒地意识到自身的品牌有可能会被运营商品牌所淡化,所以即便与运营商合作也要尽可能避免排他性。

(3) 与内容整合商建立伙伴关系,以便使自身内容能在内容整合商的门户站点上被访问到。在某些情况下,也可以同电信技术厂商和终端厂商建立合作关系。

(4) 创建冲动型的应用。在早期,建立市场份额的机会很多,趁此机会可以建立现成的购物市场以及其他产生盈利的业务。关键在于这些应用必须要有新意,能吸引用户。例如,在现实和虚拟世界中进行购物比价甚至交易服务,可能会吸引大量的用户。

(5) 为将来的市场做准备。目前,购物服务还受到支付体系的影响,其技术手段和提供商都较不明确,所以发展尚不充分。但长远来看,移动购物的环境会不断完善,移动电子钱包的出现更将给含小额支付的内容市场带来新的生机。另外,随着技术的发展,视频多媒体的内容也会受到越来越多的年轻人的欢迎。

四、内容整合商的战略

许多内容整合和管理服务的参与者本身就是固定互联网上的门户站点。内容整合商由于拥有广泛的信息来源,并对提供个性化服务有经验,可以在移动商务市场中扮演重要的角色。面前已有一些门户站点提供 WAP 服务,但这些门户网站大都还处于起步阶段。关键问题在于用户终端和网络带宽方面的局限。在很多情况下,内容需要重新组织,随着终端和网络的演进,管理这些内容的成本也会增加。

根据不同的划分标准,可以看到移动的门户站点可以有四种不同的类型组合:水平的和垂直的、面向个人的和面向商务的,而移动商务将贯穿所有这些不同的类型。所谓水平的移动门户，就是以提供多方位和多门类的信息为特色，有广泛的市场接触面，目前大部分的移动门户都可归为这一类。垂直的移动门户只针对某一特定细分市场，提供深入的专业化的服务。与水平门户相比，垂直门户的移动商务特征更强，可以更好地实施差别化战略，而且也有利于中小型专业企业参与。面向个人的移动门户，以提供个人通信和事务管理服务为主，个性化的特征较强，开展移动商务有较好的基础。面向商务的移动门户以mySAP. com Mobile Workplace 代表，这类移动门户有针对性很强的商务应用如财务管理、项目管理和工作流管理等，提供给企业用户使用，亦即通常所说的B2B 的移动商务。

内容整合商应该：

(1) 吸引用户，注重网上社区的建设。只有客户忠诚度提高了，门户站点的品牌知名度才会提高，广告商才会愿意在该门户上投放广告。

(2) 谨慎选择运营商合作伙伴。尽可能避免排他性的关系，在实力过强的合作伙伴面前失去自主性。通常运营商本身也会提供门户服务，它们可以在手机上预设自己的站点，只要这些站点有足够吸引人的内容，非运营商的门户站点会在竞争上处于劣势。对内容整合商来讲，减小对运营商的依赖的一个途径是自己拥有和控制一套 WAP 网关，这样，它们就可以利用该 WAP 网关对用户进行管理和提供服务。

(3) 与移动技术厂商形成战略合作伙伴关系。由于移动技术厂商掌握平台服务器和网关以及移动终端的关键技术，可以为内容整合商提供技术上的咨询，并且可以帮助内容整合商将服务进行打包推向市场。在移动服务推出的初期，摩托罗拉和阿里巴巴、诺基亚和搜狐、爱立信和新浪的合作就具有这方面的特点。

(4) 认识到门户站点的关键的差别化措施是个性化，而且个性化是一项关键的长期目标。门户站点必须现在就开始注意积累有用的客户信息，并且在数据仓库和数据挖掘方面下工夫。

五、系统集成商的战略

系统集成商在移动商务市场的早期，就是实际的获利者。因为它们在改造网络中创造了价值。在这一时期，系统集成商有机会参与行业标准的制定而获得长期竞争优势。然而，同时也暴露出一些问题，如项目实施缺乏长远规划、重战术而轻战略、标准化和模块化较差等。移动商务项目的实施需要从组织整体的战略目标出发,而不能仅仅关注短期的业务目标。

系统集成商必须:

(1) 与企业应用集成工具软件(EAI)厂商建立伙伴关系,因为这些厂商对集成一系列的系统有特定的专长和技术,而且使用模块化和系统化的方法。有了好的中间件工具的帮助,系统集成商可以避免系统开发时点对点拼凑的弊端。

(2) 扩展竞争能力,努力满足市场需求。系统集成商需要获得无线网络、安全性和应用管理的专业知识,以提供完全的解决方案。在某些情况下,合作和并购也是提高系统集成商专业技能水平的可行办法。

六、设备和智能卡厂商的战略

移动商务使不同的设备厂商融合在一起。这些来自不同领域的厂商对该市场都有独特的贡献,但没有哪家厂商可以统揽所有的方面,所以合作就成为市场战略的主题。在移动商务环境中,需要用到 SIM 卡,而且 WIM、USIM 等更高级的技术都是以智能卡的技术为前提的。所以,智能卡市场现在呈现欣欣向荣的景象,参与者众多,竞争激烈。各种方向的标准化工作也正在如火如荼地开展。在这种状况下,设备和智能卡厂商必须:

(1) 重塑自身,增加附加值,扩展到增值服务和新的智能卡应用技术领域中,因为仅提供硬件已无法适应未来的市场。

(2) 关注"使用方便"这一要领。许多人避免使用手机的某些功能,因为这些功能显得太复杂。在这一方面,永远有改善的余地。特别在手机浏览器上的开发,对移动商务的推广有至关重要的意义。

(3) 把终端和应用做得更有趣。用户需要看到不用原来的工具,而使用移动商务应用和服务的具体优点。把这些东西做得更吸引人是很重要的一个环节。可以考虑的方式有手机的屏幕保护、照片、动画等。随着处理器、内存和显示屏幕的性价比不断提高,这一方面的可能性会越来越大。

(4) 内嵌蓝牙。第三代的移动网络的数据传输和处理速度会更快,提供的多媒体应用也更多。用户更需要各种终端,包括电脑、手机、PDA 和各种智能设备能互联互通。蓝牙技术使这些成为可能,所以有广阔的市场空间。

七、软件厂商的战略

软件厂商在很多方面都得益于移动商务。软件厂商有三类:应用管理系统提供商、支付系统提供商和安全组件提供商。这三类厂商都有各自的机遇和挑战。

应用管理系统源自于智能卡的功能管理。很多在智能卡上的元素、变量和配置,在移动商务中可以演变为应用管理系统。这方面的软件开发者通常有智能卡的背景,对问题的理解较为透彻,有现成的解决方案,所以可以很快在移动商务中占领市场,获得丰厚的报酬。但它们需与运营商建立合作关系,因为运营商控制了网络上的具体应用,而且有权选择第三方应用管理商。

支付系统提供商有多种解决方案可以提供给运营商和银行。其一是直接把账单加在话单里;其二是信用卡。这样,用户就不用花时间去管理和控制手机或智能卡上的钱。但前提条件是移动服务的各方参与者有支付协议在先,供应商可以同运营商和信用卡公司结算。在使用信用卡的场合,费用、风险及结算支付关系都有现成规则可循。但在直接话单支付中,运营商对坏账风险的态度可能有不同于信用卡公司的地方。在某些场合,还有运营商介入银行业务的情况。但无论哪种方式,都需要明确运营商和银行的相对身份,如银行可以为运营商进行支付处理、交易结算、承担信用风险,运营商也可以成立金融分支机构。支付系统提供商要适应多种业务场景,与运营商建立良好关系,且确保与原有支付系统无缝连接。

毫无疑问,安全组件供应商在移动商务中是不可或缺的参与者,而且可以肯定 PKI 密钥体系会在移动商务中发挥重大作用,但需要明确谁颁发密钥,密钥有没有可能在不同场合得到复用,以及如何使安全操作和密钥管理对用户透明等。安全组件供应商不但应该走标准化道路,而且应该积极影响和推动标准化的进程。

第五节　I-Mode 模式给移动商务企业的启示

一、NTT DoCoMo 的发家史

1992 年 DoCoMo 从它的母公司日本 NTT 脱离了出来,演绎了这场 I-Mode 的移动通信模式革命。虽然当时的 NTT 是日本市场上最大的电信公司,对市场高度垄断,经营模式十分呆滞、死板,但是大部分员工还是不愿意离开它而去新的 DoCoMo 公司上班。因此,DoCoMo 的前领导人决心与传统决裂,从头开始。他从其他公司招募了许多新的员工,并决定要创立一种新的移动通信模式——I-Mode,意思是“我的模式”。从这个名字或许可以看出 DoCoMo 要创造个人通

信新特色的决心。

I-Mode 起步时并不为大众看好，因为在此之前日本一直在互联网上落后于欧美，在 NTT 垄断下上网费十分昂贵，即使现在也仅有 13% 的日本人习惯使用电脑上网冲浪。这带给手机上网业务巨大的商机。

事实证明，I-Mode 由于在技术上别无选择而受益，因为 DoCoMo 从一开始就考虑了无线数据业务的商业模式，注重创造业务的收益点，并研究了公众接受的可能性，建立了互联网新的商业模式，而不仅是无线互联网模式，因为并不需要专门的无线内容提供商，它们的宗旨是无线电话技术向传统内容提供商靠拢，为手机用户提供各种所需服务。

通过 I-Mode 网络，用户手机可以永远在线，可以访问超过 7 000 家网站，可以通过网络银行购买股票、查阅交通地图、与朋友交换照片、购买火车票和开展更多业务，而且新型的 I-Mode 手机提供彩色 LCD 显示屏，能解释语音命令。

二、I-Mode 成功原因分析

没有任何人，包括 DoCoMo 自己，预料得到 I-Mode 会如此成功。在 I-Mode 出现以前，移动电话除了语音服务外，仅仅可以帮助手提电脑连线上网；而现在，日本的移动用户只需用手指就可以在小小的移动电话屏幕上上网，再不用提着手提电脑到处走。I-Mode 引人瞩目的成功不仅在日本，在全世界也受到关注，因为它是第一个符合成功标准的移动数据服务。纵观 I-Mode 的发展，其成功因素主要有以下几点：

（一）内容

对于 DoCoMo 来说，内容有着重要的意义。NTT DoCoMo 服务中心提供的不是一般的用户服务，NTT DoCoMo 的指定内容供应商的网站提供具有竞争力和吸引力的方案。用户通过移动电话每天都能看到全世界各个著名公司的图表和品牌名称，还可以玩迪士尼的游戏，或者了解 CNN 的最新新闻标题等。

I-Mode 占有日本移动 Internet 市场 70% 的份额，优势之一在于它为客户提供丰富的内容。从内容角度来讲，I-Mode 网站可分为两种基本类型：官方网站和非官方网站。每一个 I-Mode 移动电话上的菜单里都自动存储了官方网站的网址，这些网站都是经过 DoCoMo 公司许可建立的，受公司的控制和监管。非官方网站则没有出现在移动电话的菜单里，但是可以输入 URL 访问这些网站，或者用电子邮件把网站的网址传送到手机上。最初，I-Mode 指定内容供应网站即官方网站就达到了 501 个，非官方网站 10 000 个。为成为有限的指定网站和享受 NTT DoCoMo 对官方网站的特别政策，内容供应商之间的竞争激烈。NTT DoCoMo 严格的审核程序，使它能挑选出特别有吸引力的内容，从而吸引了更多的用户。

（二）标准

I-Mode 系统的标准，是 DoCoMo 主导的主流系统设备制造商、终端制造商、内容提供商共同指定并被广泛接受的标准。这一标准涉及很多方面，有系统设备、终端设计，还有统一开放的 I-Mode 技术平台等。在当时主流的 WAP 技术还没有获得商业运用，也没有其他的技术可供选择的背景下，DoCoMo 大胆地使用了基于 HTML 的技术，研究新业务的收益点，探索无线商务应用新的商业模式。I-Mode 的浏览器采用简化的 HTML 语言即 iHTML 作为网页编程语言，内容提供商可以使用 iHTML 直接创建适用于 I-Mode 的服务站点；另一方面，因为 iHTML 对于 HTML 来说，只是在很少的部分进行改动，所以对于已经存在的大量 HTML 格式的互联网网站，可轻易地转换为 I-Mode 格式，这样，加入到 I-Mode 应用的网站也就越来越多了。I-Mode 手机使用 iHTML 微型浏览器，只要输入网址或安装 I-Mode 搜索装置，然后按一下手机上专供 I-Mode 使用的按钮，即可实现上网，用户通过结合使用四个按钮（向前指针、向后指针、选择、倒退/停止），就可以完成一系列基本操作，使用十分方便。

由于 I-Mode 平台的技术标准是开放的，任何内容提供商都可提供与 I-Mode 兼容的网站，DoCoMo 公司把这样的网站分为两类：一类是属于正式合作伙伴的官方网站，列在 DoCoMo 的 i-Menu 列表中，DoCoMo 可以代收信息费；另一类是自愿支持的非官方网站，通过 I-Mode 手机输入网址即可访问，NTT DoCoMo 不代为收费。

2001 年 10 月，DoCoMo 公司推出了基于第三代移动通信技术的 FOMA，再次走到了移动互联的世界前沿，把 I-Mode 推向了一个新的应用水平。FOMA 具有通信速度快、通话质量高的特点，下行最大传输速度可达 384 Kb/s，比传统 I-Mode 通信速度快了大约 40 倍，从而实现了更快速、平稳的数据通信。

之后，DoCoMo 开始研究 3G。该公司每年花费近 76 亿美元，用于建立世界上第一个 WCDMA 系统，而 DoCoMo 为了领导潮流，目前又号称向 4G、5G 进军。

（三）电话设备

用户必须使用能够连接到互联网的电话，才能使用无线互联网。由于 DoCoMo 能够控制电话产品的设计，因此这样的电话在日本很早就出现了。

可上网手机需要大的显示屏幕。日本最流行的可上网移动电话的显示屏幕的面积超过2平方英寸。这种电话最早在1999年初就问世了,到2000年底这种尺寸的屏幕和上网功能已经成为几乎所有日产手机的标准性能。这样的屏幕可以显示100个日本字,尽管日本字比罗马字母要紧密一些。即使是已注册的用户,也只需要不到100美元就可以购买到这样的手机。

(四) 费用

由谁来付费、价值体现在哪一点上是最重要的问题。付费的当然是用户,价值最大的体现点应该是内容提供商。也就是说,技术并不是最大的商业价值点,通过这样的技术能提供什么样的服务才是最大的商业价值点。搭建一个平台,使大家共同参与价值链,共同开发商业运营。I-Mode的发展,体现了这种基本的理念。

众所周知,互联网的绝大部分内容不收取任何费用,但相当多的I-Mode内容会收取少量费用,如每月1—3美元不等,NTT DoCoMo代内容供应商收取月费或订阅费。日本一个主要的内容供应商Cybird认为,之所以内容供应商在日本可以收费,是由营运商限制在其门户刊登内容的政策所致。所有当地的营运商都根据自己的标准选择一定数量的内容供应商作为其门户网站指定内容供应商,只有指定供应商才可以通过营运商收取内容月费或订阅费。

指定网站会被嵌入NTT DoCoMo门户网站的功能条中,从而在这个日本浏览量最大的移动Internet门户网站上占有一席之地。而且,很多指定内容供应商提供需付费的内容,NTT DoCoMo用户的订阅费或消费付费可由NTT DoCoMo代指定内容供应商收取,前者从中提取9%的佣金。

I-Mode采用分组网来提供信息,将原来无线网络分组化,用户即使接通也不收通话费,只根据所传输的信息量收费。这是I-Mode成功的重要因素。

(五) 开放

I-Mode手机具有简单的PC功能,通过它可以上互联网。手机采用无线分组传输方式,开发成一个完全开放的系统,无论是谁都可以接到I-Mode上。目前已有25 000个资源网络接到了I-Mode上,网络信息资源极为丰富。

目前,欧洲和中国使用的WAP业务,它的技术语言和互联网不是同一种语言,即HTML语言,所以在提供内容方面比较困难,而I-Mode使用的技术语言是HTML,与互联网一样,从而,可以为很多网站提供各种信息,这使得I-Mode在竞争中处于一个非常有利的地位。

(六) 基础设施

在欧洲,WAP的发展不够快主要是由于基础设施的建设比较落后。无线互联的基础设施主要是网络,网络不实现分组化、没有分组网络是不行的,进行无线数据传输,利用过去的线路交换方式是不行的,有时会出现线路中断的现象,所以必须实现分组网络,这是一个基础。而日本的无线和有线网络基础设施建设得比较完善,这为 I-Mode 业务的开展提供了强有力的支撑。

三、I-Mode 的运作模式分析

I-Mode 准确地把握了日本民族的文化和市场消费习惯,针对普通用户市场,而非某个特定细分市场,推出业务运作模式和产品。但是,这也从一个侧面解释了为什么 I-Mode 在海外市场会遭到失败,那是因为它与当地市场不匹配。因此,我国运营商不能照搬别人的业务模式,要确实深入研究国内市场需求,开发出匹配我国消费者需求的产品和服务。

I-Mode 在技术和开发性上,选用了内容服务商最易实现的技术方案,创造了一个良好的商业环境;尽量有利于第三方内容提供商,而不是只对移动运营商或者终端制造商有利。竞合是今天商场上的主旋律,“内容为王”也是现实,我国电信运营商要给合作伙伴足够的尊重和空间。

I-Mode 得益于 DoCoMo 在日本移动通信市场上的绝对优势,并结合自身的技术标准地位,牢牢控制了产业生态系统的主导权。内容服务商只有很好地与其合作,才能获得更多的收益。这反过来也使得 I-Mode 的内容资源越来越丰富,客户可选服务多。客户规模在 3G 数据业务时代将显得更为重要,特别是针对细分市场的业务,更是如此。

I-Mode 是业务运作平台,而非具体产品,所以有高度的适应性、扩展性和移植性。同时,DoCoMo 在品牌打造上投入巨大,极大地提升了 I-Mode 的影响力。这两者需要共生,否则就会得不偿失。对于中国移动的“移动梦网”这类平台模式来说,即便进入 3G 时代,也只适合改造,不能推倒重来。

I-Mode 定价充分考虑了本地市场消费者的承受能力,特别是 I-Mode 发展之初,日本固定互联网普及率低、资费高,I-Mode 的资费相对较低,极大地吸引了消费者。而我国今天的情况是,固定互联网接入费低,内容丰富而多免费,这是移动运营商必须直面的现实和应对的问题,否则高端数据业务很难发展起来。

四、I-Mode 的广告模式分析

(一) 日本手机广告商务模式

日本电通、博报堂等广告公司与通信公司合资成立网络广告代理媒体公

司,通过手机做广告必须经过这些代理公司。手机用户通过这些代理公司链接到某手机广告客户的网站上。日本有三大通信公司,即 NTT DoCoMo、J-Phone、KDDI,其互联网服务分别称为 I-Mode、J-SKY、EZweb,其网络广告代理媒体公司分别是 D2 COMMUNICATION、J-Mobile、A1AD NET。

D2 COMMUNICATION 成立于 2000 年 6 月 1 日,注册资金 4.9 亿日元。在 D2 COMMUNICATION 中,电通占 46% 的股份,NTT DoCoMo 占 51%,NTT AD 占 3%。D2 COMMUNICATION 中的"D2"的含义是"Digital and Direct"。D2 COMMUNICATION 的主要业务是:I-Mode 广告的制作、运营,并利用 Push 方式提供服务;传播企业宣传活动的信息、企业的优惠券,在客户所要求的网页信息内容中承办广告销售(承办 I-Mode 网站上的广告),对各广告代理公司开展营业活动。D2 COMMUNICATION 的收入主要是 I-Mode 广告费。此外,还开发移动电话网页制作、电话服务中心受托业务,以及运用移动电话用户数据库及大众传媒互动的集中广告等移动电话市场营销业务。

(二)开展 I-Mode 广告的具体方法

日本的 I-Mode 广告公司要开展 I-Mode 广告业务,首先要吸引用户来到集中广告网站,这与普通的商业网站相似,不同的是前者支持 I-Mode 标准。吸引用户的具体方法有:用 E-mail 等手段吸引用户前往折扣店铺;通过手机分发虚拟优惠券;受理入场券预约,与用户沟通;利用顾客数据库传送个别电子邮件,利用用户注册信息进行信息传送,以既有数据为基础,反复与用户沟通。

即时电子邮件也是一种重要的方法,这是 DoCoMo 与电通共同开发的和其他媒体连动的短信方式,具体方法是在大众传媒的传播过程中引起用户兴趣的"那一刻"向用户发送即时电子邮件,传送无正文邮件,自动回信并得到 URL,用户点击 URL 就能简便地与移动电话网站连接。

电通还将 I-Mode 作为解决客户课题的快速调查工具。电通进行移动电话媒体促销、策划,建立网站,处理回应,建立顾客数据库,利用顾客数据库传送信息,开展市场营销活动。此外,电通还对利用移动电话媒体的集中广告进行总括性提案。

I-Mode 广告具体做法还有:

(1) 网上应征,如征集虚拟明信片,通过应征扩大受众群,利用用户的侥幸获奖心理促使其反复购买;

(2) 通过阅读手机广告有机会获得赠品;

(3) 多种媒体广告联动;

(4) 在适当的时机发送手机电子邮件,吸引顾客来店,将网络广告与销售相结合,在其中打出企业的标志。

一个典型的手机广告流程是:通知告知,获得许可,发送电子邮件,激发行动,促使其购买,推进顾客化,推进优良顾客化,维持用户,使其重复购买与来店。手机电子邮件一般是每周一次。简而言之,告知、选择、吸引用户来店、集中广告会员化。

I-Mode 的首页每天能达到 500 万访问量,I-Mode 服务器每天能够达到 4 000 万访问量。I-Mode 的广告费标准为每 1 次访问量收费 5 日元。《朝日新闻》I-Mode 首页广告每周收费 200 万日元;DoCoMo PORTAL 首页广告每日 2 000 万日元,中页广告每周 2 500 万日元。

复习思考题

1. 传统的商务流程与运作方式有哪些?试就传统的商务流程与运作方式与移动商务流程与运作方式进行比较分析。
2. 各种模式在移动商务中是如何实现的?
3. B2B 移动商务模式有何特点?其过程是怎样的?
4. 中国市场典型的网络移动商务模式有哪些?
5. 什么是移动供应链管理?分析主流移动供应链的特点。
6. 试述移动商务中的物流与电子商务中的物流的异同。
7. 何谓第三方物流?它与移动商务有何关系?
8. 移动商务产业链成员的战略各是什么?
9. 试对本章案例进行分析。

第四章

移动商务的网络通信平台

学习目的

1. 了解与移动商务有关的网络通信技术和 Internet 技术；

2. 了解 EDI 增值网络技术；

3. 了解 IPv6 与移动 IP；

4. 了解移动通信技术；

5. 了解其他移动相关技术及应用。

随着移动计算的发展以及信息访问需求的日益增长，商务活动将向移动和无线连接领域逐渐发展，上述变革催生了“移动商务”这一概念。从更宽广的眼光来考虑，移动商务的战略不仅仅是把公司的电子邮件扩展到无线装置上而已。企业需要了解支持移动商务的关键技术，因为能否正确理解这些技术的特点将直接影响部署移动应用系统的成效。本章主要介绍与移动商务有关的计算机通信技术、Internet 技术，以及相关技术在移动商务中的应用。

第一节　计算机网络通信技术与 Internet 技术

移动商务的产生与发展是基于计算机网络与通信等技术的。移动计算机网络通过先进的计算机网络技术和无线通信技术，组成移动通信和计算的平台，实现信息交换和资源共享。同时，网络技术和无线通信技术的发展也大大促进了移动商务的发展。因此，在本节中，将主要介绍与移动商务建立和运行有关的计算机网络通信技术和 Internet 技术，包括计算机网络、Internet 技术以及基本的网络模型和网络协议。值得注意的是，本章所述的计算机网络通信技术和 Internet 技术看似与移动商务的联系并不是很紧密，因为这些技术没有突出移动商务的特性，但无论是电子商务还是我们所说的移动商务，都是基于这些技术的基础之上才能够有效开展的。因此，了解计算机网络通信技术和 Internet 技术是移动商务技术应用的基础。

一、计算机网络概述

（一）计算机网络的概念和功能

计算机网络是适应客观需要，在计算机技术和通信技术高度发展的基础上紧密结合的产物。那么，什么是计算机网络？它又有哪些功能和特点？

首先，计算机网络就是利用通信设备和线路将地理位置分散、功能独立的多台计算机连接起来，以功能完善的网络软件实现网络中资源共享和信息传递的系统。

一个计算机网络由资源子网和通信子网构成。资源子网由提供资源的主机和请求资源的终端组成，负责全网的数据处理和向用户提供网络资源及服务；通信子网主要由网络节点和通信链路组成，承担全网数据传输、交换、加工和变换等通信处理工作。

其次，计算机网络的功能主要体现在以下几个方面：

(1) 资源共享：充分利用计算机资源是组建计算机网络的重要目的之一。资源共享除共享硬件资源外，还包括共享数据和软件资源。

(2) 数据通信能力：利用计算机网络可实现各计算机之间快速、可靠地互相传送数据，进行信息处理，如传真、电子邮件与电子数据交换(EDI)等通信服务。数据通信能力是计算机网络最基本的功能。

(3) 分布处理：一方面，对于一些大型任务，可以通过网络分散到多个计算机上进行分布式处理，也可以使各地的计算机通过网络资源共同协作，进行联合开发、研究等；另一方面，计算机网络促进了分布式数据处理和分布式数据库的发展。

(4) 提高系统可靠性：计算机网络系统能实现对差错信息的重发，网络中各计算机还可以通过网络成为彼此的后备机，从而增强了系统的可靠性。

(二) 计算机网络的分类

计算机网络按网络的作用范围和计算机之间的相互距离，可分为广域网(WAN)、局域网(LAN)、城域网(MAN)和互联网(Internet)；按网络的数据传输与交换系统的所有权，可分为专用网和公共网；按网络的拓扑结构，可分为总线型网络、星型网络、环型网络、树型网络等；按传输的信道不同，可分为基带网和宽带网、模拟网和数字网。

(三) 其他相关概念

1. 网络操作系统

网络操作系统(NOS)是网络系统软件的主体，其作用是处理网络请求、分配网络资源、提供用户服务以及监视和管理网络活动等，以保证网络上的计算机能方便而有效地共享资源。Novell NetWare 和 Windows NT 等都是目前比较常见的网络操作系统。

2. 服务器

服务器(Server)是为网络提供资源、控制管理或专门服务的计算机系统。在客户/服务器系统中，服务器负责提供资源和服务。服务器主要有文件服务器、打印服务器、通信服务器、数据库服务器等。

3. 客户机

客户机(Client)也称为工作站，主要指连入网络的计算机，它接受网络服务器的控制和管理，能够共享网络上的各种资源。客户机的性能可以很好，用于复杂的数学计算或者图形处理；也可以很一般，如仅使用文字处理或者其他简单的应用软件。

二、Internet 技术

（一）Internet 的概念

Internet 是全球最大的、开放的、由众多网络互联形成的计算机互联网。所以对 Internet 较为准确的解释是：Internet 是网络的网络，它将各种各样的网络连在一起，而不论其网络规模的大小、主机数量的多少、地理位置的异同。它连接世界上各种各样的计算机系统和计算机网络，为人类提供多种形式的信息资源，是人们获取信息的方便、快速、高效的手段。

（二）Internet 的发展

Internet 本身起源于 1969 年的一个广域网计划。当时，美国国防部的高级研究计划署（ARPA）为了使一些异地计算机能相互共享数据，便以一定的方式将这些计算机连接起来，从而形成了 Internet 的前身——ARPANET，如图 4-1 所示。

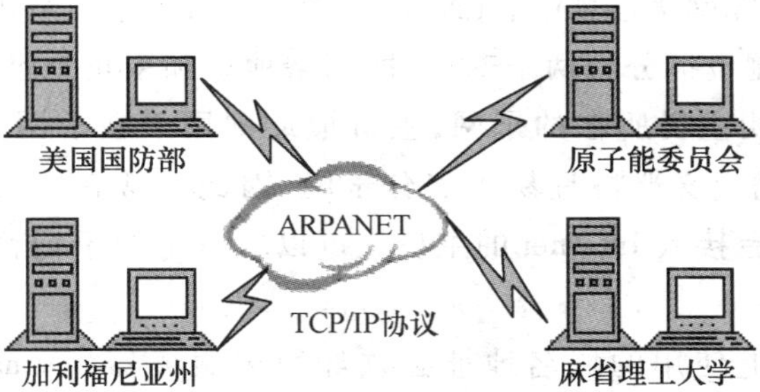

图 4-1　ARPANET 网络

1986 年，美国国家科学基金会（NSF）在政府的资助下，用 TCP/IP 协议建立了 NSFNET 网络，并于 1989 年改名为 Internet 向公众开放，如图 4-2 所示。

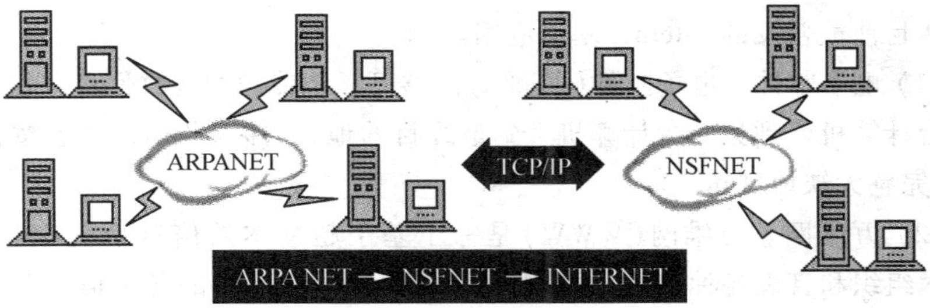

图 4-2　NSFNET 网络

1994 年美国的 Internet 由商业机构全面接管，这使 Internet 从单纯的科研网络演变成一个世界性的商业网络，从而加速了 Internet 的普及和发展。世界各国纷纷连入 Internet，各种商业应用也一步步地加入 Internet，Internet 几乎成为现代信息社会的代名词。

(三) Internet 的结构

1. Internet 的网络结构

Internet 具有分级的网络结构，一般可分为三层，由上至下分别是全国骨干网、地区网络、校园网和企业网，这些网络通过普通电话线、高速率专用线路、卫星和光缆等介质把不同用户连接起来。

2. Internet 的地址结构

Internet 采用一种通用的地址格式，为 Internet 中的每一个网络和几乎每一台主机都分配了一个地址。Internet 中的地址类型有 IP 地址和域名地址两种。

IP 地址采用二进制表示，每个地址长 32 比特，在读写 IP 地址时，用"."分成 4 个字节。国际网络信息中心(NIC)负责统一分配全世界的 IP 地址。IP 地址的 32 个二进制位被分为两个部分，即网络地址和主机地址。网络地址就像电话的区号，标明主机所在的子网；主机地址则用于在子网内部区分具体的主机。IP 地址的定义严格且易于划分子网，因此非常有用，但记忆起来十分不便。因此，每台接入 Internet 的主机又可以取一个便于记忆的名字，这就是域名地址。

在 Internet 上使用的域名地址必须经域名服务器(Domain Name Server, DNS)将域名翻译成 IP 地址，才能被网络识别。

(四) Internet 的应用

1. Internet 的基本应用

Internet 上的信息资源非常丰富，应用的种类也是多种多样的，这里简要介绍一些目前最普及的 Internet 基本应用。

(1) 电子邮件。电子邮件(E-mail)能够可靠地传送和接收信息。每个邮件从一台计算机传到另一台计算机直到最终目的地，邮件服务确保信息按正确的地址，完整无缺地到达。

(2) 万维网。万维网(WWW)是一个基于超文本的信息系统，采用超文本技术组织和管理各种信息，通过超链接将多媒体文档中的各个信息单元相互链接在一起，当访问者将鼠标指针移到具有超链接形式的文本上时，会变成手形的链接指针，单击即可从当前页面快速跳转到指定的页面，以方便寻找需要的信息。

(3) 博客。博客(Blog)是"一种表达个人思想、网络链接、内容,按照时间顺序排列,并且不断更新的出版方式"。而随着录音、录像等电子设备在生活中的普及,Internet 上伴随着"博客"又产生了"播客",它们是网络时代的个人"读者文摘"、"生活记录片",代表着新的生活方式和工作方式,更代表着新的学习方式。

(4) 即时通信。顾名思义,即时通信就是让用户与世界另一端的朋友即时聊天,这一功能可以通过即时通信软件来实现,如腾讯公司的 QQ、微软公司的 MSN、雅虎公司的雅虎通等。

(5) 网络电话。随着宽频普及与相关网络技术的演进,以 Internet 为传输媒介的网络电话应运而生。截至目前,网络电话已由单纯 PC to PC 的通话形式发展出 IP to PSTN(公共开关电话网络)、PSTN to IP、PSTN to PSTN 及 IP to IP 等多种形式。

2. Internet 在移动通信中的应用

在移动通信时代,Internet 不再受时间、地点的约束,其应用将更为广泛,无论是进行收发电子邮件等办公活动还是进行网络聊天等娱乐活动,人们都可以随时随地获取所需的服务、应用、信息和娱乐。

3. Internet 在商务中的应用

随着 Internet 和无线通信技术的飞速发展,人们不再满足于传统的局限在有限空间里的商务交易模式,而是希望随时随地进行交易,甚至在移动的过程中获得服务。加之宽带无线 IP 网(如 WLAN、3G 等)、无线终端(如智能手机、PDA)等 IT 技术与产品的快速更新换代,随之产生了一种利用 Internet 实现的全新的商务交易模式,即移动商务。

三、网络模型与网络协议

网络通信过程相对比较复杂。以电信号形式表示的数据,必须跨越传输介质到达正确的目的计算机,然后再转换为它最初的形式,才能被接收方读取,这一过程由多个步骤组成。因此,实现网络通信最有效的方法就是进行分层处理。

(一) 网络模型

在 20 世纪 70 年代网络发展的初期,各大公司有各自的分层结构,但网络是要求互相交往的,必须有一个交互双方公认的层次模型,因此在 20 世纪 80

年代,逐渐统一到 ISO 的七层 OSI 模型和 TCP/IP 的四层模型。

1. ISO/OSI 参考模型

OSI 基本参考模型是由国际标准化组织(ISO)制定的标准化开放式计算机网络层次结构模型,又称为 ISO/OSI 参考模型。OSI 体系结构定义了一个七层模型,从下到上分别为物理层、数据链路层、网络层、传输层、会话层、表示层和应用层,如图 4-3 所示。七层中的每一层都完成一组特定的功能,从而为上一层提供一定的服务。规定各层如何操作的那些原则和规程就称为协议。从理论上说,这个模型中每一层的协议都与它的上层或下层的协议无关。

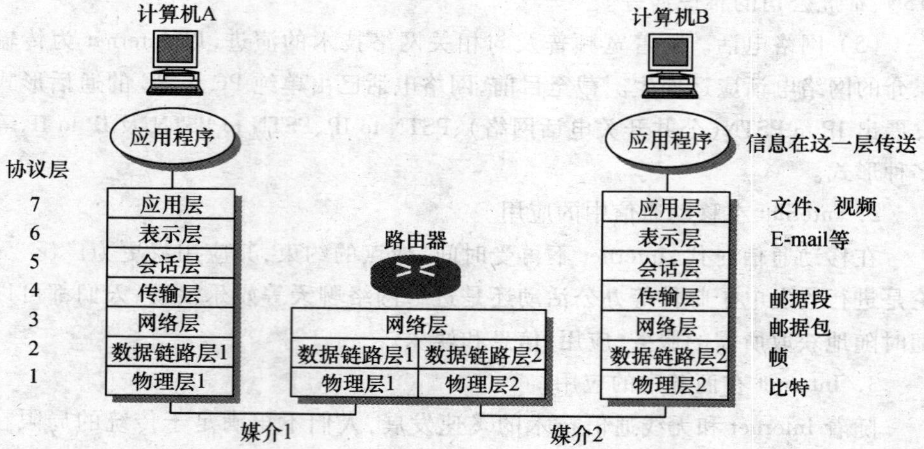

图 4-3　OSI 参考模型

实现一个协议的一部分硬件或软件称为协议实体,计算机的同层协议实体之间利用低层提供的服务通过网络传送信息。从逻辑上看,我们可以认为一台计算机的协议实体和另一台计算机的同层协议实体之间直接进行对话。

两个可以通过网络互相通信的协议实体称为对等实体。在图 4-3 中,从逻辑上讲,计算机 A 的网络层与路由器的网络层进行通信,为了完成这个通信,网络层利用数据链路层 1 通过媒介 1 传送数据包,因此计算机 A 的网络层实体和路由器的网络层实体是对等实体。

典型的情况下,各层协议从高层接收数据,并通过在前面加上一个较短的报头来实现本层协议的功能,然后将加了报头的信息传给网络另一端的同等实体。加上的报头通知同等实体对接收到的数据做什么处理,这个报头可能包括协议地址、数据部分的长度以及用于检错和纠错的校验和。同等实体接收到信息后，剥去协议头，恢复出原始数据再送至高层。

2. TCP/IP 分层模型

TCP/IP 的全称是 Transmission Control Protocol/Internet Protocol，它是 Internet 信息交换、规则、规范的集合，是 Internet 的标准通信协议，主要解决不同计算机网络的通信问题，使网络在互联时把技术细节隐藏起来，为用户提供一种通用的、一致的通信服务。

TCP/IP 协议的开发研制人员将 Internet 分为四个层次，也称为 Internet 分层模型，如图 4-4 所示。

应用层（第四层）
传输层（第三层）
网络层（第二层）
接口层（第一层）

图 4-4　TCP/IP 分层模型

TCP/IP 协议是 Internet 的基础和核心，也是 Internet 使用的通用协议，与低层的数据链路层和物理层无关。

（二）网络协议

网络协议是计算机网络中通信各方事先约定的通信规则的集合。常见的网络协议有：IPv6 协议、传输控制协议（Transmission Control Protocol，TCP）、用户数据报协议（User Datagram Protocol，UDP）和文件传输协议（File Transfer Protocol，FTP）等。

1. IPv6

IPv6 是 IP 协议的新版本，是在 IPv4 的基础上诞生的，它巨大的地址容量能够满足 Internet 飞速发展的需要，它集移动性、安全性和服务质量保证于一体，是建设移动商务的最佳方案。

（1）IPv6 与 IPv4 的比较。IPv6 与 IPv4 相比有很大的先进性，表 4-1 给出了 IPv6 与 IPv4 在地址空间、网络的自动配置、移动性、安全性方面的比较。

表 4-1　IPv6 与 IPv4 的比较

特性＼版本	IPv6	IPv4
地址空间	足够大	理论上是 40 亿,实际上要少得多
网络的自动配置	IPv6 标准的一部分	没有综合性的标准解决办法
移动性	内置安全性;能够满足全球移动终端的需要	能够满足有限量的移动终端的需要
安全性	采用标准的安全方法,能够应用于全球企业网访问,如虚拟专网	有几种方法可选,但每种都由于地址空间有限而无法适应网络规模的发展

从 IPv4 到 IPv6 是一个逐渐演进的过程。在第一个演进阶段,只要将小规模的 IPv6 网络连入 IPv4 Internet,就可以通过现有网络访问 IPv6 服务。但是,基于 IPv4 的服务已经很成熟,所以在继续维护这些服务的同时还要支持 IPv4 和 IPv6 之间的互通性。

(2) 海量地址空间。IPv6 的 128 位地址长度形成了一个巨大的地址空间,这是运营商推广 IPv6 的主要动力。IPv6 拥有的 IP 地址数量可以为地球上的每平方米土地分配数以千计的 IP 地址,换句话说,生活中的每个东西均可以拥有自己的 IP 地址,网络设备、手机、掌上电脑、汽车,甚至是一块手表都拥有固定的 IP 地址。这样我们就可以为各种设备提供无线链接的能力,用户可以利用身边便携的移动终端接入互联网进行信息查询、在线交易、购物、转账等商务活动,商家可以为客户提供更加个性化的服务,增加客户满意度,提升营运效益,提高投资回报率。

(3) “即插即用”的自动地址配置。IPv6 可以实现“即插即用”功能。也就是说,不需要人工干预,任何一个节点可以接入到 IPv6 网络中并在网络中正常启动。IPv6 通过两种机制来实现“即插即用”网络连接,即无状态和有状态两种地址自动配置的方式。无状态地址自动配置方式是获得地址的关键。在这种方式下,需要配置地址的节点使用一种发现机制获得一个局部连接地址。一旦得到这个地址之后,它使用“即插即用”的机制,在没有任何人工干预的情况下,获得一个全球唯一的路由地址。有状态配置机制,如动态主机配置协议(DHCP),需要一个额外的服务器,用以保持每一个节点的信息,并且要管理这些保存的信息。通过服务器对 IP 地址使用情况来进行地址的自动配置。

(4) 移动性支持。IPv6 的移动性是构建未来移动商务的核心。在互联网网络中,每一个移动通信终端都具备一个全球唯一的 IP 地址,任何情况下,移动IP都应当支持节点从一个网络切换到另一个网络的移动连接。移动IPv6能够满足这方面的要求：首先，在IPv6中，在无状态自动配置或使用DHCP的有状态自动配置的支持下，获得转交地址更加简单和灵活；其次，可以利用IPv6的各种特性来改进对移动节点的操作。

（5）高效的服务质量。基于IPv6的移动Internet为保障高质量的数据传输提供了较为完善的解决方案。IPv6报头定义了一个4比特的优先级区域，可以指示16种优先级别。这16种优先级别中的9种用于非实时传输业务（如“文件传输”或“无特征流量”），其余的8种用于实时传输业务（如可用来区分同时传送的语音业务或视频业务）。基于优先级机制，无线网络节点通过检测IP报头的相关信息区分不同的流量特性。移动商务就是要为人们提供一种多元化的服务，无论是低速率的语音或数据传输还是高速率的视频传输，IPv6都可以实现高效的服务质量。

（6）内置的安全特性。IPSec是IETF研究制定的一套用于保护IP通信的IP安全协议，它提供了认证和加密两种安全机制来保证IP数据传输的安全。认证机制使IP通信的数据接收方能够确认数据发送方的真实身份以及数据在传输过程中是否遭到改动。加密机制通过对数据进行编码来保证数据的机密性。IPv6全面支持IPSec。也就是说，基于IPSec的移动商务可以保证无线网络交易的较高的安全性。有关IPSec的详细内容将在第五章移动商务的安全及其他相关技术中进行介绍。

未来的网络是一种全IP的网络，作为下一代互联网协议，IPv6所具有的诸多优势和功能使其成为构筑未来移动商务体系的重要基础和核心力量。随着IPv6技术的发展和实施，基于IPv6的移动商务最终必将具备利用任何设备在任何时间、任何地点、通过任何网络来进行交易获取服务的特性，也必将成为承载多种业务、服务于多类用户群体的多功能的移动商务平台。

2. TCP和UDP

传输控制协议（TCP）和用户数据报协议（UDP）是TCP/IP系统传输层中的两个主要协议。TCP是一种面向连接的传输层协议，能提供可靠的全双工的数据传输。在面向连接的环境中，开始传输数据之前，端点之间先要建立连接，TCP负责将消息拆分成数据分段，重传丢失的数据分段并将数据分段在目的主机重组成消息。TCP在端用户应用之间提供了一条虚电路。UDP是一种简单协议，它交换数据报而没有确认机制或传输保证，错误处理和重传机制由上层协议来完成。

3. FTP

文件传输协议(FTP)是计算机网络中最常见的应用之一。它的主要功能是在计算机之间传送文件,该功能通过从服务器复制和移动文件到客户端或者从客户端复制和移动文件到服务器来完成。FTP 还有提供创建和改动文件夹、删除和重命名文件、执行等和文件管理相关的很多其他功能。

第二节 EDI 增值网络技术

广义的电子商务的发展经历了三个阶段:① 20 世纪 70 年代至 90 年代基于 EDI 的电子商务;② 20 世纪 90 年代以后基于互联网的电子商务;③ 21 世纪初基于普及计算机的电子商务(即移动商务)。在 Internet 盛行的今天,EDI 增值网络技术不但没有随着 Internet 的兴盛而消亡,相反地,EDI 在移动商务的应用开展中仍然扮演着非常重要的角色。本节主要介绍 EDI 的概念及构成、EDI 应用系统、EDI 服务中心以及 EDI 与移动商务的关系。

一、EDI 的概念及构成

早在 20 世纪 60 年代末,随着西方发达国家国防系统运用的科技网络技术民用化,逐步出现了作为企业间电子商务应用系统雏形的电子数据交换(Electronic Data Interchange,EDI)和电子资金传送(EFT)。而实用的 EDI 商务在 80 年代得到较大发展。EDI 电子商务主要通过增值网络(Value-added Networks,VAN)实现。通过 EDI 网络,交易双方可以将交易过程中产生的询价单、报价单、订购单、收货通知单和货物托运单、保险单和转账票等报文数据以规定的标准格式在双方的计算机网络系统上进行端对端的数据传送。到了 80 年代末,EDI 电子商务技术已经十分成熟。应用 EDI 使企业实现了“无纸贸易”,大大提高了工作效率,降低了交易成本,减少了由于失误带来的损失,加强了贸易伙伴之间的合作关系,因此在国际贸易、海关业务和金融领域得到了大量的应用。

(一) EDI 的历史

EDI 的发展至少经历了二十多年,它的发展和演变过程充分显示了商业领域对其的重视程度。人们将 EDI 称为“无纸贸易”,将电子转账称为“无纸付款”已经足以看出 EDI 对商业运作的影响。追溯 EDI 的历史,其最初是来自于电子商业单据交换(Electronic Business Document Interchange,EBDI)。EDI 最基本的商业意义在于由计算机自动生成商业单据,如订单、发票等,然后通过电信网络传输给商业伙伴。这里的商业伙伴是指广义上的商业伙伴,它包括任何公司、政府机构及其他商业或非商业机构,只要它们与企业保持经常性的带有结构性的数据交换。EDI的好处如节省时间、节省费用、减少错误、降低库存、改善现金流动等。由于实施EDI的基本目的就是通过第三方的增值服务,用电子数据交换代替商业纸面单证的交换,而这是建立在信息标准化的基础上的,因此EDI的历史实际上就是商业数据的标准化和增值网络服务商的发展过程。

在EDI的发展历史中,真正推进EDI发展的是那些独立的EDI网络增值服务商。特别是20世纪80年代以来,西方各国电信政策逐步放宽,私营网络增值服务商的出现使EDI走向了商业化的发展。

(二) EDI的概念

电子数据交换是20世纪80年代发展起来的一种电子化商业贸易工具,是现代计算机技术与网络通信技术相结合的产物。

它是一种在公司之间传输订单、发票等作业文件的电子化手段。它通过计算机通信网络将贸易、运输、保险、银行和海关等行业信息,用一种国际公认的标准格式,实现各有关部门或公司与企业之间的数据交换与处理,并完成以贸易为中心的全部过程。国际标准化组织(ISO)将EDI描述成"将贸易(商业)或行政事务处理按照一个公认的标准变成结构化的事务处理或信息数据格式,从计算机到计算机的电子传输"。而ITU-T(原CCITT)将EDI定义为"从计算机到计算机之间的结构化的事务数据互换"。又由于使用EDI可以减少甚至消除贸易过程中的纸面文件,因此EDI又被人们通俗地称为"无纸贸易"。

从上述EDI的定义不难看出,EDI包含了三个方面的内容,即计算机应用、通信、网络和数据标准化。其中,计算机应用是EDI的条件,通信环境是EDI应用的基础,标准化是EDI的特征。这三方面相互衔接、相互依存,构成EDI的基础框架。EDI系统模型如图4-5所示。

图4-5 EDI系统模型

EDI通信网有两种形式:直接连接和增值网络。前一种方式只有在贸易伙伴数量较少的情况下使用。随着贸易伙伴数量的增多,当多家企业直接用电脑通信时,会出现计算机不同、通信协议相异以及工作时间不易配合等问题。为了解决这些问题，许多应用 EDI 的公司逐渐采用第三方网络公司进行通信，即增值网络方式。它类似于邮局，为发送者与接收者维护邮箱，并提供存储转发、记忆保管、通信协议转换、格式转换、安全管理等功能。

（三）EDI 的主要特点和影响

EDI 的主要特点包括：① 应用对象是不同的组织之间（即 B2B）；② 所传送的是一定格式的业务资料；③ 采用共同标准化的格式传送数据；④ 传送的数据由收发双方计算机系统自动完成。

EDI 的电子传输的核心内容是商业信息和商业单证，如订单、发票、付款通知、付款凭证、交货凭证等。由于 EDI 在商业领域的大量使用，越来越多的商业单证由计算机应用程序来生成，因此 EDI 变成了电脑应用程序之间所进行的信息交换。EDI 所支持的电子转账（EFT）和电子支付系统的广泛应用使支票和其他的传统纸面付款凭证大量减少。同时，EDI 不仅大大简化了纸面单据的处理，节省了纸张，而且使银行的运作出现转型。网上银行的转账将成为未来的必然趋势。

EDI 对商业领域的另一个重要影响反映在 EDI 使商业伙伴之间的关系更加密切，从而使企业销售人员的角色发生一些微妙的变化。例如，网上在线订单系统和网上在线客户信息系统将会对拥有庞大对外销售的行业产生重要影响。EDI 会使企业的营销功能变得越来越重要，而推销功能退居其次。EDI 无疑会促使未来商业伙伴之间的运作方式发生根本性的转变。所以，EDI 是未来世界经济发展中的一个重要的基础设施。因为它不仅是一种新的通信技术和传递方式，而且也是联系国际生产和国际商务活动的重要桥梁。

目前，人们更多的是从商业角度而不是从技术角度去考虑 EDI 的发展，因为商业领域是 EDI 的动力源泉，也是 EDI 广泛应用的场所。从 EDI 在各国的发展趋势看，EDI 在商业领域中的应用和发展将会给国际商务活动乃至全球的社会活动带来一场结构性的革命。

（四）EDI 的工作方式（流程）

如图 4-6 所示，用户在现有的计算机系统上进行信息的编辑处理，然后通过 EDI 转换软件将原始单据格式转换为中间文件。中间文件是用户原始资料格式与 EDI 标准格式之间的对照性文件，它符合翻译软件的输入格式，通过翻译软件变成 EDI 标准格式文件。最后，在文件外层加上通信交换信封，通过通信软件送到增值服务网络或直接传给对方用户，对方用户则进行相反的处理过程，最后成为用户应用系统能够接受的文件格式进行收阅处理。

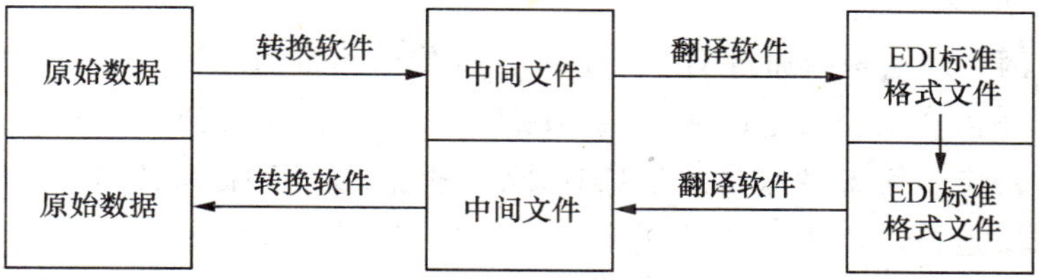

图 4-6　EDI 工作流程图

二、EDI 应用系统

（一）EDI 应用系统的分类

EDI 系统可分为两类：一类是 EDI 服务系统，面向社会团体、个人提供 EDI 服务，提供相关用户群使用；另一类是 EDI 应用系统，完成 EDI 报文的收发、翻译，面向最终的具体应用业务。

对于大团体，其 EDI 相关业务的数据量大，可以建立自己的 EDI 业务处理中心，通过多种方式，如通过电话线直接和用户端的 PC 相连，或通过增值网络和用户的 PC 或 EDI 服务器相连。例如，某零售商根据各种货品的销售情况，向供应商订货，有大量的订单需要发往不同的供应商。为此，它可以建立带邮箱的 EDI 服务系统，把货品的销售以及订货情况发送至相应的邮箱，由供应商通过联机信箱，获取相应的信息。该零售商的 EDI 系统兼有服务和应用系统的双重能力。

（二）EDI 应用系统的功能

EDI 应用系统作为数据处理和数据通信相结合的工具，其作用是为团体的信息系统服务，实现团体内部的信息处理和团体之间的信息交换及处理的自动化。各团体孤立的信息系统在 EDI 系统的连接下，形成新的、开放性的集成系统，形成跨组织的信息系统。作为跨组织信息系统桥梁的 EDI，其主要功能体现在对数据处理及网络通信两个方面。

1. EDI 数据处理

EDI 处理的数据源于企事业团体的信息系统，经过交换，进入对方企事业团体的信息系统。因此，一方面 EDI 应用系统必须完成对交换数据的抽取和收集（从团体的信息系统），以及按照 EDIFACT 标准进行翻译，使数据形成可供交换的 EDI 报文并将其发送给接收方。另一方面，对于接收方则是上述过程的逆过程，当接收到一个 EDI 报文后，进行反方向的转换，形成数据提供给信息系统（或人工）处理。

2. EDI 网络通信

EDI 网络通信是指通过网络把 EDI 数据传送到目的地。EDI 系统可以利用的通信网络可能是公共电话网、数字数据网(DDN)、分组交换网(X. 25)等。当两个团体决定采用 EDI 来传送信息时,除了软件、硬件和标准之外,还要决定采用什么方式连接。连接方式可分成直接方式和间接方式两种。

直接方式是指 EDI 双方通过数据专线或电话拨号线连接,相互直接传递 EDI 信息。这种方式又称为点对点(Point to Point,P2P)方式。双方除了通信协议、传输速率等必须相同之外,所采用的信息传输标准必须一致,同时要求对方开机才能建立连接。

当 EDI 对象增加至 6 个以上时,一般会考虑采用另一种连接方式,即间接的第三方增值网络方式。增值网络(VAN)的含义是在现有的计算机通信网络上增加信息服务,以提高网络对人们的利用价值。

(三) EDI 应用系统的组成

EDI 应用系统设在用户的计算机系统上,一般由报文生成处理模块、格式转换模块、通信模块和联系模块组成,如图 4-7 所示。

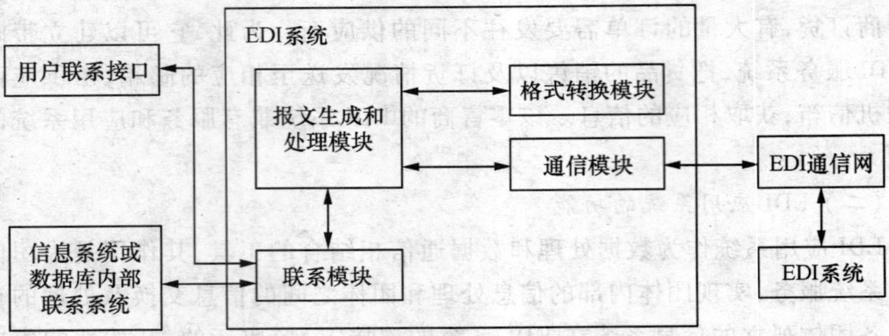

图 4-7 EDI 应用系统结构图

1. 报文生成处理模块

报文生成处理模块的作用有两个方面:第一是接受用户联系接口和其他信息系统或数据库内部联系接口模块的命令和信息,按 EDI 标准生成报文;第二是接受外部 EDI 报文并进行处理。

2. 格式转换模块

格式转换模块将产生的报文转换成符合通信标准的格式,同时将收到的报文转换成本系统可读懂的格式。

3. 通信模块

通信模块是 EDI 系统与 EDI 通信网的接口，执行呼叫、应答、自动转发和地址转换等功能。EDI 通信网络的结构不同，对模块功能的要求也不同。

4. 联系模块

联系模块是 EDI 系统和数据库的接口，包括用户联系模块和内部联系模块两大部分，既可以与数据库信息系统连接，也可以与其他用户连接。

EDI 中心是一个电子数据处理系统，可通过公用电信网、专用通信网等通信网络将不同地区的 EDI 连接在一起。EDI 中心具有数据管理功能，可以对不同标准语法的 EDI 数据进行处理，实现不同标准语法用户之间的 EDI 数据交换。

三、EDI 服务中心

EDI 服务可以集中处理各种格式文件的转换，在逻辑上可以看成一个公司或某个地区的与 EDI 信息传输系统连接的网关(Gateway)。EDI 服务能维护大量的企业内外的信息交换。与之有业务联系的供货人、顾客、企业内部各部门，可以根据需要与中心连接。中心负责发送并跟踪商务文件，提供安全、储存、目录等功能及应用程序接口。它既可以用于文件传送应用(如电子邮件、传真、用户电报和 EDI)的平台，又可作为贸易应用中的一个环节，如制造资源计划(MRP)、采购以及账务结算等。

EDI 服务中心承担的最重要的任务是网络管理功能。网络管理包括 EDI 业务资源的监视、控制和协调，并为这些资源的有关通信信息提供协议标准。它适用于集中与分布两种网络拓扑结构。

(一) EDI 服务中心的组成

EDI 服务中心的硬件包括主机硬件平台、存储设备、备份存储设备、通信接口、外部设备等，软件包括系统软件、报文处理系统(MHS)、服务应用软件。服务应用软件的内容包括 EDI 报文的检查、报文匹配、EDI 翻译器、计费/会计软件、用户资料数据库、报表工具、测试工具、系统的管理维护等。

EDI 交换服务属于增值服务的范畴，提供的服务因系统的规模与内容不同而千差万别。一般而言，EDI 中心应由以下四部分组成：

(1) 公用 EDI 服务手段。提供基于 MHS 的邮箱服务和基于 UN/EDIFACT 报文的成组交换，支持 EDIFACT 报文的翻译、验证、核查跟踪等功能，允许用户在不同阶段进行报文的翻译。

(2) 通信接口。用户可通过点对点或 VAN 的方式连接到中心,中心提供多种存取方式的接口。

(3) 公告业务服务。提供公共业务服务,代办用户委托的 EDI 业务,用户可以通过传真、柜台服务进行现有纸面单证的 EDI 处理,协助用户向 EDI 平稳过渡。

(4) EDI 最终用户系统。提供最终用户系统的 EDI 应用系统解决方案,供用户选择使用。

(二) EDI 服务中心的主要功能

EDI 服务中心的主要功能包括:① 邮箱管理功能。如信件的收发管理、信件的分送管理等功能。② 回执响应功能。返回信件由收件人收取,或未在规定时间内取走等回应通知。③ 分类区件功能。由使用者选择,可依照信件的种类及送件人的 ID 等分类方式取件。④ 断点重发功能。该功能使用户可以重复操作。⑤ 编制管理报表,如送件人清单、收件清单及回执清单等。⑥ 客户的基本信息管理及客户关系管理。检查信件的正确性,如检查 EDI 交换、EDIM 格式的正确性等。⑦ 安全控制能力,如对多重密码的修改、使用者存取记录、防止多次不正确的系统登录及跟踪核查对系统的安全造成的威胁。⑧ 灾害恢复功能。在灾害发生时,自动保存现行系统数据,启动备份系统,使系统的损失降至最小。⑨ 可支持中文传输功能。可支持包括 S010646 通用多八位编码字符集的信息传输。

四、EDI 与移动商务的关系

由于增值网的安装和运行费用较高,许多中小型公司难以承受,它们大都使用传真和电话进行贸易往来。即使使用 EDI 的大公司也不能完全做到节省费用,因为它们的许多贸易伙伴并没有运用 EDI。成本因素似乎限制了 EDI 方式电子商务应用范围的扩大,然而互联网的发展提供了一个费用更低、覆盖面更广且服务更好的系统,使最小的家庭公司和个人都能使用电子商务。

随着 Internet 安全性的逐步提高,已表现出部分取代增值网而成为 EDI 网络平台的趋势。WebEDI 方式就是其中最为流行的一种。它利用万维网和电子数据交换技术的相互结合,提供一种全新的电子商务方式——WebEDI。WebEDI 是基于 Web 的 EDI 实现方式,它使用 Web 作为 EDI 单证的接口,一个参与者作为 EDI 用户,确定相应的 EDI 标准,在 Web 上发布表单,供中小客户登录到 Web 站点后选择并填写。提交填写结果后,由服务器端网关程序转换为 EDI

报文，并进行通常的EDI单证处理。为了保证单证从Web站点返回参与者，单证还能转换成E-mail或Web表单的形式。由于综合了Web和EDI两者的优点，使得WebEDI系统具有巨大的经济效益和社会效益。具体表现在：① 费用低，成本仅为增值网的1/4左右；② 功能齐全，在Web页面中运用多媒体技术，能以丰富的视频、动画、音频和图形来提供生动的电子目录，使商品对用户更具吸引力；③ 灵活性，利用在线互操作方式，使用户可随时上网浏览和在线输入订单，广告商也可及时地在线对信息进行修改和更新，并向用户发布最新信息；④ 普遍性，借助互联网这一全球最大的信息网络，只要是互联网用户，就可成为贸易伙伴；⑤ 安全性，EDI严格的转换格式和通信规程，使业务流程更具保密性和安全性；⑥ 协调性，实现整个贸易过程的自动化，减少或消除原有的人工处理环节，减少差错，提高效率，带来竞争上的优势。

目前，EDI与传统电子商务的融合，也进一步促进了EDI在移动商务中的应用，最明显的表现就是基于EDI平台的短信系统。我们相信，随着移动商务的不断发展，EDI与移动商务的融合还会呈现更加多样的模式应用。

第三节　移动通信基础与移动计算机网络

移动商务的一个突出特点，就是它的“移动性”，也就是移动商务可以实现在任何时候、任何地点、与任何人都能及时沟通联系和信息交流。而为了实现这一点，移动通信技术已逐渐成为现代通信领域中至关重要的一部分，该技术也是实现移动商务的重要保证和标志。在本节中，我们主要介绍与移动通信技术有关的移动IP技术、移动通信基础以及移动计算网络。

一、移动IP

随着人们生活节奏的加快和对信息的巨大需求，传统的固定IP节点之间的相互通信的数据传输方式已经很难满足人们在移动过程中的办公需求；同时，网络向全IP方向的快速发展和便携式终端的广泛应用，使得在IP网络中实现对移动性的支持变得越来越重要。这种重要性推动了业界对移动终端在网络层接入的研究，促进了移动IP技术的产生。

（一）移动IP体系结构

移动IP技术是移动节点以固定的网络IP地址，实现跨越不同网段的漫游功能，并保证基于网络IP的网络权限在漫游过程中不发生任何改变，实现数据的无缝和不间断的传输。简单地讲,就是能让网络节点在移动的同时不断开连接,并且还能正确收发数据包。

移动 IP 通过三个功能实体——移动节点、外地代理、家乡代理,以及代理搜索、注册、包传输这三个基本功能来协同完成移动节点的路由问题。图 4-8 说明了三个功能实体的关系。

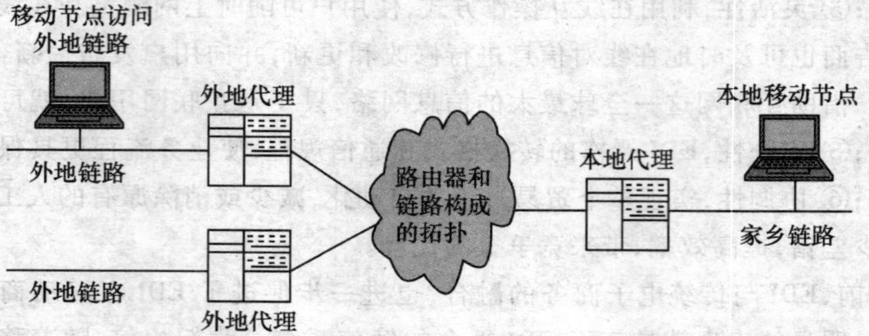

图 4-8 功能实体的关系

图 4-8 中,移动节点是指一台主机或路由器,当它切换链路时可以不改变 IP 地址而保持正在进行的通信。家乡代理是连接到本地网络的主机或路由器,它保存有移动节点位置信息,当移动节点离开本地网络时能将发往移动节点的数据包传给移动节点。外地代理是移动节点当前所在的外地网络上的一台主机或路由器,它能把本地送来的数据包转发给移动节点。

(二) 移动 IP 应用

在园区网的环境中采用移动 IP 比较简单,只需将现有的路由器或主机升级为家乡代理和外地代理,再在可携带的计算机(如笔记本电脑)中安装移动节点软件就可以了。这种移动 IP 的应用与其他采用 TCP/IP 协议的网络相比,不会带来新的严重的安全威胁。

移动 IP 还可以为有线或无线服务提供基本商业服务,无论用户希望连接到互联网的什么地方,这种服务通常都会为他们提供外地代理,并且为那些没有家乡代理的用户提供家乡代理。在提供服务的过程中,要注意采用强加密的认证机制来防止窃取服务攻击。

(三) 移动 IPv4

在移动 IP 协议中,每台移动主机在家乡链路上有一个唯一的家乡地址。与移动主机通信的主机被称为通信主机,通信主机可以是移动的,也可以是静止的。通信主机与移动主机通信时,通信主机总是把数据包发送到移动主机的家乡代理,而不考虑移动主机当前的位置情况。

在家乡链路上每台移动主机必须有一个家乡代理来为自己维护当前的位置信息。这个位置由转交地址来确定,移动主机的家乡地址与它当前转交地址的联合称为移动绑定,或简称绑定。每当一台移动主机得到一个新的转交地址时,它必须生成一个新的绑定来向家乡代理注册,以使家乡代理及时了解移动主机的当前位置信息。一个家乡代理可以同时为多个移动主机提供服务。

当一台移动主机连接到家乡链路之外的外地链路时,可以通过下述两种方法来获得转交地址:① 通常情况下,移动主机使用代理发现协议在外地链路上发现一个外地代理,然后移动主机向这个外地代理进行注册,并使用此外地代理的 IP 地址作为自己的转交地址。外地代理的主要功能是为这台移动主机转发数据包。② 移动主机也可以通过其他方法(如 DHCP)在外地链路上获得一个临时的 IP 地址作为自己的转交地址。在这种情况下,移动主机可以作为自己的外地代理。

当移动主机离开家乡链路时,它的家乡代理把发往移动主机的所有数据包转发到移动主机的当前位置。家乡代理可以使用代理 ARP 或其他有效方法在家乡链路上截获发往移动主机的当前转交地址。如果转交地址是外地代理的 IP 地址,那么这个外地代理是隧道的终端,此时外地代理从数据包中移走隧道报头,并把剩余部分发送到移动主机;如果移动主机使用一个临时地址作为转交地址,那么数据包将直接通过隧道传送到移动主机。

(四) 移动 IPv6

移动 IPv6 是在继承了移动 IPv4 优点的基础上,利用 IPv6 的许多新特点进行设计的。协议中定义了三种操作实体——移动节点、通信节点和家乡代理,以及四种 IPv6 的目的地选项——绑定更新、绑定认可、绑定请求和家乡地址。

无论移动节点在家乡还是在外地,它总是通过家乡地址来被寻址。当移动节点在家乡时,可以使用通常的路由机制来对发往移动节点的数据包进行路由。由于移动节点的子网前缀是移动节点家乡链路的子网前缀,所以发往移动节点的数据包将被路由到它的家乡链路。

当一个移动节点连接在外地链路时,它可以通过一个或多个转交地址或它的家乡地址来被寻址。转交地址是当移动节点访问外地链路时获得的一个 IP 地址,此地址的子网前缀是移动节点所访问的外地链路的子网前缀。如果移动节点使用此转交地址连接到这个外地链路,那么发往这个转交地址的数据包将被直接路由到在这个外地链路上的移动节点。

当移动节点离开家乡链路时，它要向家乡链路上的一个路由器注册自己的一个转交地址，并要求这个路由器作为自己的家乡代理。进行注册时，移动节点向家乡代理发送“绑定更新”消息，然后家乡代理要为移动节点返回“绑定认可”消息。移动节点把这个“绑定更新”消息中的转交地址向家乡代理注册，这个被注册的转交地址称为移动节点的“主转交地址”。移动节点的家乡代理在家乡链路上，利用“代理邻居发现”来为移动节点截获发往移动节点的数据包，并且把每个数据包通过隧道传送到移动节点的主转交地址。为了通过隧道传送截获的数据包，家乡代理利用“IPv6 封装”协议来封装数据包，IPv6 封装的外部报头的目的地址是移动节点的“主转交地址”。

移动节点可以同时使用多个转交地址。移动节点的“主转交地址”必须是唯一的，因为家乡代理只为每个移动节点维护一个转交地址，并且通常都是把数据包通过隧道传送到移动节点的“主转交地址”。这样的话，家乡代理使用隧道传送数据包时就不用采取任何策略来决定要利用哪个转交地址作为隧道的出口，而把这项功能留给移动节点去完成。

当移动节点离开家乡时，家乡链路上的一些节点可能被重新配置，如原来作为移动节点家乡代理的路由器可能被别的路由器所替换。在这种情况下，移动节点可能不再知道自己的家乡代理的 IP 地址。为了解决这个问题，移动 IPv6 提供了“动态家乡代理地址发现”机制来允许移动节点动态地在家乡链路上发现一个家乡代理的 IP 地址，发现之后，移动节点可以向这个家乡代理注册自己的转交地址。移动 IPv6 的操作过程如图 4-9 所示。

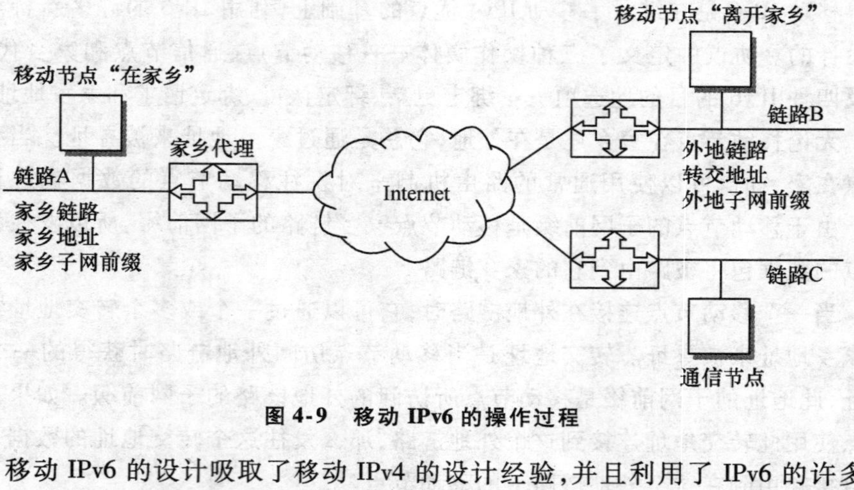

图 4-9　移动 IPv6 的操作过程

移动 IPv6 的设计吸取了移动 IPv4 的设计经验，并且利用了 IPv6 的许多新的特征，所以提供了比移动 IPv4 更多、更好的特点。移动 IPv6 成为 IPv6 协议不可分割的一部分。

基于移动 IPv6 协议集成的 IP 层移动功能具有很重要的优点，尤其是在移动终端数量持续增加的今天，这些优点更加突出。尽管 IPv4 中也存在一个类似的移动协议，但两者之间存在着本质的区别：移动 IPv4 协议不适用于数量庞大的移动终端。

移动 IP 需要为每个设备提供一个全球唯一的 IP 地址。IPv4 没有足够的地址空间可以为在公共 Internet 上运行的每个移动终端分配一个这样的地址。从另外的角度讲，移动 IPv6 能够通过简单的扩展，满足大规模移动用户的需求。这样，它就能在全球范围内解决有关网络和访问技术之间的移动性问题。为了在全球范围内使用移动 IPv6，在基于 IPv6 的网络上增加了安全层。例如，如果某个 ISP 的网络停止工作，或者网络出现了阻塞，那么移动 IPv6 终端就可以通过其他 ISP 网络用绑定更新的方式与其家乡代理连接，因此允许使用可选的路由器，对网络来说增加了一定的可靠性。当前，移动商务发展迅速，但原有的移动 IPv4 已无法适应这种发展。IPv6 作为下一代网络协议，在地址空间、安全性、移动性方面有着 IPv4 难以比拟的优势，而且 IPv6 能兼容更多的移动互联技术，从而能够适应移动商务的发展需求，用移动 IPv6 是建设移动商务的一个很好的选择。总之，移动 IPv6 迎合了 IP 协议更新换代的时机，也满足了移动信息社会的需求，它必将在 IPv6 时代为人们带来无时无地不在的网络通信。

二、移动通信基础

现代移动通信技术的发展是从 20 世纪 20 年代开始的，经历了 20 世纪 80 年代的第一代模拟移动通信技术和 20 世纪 90 年代的第二代数字移动通信技术两个阶段，现今已发展到以支持移动多媒体业务为特征的第三代移动通信技术。总之，移动通信是移动商务开展的基础，在促进移动商务发展的过程中扮演了重要的角色。

（一）移动通信的组成

移动通信是指移动用户与移动用户进行的通信或移动用户与固定用户进行的通信。移动通信系统一般由移动交换系统（MSS）、基站控制器（BSC）、基站（BS）和移动终端（MT）组成。

（二）移动通信的分类

移动通信有多种分类方法。按使用对象可分为民用设备和军用设备；按使用环境可分为陆地通信、海上通信和空中通信；按多址方式可分为频分多址（FDMA）、时分多址（TDMA）和码分多址（CDMA）等；按覆盖范围可分为宽域网和局域网；按业务类型可分为电话网、数据网和综合业务网；按工作方式可分为同频单工、异频单工、异频双工和半双工；按服务范围可分为专用网和公用网；按信号形式可分为模拟网和数字网。

（三）常用移动通信系统

随着移动通信应用范围的扩大，移动通信系统的类型也越来越多。典型的移动通信系统主要有蜂窝移动通信系统、无绳电话系统、集群移动通信系统、移动卫星通信系统、分组无线网等。

蜂窝移动通信网络把服务区域划分成若干个较小的区域（Cell，该系统中称为小区），各小区均用小功率的发射机进行覆盖，许多小区像蜂窝一样布满任意形状的服务地区。蜂窝移动通信系统既能满足大的无线覆盖区和高速移动用户的需求，又能满足高密度、低速移动用户的需求，同时还可满足室内用户的需求。

无绳电话是一种以有线电话网为依托的通信方式，具有发射功率小、省电、设备简单、使用方便等优点。简单的无绳电话系统实现就是把普通的电话机分成座机和手机两部分，两者利用无线方式进行连接，从而允许携带手机的用户在一定范围内自由活动时进行通话。

集群移动通信系统采用频率公用技术实现，属于调度系统的专用通信网。该系统把一些由各部门分散建立的专用通信网集中起来，统一建网和管理，并动态地分配给它们频道，以容纳更多的用户，主要以无线用户为主。

三、移动计算与移动计算网络

随着 Internet 的普及和发展、无线移动通信技术的成熟以及计算机处理能力的不断提高，移动商务的应用业务在不断涌现。这些变化在对人类的信息处理能力提出更高要求的同时，也为人们提供了更有力、更方便的工具和手段。为了提高工作效率并随时交换和处理信息，人们提出了移动计算的概念。移动计算是指人们可以随时、随地进行“计算”。移动计算网络（Mobile Computing Network，MCN）是指能够支持移动计算的网络。

（一）技术背景

在过去的几十年里，计算机软件和硬件技术都得到了飞速的发展，以网络为特征的计算机操作系统、大型数据库、客户服务器技术得到了广泛的应用。

随着集成电路工艺的提高，计算机硬件的处理速度、功耗、体积等指标都已今非昔比。移动电话、PDA、笔记本电脑的普及与应用标志着计算机设备小型化技术已经成熟，移动性大大提高。

在通信技术领域，无线通信特别是移动通信也得到了巨大的发展。移动通信虽然已有近百年的历史，但其真正发展还是从20世纪40年代开始的。到了80年代，随着数字信号处理技术的发展，以数字化为特征的第二代移动通信系统在系统的频谱利用率、容量、多种业务支持能力、保密性、系统的抗衰落能力、网络管理和控制的灵活性方面都比第一代模拟移动通信系统有了很大的提高。第二代移动通信系统在全球范围内得到了普及和应用。目前，又着力开发和研究第三代、第四代移动通信系统。除此之外，为了更好地支持宽带的数据业务，目前还存在一些高速的无线技术如无线局域网、无线ATM、红外无线通信、宽带卫星技术、无线IP技术等。这些移动系统的大规模应用和新技术的研究，标志着人们对无线通信传输环境和特性的认识又有了新的进步，也标志着无线通信技术的成熟。

（二）移动计算及其研究内容

移动计算包括三个要素：通信、计算和移动。这三个方面既相互独立又相互联系。在移动计算概念提出之前，人们对它们的研究已经持续很长时间了，而移动计算第一次把它们结合起来进行研究。在移动计算中，可以用一个三维空间来表示三者之间的关系（如图4-10所示）。

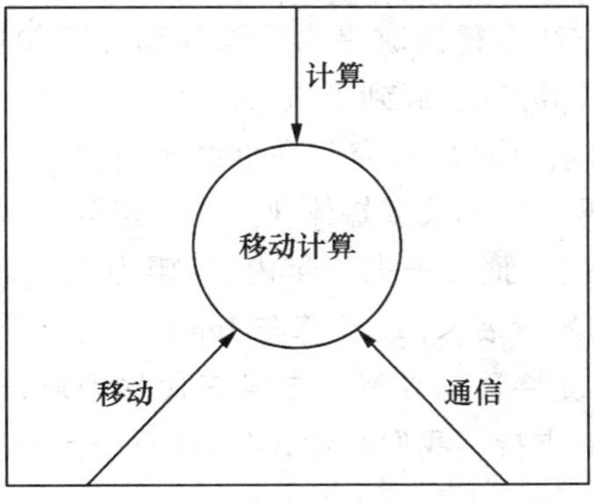

图4-10　移动计算的组成

（三）移动计算网络

基于互联网的移动计算网络的拓扑示意图如图4-11所示。在这个移动计算网络环境下，主机或其他终端可以在移动中对有线网络中的各种资源进行访问，也可以与其他移动终端进行通信，如同在固定的有线环境中一样。

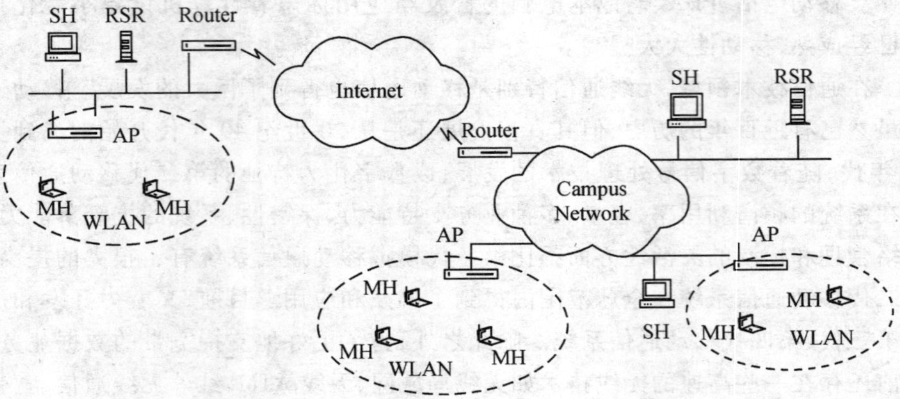

图 4-11　基于 Internet 的移动计算网络

中国在移动计算网络方面也做了大量的研究工作。国内从 1996 年就开始对移动计算网络中的关键技术进行研究，并逐渐加大了资助力度。最早进行移动计算研究的西安电子科技大学综合业务网国家重点实验室在 1994 年就已经成功研制出了中国的第一套 WLAN 样机，并于 1999 年 3 月推出了 Mobile IP 的演示系统。后来又研制了宽带 CDMA 扩频芯片、实用化的无线接入设备和移动管理软件，有些成果接近或达到国外水平。目前，该实验室正在进行高速无线分组网、无线 IP、卫星 Internet 路由技术、IPv6、下一代互联网移动性管理等项目的研究。这些研究工作和取得的成果为中国移动计算领域研究和开发出具有独立知识产权的移动计算产品，起到了重要的作用。

目前，国内外对移动计算的研究仍在继续进行，这些研究包括更高的传输速率、接入控制技术、网络对无线多媒体业务的支持等。数据速率为 40 Mb/s—80 Mb/s 的系统正在实验，预计未来十年内，有望为人们提供 1 Gb/s 的无线系统。随着 Internet 技术的发展，移动计算与 Internet 的结合也越来越紧密，新一代的 IP 协议将更好地支持移动计算。在第三代移动通信系统中，也强调了对宽带多媒体数据业务的支持。我们相信，移动计算一定会有更加美好的未来。

第四节　移动通信技术简介

移动通信技术和计算机技术的完美融合创造了移动商务，即利用 Internet 和无线网（移动通信网）等无线化网络平台，在笔记本电脑等 Internet 终端和手机等移动通信终端之间，让用户实现移动供应链、移动办公等应用服务和商务活动，从而实现实时管理。随着企业流动办公员工的增加，以及实时管理和沟通的需求日趋强烈，移动商务正在引领企业管理应用的时代潮流，成为 IT 市场的一大增长亮点。按照实现的技术平台不同，移动商务可分为基于移动通信网络的移动商务、基于无线局域网(WLAN)的移动商务、基于其他移动通信技术的移动商务(如蓝牙)。本节主要介绍移动商务中所应用的移动通信及相关技术，主要包括 GSM、3G、4G、WLAN、蓝牙技术等，它们都是应用于移动商务领域中的关键技术。

一、GSM

(一) GSM 总体介绍

数字移动通信系统(Global System for Mobile Communications, GSMC)是在蜂窝系统的基础上发展起来的，它克服了蜂窝移动通信的很多缺点，如各系统间没有公共接口、很难开展数据承载业务、频谱利用率低、安全保密性差、易被窃听、易做"假机"等。

1982 年，欧洲邮电行政大会(CEPT)成立了一个在欧洲电信标准学会(ETSI)技术委员会领导下的"移动特别小组"(Group Special Mobile, GSM)，以制定有关的标准和建议书。1990 年，该小组完成了 GSM900 的规范。1991 年，在欧洲开通了第一个系统，同时为该系统设计和注册了市场商标，将 GSM 更名为全球移动通信系统(Global System for Mobile Communications)。1992 年，大多数欧洲 GSM 运营者开始商用业务。到 1994 年 5 月，已有 50 个 GSM 网在世界上运营。

(二) GSM 支持的业务

1. 电话业务

GSM 网和 PSTN 网能为数字移动客户、数字蜂窝移动电话网客户、模拟蜂窝移动电话网客户以及固定网客户提供实时双向通信，其中包括各种呼叫、查询和申告业务。此外，还提供人工、自动无线电寻呼业务。

2. 紧急呼叫业务

紧急呼叫业务来源于电话业务，它允许数字移动客户在紧急情况下进行紧急呼叫操作，即拨"119"、"110"、"120"时，依据客户所处基站位置，就近接入火警中心(119)、匪警中心(110)、急救中心(120)等。

3. 短消息业务

移动台起始的短消息业务能使 GSM 客户发送短消息给其他 GSM 点对点客户;点对点移动台终止的短消息业务,则可使 GSM 客户接收由其他 GSM 客户发送的短消息。点对多点的小区广播短消息业务是指在 GSM 移动通信网某一特定区域内以有规则的间隔向移动台重复广播具有通用意义的短消息,如道路交通信息、天气预报等。移动台连续不断地监视广播消息,并在移动台上向客户显示广播短消息。

4. 可视图文接入

可视图文接入是一种通过网络完成文本、图形信息检索和电子邮件功能的业务。

5. 智能用户电报传送

智能用户电报传送能够提供智能用户电报终端间的文本通信业务。此类终端具有文本信息的编辑、存储、处理等功能。

6. 传真

交替的语音和三类传真是指语音与三类传真交替传送的业务。自动三类传真是指能使客户经 GSM 网以传真编码信息文件的形式自动交换各种函件的业务。

7. 承载业务

满足 GSM 移动客户对数据通信服务的需要。GSM 系统设计的承载业务不仅使移动客户之间能完成数据通信,更重要的是能为移动客户与 PSTN 或 ISDN 客户之间提供数据通信服务,还能使 GSM 移动通信网与其他公用数据网互通。

二、第三代移动通信技术(3G)

(一) 第三代移动通信系统的总体介绍

国际电信联盟(ITU)早在 1985 年就提出了第三代移动通信系统的概念,最初命名为未来公共陆地移动通信系统(FPLMTS),并于 1996 年更名为 IMT-2000(International Mobile Telecommunications 2000)。第三代移动通信系统的目标是:世界范围内设计上的高度一致性;与固定网络各种业务的相互兼容;高服务质量;全球范围内使用的小终端;具有全球漫游能力;支持多媒体功能及广泛业务的终端。为了实现上述目标,对第三代无线传输技术(RTT)提出了支持高速多媒体业务、比现有系统拥有更高的频谱效率等基本要求。

（二）第三代移动通信系统的基本特征

第三代移动通信系统区别于现有的第一代和第二代移动通信系统，其主要特点包括全球普及和全球无缝漫游、具有支持多媒体业务的能力（特别是支持Internet业务）、高频谱效率、高服务质量、低成本、高保密性等。

（三）第三代移动通信系统的协议与标准

第三代移动通信技术标准组织主要由3GPP、3GPP2组成，以码分多址技术（CDMA）为核心。2001年4月，国际电信联盟（ITU）正式确立欧洲WCDMA、美国CDMA 2000和中国TD-SCDMA为世界三大3G标准。其中，CDMA 2000和WCDMA属于FDD方式，TD-SCDMA属于TDD方式，系统的上、下行工作于同一频率。

WCDMA即Wideband CDMA，意为宽频分码多重存取，其支持者主要是以GSM系统为主的欧洲厂商，日本公司也或多或少参与其中，具体包括欧美的爱立信、阿尔卡特、诺基亚、朗讯、北电，以及日本的NTT、富士通、夏普等厂商。这套系统能够架设在现有的GSM网络上，对于系统提供商而言很容易升级，而GSM系统非常普及的亚洲对这套新技术的接受度预计会相当高。因此，WCDMA具有先天的市场优势。

CDMA 2000是以美国高通公司为主导提出的，摩托罗拉、朗讯和后来加入的韩国三星都有参与，韩国现在成为该标准的主导者。这套系统是从窄频CDMA One数字标准衍生出来的，可以从原有的CDMA One结构直接升级到3G，建设成本低廉。但目前使用CDMA的地区只有日本、韩国和北美，所以CDMA 2000的支持者不如WCDMA多。不过，CDMA 2000的研发技术却是目前各标准中进度最快的，许多3G手机已经率先面世。

TD-SCDMA是由中国内地独自制定的3G标准。1999年6月29日，中国原邮电部电信科学技术研究院（大唐电信）向ITU提出。该标准将智能无线、同步CDMA和软件无线电等当今国际领先技术融于其中，在频谱利用率、频率灵活性、对业务的支持能力及成本等方面具有独特优势。另外，由于中国内地庞大的市场，该标准受到各大主要电信设备厂商的重视，全球一半以上的设备厂商都宣布可以支持TD-SCDMA标准。

2007年10月19日，国际电信联盟又批准WiMax成为ITU移动无线标准，以OFDMA WMAN TDD的名义成为3G新成员。这将有助于移动WiMax在全球范围内分配到频段，并作为其他3G技术的必要补充。WiMax论坛表示：“移动WiMax正式成为3G技术之后，服务提供商在部署网络和推出服务时可以获得更多选择和更大灵活度。例如,它们可以在人口稀少的地区提供接入服务,或者在人口密集的地区提供增强接入服务。此外,全球开放标准有助于提升不同设备之间的互用性,降低设备成本,从而使服务提供商从中获益。”目前,除中国之外,绝大多数国家的3G TDD频谱都处于相对闲置状态,WiMax将与现有的移动通信技术站在同一起跑线,与中国3G标准TD-SCDMA共同占有TDD频段。WiMax也是唯一先商用、后被ITU接受的3G标准。

三、第四代移动通信技术(4G)

(一)第四代移动通信技术的总体介绍

在第三代移动通信系统还没有完全铺开,距离完全商业化还有一段时间的时候,已经有不少国家开始对第四代移动通信系统(4G)进行研究。相对于3G而言,4G在技术和应用上将有质的飞跃,而不仅仅是在3G的基础上再加上某些新的改进技术。

到目前为止,4G还只是一个主题概念,即无线互联网技术。虽然人们还无法对4G通信进行精确定义,但可以肯定的是,4G通信将是一个比3G通信更完美的新无线世界,它可以创造出许多难以想象的应用。未来的无线移动通信系统是覆盖全球的信息网络中的一部分,它将包括室内的无线LAN、室外的宽带接入、智能传输系统(ITS)等。

(二)4G与3G的核心技术对比

3G主要以CDMA为核心技术,如WCDMA、1xRTT和EDGE等技术,4G则以正交频分对OFDM技术最受瞩目;3G采用的主要是蜂窝组网,4G将突破这个概念,发展以数字宽带(Broad Band)为基础的网络,使之成为一个集无线LAN和基站宽带网络的混合网络,这种基于IP技术的网络架构使3G、4G、WLAN、固定网之间的漫游得以实现;3G保留了2G所使用的电路交换,采用的是电路交换和分组交换并存的方式,而4G将完全采用基于IP的分组交换,使网络能根据用户的需要分配带宽。

(三)4G展望

作为新的移动通信系统,4G将不仅仅应用于蜂窝电话通信领域,它还能够提供全息录音、远程控制卡以及移动虚拟实现等功能。4G最大的理论传输速率超过150 Mb/s,是目前移动电信数据传输速率的1万倍,也是3G移动电话速率的50倍,它可以接受高分辨率的电影和电视节目,从而成为合并广播和通信的新基础设施中重要的纽带。预计10年后,每个人所获取的信息要比今天高

3—4 个数量级,而 3G 的容量将不能满足这种增长的业务量需求,所以 4G 将采用新的网络技术来极大地提高系统的容量。与 3G 相比,4G 的智能性更高,它将能自适应地进行资源分配,处理变化的业务流和适应不同的信道环境;它将采用大区域覆盖,与 3G、WLAN 和固定网络之间无缝隙漫游,实现真正意义上的全球漫游;它提供的无线多媒体通信服务将包括语音、数据、影像等,大量信息通过宽频信道传送出去。因此,4G 也是一种实时的、宽带的、无缝覆盖的多媒体无线通信技术。

四、WLAN 技术

(一) WLAN 技术的总体介绍

计算机组网主要通过铜缆或光缆等传输媒介,构成有线局域网。但有线网络存在很多缺陷,如某些应用场合受到布线的限制,布线、改线工程量大,线路容易损坏,网中的各节点不可移动。特别是当把相距较远的节点连接起来时,铺设专用通信线路的布线施工难度大、费用高、耗时长,这对正在迅速增长的联网需求形成了严重的瓶颈。WLAN 正是为了解决有线网络遇到的问题而出现的。

WLAN 通过电磁波利用空气作为介质发送和接收数据,而无须线缆介质。WLAN 的数据传输速率现在已经能够达到 11 Mb/s,传输距离可远至 20 千米以上,是对有线网络的补充和扩展。WLAN 使网上的计算机具有移动性,能快速、方便地解决利用有线方式不易实现的网络连接问题。与有线网络相比,WLAN 具有安装便捷、使用灵活、经济节约、易于扩展等优点。

目前,WLAN 标准由 IEEE 和 3GPP 两个组织制定。IEEE 在 WLAN 方面的工作只定义了二层以下的协议,目前主要集中在安全性、无线接入点(Access Point,AP)之间的信令、频谱扩展等方面。3GPP 把 WLAN 技术作为一种 3G 接入技术,其工作内容主要是 WLAN 与 3G 结合的网络结构及信令交互,目前已经确定了组网原则、体系结构和认证流程。

(二) WLAN 应用技术——Wi-Fi

Wi-Fi 是 Wireless Fidelity(无线保真)的缩写。Wi-Fi 技术(即 802.11b 技术)能在世界各地不同场所提供高速无线上网服务,包括机场、咖啡厅、办公室、校园、工厂及居室。尤其在商务需求的满足方面,以 IBM 为领头的终端厂商已经能够提供完整的无线网络解决方案。这些都需要市场提供更多的 Wi-Fi 接入点,即所谓的基站。按欧洲研究机构的数据显示,未来四年内在美国、欧洲和亚洲将建成接近 11.5 万个公共无线接入点。

Wi-Fi 被视为以太网标准在无线领域的延伸。这使得 Wi-Fi 在应用上具有无痕过渡和顺利安装的特点,用户只需要简单接入 Wi-Fi 网络,就能让无线网络与原来的以太网共同工作,不存在技术推广过程中的兼容性问题和额外专有应用软件的问题。所以,推广 WLAN 的阻力几乎是可以忽略的。

随着 Wi-Fi 的逐渐普及,越来越多的人开始关注并使用这个方便的网络连接。使用时,以下的硬件配置是必需的:一台或以上电脑(包括台式机和笔记本电脑),一个带路由功能的无线接入点,有相应的网卡。

(三) WLAN 技术的应用

在典型的 WLAN 环境中,有进行数据发送和接收的设备,称为接入点(AP)。通常,一个 AP 能够在几十米甚至上百米的范围内连接多个无线用户。在同时拥有有线和无线网络的情况下,AP 可以通过标准的以太网(Ethernet)电缆与传统的有线网络相连,从而作为无线网络和有线网络的连接点。WLAN 的终端用户可通过无线网卡等设备访问网络。WLAN 的应用有以下两类情况:

1. 独立的 WLAN

独立的 WLAN 是指整个网络都使用无线通信的情形。在这种方式下,可以使用 AP,也可以不使用 AP。在不使用 AP 时,各用户之间通过无线直接互联,但缺点是各用户之间的通信距离较近,且当用户数量较多时,通信性能较差。

2. 非独立的 WLAN

在大多数情况下,无线通信是作为有线通信的一种补充和扩展。我们把这种情况称为非独立的 WLAN。在这种方式下,多个 AP 通过线缆连接在有线网络上,以使无线用户能够访问网络的各个部分。

在国内,WLAN 的技术和产品在移动应用领域还是比较新的。但是,无线由于其不可替代的优点,将会迅速地应用于需要在移动中联网和在网间漫游的场合,并在不易布线的地方和远距离的数据处理节点提供强大的网络支持。特别是在一些行业的移动商务应用中,WLAN 将会扮演更重要的角色。可以预见,随着开放办公的流行和手持设备的普及,人们对移动性访问和存储信息的需求会越来越多,因此 WLAN 将会在办公、生产和家庭等领域不断获得更广泛的应用。

五、蓝牙技术

(一) 蓝牙技术的总体介绍

蓝牙是无线数据和语音传输的开放式标准,它将各种通信设备、计算机及其终端设备、各种数字数据系统,甚至家用电器通过无线方式连接起来。它的传输距离为0.1—10米,如果增加功率或是加上某些外设便可达到100米的传输距离。由于蓝牙采用无线接口来代替有线电缆连接,具有很强的移植性,并且适用于多种场合,加上该技术功耗低、对人体危害小、应用简单、容易实现,所以非常易于推广。

蓝牙技术结合了电路交换与分组交换的特点,可以进行异步数据通信,并且支持多达三个同时进行的同步语音信道,还可以使用一个信道同时传送异步数据和同步语音。每个语音信道支持64 Kb/s的同步语音链路。异步信道可以支持一端最大速率为721 Kb/s、另一端速率为57.6 Kb/s的不对称连接,也可以支持43.2 Kb/s的对称连接。

中间协议层包括逻辑链路控制和适应协议、服务发现协议、串口仿真协议和电话通信协议。逻辑链路控制和适应协议具有完成数据拆装、控制服务质量和复用协议的功能,该层协议是其他各层协议实现的基础。服务发现协议层为上层应用程序提供一种机制来发现网络中可用的服务及其特性。串口仿真协议层具有仿真9针RS232串口的功能。电话通信协议层则提供蓝牙设备间语音和数据的呼叫控制指令。

主机控制接口层(HCI)是蓝牙协议中软硬件之间的接口,它提供了一个调用基带、链路管理、状态和控制寄存器等硬件的统一命令接口。在蓝牙协议栈的最上部是各种高层应用框架。其中,较典型的有拨号网络、耳机、局域网访问、文件传输等,它们分别对应一种应用模式。各种应用程序可以通过各自对应的应用模式实现无线通信。拨号网络应用可通过仿真串口访问微微网(Piconet),数据设备也可由此接入传统的局域网;用户可以通过协议栈中的音频(Audio)层在手机和耳塞中实现音频流的无线传输;多台PC或笔记本电脑之间不需要任何连线,就能快速、灵活地进行文件传输和共享信息,多台设备也可由此实现同步操作。

总之,整个蓝牙协议结构简单,使用重传机制来保证链路的可靠性,在基带、链路管理和应用层中还可实行分级的多种安全机制,并且通过跳频技术可以消除网络环境中来自其他无线设备的干扰。

(二) 蓝牙技术的应用

蓝牙技术的应用范围比较广泛,应用于局域网中的各类数据及语音设备,如PC、拨号网络、笔记本电脑、打印机、传真机、数码相机、移动电话和高品质耳机等。蓝牙的无线通信方式将上述设备连成一个微微网,多个微微网之间也可以进行互连接,从而实现各类设备之间随时随地进行通信。

应用蓝牙技术的典型移动商务环境有无线办公环境、汽车工业、信息家电、医疗设备以及学校教育和工厂自动控制等。目前,蓝牙的初期产品已经问世,一些芯片厂商已经开始着手改进具有蓝牙功能的芯片。与此同时,一些颇具实力的软件公司或者推出自己的协议栈软件,或者与芯片厂商合作推出蓝牙技术实现的具体方案。

蓝牙的应用产品归结为以下几个方面:

(1) 手机及其周边产品;
(2) 笔记本电脑及其周边产品;
(3) 个人数字助理(PDA);
(4) 办公用品;
(5) 信息家电;
(6) 网络接入点(Network Access Point);
(7) 工业用品。

上面所介绍的产品也只是蓝牙的部分应用。随着蓝牙技术的进一步成熟、蓝牙互操作性等问题的解决,以及蓝牙芯片成本的进一步降低,蓝牙产品必将更多地投入应用,给我们的生活带来更多便利。

第五节 其他相关技术与应用

移动商务可以理解为利用无线移动设备和无线通信技术进行商品、服务、资讯、知识的交易交换的商务体系。由于移动通信设备和无线技术的特性,使得移动商务的交易模式与传统的电子商务模式有着极大的区别,同时也产生了用于支持移动设备进行移动商务的新的开发技术。本节主要介绍几种常用移动设备开发技术和移动通信的应用。

一、常用移动设备开发技术

(一) J2ME

当 Java 平台发展到 Java 2 的版本以后,为了适应不同级别计算机硬件的开发需要,Java 平台形成了三个主要分支:J2SE、J2EE 和 J2ME。其中,J2SE(Java 2 Standard Edition)是为台式机而设计的,主要运行在 Linux、Solaris 或 Microsoft Windows 等操作系统上;J2EE(Java 2 Enterprise Edition)是一个适合分布式的、多用户、企业级应用系统运转的平台，它以 J2SE 为基础，增加了处理服务器端计算的功能；J2ME（Java 2 Micro Edition）是为了支持 PDA、手机、数字机顶盒、汽车导航系统等小型的嵌入式或移动设备而推出的一系列技术和规范的总称，专门用于开发消费性电子产品，适合移动商务的开发应用。它借用了 J2SE 类库的一部分，使用了更少的应用编程接口（API），而且 J2ME 采用的 Java 虚拟机（JVM）比 J2SE 的 JVM 也要小得多，如图 4-12 所示。

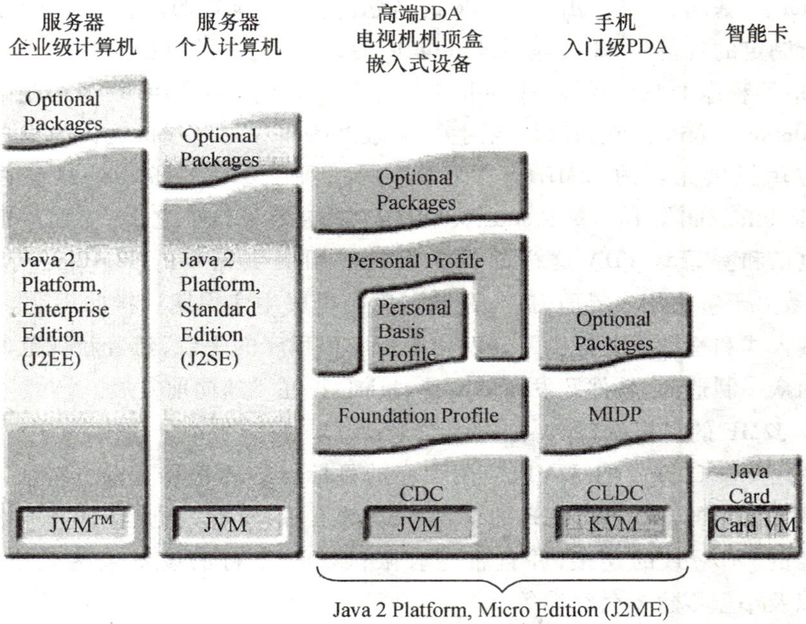

图 4-12　J2EE、J2SE 与 J2ME 之间的比较

1. J2ME 的体系结构

J2ME 并不是一种产品，而是一种技术，该技术将 Java 语言与平台无关的特性移植到小型电子设备上，允许移动无线设备之间共享应用程序。J2ME 包括配置（Configuration）和简表（Profile）两种组件。Configuration 是一系列低层次的 API 和一种虚拟机。Profile 是一种说明，它详细描述了架构在配置之上并使用配置的一系列 API。

J2ME 要支持的硬件平台有很大差异。其中，有比较高端的设备，如电视机的机顶盒、网络电视等；也有比较低端的，如手机、PDA 等。因此，为了满足不同硬件的开发要求，J2ME 规定了 Configuration 的概念，Configuration 对不同级别的硬件在所使用的 JVM 和基础 API 集合方面做了规定。于是，对于高端的设备，采用连接设备配置（Connected Device Configuration，CDC），所用的 JVM 称为 CVM；对于低端的设备，则采用有限连接设备配置（Connected Limited Device Configuration，CLDC），所用的 JVM 称为 KVM。

CDC 和 CLDC 仅仅是对各类设备中最具共性的配置提供了基本的功能集合。但是，实际应用中，不同的设备之间存在着很大的差异。因此，我们在 Configuration 的基础上，又提出了 Profile 的概念。Profile 规定的内容，是针对某一类设备所制定的规范和 API。有了 Profile 以后，才真正有了可以建立一个可运行 J2ME 应用程序的完整环境。Profile 的一个例子是创建在 CDC 之上的基础描述（Foundation Profile），它为以住宅网关、灵敏电话和双向寻呼机这样的设备为目标的应用提供完整的 J2ME 运行环境。另一种 Profile 是移动信息设备描述（Mobile Information Device Profile，MIDP），它构建在 CLDC 之上，为那些运行在移动电话和登录级 PDA 这样的设备上的应用提供完整的 J2ME 运行环境。MIDP 致力于解决用户界面、持久存储和应用程序生命周期这样的问题。J2ME 针对嵌入式和移动设备提供了开发和运行应用程序的平台，随着新规范的不断推出和众多制造商、软件开发商的支持，J2ME 正在飞速向前发展。

2. J2ME 的目标设备

使用 CLDC 开发的 J2ME 应用程序的目标设备通常具有以下特征：可供 Java 平台使用的 160—512 KB 的总内存；功率有限，常常是电池供电；网络常常是无线的、不一致的连接，并且带宽有限；CLDC 支持的设备包括无线电话、PDA 以及小型零售支付终端等。

使用 CDC 开发的 J2ME 应用程序的目标设备通常具有以下特征：使用 32 位处理器；2 兆字节或更多可供 Java 平台使用的总内存；设备要求的 Java 2 “蓝皮书”虚拟机的全部功能；网络常常是无线的、不一致的连接，并且带宽有限；CDC 支持的设备包括智能电话、家用电器以及汽车导航系统等。

（二）BREW

无线二进制运行环境（Binary Runtime Environment for Wireless，BREW）是 QUALCOMM 公司 2001 年推出的基于 CDMA 网络“无线互联网发射平台”上增值业务开发运行的基本平台。相对于 Java，BREW 是一种更底层的技术。

BREW 的特点是它提供的功能环境可以通过服务提供商下载指定类型的应用程序或游戏来使用。同时，通过 BREW 接口功能，供应商可以提供成套的完整的资讯、商务、娱乐功能，以及诸如蓝牙技术、全球定位系统（GPS）等服务。

由于需要更少的内部应用程序开发和集成任务,原始设备生产商(OEM)可以更快地推出新设备,用户可以选择和下载适合自己喜好的无线软件。通过这种方式,用户将推动新的无线数据应用程序和服务市场的发展,从而促进移动商务应用的发展。

BREW 主要应用在移动通信领域,其他厂商可以在这个平台上设计各项应用。厂商使用 BREW 设计一款应用软件,所有装载 QUALCOMM 芯片的手机都可以使用。此外,BREW 还兼容其他语言,包括 Java、Flash。其运行环境是一个较薄的软件接口层,位于芯片系统软件和应用程序间的无线设备上,使最终用户可以无线下载程序并在启用 BREW 的设备上运行。BREW 具有较高的闪存和 RAM 使用效率。BREW 的内容包括应用程序平台、BREW 移植包、BREW 软件开发包(SDK)、BREW 发布系统(BDS)、应用程序类型。

完整的 BREW 解决方案始于无线设备上驻留的开放、标准应用程序执行平台。该平台具有如下特点:① 瘦薄。BREW 比其他应用程序平台或成熟的操作系统小许多倍。② 快速。BREW 平台位于芯片系统软件之上,启用了快速 C/C++ 本地应用程序,以及浏览器与基于 Java 技术和扩展的虚拟机的简易集成。③ 开放。除本地 C/C++ 以外,BREW 还支持其他多种语言,如 Java、XML、Flash 等。④ 可扩展。第三方可以为 BREW 平台编写扩展,从而向应用程序提供附加功能。⑤ 安全。BREW 对基本的电话和无线网络运行提供保护。BREW 平台所承诺的无限简化产品与服务的开发和制造,其核心就是 BREW 移植包。它缩短了将 BREW 平台集成到新研制设备中的过程。BREW SDK 可使开发者使用标准工具工作。也就是说,可以在不知道芯片系统源代码及与设备制造商没有直接关系的前提下编写基于 BREW 设备中使用的应用程序。运营商可以根据需要调整 BDS,包括管理其应用程序发布及定价、选择第三方管理应用程序等。BREW 使用户可以仅以所需的应用程序来自定义手持设备,涉及的应用程序类型包括通信、移动商务、定位、游戏、娱乐等。

(三) FlashLite

FlashLite 是专门用于为移动电话和消费电子设备等非 PC 平台进行开发的 Flash 技术。设备厂商和运营商能够提供可定制的用户界面,并向可能配置不同操作系统、芯片,以及不同尺寸显示屏的设备用户提供一致的体验。通过 FlashLite 技术,移动商务企业可以为用户提供更形象多样的信息和服务,促进移动信息形式的多样化。

FlashLite 拥有统一的规范,即 Flash Lite Player,任何安装了 Flash Lite Player

的设备都可以播放 Flash Lite 文件而不需要加以编译修改。它还支持 SVG,同时本身也是矢量格式,因而在分辨率多样化的移动平台上可以更好地施展拳脚。但从现在来看,Flash Lite 功能还过于单薄;而且仍然不适合作为复杂的应用,包括商务和娱乐方面,从安全机制、存储能力、网络连接等层面,Flash Lite 都比较薄弱,而且可能难以改进。

二、移动通信的应用

(一) WAP 技术

无线通信协议(WAP)是在数字移动电话、Internet 或其他 PDA、计算机应用之间进行通信的全球开放标准。这一标准的诞生是 WAP 论坛成员努力的结果。WAP 的目标就是通过 WAP 这种技术,将 Internet 的大量信息及各种各样的业务引入到移动电话、Palm 等无线终端之中。

WAP 是互联网应用在手机上的缩影。WAP 2.0 的一个重要优势,是兼容了最新的互联网标准并且是在无线应用环境下运行的,它不仅优化了网络带宽的利用,采用了更简单的编程模型,并且很大程度上提高了无线数据传输的效率;WAP 2.0 使用 XHTML 标记语言,是互联网标记语言的扩展,比 WML 有更丰富的表现能力,为无线应用开发人员和移动商务用户提供了极大的便利。另外,向下兼容的应用平台和越来越接近 Internet 的表现形式,让内容开发更为容易。WAP 有点类似 Web 技术,因此,它的出现也必然会进一步推广和拓展移动商务的广泛应用。

(二) 全球定位系统

1. 全球定位系统的总体介绍

美国自 20 世纪 70 年代着手研制全球定位系统(Global Positional System, GPS),历时 20 年,耗资 200 亿美元,于 1994 年全面建成,使 GPS 具有在海、陆、空进行全方位实时三维导航与定位能力的新一代卫星导航与定位系统。GPS 是第二代卫星导航系统,它是在子午仪卫星导航系统的基础上发展起来的,采纳了子午仪系统的成功经验。和子午仪系统一样,GPS 由空间部分、地面监控部分和用户接收机三大部分组成。

2. 全球定位系统的应用

GPS 具有性能好、精度高、应用广的特点,是迄今最好的导航定位系统。在海陆空三大领域中,凡是需要动态或静态定位、定姿、定时和导航信息的地方都会采用卫星导航信息,所以 GPS 已成为目前世界上发展最快的三大信息产业之一。现在,GPS的应用已十分广泛,涉及国民经济的各个领域,近几年来还逐渐向消费市场发展。以GPS为代表的卫星导航应用产品,由于提供位置、速度和时间信息的便捷性,所以很快成为现代信息社会的重要信息来源,卫星导航手段在多数国家和地区可能成为代替传统导航、定位和定时的唯一手段,天基卫星信息导航系统及其增加系统将成为信息社会的重要基础设施。由于功能强大、使用方便、价格合适,所以它能够与其他系统结合。

在移动商务应用环境下,GPS与GSM和CDMA的结合已成为全球通信导航界关注的焦点,由此将形成大量的新应用、新产品,成为移动商务多样化应用必不可少的基础实现设施。与此同时,卫星导航技术与通信、遥感和大众消费产品的相互融合将会开发出大量的新产品和新服务,从而不断深化移动商务的应用。

随着技术的进步,普通消费型GPS接收器功能越来越完善,功能逐渐多元化,而且经济易用。消费类GPS手持机基本上都有12个并行通道和数据功能,有些能与便携电脑相连,可以上传或下载GPS信息,并且使用精确到街道级的地图软件,可以在PC的屏幕上实时跟踪你的位置或自动导航。

(三)移动多媒体

随着Internet上音频、视频以及移动通信的迅猛发展,人们对移动多媒体的需求日益增长。移动多媒体是多媒体和移动通信两个领域技术相互交叉的产物,也是移动商务应用的一种体现。它一方面向人们提供了移动多媒体服务,另一方面也展现了一个广阔的技术领域,成为通信界乃至信息产业的一个热点。目前在国内,3G的到来已成为必然,3G系统在技术上已经相当成熟,在这一平台上提供多媒体业务也已水到渠成。3G移动多媒体业务有交互式业务、点对点业务、单向信息业务、多点广播业务等。

在移动多媒体中,需要重点介绍的是多媒体短信服务(Multimedia Messaging Service, MMS)。从最早的文本短信(SMS)到后来的增强信息服务(EMS),再到代表目前短信技术开发最高标准的MMS,短信业务经历了快速发展的过程。MMS最大的特色就是支持多媒体功能,可以传送视频片断、图片、声音和文字,除了在手机间传送外,还可以在手机和电脑之间传送。

具有MMS功能的移动电话,其独特之处在于内置的媒体编辑器,使用户可以很方便地编写多媒体信息。如果安装一个内置或外置的照相机,用户还可以制作电子明信片,并将它们传送给朋友或同事。MMS需要3G网络作为基础,但由于3G的投入使用还需要一段时间,因此MMS的全面展开还需要假以时日。

（四）移动流媒体

流媒体是流式传输支持的业务。在无线网络中，流媒体业务主要面向 CDMA 2000、GPRS/EDGE、UMTS 等提供较高带宽（100 Kb/s 以上）的无线分组网络，可根据流媒体源的不同分为视频业务和音频业务。目前，基于有线的 VOD、AOD 业务，已经受到了用户的广泛欢迎。在无线网络中，空中接口带宽的增加为流媒体业务的开展提供了良好的基础，结合无线系统不受时间、地点限制的特点，使得移动流媒体业务更具吸引力。

目前，在网络上传输音频、视频等多媒体信息主要采取下载和流式两种传输方案。对于下载方案而言，由于大文件往往需要大量的存储容量，同时受到网络带宽的限制，下载常常会花数分钟甚至数小时，延迟很严重。对于流式传输而言，声音、影像或动画等文件边下载边播放，不仅使启动延时大大缩短，而且也不需要太高的缓存容量，避免了用户必须等待整个文件全部从网上下载后才能观看的缺点。

基于流媒体的业务应用非常广泛，如世界杯精彩进球片段回放、移动商务的股指和期指回放、电影精彩片断欣赏等；同时通过视频卡进行音频、视频源的采集，还可进行电视、CD 等节目源的实时播放。移动流媒体业务可为移动用户提供在线不间断的声音、影像或动画等多媒体的播放服务，支持的媒体格式包括 MP3、MP4、Wav、Avi、Au、Flash 等，适合移动商务的应用。

1. 移动流媒体的传输协议

实时传输协议（Real-time Transport Protocol，RTP）是在 Internet 上针对多媒体数据流的一种传输协议，工作于一对一或一对多的传输情况，可提供时间信息和实现流同步。实时传输控制协议（Real-time Transport Control Protocol，RTCP）与 RTP 共同提供流量控制和拥塞控制服务。在 RTP 会话期间，参与者周期性地传送 RTCP 包，这些包中含有已发送数据包的数量、丢失数据包的数量等统计数据，服务器可根据这些信息动态地改变传输速率，甚至改变有效载荷类型。

实时流协议（Real-time Streaming Protocol，RTSP）是由 RealNetworks、Netscape 共同提出的一种协议，它定义了如何使一对多应用程序有效地通过 IP 网络传送多媒体数据。RTSP 在体系结构上位于 RTP、RTCP 之上，它使用 TCP 或 RTP 完成数据传输。与 HTTP 相比，RTP 传送的是多媒体数据，而 HTTP 传送的是 HTML。在使用 RTSP 时，客户机和服务器均可发出请求，也就是说，RTSP

可双向服务，而 HTTP 的请求是由客户机发出，服务器进行响应。

资源预订协议（Resource Reservation Protocol，RSVP）是一种正在开发的 Internet 资源预订协议，它通过采取预留一部分网络资源（带宽）的措施，在一定程度上为流媒体传输提供 QoS。某些试验性系统，如网络视频会议工具就集成了 RSVP。

2. 移动流媒体的主要应用

（1）Mobile Music MP3。运营商联合唱片公司每星期发布流行音乐排行榜，用户在试听歌曲片段后，可通过小额支付下载到手机上，相当于运营商开唱片店。

（2）Mobile TV。用户通过手机收看电视节目，获取娱乐感受，相当于运营商开电视台。电视节目可精选为新闻、卡通、幽默短片、MTV、经典片断、电影预告片、电视节目预告、精彩片断等，满足大部分用户的需求，同时保证方案的低成本。

（3）Infotainment on Demand。新闻、体育、时尚、消费资讯等。

（4）现场直播。体育赛事、演唱会、会议等大型事件的直播，也可用于交通、家庭等需要监控的场所。

（5）视频广告和短片。可通过多种媒体（视频、图像、文字）组成商品广告、电影广告、旅游广告等，也可组成各种搞笑短片、旅游景点介绍、广告宣传、企业形象宣传等。

（五）移动支付技术

1. 移动支付的总体介绍

随着移动通信服务从单一的语音服务向数字业务的多元发展，各种移动增值业务层出不穷。移动支付就是其中很受关注的增值业务。一般来说，移动支付是指交易双方为了某种货物或者业务，通过移动设备进行商业交易的过程。移动支付所使用的移动终端可以是手机、PDA、移动 PC 等。根据移动支付交易额的大小，移动支付可以分为微支付和宏支付。微支付是指交易额少于 10 美元的交易，通常表现为购买移动内容业务，如游戏、视频下载等；宏支付是指交易金额较大的支付行为，如在线购物或者近距离支付。根据传输方式不同，可分为空中交易和广域网（WAN）交易。空中交易是指支付需要通过终端浏览器或者基于 SMS/MMS 等移动网络系统的交易；WAN 交易则主要是指通过移动终端在近距离内交换信息，而不通过移动网络的交易。

2. 移动支付的流程

从本质上说，移动支付与传统的支付行为没有太大的区别，流程都涉及四个交易对象：消费者、出售者、发行方和收款方。其中，发行方和收款方都应该是金融机构。交易过程如图 4-13 所示。

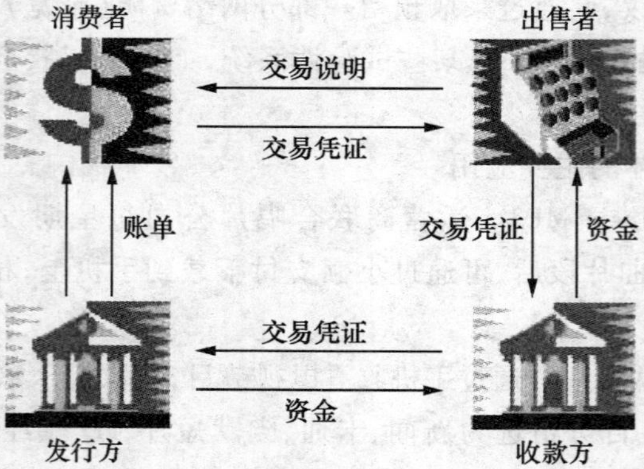

图 4-13　移动支付的交易过程

移动支付与传统的支付不同之处在于交易资格审查处理过程有所不同。因为移动支付涉及移动网络运营商以及所使用的浏览协议，如 WAP 或 HTML、信息系统 SMS 或非结构化补充数据业务（Unstructured Supplementary Service Data，USSD）等。

移动支付也是移动商务最广泛的应用形式之一，在本书第九章将对移动支付的应用进行详细阐述。

复习思考题

1. 请描述计算机网络的功能。
2. 介绍 EDI 的基本概念及其系统组成。
3. IPv6 协议有哪些基本特点？
4. 简述 IPv6 与 IPv4 的区别。
5. 请描述移动 IPv4 的基本操作过程。
6. 请描述移动 IPv6 的基本操作过程。
7. 简述 GSM、3G、4G、WLAN、蓝牙等移动通信技术。
8. 简述 J2ME 和 BREW 各自的特点。
9. 移动多媒体有哪些特点？
10. 移动流媒体有哪些特点？

第五章

移动商务的安全及其他相关技术

学习目的

1. 理解移动商务中的相关安全技术；
2. 了解国际上通行的两种电子支付安全协议；
3. 了解移动网络和有线网络的区别；
4. 了解移动支付的几种形式；
5. 了解几个移动商务安全的案例。

第一节　移动商务的安全概述

人们在享受移动商务便利性的同时,也对它们的安全性表示了担忧。现在,很多消费者不愿意或惧怕进行移动支付,究其原因,安全性是人们担心和关注的主要问题,它已经成为制约移动商务全面发展的主要因素。安全性始终是移动商务的生命线。

一、移动商务的安全要求

在移动商务的过程中,用户需要把主机或内部网络连接到 Internet 上,需要把数据和信息通过 Internet 传送出去或接收进来。而更让人感到担心的是通过网络把货款划入或划出用户的银行账户。因此,如何保证交易的可信性、信息的安全性便成为我们最为关心的问题。移动商务的各种安全需求依赖于系统本身的特征和定义在其操作上的信用假设。一般来说,移动商务系统必须具备授权、完整性、保密性、可用性和可靠性等要求。

(一) 完整性与授权

数据完整性业务是检查接收数据是否被篡改的有效方法。根据数据种类的不同,数据完整性业务可分为以下三种类型:① 连接完整性业务,用于对某个连接中的所有数据进行完整性保护;② 无连接完整性业务,用于对某个无连接数据项中的所有数据进行完整性保护;③ 选域完整性业务,仅用于对某个数据单元中所指定的区域进行完整性保护。对数据完整性的解决办法可以采用数字签名技术。

数据输入时的意外差错或传输过程中的信息丢失、重复或传送次序变更都可能导致交易各方信息的差异,从而影响到交易的正常进行。因此,系统要能够保护信息不被未授权者伪造、假冒、修改、删除或重放,并能防止传送过程中数据信息的丢失、篡改和重复。具有完整性的支付系统不允许一个用户在没有另一个用户明确授权的情况下取走资金;为了防止行贿受贿,未经允许,系统也不能接受款项。授权是支付系统中最重要的环节。支付授权有三种方式,即外部授权、口令授权和数字签名。

1. 外部授权

在这种方式中,检验方(银行)通知交易的授权方(付款人),授权方通过一个安全的外部通道(如邮件或电话)同意或否定支付,这是目前用信用卡进行邮汇和电汇的通用方法。任何知道用户信用卡数据的人都可以发起交易,所以合法用户必须检查有关记录并主动地控告非授权交易。如果用户没有在一定时间内(通常为三个月)提出控告,所做交易将被默认为有效。

2. 口令授权

对于用口令保护的交易,每条从授权方发来的信息都需要一个密码检查值,这个值由只有授权方和检验方知道的密码计算得出,而这个密码可以是一个个人识别号码(PIN)、口令或任意形式的共享密码。然而,较短的共享 PIN,如一个六位数字很容易遭受攻击,它们本身不能提供高级的安全性,因而只能用于控制访问像智能卡这样的物理标记,因为智能卡采用安全密码机制(如数字签名)执行实际授权。

3. 数字签名

在这种类型的交易中,检验方要求授权方的数字签名。数字签名提供一个原始的非拒绝支付证据,因为只有签名密码的拥有者才能签署有关信息,而知道相应公开密钥的任何人都可以验证签名的真实性。

(二) 保密性

保密性是指防止泄露有关交易的各种信息,如付款人和收款人的标志、交易的内容和数量等。保密性要求这些信息只能让交易的参与者知道,有时甚至要求只让参与方的部分人知道。由于移动支付是在开放的网络环境中进行的,交易信息的机密性是移动支付系统得以推广和应用的重要保障,因此系统要具备防止信息被非法存取和在传输过程中被非法窃取的能力,并能对硬件故障、操作错误、网络故障、应用程序错误、系统软件错误及手机病毒所产生的潜在威胁加以控制和预防。

通常,人们使用加密的方式来防止交易信息的泄露。所谓加密,就是把数据信息即明文转换为不可辨识的形式即密文的过程,目的是使不应了解该数据信息的人无法知道和识别。将密文转换为明文的过程就是解密。加密和解密过程形成加密系统,明文与密文统称为报文。任何加密系统,不论形式如何复杂、实现的算法如何不同,其基本组成部分都是相同的,通常包括如下四个部分:

(1) 需要加密的报文,也称为明文;

(2) 加密以后形成的报文,也称为密文;

(3) 加密、解密的装置或算法;

(4) 用于加密和解密的钥匙,称为密钥。密钥可以是数字、词汇或者语句。

报文加密后，发送方就要将密文通过通信渠道传输给接收方。密文在通信渠道传输过程中是不安全的，可能被非法用户即第三方截取和窃听，但由于是密文，只要第三方没有密钥，就只能得到一些无法理解其真实意义的密文信息，从而达到保密的目的。长期以来，人们发明了各种各样的加密方法，为便于研究，通常把这些方法分为传统加密方法和现代加密方法两大类。前者的共同特点是采用单钥技术，即加密和解密过程中使用同一密钥，所以它也被称为对称式加密方法；而后者的共同特点是采用双钥技术，也就是加密和解密过程中使用不同的密钥，所以它也被称为非对称式加密方法。

（三）可用性和可靠性

所有的交易方均要求，无论何时都可以进行支付和接受支付。支付必须是完整的，即它们要么完整发生，要么根本不发生，不能处于一种未知或不一致的悬挂状态。付款人不希望他们的钱由于网络或系统的故障而丢失。可用性和可靠性假设基本网络服务和软硬件系统具有足够的可靠性，能够恢复故障系统的信息。为此，所有交易方需要某些可靠的存储器和专用同步协议。

移动商务的安全非常重要，安全攻击会使他人信息遭到泄露或滥用。移动商务安全策略必须明确陈述保密、完整和知识产权的要求。对移动商务的安全威胁会发生在由客户终端到移动商务服务器的电子链条上的任何地方。安全问题是利害攸关的，如果在移动商务客户机和服务器上没有充分的安全保护措施，移动商务就不能持久。有效的安全策略和充分的安全检测与保护措施是保护电子沟通和移动商务交易的唯一方法。

二、移动商务的安全威胁

与传统的电子商务相比，移动商务更容易遭受攻击。问题的关键是了解这些威胁是什么，并制定相应的控制策略。

移动商务环境中有许多新的攻击点，这些威胁的范围和特性随着应用及其运行环境的不同而千差万别，下面列举一些典型的威胁和挑战。

（一）无线窃听

在移动通信网络中，所有的网络通信内容（如移动用户的通话信息、身份信息、位置信息、数据信息以及移动站与网络控制中心之间的信息等）都是通过无线信道传送的。而无线信道是一个开放性信道，任何拥有适当无线设备的人均可以通过窃听无线信道而获得上述信息。

（二）假冒攻击

在移动通信网络中，移动站（包括移动用户和移动终端）与网络控制中心以及其他移动站之间不存在任何固定的物理连接(如网络电缆),移动站必须通过无线信道传送其身份信息,以便网络控制中心以及其他移动站能够正确鉴别它的身份。由上述内容可知,无线信道中传送的任何信息都可能被窃听。当攻击者截获一个合法用户的身份信息时,他就可以利用这个身份信息来假冒该合法用户的身份入网,这就是所谓的身份假冒攻击。

(三) 信息篡改

所谓信息篡改,是指主动攻击者对窃听到的信息进行修改(如删除或者替代部分或全部信息)之后再将信息传给原本的接收者。这种攻击的目的有两种:一种是攻击者恶意破坏合法用户的通信内容,阻止合法用户建立通信连接;另一种是攻击者将修改的消息传给接收者,企图欺骗接收者,使其相信该修改的消息是由一个合法用户传给的。

信息篡改攻击在一些“存储—转发”型有线通信网络(如 Internet)中是很常见的,而在一些无线通信网络如无线局域网中,两个无线站之间的信息传递可能需要其他无线站或网络中心的转发,这些“中转站”有可能篡改转发的消息。对于移动通信网络,现场试验证明信息篡改攻击是可行的:当主动攻击者比移动用户更接近基站时,主动攻击者发射的信号功率要比移动用户的强很多倍,使得基站忽略移动用户发射的信号而只接收主动攻击者的信号。这样,主动攻击者就可以篡改移动用户的信号后再传给基地站。在移动通信网络中,信息篡改攻击对移动用户与基地站之间的信令传输构成很大威胁。

(四) 重传攻击

所谓重传攻击,是指主动攻击者将窃听到的有效信息经过一段时间后再传给信息的接收者。攻击者的目的是利用曾经有效的信息在改变了的情形下达到同样的目的。例如,攻击者利用截获到的合法用户口令来获得网络控制中心的授权,从而访问网络资源。

此外,无线通信网络与有线通信网络一样也面临着病毒攻击、拒绝服务等威胁,这些攻击的目的不在于窃取信息和非法访问网络,而是阻止网络的正常工作。据国内专业反病毒机构报道,有些手机蠕虫病毒会攻击几款采用了 Symbian 手机操作系统的智能手机,并通过手机的蓝牙功能进行传染。

这些病毒攻击手机常采用“病毒短信”的方式直接攻击手机本身,使手机无法提供服务。比如,针对门户网站的手机服务漏洞编写出的病毒程序,不停地用某个手机号码订阅某项服务或者退订某项服务。病毒还会利用手机程序的漏洞,发送精心构造的短信或者彩信,造成手机内部程序出错,从而导致手机不能正常工作;或者攻击 WAP 服务器,使 WAP 手机无法接收正常信息。时下,许多手机都能实现 WAP 上网,而手机的 WAP 功能需要专门的 WAP 服务器支持。有些手机病毒就针对 WAP 服务器的安全漏洞进行攻击,影响 WAP 服务器的正常工作,从而使手机无法正常上网;或者攻击和控制“网关”,向手机发送垃圾信息。病毒通过占领短信网关或者利用网关漏洞向手机发送大量短信,进行短信拒绝服务攻击,还有可能攻击整个网络。如今,有许多手机都支持运行 Java 小程序,比如通过手机下载的小游戏。如果病毒制造者找到这些 Java 漏洞的话,可以利用 Java 语言编写脚本病毒,来攻击整个网络,使手机网络产生异常。

无线移动设备还存在失窃的威胁。移动设备的功能不断增强,它不仅仅是一个通信工具,而且也存储着一些用户的个人信息,如通信录、工作日程表等,有些移动设备如笔记本电脑甚至还存储着一些公司的商业信息。因此,防止移动设备中秘密信息的失窃也是一个很重要的问题。

三、移动商务的安全保障

保障移动商务的安全,需要方方面面的参与和努力。移动商务的安全要从三个大的方面来综合考虑,即管理措施、法律措施和技术措施。

(一) 管理措施

在管理方面,首先高层管理人员要重视移动商务的安全保障,并同相关的技术人员一起制定企业内部、外部网络安全规划和标准。在规划中应该指出企业信息安全在近期和未来一段时间内要达到什么级别和标准、预计投入多少资源等。

其次在规划和标准的指导下要制定详细的安全行为规范,包括各种软硬件设备使用和维护权限的管理办法、网络系统登录和使用的安全保障管理办法、数据维护和备份的管理规定等。

最后要特别注意安全条例的执行保障,即有了规定就一定要按照规定去执行。只有在管理上拥有明确的目标和标准,技术人员才能更好地为其提供安全上的技术支持。

(二) 法律措施

在法律方面,移动商务不同于传统商务,传统商务在纸面上完成交易从而有据可查。电子交易如何认证、如何避免和惩治电子欺诈不仅是技术问题,同时也涉及法律领域。移动商务就像在现实世界之外又建立了一个虚拟世界,在这个虚拟世界里,更需要完善的法律体系来维持秩序。目前,许多国家和地区已经开始制定移动商务法律法规。

安全的移动商务仅靠单一的技术手段来保证是不会奏效的,必须依靠法律手段、行政手段和技术手段的完美结合来最终保护移动商务参与各方的利益。这就需要在企业和企业之间、政府和企业之间、企业和消费者之间、政府和政府之间明确各自需要遵守的法律义务和责任。其涉及的主要法律要素如下:

1. 有关移动商务交易各方合法身份认证的法律

电子身份认证中心是电子商务中的核心角色,它担负着保证移动商务公正、安全进行的任务。因而,必须由国家法律来规定 CA 中心的设立程序和资格,以及必须承担的法律义务和责任,同时要由法律规定对 CA 中心进行监管的部门、监管方法以及违规后的处罚措施。

2. 有关保护交易者个人及交易数据的法律

本着最小限度收集个人数据、最大限度保护个人隐私的原则来制定法律,以消除人们对泄露个人隐私以及重要个人信息的担忧,从而吸引更多的人参与移动商务。

3. 有关电子商务中电子合同合法性及如何进行认证的法律

需要制定有关法律对电子合同的法律效力、数字签名、电子商务凭证的合法性予以确认,对电子商务凭证的伪造、变更做出相应的法律规定。

4. 有关网络知识产权保护的法律

网络对知识产权的保护提出了新的挑战,因此在研究技术保护措施的同时,还必须建立适当的法律框架,以便侦察仿冒或欺诈行为,并在上述行为发生时提供有效的法律援助。

(三) 技术措施

在技术方面,移动商务中涉及的安全技术很多,其中有一些已经获得了广泛的应用和认可。维护企业内部网安全的技术包括用户密码和权限管理技术、防火墙技术、虚拟专用网(VPN)技术、网络杀毒技术等;维护交易数据在 Internet 上安全传输的技术包括数据加密、数字签名等,其中为了识别用户在现实世界中的真实身份,还要涉及 CA 认证中心。另外,为了维护电子交易中最为关键的资金流动特别是信用卡支付的安全,还要涉及两个应用广泛的协议,即 SSL 和 SET 协议。

第二节 移动网络的安全性

从技术角度来说,移动商务的安全性就是移动网络的安全性问题。

一、移动网络的安全威胁

尽管移动商务为人们带来了很多利益(如减少服务时间、降低成本和增加收入),但安全问题仍是移动商务推广应用的瓶颈。有线网络的安全技术手段无法完全适用于无线设备,因为无线设备的内存和计算能力有限而不能承载大部分的病毒扫描和入侵检测程序。例如,目前还没有有效抵制手机病毒的防护软件。

(一)移动网络面临的威胁

1. 网络本身的威胁

无线通信网络不像有线网络那样受地理环境和通信电缆的限制,因而可以实现开放性的通信。无线信道是一个开放性的信道,它给无线用户带来通信自由和灵活性的同时,也带来了诸多不安全因素,如通信内容容易被窃听、通信双方的身份容易被假冒、通信内容容易被篡改等。在无线通信过程中,所有通信内容(如通话信息、身份信息、数据信息等)都是通过无线信道开放传送的。任何拥有一定频率接收设备的人均可以获取无线信道上传输的内容。对于无线局域网和个人网用户,其通信内容更容易被窃听,因为这些网络通信工作在全球统一开放的工业、科学和医疗频带(2.5 GHz 和 5 GHz 频带)。任何团体和个人都不需要申请,就可以免费使用该频段进行通信。无线窃听会导致通信信息和数据的泄露,而移动用户身份和位置信息的泄露会导致移动用户被无线追踪。这对于无线用户的信息安全、个人安全和个人隐私都构成了潜在的威胁。

2. 无线 Ad Hoc 应用的威胁

Ad Hoc 网络是一种没有有线基础设施支持的移动网络,网络中的节点均由移动主机构成。Ad Hoc 网络最初应用于军事领域,它的研究起源于战场环境下分组无线网数据通信项目,该项目由美国国防部高级研究规划局(DARPA)资助。随后,又在 1983 年和 1994 年进行了抗毁可适应网络(Survivable Adaptive Network,SURAN)和全球移动信息系统(Global Information System,GloMo)项目的研究。由于无线通信和终端技术的不断发展,Ad Hoc 网络在民用环境下也得到了发展,如需要在没有有线基础设施的地区进行临时通信时,可以很方便地通过搭建 Ad Hoc 网络实现。

在 Ad Hoc 网络中,当两台移动主机在彼此的通信覆盖范围内时,它们可以直接通信。但是,由于移动主机的通信覆盖范围有限,如果两台相距较远的主机要进行通信,则需要通过它们之间的移动主机的转发才能实现。因此,在 Ad

Hoc 网络中,主机同时还是路由器,担负着寻找路由和转发报文的工作。在 Ad Hoc 网络中,每台主机的通信范围有限,因此路由一般都由多跳组成,数据通过多台主机的转发才能到达目的地。故 Ad Hoc 网络也被称为多跳无线网络,其结构如图 5-1 所示。

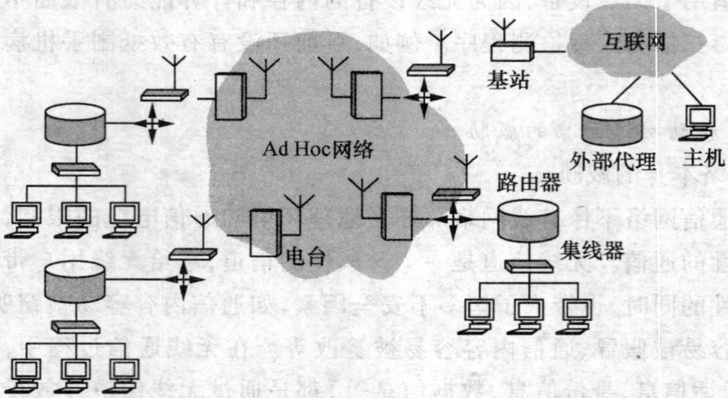

图 5-1 Ad Hoc 网络机结构图

Ad Hoc 网络可以看做是移动通信和计算机网络的交叉。在 Ad Hoc 网络中,使用计算机网络的分组交换机制,而不是电路交换机制。通信的主机一般是便携式计算机、个人数字助理(PDA)等移动终端设备。Ad Hoc 网络不同于目前互联网环境下的移动 IP 网络。在移动 IP 网络中,移动主机可以通过固定有线网络、无线链路和拨号线路等方式接入网络,而在 Ad Hoc 网络中只存在无线链路一种连接方式。在移动 IP 网络中,移动主机只有依靠相邻的基站等有线设施的支持才能通信,在基站和基站(代理和代理)之间均为有线网络,仍然使用互联网的传统路由协议。而 Ad Hoc 网络没有这些设施的支持。此外,在移动 IP 网络中,移动主机不具备路由功能,只是一台普通的通信终端。当移动主机从一个区移动到另一个区时并不改变网络拓扑结构,而 Ad Hoc 网络中移动主机的移动将会导致拓扑结构的改变。

除了互联网在线应用带来的威胁外,无线装置给其移动性和通信媒体带来了新的安全问题。Ad Hoc 网络和传统的移动网络有着许多不同,其中一个主要的区别就是 Ad Hoc 网络不依赖于任何固定的网络设施,而是通过移动节点间的相互协作来进行网络互联。Ad Hoc 网络也正在逐步应用于商业环境中,比如传感器网络、虚拟会议和家庭网络。由于其网络的结构特点,使得 Ad Hoc 网络的安全问题尤为突出。Ad Hoc 网络的一个重要特点是网络决策是分散的,网络协议依赖于所有参与者之间的协作。威胁者可以基于该种假设的信任关系入侵协作的节点。例如，入侵一个节点的敌手可以向网络散布错误的路由信息，甚至使所有的路由信息都流向被入侵的节点。同样，移动用户会漫游到许多不同的小区和安全域。通信由一个小区切换到另一个小区时，恶意的或被侵害的域可以通过恶意下载、恶意消息和拒绝服务来侵害无线装置。

3. 网络漫游的威胁

无线网络中的攻击者不需要寻找攻击目标，攻击目标会漫游到攻击者所在的小区。在终端用户不知情的情况下，信息可能被窃取和篡改。交易会被中途打断而没有重新认证的机制。由刷新引起连接的重新建立会给系统带来风险，没有再认证机制的交易和连接的重新建立是危险的。连接一旦建立，使用 SSL 和 WTLS 的多数站点不需要进行重新认证和重新检查证书，攻击者可以利用该漏洞来获利。

无线媒体为恶意用户提供了很好的藏匿机会。由于无线设备没有固定的地理位置，它们可以在不同区域间进行漫游，可以随时上线或下线，因此很难被追踪。由此可见，对无线网络发起攻击是敌手对固定网路发起攻击的首选，尤其随着这些设备数量的增长。

4. 物理安全

无线设备的另一个特有威胁是容易丢失和被窃。对个人来说，移动设备的丢失意味着别人将会看到电话上的数字证书，以及其他一些重要数据。利用存储的数据，拿到无线设备的人就可以访问企业内部网络，包括 E-mail 服务器和文件系统。目前，手持移动设备最大的问题就是缺少对特定用户的实体认证机制。

(二) 移动商务面临的问题

1. 垃圾短信

在移动通信给人们带来便利和高效率的同时，也带来了很多烦恼，无孔不入的垃圾短信广告打扰着人们的生活。在移动用户进行商业交易时，会把手机号码留给对方；街头的社会调查，往往也需要被调查者填入手机号码；甚至有的用户把手机号码公布在网上。这些都是公司获取手机号码的渠道。垃圾短信使得人们对移动商务充满恐惧，而不敢在网络上使用自己的移动设备从事商务活动。目前，还没有相关的法律法规来规范短信广告，运营商还只是在技术层面来限制垃圾短信的群发。目前，信息产业部正在起草手机短信的规章制度，相信不久的将来会还手机短信一片绿色的空间。

2. 定位新业务的隐私威胁

定位是移动业务的新应用，其技术包括：① 全球定位系统（Global Positioning System，GPS）。该技术利用三颗以上的GPS卫星来精确（误差在几米之内）定位地面上的人和车辆；② 基于手机的定位技术（TOA），该技术根据从GPS返回响应信号的时间信息定位手机所处的位置。定位在受到人们欢迎的同时，也暴露出其不利的一面——隐私问题。移动酒吧就是一个典型的例子，当用户在路上时，这种服务可以在PDA上列出最近的5个酒吧的位置及其特色。或者当用户途经一个商店时，会自动向手机发送广告信息。利用这种技术，执法部门和政府可以监听信道上的数据，并跟踪一个人的物理位置。如果定位技术被恐怖分子利用，他们通过定位通信用户的位置，可以对其进行抢劫和绑架，从而危害用户的人身安全。

（三）移动网络的安全现状

由于对安全性存在怀疑，所以很多公司对于移动办公没有信心。通常情况下，人们都有充分的理由对远程访问的安全性表示不信任。不幸的是，远程设备的安全性也做得远远不够。人们已经证明，位于底层的无线基础设施和不安全的有线等效加密（WEP）安全协议中存在着无数的安全漏洞。对于笔记本电脑、PDA、手机等移动终端和无线网络来说，有太多的不安全因素需要考虑。因此，为用户提供一个移动的解决方案，使得公司员工能够远程访问公司网络并不是一件很轻松的事情。当然，现实中确实有太多的问题存在。比如，员工将他们的笔记本电脑忘在出租车上，而使得黑客寻找到那些保护不够的数据。类似这样的问题让那些谨慎的客户觉得移动网络只是个概念，无法投入实际应用。

另外，即使在公司和员工之间通过非常安全的SSL VPN来传输来往的信息，一旦笔记本电脑落入其他人手中，也无法保证该通道传输信息的安全性。无线网络的安全性一直是安全领域没有很好解决的一个问题。最基本的事实是数据的传输是通过无线电波来实现的，而这种传输方式很容易被中途截取。而且，如同病毒作者和防病毒公司的关系一样，黑客们已经走在了无线网络安全标准的前面。

但是，无线技术还是在不断取得进步。移动网络也因此有了一个强大的安全标准集合，从而允许公司推出拥有有线网络安全性的无线网络。

2002年末，电气与电子工程师协会（IEEE）引入了Wi-Fi保护访问（WPA）。这是新发布的802.11i安全标准的一个子集，802.11i目前工作得不错。

WPA 使用临时密钥完整性协议(TKIP)来实现加密,同时使用扩展认证协议(Extended Authentication Protocol)来实现认证和密钥分发。另外,还使用消息完整性验证(MIC)来防止伪造消息。对于无线网络中发送的需要加密的数据,TKIP 可以动态地改变加密密钥。这意味着,每个数据包使用的密钥都各不相同。由于目前大多数的产品都支持 WPA,并且官方版本的 802.11i 已经出现,因此 WLAN 的安全性将大大提高——提高到让大多数企业都感到可以接受的水平。

在 802.11i 协议中,使用了高级加密标准(AES),这个标准使得不够安全的 40 位的 WEP 变成一个能够提供从 128 位到 256 位等多种级别的安全协议。通过使用 AES,无线网络世界终于实现了有线网络的安全性。

二、有线网络和移动网络的安全性比较

有线网络传播的是电或光信号,而移动网络传播的是电磁波信号。相对来说,移动网络比有线网络更容易受到物理安全攻击,易于遭受窃听、欺骗和拒绝服务等攻击。不过,现有的链路安全技术有些已应用于无线网络中来减少安全攻击。另外不同的是,有线网络的安全性主要在三层以上实现,而移动网络则在二层和三层共同实现。

移动网络和有线网络之所以需要采用不同的安全方法,主要的原因就是移动网络客户端设备(移动设备)具有一定的局限性。不管是移动电话、PDA、掌上电脑,还是其他的便携设备,都具有一定的局限性。这些局限性主要表现在内存、计算能力、形状因素、带宽等方面。

1. 内存

对于个人计算机来说,具有 128 MB 或更多的内存是很普遍的事情。但是,对于价格适中、形状合理的移动设备来说,要想拥有这么大的容量几乎是不可能的。因此,必须创造性地开发出新的移动设备内存管理方法。一些移动设备如 PocketPC,具有普通个人计算机上应用的简化版本。另外,这些移动设备通常具有闪存和智能卡储存功能。

在欧洲移动电话中,通常都装有智能卡。智能卡能够有效处理如下两个问题:提供一定的数据存储空间,如用于存放数字证书或用户身份信息;把数据从一部手机转移到另外一部手机。尽管智能卡技术可以应用于有线设备,如传统的个人计算机,但是由于这些设备对移动性和额外空间的需求不是很强,因此,智能卡读写器(要使智能卡工作,需要使用此设备)在个人计算机中还不是太

流行。

2. 计算能力

移动设备的另外一个局限性在于其进行大量数学函数运算的能力较弱。尽管现在PDA等移动设备的计算能力已经有了较大的提高,甚至可以和一些比较老式的PC相媲美。但是,对比较便宜的移动设备或移动电话来说,其计算能力与PC还有相当大的距离。

为了降低加密所需的计算强度,同时又保持较高的安全性能,椭圆曲线(ECC)加密技术现在已经变成了移动设备标准的加密方法。因此,大多数公司现在都提供利用ECC技术进行加密的移动设备。表5-1对不同的加密算法进行了比较。较少的密码位数意味着这种加密方法速度更快,而且对计算机的运算速度要求不高。另外,由于密码位数较少,在发送方和接收方之间需要传送的密码字节也就较少,因此,对带宽的要求也就不高。

表5-1 长信息(大于2000个字节)签名长度比较

加密方法	签名长度(字节)
RSA	1024
DSA	320
ECC	320

3. 形状因素

由于移动设备尺寸较小,显示空间有限,因此,移动设备必须采用不同于有线设备的数据输入和传送方法。WAP的设计可以解决移动设备显示空间有限这一问题,通过微型浏览器,用户可以浏览或输入对移动商务交易比较重要的信息。

另外,在设计移动设备的时候,为了使它尽可能地小一些、轻一些,不得不放弃了某些性能,如电池寿命。

4. 带宽

如今在移动电话行业,人们讨论最多的一个主题就是带宽问题。下一代移动电话网络即3G网络将拥有台式计算机般的速度。对于移动商务应用而言,由于移动商务交易总是不可避免地需要在相隔一定距离的交易双方之间进行,而且经常要跨越包括有线网络在内的不同网络,因此,移动设备比较理想的一个特点是永远在线。永远在线设备的安全问题更加复杂。如果移动设备一直保持与Internet的连接,那么,这些设备被黑客发现或被黑的机会就会大大增加。

第三节　移动商务安全技术

一、移动通信中的数字加密技术

密码算法大多需要进行大量复杂的运算，这使得密码技术在无线通信网络中的应用受到一些挑战，这些挑战来自于无线设备和无线网络两个方面。首先，无线设备的计算环境十分受限，大多数无线设备（如移动电话、PDA 等）的计算能力差、存储资源少。

GSM 手机中的 SIM 卡用于移动通信网络中网络端鉴别移动用户身份的合法性，而台式计算机已比较普遍地应用于各种有线通信网络中；SIM 卡内嵌一个 8 位的微处理器，工作于 3 MHz 时钟，数据存储器即 RAM 为 256 B，程序存储器为 6—8 KB，而 21 世纪初期的台式计算机已使用 32 位的处理器，工作于 800 MHz 时钟，数据存储器即 RAM 为 256 MB，硬盘可达 40 GB。此外，无线设备还受到体积和功耗的限制，显示屏和键盘均较小。

相比有线通信网络，无线通信网络的资源也十分有限，大多数无线数据通信网络的频率带宽有限，数据传输速率比较低。例如，GSM 网络中数据传输速率为 9 600 b/s，无线个人区域网络中的数据传输速率为 768 Kb/s，无线局域网中最大数据传输速率为 12 Mb/s，而有线通信网络的数据传输速率早已达到上百甚至上千 Mb/s。此外，与有线通信网络相比，无线通信网络的通信连接可靠性差、误码率高。

上述受限的计算环境和通信环境，使得无线通信网络在选用密码技术来保护网络的安全性时必须选择能够适应无线通信网络特点的密码算法，这就对密码技术提出了一些特殊要求。

通过加密，通信明文可以被转换成密文，而这些密文对于不知道解密密钥的人来说是杂乱无章、不可理解的，只有知道解密密钥的人才能恢复出原来的明文。当然，加密明文的过程也需要知道密钥。当加密密钥和解密密钥相同时，这种密码算法被称为对称密钥密码算法；而加密密钥和解密密钥不相同的密码算法被称为非对称密钥密码算法。

在非对称密钥密码系统中，每个用户拥有两种密钥，即公开密钥和秘密密钥。公开密钥可以向所有人公开，而秘密密钥只有用户自己知道，已知公开密钥并不能或很难获得任何秘密密钥的信息，因而人们也称非对称密钥密码系统为公开密钥密码系统。公开密钥密码系统的工作过程是这样的：任何人都可以利用一个用户的公开密钥将秘密信息加密后传送给该用户，但只有该用户才能利用其密钥解密，恢复出秘密信息；其他人由于不知道秘密密钥，也就不能进行解密。公开密钥密码系统不要求通信双方共享任何秘密，从而很容易地解决了密钥管理问题。公开密钥密码系统的其他优势将在数字签名部分介绍。然而，公开密钥密码系统大多建立在困难的数学难题（如大整数分解和离散对数等）上，加/解密操作都需要复杂的数学运算，因而不适合无线设备。

对称密钥密码系统则要求保密通信双方必须事先共享一个秘密即密钥，因而人们也称对称密钥密码系统为单钥密码系统。在单钥密码系统中，只有知道共享秘密的通信双方才能相互通信，这不仅限制了保密通信范围，也带来了密钥管理问题。

1985 年由尼尔·科布利茨和维特·米勒提出的 ECC 加密算法——椭圆曲线加密体制（ECC），它的数论基础是有限域上的椭圆曲线离散对数问题，现在还没有针对这个难题的亚指数时间算法，因而在当今公钥密码体制中，ECC 具有每比特最高的安全强度，特别适合计算资源受限的无线通信设备。

二、CA 认证

作为电子商务交易中受信任的第三方，证书授权（Certificate Authority，CA）中心承担公钥体系中公钥合法性检验的责任。CA 中心为每个使用公开密钥的用户发放一个数字证书，数字证书的作用是证明证书中列出的用户合法拥有证书中列出的公开密钥。CA 中心的数字签名使得攻击者不能伪造和篡改证书。它负责产生、分配并管理所有参与网上交易的个体所需的数字证书，因此是安全电子交易的核心环节。

公钥基础设施（Public Key Infrastructure，PKI）是一种新的安全技术，它由公开密钥密码技术、数字证书、证书发放机构和关于公开密钥的安全策略等基本成分共同组成。从某种意义上讲，PKI 包含了安全认证系统，即安全认证系统是 PKI 不可或缺的组成部分。

PKI 是提供公钥加密和数字签名服务的系统或平台，目的是为了管理密钥和证书。一个机构通过采用 PKI 框架管理密钥和证书可以建立一个安全的网络环境。PKI 主要包括四个部分：① X.509 格式的证书（X.509 V3）和证书废止列表 CRL（X.509 V2）；② CA/RA 操作协议；③ CA 管理协议；④ CA 政策制定。

（一）数字证书原理

数字证书采用公钥体制，即利用一对互相匹配的密钥进行加密、解密。每个用户自己设定一把特定的仅为本人所知的私有密钥(私钥),用它进行解密和签名;同时设定一把公共密钥(公钥)并由本人公开,为一组用户所共享,用于加密和验证签名。当发送一份保密文件时,发送方使用接收方的公钥对数据加密,而接收方则使用自己的私钥解密,这样信息就可以安全无误地到达目的地了。通过数字的手段保证加密过程是一个不可逆过程,即只有用私有密钥才能解密。在公开密钥密码体制中,常用的一种是 RSA 体制。其数学原理是将一个大数分解成两个质数的乘积,加密和解密用的是两个不同的密钥。即使已知明文、密文和加密密钥(公开密钥),想要推导出解密密钥(私密密钥),在计算上是不可能的。按现在的计算机技术水平,要破解目前采用的1024 位 RSA 密钥,需要上千年的计算时间。公开密钥技术解决了密钥发布的管理问题,商户可以公开其公开密钥,而保留其私有密钥。购物者可以用人人皆知的公开密钥对发送的信息进行加密,安全地传送给商户,然后由商户用自己的私有密钥进行解密。

用户也可以采用自己的私钥对信息加以处理,由于密钥仅为本人所有,这样就产生了别人无法生成的文件,也就形成了数字签名。采用数字签名,能够确认以下两点:

(1) 保证信息是由签名者自己签名发送的,签名者不能否认或难以否认;

(2) 保证信息自签发后到收到为止未曾做过任何修改,签发的文件是真实文件。

(二) 证书与证书授权中心

数字证书就是互联网通信中标志通信各方身份信息的一系列数据,它提供了一种在 Internet 上验证个人身份的方式,其作用类似于司机的驾驶执照或日常生活中的身份证。它是由证书授权中心发行的,人们可以在网上用它来识别对方的身份。数字证书是一个经证书授权中心数字签名的包含公开密钥拥有者信息以及公开密钥的文件。最简单的证书包含一个公开密钥、名称以及证书授权中心的数字签名。一般情况下,证书中还包括密钥的有效时间、发证机关(证书授权中心)的名称、该证书的序列号等信息,证书的格式遵循 ITUT X.509 国际标准。

(三) 数字证书的作用

基于 Internet 的电子商务系统技术使在网上购物的顾客能够极其方便地获得商家和企业的信息,但同时也增加了对某些敏感或有价值的数据被滥用的风险。买方和卖方必须相信 Internet 上进行的一切金融交易都是真实可靠的,为此 Internet 电子商务系统必须拥有十分可靠的安全保密技术，也就是说，必须保证网络安全的四大要素，即信息传输的保密性、交易者身份的确定性、发送信息的不可否认性、交易文件的不可修改性。

1. 信息传输的保密性

交易中的商务信息均有保密的要求。例如，信用卡的账号和用户名被人知悉，就可能被盗用；订货和付款的信息被竞争对手获悉，就可能丧失商机。因此，在电子商务的信息传播中一般均有加密的要求。

2. 交易者身份的确定性

网上交易的双方很可能素昧平生、相隔千里。要使交易成功，首先要能确认对方的身份，商家要考虑客户是不是骗子，而客户也会担心网上的商店是不是一个玩弄欺诈手段的黑店。因此，能方便而可靠地确认对方的身份是交易的前提。对于向顾客或用户提供服务的银行、信用卡公司和销售商店而言，为了安全、保密、可靠地开展服务活动，必须进行身份认证的工作。对于销售商店来说，它们不知道顾客所用信用卡的号码，商店只能把信用卡的确认工作完全交给银行来做。银行和信用卡公司可以采用各种保密与识别方法，确认顾客的身份是否合法，同时还要防止发生拒付款问题以及确认订货和订货收据信息等。

3. 发送信息不可否认性

由于商情的千变万化，交易一旦达成是不能被否认的。否则，必然会损害一方的利益。例如订购黄金，订货时金价较低，但收到订单后，金价上涨了，如果供货方可以否认收到订单的实际时间，甚至否认收到订单的事实，则订货方就会蒙受损失。因此，电子交易通信过程的各个环节都必须是不可否认的。

4. 交易文件的不可修改性

交易文件是不可被修改的，如上例中的订购黄金。供货方在收到订单后，发现金价大幅上涨了，如其可以改动文件内容，将订购数 1 吨改为 1 克，则订货方将因此而蒙受损失。因此，电子交易文件也要求做到不可修改，以保障交易的严肃和公正。

（四）无线公开密钥体系技术

为了适应无线网络认证和加密的需要，无线公开密钥体系（Wireless Public Key Infrastructure，WPKI）技术渐渐发展起来，并在无线数据业务中得到实际应用。WPKI 将互联网电子商务中的 PKI 安全机制引入到无线网络环境中，它是一套遵循既定标准的密钥及证书管理平台体系，用它来管理移动网络环境中使用的公开密钥和数字证书，可以有效地建立安全和值得信赖的无线网络环境。

WPKI 并不是一种全新的 PKI 标准,它只是传统的 PKI 技术在无线环境下的优化扩展。它同样采用证书管理公钥,通过第三方的可信任机构——认证中心验证用户的身份,从而实现信息的安全传输。与 PKI 系统相似,一个完整的 WPKI 系统必须具有以下部分:PKI 客户端、注册机构(RA)、认证机构(CA)、证书库和应用接口等。通常来说,CA 作为数字证书的签发机关,它是 WPKI 系统的核心。RA 提供用户和 CA 之间的一个接口,作为认证机构的校验者,在数字证书分发给请求者之前对证书进行验证,它捕获并认证用户的身份,向 CA 提出证书请求认证的处理质量决定了证书中被设定的信任级别。一个完整的 WPKI 必须提供良好的应用接口系统,使各种各样的应用能够以安全、一致、可信的方式与 WPKI 交互,确保安全网络环境的完整性和易用性。

PKI 和 WPKI 最主要的区别在于证书的验证和加密算法。WPKI 采用了优化的椭圆曲线加密和压缩的 X.509 数字证书。对于一个 1 024 位的加密算法,手机需要半分钟才能完成,所以传统的 X.509 不适合移动计算。WPKI 采用的椭圆曲线密码体制,密码长度可以为 165 位,实际应用和传统 PKI 的 1 024 或 2 048 位安全强度一样,但运算量要小得多,复杂度也随之降低。

三、移动商务交易方自身安全技术

商业企业一旦把主机或内部网连接到 Internet 上,就会面临很多安全威胁。由于企业内部的计算机暴露在公用网成百上千的使用者面前,在保证合法用户正常使用的同时,系统也可能遭到不明身份人物的多种攻击,如"黑客"可借助工具软件拦截或猜测合法用户的账户和密码,伪装其进入系统进行破坏活动。为了维护电子商务交易者内部网络的安全,可以采取几种不同的技术,其中包括用来控制使用者身份和权限的密码登录技术、对进出企业内部网络的信息进行控制的防火墙技术,以及对付网络病毒的杀毒技术。

(一) 用户账号管理技术

用户账号无疑是计算机网络安全的弱点之一。获取合法的账号和密码是"黑客"攻击网络系统最常用的方法。用户账号的涉及面很广,包括网络登录账号、系统登录账号、数据库登录账号、应用登录账号、电子邮件账号、电子签名、电子身份等。因此,用户账号的安全措施不仅包括技术层面上的安全支持,还需在企业信息管理的政策方面有相应的措施。只有双管齐下,才能真正有效地保障用户账号的保密性。从管理方面,企业可以采取的措施包括划分不同的用户级别、制定密码政策(如密码的长度、密码定期更换、密码的组成等)、对职员的流动采取必要的措施以及对职员进行计算机安全的教育。从安全技术方面,针对用户账号完整性的技术包括用户分组的管理、唯一身份和用户认证。在组织内部使用密码登录技术时,可以采取以下防范措施:① 不允许使用个人特征明显的密码,如名字或职务等;② 定期要求用户更换密码,如两到三个月;③ 使用数字和字母及其他符号的混合码;④ 不要使用自动保存密码的程序,不要把密码写在容易被发现的地方。为了更有效地防止密码泄露或被人破解,人们开发了一些新技术,如每次产生新密码、用过即丢的智能卡、利用指纹或人体其他部位特征作为登录密码的生物辨识技术,但这些新技术都需要特殊仪器和设备的支持。

为了进行有效的用户账号管理,可以采取以下几项措施:

(1) 用户分级管理是很多操作系统都支持的用户管理方法。对不同用户组的成员赋予不同的权限,设置相应的管理策略,使用户在网络和系统资源的使用上有不同的限制。

(2) 单一登录密码制度保证用户在企业计算机网络里任何地方都使用同一个用户名和密码。无论是登录网络、系统、数据库还是应用,用户都只使用一个用户名。这样一来,系统就能准确地确认用户并对用户的行为加以监控,在网络系统里对用户的信息访问进行统一管理。

(3) 用户身份确认方法对用户登录方法进行限制。这就使检测用户唯一性的方法不仅局限于用户名和密码,还可以包括用户拨号连接的电话号码、用户使用的终端、用户使用的时间等。在用户认证时使用多种密码,可以提高用户唯一性的确认程度,而固定密码、动态密码和人体生物特征(如指纹等)的综合使用能精确地确认用户。

(二) 网络杀毒技术

每一个计算机用户几乎都曾遇到过病毒的威胁或者已经深受其害,而 Internet 的流行更让病毒有了流通渠道:内部网的用户常常需要从 Internet 上接收邮件或者下载一些程序,如果下载的邮件和程序里隐藏着病毒,一旦打开就会使网络感染病毒,令人防不胜防。由此可见,在网络环境下,计算机病毒具有更大的威胁和破坏力,它破坏的往往不止单独的计算机和系统,而可能会蔓延到整个网络。因此,有效防止网络病毒的破坏对系统安全具有十分重要的意义。

网络病毒的来源是多方面的,通常所谈论的网络病毒并不仅仅是指从 Internet 上传来的病毒,还包括所有利用网络进行传播的病毒。因此,网络病毒的来源既包括从 Internet 上下载文件带来的病毒，也包括内部用户在客户机或服务器上使用软盘等产生的病毒。

病毒的本质就是程序代码——通常作为附件发送，或隐藏在声音、视频和游戏中。它们附加到其他程序中或者对其进行改写，以达到复制自身的目的。病毒可能破坏文件，甚至能完全删除硬盘上的内容。Internet 出现后，病毒通过可移动磁盘上的文件和程序（比如电脑游戏）传播到计算机上。从 Internet 传来的病毒主要隐藏在下载软件程序和电子邮件里，如比较著名的“爱虫病毒”，利用电子邮件在全球的 Internet 上疯狂传播，造成上亿元的损失。另外，也有一些病毒隐藏在 Web 页面上，一般是一些恶意的 Active 或 Java 程序。对于利用 Internet 传播的病毒的防治要通过人力和物力相结合的办法，即一方面要求员工尽量不要在网上下载程序或使用一些自己并不了解的功能，另一方面在技术上配备安全的手段。首先要合理设置防火墙，对有危险的内容禁止通行；在内部网络的客户机和服务器上安装网络病毒监测和杀毒软件，保证即使有病毒从 Internet 上进入系统，也可以被监测并杀掉；对系统文件和重要文档进行备份并给以重点防护，保证系统在遭到病毒袭击时有恢复能力。

来源于内部网络的病毒包括使用软盘、光盘等介质在不同计算机之间传播的病毒。对于这类来源的病毒，首先必须在制度上制定严格的规定，禁止某一类危险的操作，同时也需要使用防毒杀毒软件，对存在病毒的文件和软盘等禁止读写。

四、安全电子交易协议

在开放的 Internet 上处理电子商务，如何保证买卖双方传输数据的安全成为电子商务能否普及的重要问题。为了克服安全套接层（Secure Sockets Layer, SSL）协议的缺点，两大信用卡组织 Visa 和 MasterCard 联合开发了安全电子交易（Secure Electronic Transactions, SET）协议。SET 协议是一个能保证通过开放网络（包括 Internet）进行安全资金支付的技术标准，是为了在 Internet 上进行在线交易时保证信用卡支付的安全而设立的一个开放的规范。

SET 协议主要由三个文件组成，分别是 SET 业务描述、SET 程序员指南和 SET 协议描述。SET 1.0 版已经公布并可应用于任何银行支付服务。

安全电子交易是基于 Internet 的银行卡支付系统，是授权业务信息传输的安全标准，它采用公开密钥体系对通信双方进行认证。利用 DES、RC4 或任何标准对称加密方法进行信息的加密传输，并用 Hash 算法来鉴别消息真伪或有无篡改。

(一) SET 协议运行的目标

SET 协议要达到的目标主要有以下五个:

(1) 保证信息在 Internet 上安全传输,防止数据被黑客或内部人员窃取。

(2) 保证电子商务参与者信息的相互隔离。客户的资料加密或打包后通过商家到达银行,但是商家不能看到客户的账户和密码信息。

(3) 解决多方认证问题,不仅要对消费者的信用卡认证,而且要对在线商店的信誉程度认证,同时还有消费者、在线商店与银行间的认证。

(4) 保证了网上交易的实时性,使所有的支付过程都是在线的。

(5) 效仿 EDI 贸易的形式,规范协议和消息格式,促使不同厂家开发的软件具有兼容性和互操作功能,并且可以运行在不同的硬件和操作系统平台上。

(二) SET 协议的工作原理

根据 SET 协议的工作流程图,可将整个工作程序分为以下七个步骤:

(1) 消费者利用自己的 PC 通过互联网选定所要购买的物品,并在计算机上在线输入货单。订货单上需包括在线商店、购买物品名称及数量、交货时间及地点等相关信息。

(2) 通过电子商务服务器与有关在线商店联系,在线商店做出应答,告诉消费者所填订货单的货物单价、应付款数、交货方式等信息是否准确,是否有变化。

(3) 消费者选择付款方式,确认订单,签发付款指令。此时,SET 协议开始介入。

(4) 在 SET 协议中,消费者必须对订单和付款指令进行数字签名,同时利用双重签名技术保证商家看不到消费者的账号信息。

(5) 在线商店接到订单后,向消费者所在银行请求支付订单。信息通过支付网关到达收单银行,再到电子货币发行公司确认。批准交易后,返回确认信息给在线商店。

(6) 在线商店发送订单信息给消费者。消费者端软件可记录交易日志,以备将来查询。

(7) 在线商店发送货物或提供服务,并通知收单银行将钱从消费者的账号转移到商店账号,或通知发卡银行请求支付。

在认证操作和支付操作之间一般会有一个时间间隔,如在每天的下班前请求银行结一天的账。前两步与 SET 协议无关,从第三步开始 SET 协议起作用,一直到第七步。在处理过程中,对于通信协议、请求信息格式、数据类型的定义等,SET 协议都有明确的规定。在操作的每一步,消费者、在线商店、支付网关都通过 CA 来验证通信主体的身份,以确保对方不是冒名顶替。所以,也可以简单地认为,SET 协议充分发挥了认证中心的作用,以维护在任何开放网络上的电子商务参与者提供信息的真实性和保密性。

(三) SET 协议的应用

虽然早在 1997 年就推出了 SET 1.0 版,但它的推广应用却非常缓慢。主要原因在于:SET 协议比较昂贵,互操作性差,难以实施;SET 协议只支持 B2C 类型的电子商务模式,不支持 B2B 模式等。尽管 SET 协议有诸多缺陷,但是其复杂性代价换来的是风险的降低,所以 SET 协议已获得了互联网工程工作小组(IETF)的认可,成为电子商务中最主要的安全支付协议,并得到了 IBM、惠普、微软、网景、VeriFone、GTE、VeriSign 等许多大公司的支持,成为 B2C 业务事实上的工业标准。

目前国外已有不少网上支付系统采用 SET 协议标准,国内也有多家单位在建设遵循 SET 协议的网上安全交易系统,并且已经有不少系统正式开通。

五、安全套接层协议

安全套接层(SSL)协议最初是由网景公司研究制定的安全协议,该协议向基于 TCP/IP 的客户服务器应用程序提供了客户端和服务器的鉴别、数据完整性及信息机密性等安全措施。该协议通过在应用程序进行数据交换前交换 SSL 初始握手信息来实现有关安全特性的审查。在 SSL 握手信息中采用了 DES、MD5 等加密技术来实现机密性和数据完整性,并采用 X.509 的数字证书实现鉴别。

SSL 在网络上普遍使用,能保证双方通信时数据的完整性、保密性和互操作性,在安全要求不太高时可用。它包括:

(1) 握手协议。即在传送信息之前,先发送握手信息以相互确认对方的身份。确认身份后,双方共同持有一个共享密钥。

(2) 消息加密协议。即双方握手后,用对方证书(RSA 公钥)加密一个随机密钥,再用随机密钥加密双方的信息流,实现保密性。

(一) SSL 协议的功能

SSL 协议主要提供以下三方面的服务:

(1) 认证用户和服务器,使得它们能够确信数据将被发送到正确的客户机和服务器上;

(2) 加密数据以隐藏被传送的数据,一个加密的SSL连接要求所有在客户机与服务器之间发送的信息由发送方软件加密和由接收方软件解密,这就提供了高度机密性;

(3) 维护数据的完整性,所有通过SSL连接发送的数据都被一种检测篡改的机制所保护,这种机制自动地判断传输中的数据是否已经被更改,从而保证了数据的完整性。

(二) SSL协议的运行步骤

SSL协议的运行步骤包括以下六步:

(1) 接通阶段。客户通过网络向服务商打招呼,服务商回应。

(2) 密码交换阶段。客户与服务商之间交换双方认可的密码。一般选用RSA密码算法,也有的选用Diffie-Hellman和Fortezza-KEA密码算法。

(3) 会谈密码阶段。客户与服务商之间产生彼此交谈的会谈密码。

(4) 检验阶段。检验服务商取得的密码。

(5) 客户认证阶段。验证客户的可信度。

(6) 结束阶段。客户与服务商之间相互交换结束的信息。

当上述动作完成之后,两者间的资料传送就会加以编码,等到另外一端收到资料后,再将编码后的资料还原。即使盗窃者在网络上取得编码后的资料,如果没有原先编制的密码算法,也不能获得可读的有用资料。

(三) SSL协议在移动商务中的应用

SSL协议也是国际上最早应用于电子商务的一种网络安全协议,至今仍然有许多网上商店在使用。在点对点的网上银行业务中也经常使用。该协议已成为事实上的工业标准,并被广泛应用于Internet和Intranet的服务器产品和客户端产品中。例如,网景公司、微软公司、IBM公司等已在使用该协议。

SSL协议使用加密的办法建立一个安全的通信通道,以便将客户的信用卡号传送给商家。它等价于使用一个安全电话连接,将用户的信用卡通过电话读给商家。

第四节 移动支付形式和移动支付系统

移动支付工具大致可以分为三类:① 电子货币类,如电子现金、电子钱包等;② 电子信用卡类,包括智能卡、借记卡、电话卡等;③ 电子支票类,如电子支票、电子汇款、电子划款等。

一、移动电子货币

电子货币是一种在网上电子信用基础上发展起来的,以商用电子机和各类交易卡为媒介,以计算机技术和现代通信技术为手段,以电子脉冲进行资金传输和存储的信用货币。作为当代最新的货币形式,电子货币自从20世纪70年代产生以来,应用形式越来越广泛。电子货币与纸币等其他货币形式相比,具有保存成本低、流通费用低、标准化成本低、使用成本低等优势,尤其适合小金额的网上采购。电子货币技术解决了无形货币的存储、流通、使用等方面的技术问题,具有很大的发展潜力。Mark Twain银行是美国第一家提供电子货币业务的银行,早在1996年4月就获得了10 000个电子货币客户。

电子现金(E-cash),又称数字现金,是一种以数字形式流通的货币,它把现金数值转换成为一系列的加密序列数,通过这些序列数来表示现实中各种金额的币值。用户在开展电子现金业务的银行开设账户,并在账户内存钱后就可以在接受电子现金的商店购物了。

电子现金有以下四个属性:

(1) 货币价值。电子现金必须有一定的现金、银行授权的信用或银行证明的现金支票作为支持。当电子现金由一家银行产生并由另一家银行所接受时不能存在任何不兼容的问题。

(2) 可交换性。电子现金可以和纸币、商品或服务、信用卡、银行账户存储金额、支票或负债等进行交换。

(3) 可存储性。电子现金的存储是从银行账号中提取一定数量的现金,存入硬盘、IC卡或者其他存储设备中,可存储性将允许用户在家庭、办公室对存储在上述设备中的电子现金进行存储和检索。

(4) 不可重复性。必须防止电子现金的复制和重复使用。因为买方可能用同一个电子现金在不同国家、地区的网上商店同时购买,这就造成电子现金的重复使用。一般而言,电子现金系统会建立事后检测和惩罚机制。

电子钱包是顾客在电子商务购物活动中常用的一种支付工具。使用电子钱包购物,通常需要在电子钱包服务系统中进行。电子商务活动中的电子钱包软件通常都是免费提供的,可以直接使用与自己银行账号相连接的电子商务系统服务器上的电子钱包软件,也可以从Internet上调用,采用各种保密方式利用Internet上的电子钱包软件。目前世界上有Visa Cash和Mondex两大电子钱包服务系统,其他电子钱包服务系统还有MasterCard Cash、EuroPay的Clip和比利时的 Proton 等。在电子钱包内只能完全装电子货币,即可以装入电子现金、电子零钱、安全零钱、电子信用卡、在线货币、数字货币等,这些电子支付工具都可以支持单击式支付方式。

在使用电子钱包时,将有关的应用软件安装到电子商务服务器上,利用电子钱包服务系统就可以把自己的各种电子货币或电子金融卡上的数据输入进去。在发生收付款时,如果顾客要用电子信用卡付款,如用 Visa 卡或者 Master 卡等收付款时,顾客只要单击一下相应项目(或相应图标)即可完成。人们通常将这种电子支付方式称为单击式或点击式支付方式。

在电子商务服务系统中设有电子货币和电子钱包的功能管理模块,称为电子钱包管理器,顾客可以用它来改变保密口令或保密方式,还可以查看自己银行账号上的收付往来的电子货币账目、清单和数据。电子商务服务系统中还有电子交易记录器,顾客通过查询记录器,可以了解自己都买了哪些物品、买了多少,也可以把查询结果打印出来。

日本最大的移动电信运营商 NTT DoCoMo 公司已经正式发布了具有移动钱包功能的 3G 手机。这是全球第一款具备该功能的 3G 手机。NTT DoCoMo 称,这款手机不仅具备所有通常手机具有的通信和数据功能,而且还能够像信用卡一样用于 ATM 提款机和进行刷卡交易。NTT DoCoMo 表示,新推出的这款 F900iC 型 3G 手机内置了一张智能卡,能够在 FeliCa 移动钱包服务系统中使用,它使用户在享受高质量 3G 手机服务的同时,还能够利用手机具备的近距离无线功能进行信用卡购物和其他交易。为了保证使用上的安全,智能卡所具备的支付功能可以随时锁定。F900iC 手机提供了密码锁定和指纹传感器锁定两种方式,用户可以根据自己的爱好选择锁定方式,保证自己的资金安全。此外,F900iC 手机还提供了遥控锁定功能,用户可以利用其他手机进行遥控锁定。因此,即使不小心将手机丢失了,也不必担心账号上的资金会被人盗用。

虽然电子钱包的使用往往从一个集中的城市或行业开始,但如果不同行业和地区都发展自己的电子钱包,通用性就会成为一个重要的问题。统一标准带来的通用效果使得不同的电子钱包受理终端可以低成本共享,这是电子钱包跨行业、跨地区发展的重要前提。在国内,人民银行的金融 IC 卡标准成为中国的电子钱包和电子存折标准,这为国内统一的电子钱包发展打下了基础。目前该标准没有制定非接触式的标准,也就是说,该标准还不能进入电子钱包最大的应用领域——交通领域,因此还需要进一步完善。

二、移动支付

移动支付是使用移动设备,通过无线方式完成支付行为的一种新型的支付方式。移动支付所使用的移动终端可以是手机、PDA、笔记本电脑等。消费者通过移动电话无线上网,浏览服务提供商的网站,生成订单信息并将其与数字证书、支付信息等共同提交给服务提供商。服务提供商将消费者的支付信息发送给支付网关,并由支付网关将其传送给金融机构。金融机构根据用户的账户信息进行转账,并且将结果通过支付网关返回给服务提供商。服务提供商在收到支付网关的确认之后,将商品或服务提供给用户,其模型如图 5-2 所示。

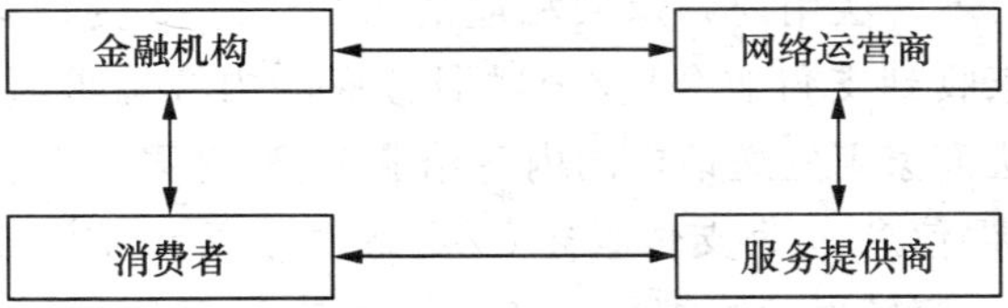

图 5-2　移动支付系统模型

移动支付系统最大的特点在于其独特的随身性和便携性,可以为消费者提供各种贴身的服务。由于支付金额较小,因而系统结构相对简单,它可以避开目前移动领域还不成熟的、复杂的公钥安全系统。目前已开发出来的移动支付系统主要包括 Paybox、Sonera Mobile Pay 等。

三、移动电子资金转账

根据服务对象的不同与支付金额的大小,电子资金转账(Electronic Funds Transfer,EFT)可以分为零售电子资金转账(又称小额电子资金转账)与批发电子资金转账(又称大额电子资金转账)。移动电子资金转账(Mobile-electronic Funds Transfer,M-EFT)是指利用现有的移动电话网络完成电子资金的转账业务。目前,该业务在日本和欧洲等地有了较快的发展,在中国还未形成规模性发展。

随着移动支付技术的发展,目前已经有很多成熟的系统,如 Paybox、Simpay、NTT DoCoMo 等系统。从技术角度来看,目前比较有代表性的移动支付系统大致有四类:① 基于 SMS 的系统;② 基于 WAP 的系统;③ 基于 I-Mode 的系统;④ 基于 J2ME 的系统。其中,基于 SMS 的系统、基于 WAP 的系统适合于微支付系统(即小额支付)。

四、移动支付系统

(一) 基于 SMS 的移动支付系统

SMS(Short Message Service)是 GSM 阶段 1 的一部分,一条短消息能发送 70—160 个字符,但仅限于欧洲各国语言、中文和阿拉伯语。该系统在欧洲、亚洲被广泛使用。SMS 系统框架和生命周期如图 5-3 所示。图 5-3 中,1 为终端用户至支付服务商/金融服务商,终端用户通过短消息形式来请求内容服务,如发送 × ×到 × ×来查询天气预报、新闻等;2 为支付服务商/金融服务商至商家,金融服务商收到请求内容后,认证终端用户的合法性及账户余额,如合法用户则向商家请求内容,不合法用户则返回相应的错误信息;3 为商家至支付服务商/金融服务商,商家收到支付服务商/金融服务商的内容请求后,认证服务商/金融服务商,如合法商家则发送请求的内容给服务商/金融服务商,如不合法商家则返回相应的错误信息;4 为支付服务商/金融服务商至商家,支付服务商/金融服务商把收到的内容转发给终端用户;5、6、7 为支付服务商/金融服务商从终端用户的账户中扣除相应内容的费用,然后转账给商家。

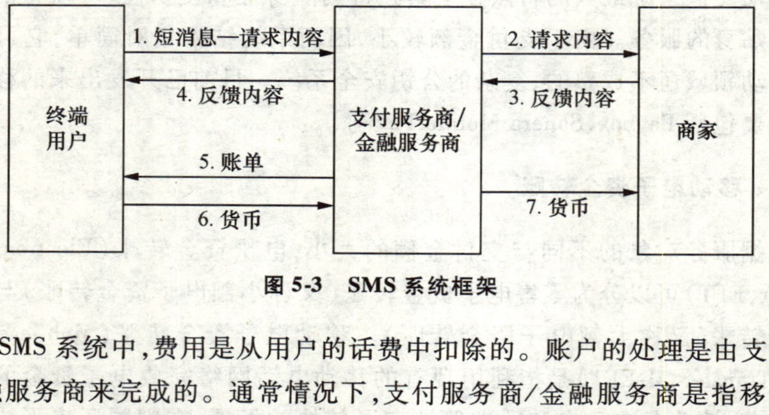

图 5-3　SMS 系统框架

在 SMS 系统中,费用是从用户的话费中扣除的。账户的处理是由支付服务商/金融服务商来完成的。通常情况下,支付服务商/金融服务商是指移动运营商,即 SMS 系统一般没有银行的参与,并且 SMS 系统适合于小额的信息服务。SMS 系统的安全性取决于短消息的安全性。该系统的优点是费用低廉,移动金融服务通过发送一条短信完成一笔交易一般只需花费 0.1 元,而在现有手机上增加银行服务的功能,只要将原先的 SIM 卡换成 STK 卡,成本也很低,并且还能保留原有的电话号码。这符合现阶段手机使用群体期望以低成本享受高质量金融服务的心态。但是 SMS 系统只适合于小额支付,主要是电子服务,如购买天气预报信息等。目前,90% 的电子服务是 Mobile to Mobile,只有 10% 用于移动交易。

（二）基于 WAP 的移动支付系统

无线应用协议(Wireless Application Protocol,WAP) 也称为无线应用程序协议,是一个在数字移动电话、Internet 及其他 PDA 与计算机应用之间进行通信的开放性全球标准。WAP 由一系列协议组成,从上到下依次是 WAE(Wireless Application Environment)、WSP(Wireless Session Protocol)、WTP(Wireless Transaction Protocol)、WTLS(Wireless Transport Layer Security)、WDP(Wireless Datagram Protocol)。WAP 将移动网络和 Internet 以及企业的局域网紧密地联系起来,提供了一种与网络类型、运营商和终端设备都独立的、无地域限制的移动增值业务。通过这种技术,无论用户身处何地,也无论什么时候,只要通过 WAP 手机,即可享受无穷无尽的网上信息资源。

由于 WAP 的设计采用了"瘦客户机"的思想,将大部分的处理功能都留给了网关,所以客户端无须实现很复杂的功能。从图 5-4 中可以看出,WAP 终端发送的请求,在网关经协议转换后,再向内容服务器传送;而从内容服务器返回的信息,经网关编程后,转换成较为紧凑的二进制格式,返回移动终端(即客户端)。WAP 网关用来连接无线通信网和万维网。其中,客户端是无线通信网的一部分,服务器是万维网的一部分。WAP 网关除了上述的协议转换和消息编解码两个功能外,还具有以下两个功能:一是将来自不同 Web 服务器上的数据聚合起来,并缓存经常使用的消息,减少对移动设备的应答时间;二是提供与数据库的接口,以便使用来自无线网络的信息(如位置信息),为某一用户动态定制 WML 页面。

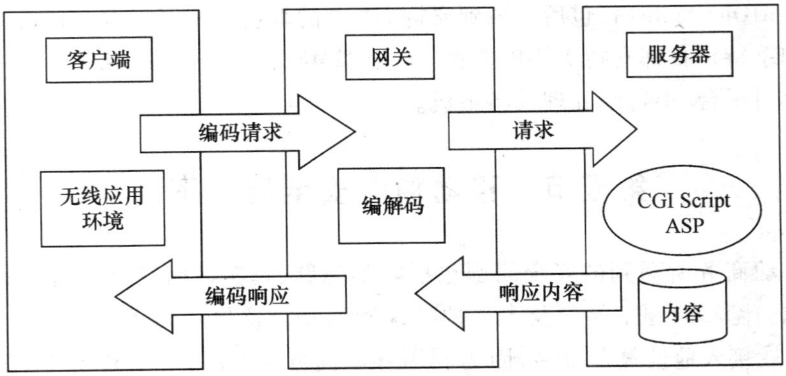

图 5-4　WAP 系统框架

基于 WAP 的移动支付系统的安全性是建立在 WAP 的基础上的。目前,这种系统还存在以下缺点：

(1) 移动终端只能通过 B/S 方式访问 Internet。WAP 是一种分层协议，其中，底层是无线 WDP 和 WTP 等传输层协议，基于底层的应用层中的 WAP 微浏览器只能访问 WML 脚本，而不是主流的 HTML，也不能显示复杂格式的图形。

(2) WAP 1.X 解决方案需要移动终端手机通过 WAP 网关才能访问 Internet。由于 WAP 网关的存在，不可避免地带来新的安全隐患，如中间人的攻击等。因此，直到 WAP 2.0 采用 TLS 才保证了端到端的安全性。

(3) WAP 解决方案不能访问终端设备本地存储区，需要运行于在线环境中。大量数据的交换增加了服务器负荷，并且增加了数据被窃听的可能性。

(三) 基于 J2ME 的移动支付系统

J2ME 是美国 Sun 公司为小型资源受限终端设备的应用程序开发的 Java 平台。J2ME 平台分为两个配置，即联网的受限设备配置（Connected Limited Device Configuration，CLDC）和联网的设备配置（Connected Device Configuration，CDC）。其中，CLDC 是为严格受资源约束的设备而设立的，这种设备如蜂窝电话、PDA 等。为此，它在每个方面都做了优化。它的虚拟机（KVM）很小，并且不支持 Java 语言的某些特征。此外，它所提供的类库也很少。与此相对，CDC 是针对机顶盒等设备设立的。移动信息设备配置文件（Mobile Information Device Profile，MIDP）是目前为止可供使用的用于小设备的框架。它遵循了 CLDC 的宗旨，尽可能使用尽量少的资源。在这种模型中，每个应用都成为 MIDlet。MIDlet 的生命周期有三个状态，即活动（Active）、暂停（Pause）和被销毁（Destroyed）。MIDlet Suite 把多个 MIDlet 关联到一起。在 J2ME 平台上将开发的程序（即 MIDlet Suite）打包后下载到支持 MIDP 的真机上即可运行。目前，绝大多数品牌手持设备都支持 MIDP 规范。基于 J2ME 的移动支付系统由用户、商家、移动支付平台、银行端处理设备组成。

第五节　移动商务安全应用案例

移动商务所遇到的安全问题包括隐私问题、真实性问题、保密性问题和认可问题。隐私问题主要涉及个人的行踪和活动。这要比简单地保护一个人的 E-mail 或接入地址复杂得多，因为利用移动商务网络，黑客可能对个人进行跟踪。真实性就是要确保数据传输过程中没有被修改。保密性主要是要确保所进行的商务交易不被恶意的第三方看到。由于每个人都可以使用无线应用，因此，每个人都有机会对无线网络发起攻击。与有线网络或现实世界相似，无线领域也存在认可问题，必须采取一定的措施，以便确认交易中的特定一方是在自觉地进行交易。下面介绍几种移动商务的安全应用案例。

一、手机银行

手机银行是利用移动电话办理银行有关业务的简称。手机银行业务主要包括银行账户操作、支付账单、信用卡账户操作、股票买卖、联机外汇交易等。手机银行通过 GSM 网络将手机连接至银行，实现利用手机界面直接完成各种金融理财业务的功能。通过手机上网作为数据传输方式，客户只需将自己的银行账号和手机号进行关联，就可以通过手机上网的方式随时随地进行查询、转账、汇款、缴费、支付、银行转账和外汇买卖等全部非现金类银行业务操作，免去了在银行柜台排队的烦恼。

手机银行作为一种结合银行服务电子化与移动通信的银行服务，不仅能使人们在任何时间、任何地点办理除现金外的其他银行业务，还具有购买支付及移动商务等功能，极大地满足了用户个性化的需求，而且丰富了银行服务的内涵，使银行能为客户提供便利、高效又安全的随身银行服务。

手机银行系统具有以下功能：① 账务查询，进行账户余额、账户明细、消费积分等多种信息查询，获得全面的财务信息；② 汇款，随时将资金转到其他账户上或者转给其他人，不再受网点营业时间的限制；③ 自助缴费，随时随地缴纳水、电、气、电话、交通等各项银行代理的缴费业务；④ 支付，通过手机进行购买支付，简便、快捷，尤其适合各种远程支付；⑤ 公积金，随时查询公积金账户信息及明细；⑥ 贷记卡，通过手机进行贷记卡账户的余额查询、账单查询、还款，以及支付、购汇还款等操作。

（一）手机银行的安全特性

1．客户身份信息与手机号码的绑定

手机不同于电脑等设备，随身携带是它的一个重要特性。现代人基本上离不开它，即使丢失也会很快发现，并且手机号码也已成为个人的身份识别标志。同其他电子银行渠道相比，手机银行的最大特点是客户身份信息与手机号码建立了唯一的绑定关系。客户使用手机银行服务时，必须使用其开通手机银行服务时所指定的手机号码，也就是说，只有客户本人的手机才能以该客户的身份登录手机银行，他人是无法通过其他手机登录的。

这种硬件的身份识别办法，加上登录密码的验证与控制，建立了客户身份信息、手机号码、登录密码三重保护机制,构建了手机银行业务独特的安全特性。

2. 封闭的通信网络防黑客木马攻击

大家熟悉的网上银行风险,很大程度上由于其处于开放性的互联网,容易受到黑客攻击,特别是黑客通过放置恶意的木马程序,非法获取客户的账户信息和密码,导致风险的存在。而手机银行处于相对封闭的移动数据网络,并且手机终端本身没有统一的操作系统等病毒所需的滋生环境,因此,手机银行业务几乎不受黑客和木马程序的影响,其安全性也大大提高。

(二) 系统层的安全

为确保手机银行的安全,手机银行交易方在技术层面采用了多种先进的加密手段和方法,既要保证手机银行的安全,又不失便捷性。

1. 建立安全通道

手机银行整个系统全程采用端对端的加密数据传送方式,交易数据在传送之前,手机端必须和手机银行服务器端建立安全通道。客户第一次登录时需要提供账号和密码等关键信息,手机银行系统对这些数据采用 1 024 位的 RSA 公钥加密,验证客户信息和 DES 密钥。如果正确,则客户和服务器端就建立起连接。

2. 数据传输全程加密

手机银行系统采用硬件方式实现 RSA 和 DES 的加、解密算法,数据在传输过程中全程加密,此方式的实现既保证了系统运算的速度,又确保了手机银行服务的实时性、安全性和可靠性。

3. 防数据破坏,确保数据的完整性

对于所有交易数据,手机银行系统都会进行摘要处理,产生交易数据的校验信息,以防止数据在传输途中被修改或丢失。若接收到的数据摘要无法通过验证,即认为数据被破坏,要求交易重新进行,以确保数据的完整性。

4. 安全方面的其他措施

手机银行系统在安全通道的基础上,在客户登录前将由服务器产生的图形附加码传至手机上,由用户上传至服务器验证,在端对端加密的安全方案基础上加上附加码的验证措施便可有效地防止自动尝试密码,避免了黑客的网络攻击,从而保证了手机银行交易平台的安全。

另外,客户每次退出手机银行之后,手机内存中的卡号、密码等关键信息将会被自动清除,而交易信息和账户密码等内容只保存在银行核心主机里,不会因为手机丢失而影响客户的资金安全。

（三）应用层的安全

1. 密码控制

登录手机银行系统时需要输入登录密码。登录密码不是账户密码，它是客户在开通手机银行服务时自行设定的。例如，在银行网点签约时，通过柜台上的密码键盘；在网站开通时，通过网页界面；在手机上直接开通手机银行服务时，在手机界面上由客户自己输入。登录密码由6—10位的数字和字母混合组成。客户只有通过登录密码才能使用手机银行服务，并可自行更改密码。

客户号和登录密码是手机银行进行客户身份验证的一个重要环节，银行先进行用户密码的验证，若密码错误，交易终止。为防止有人恶意试探别人密码，系统设置了密码错误次数日累计限制，当达到限制次数时，将置该客户手机银行服务为暂停状态。

2. 签约机制

为了进一步保障客户资金安全，手机银行引入了签约机制。对于通过银行网站或在手机上直接开通手机银行服务的客户而言，他们可以使用查询、缴费、小额支付等功能。只要客户持本人有效证件原件及账户凭证（卡或存折）到账户所在地的银行营业网点进行身份认证，签署相关协议，并经银行认证后，他们就会成为手机银行的签约客户。签约客户可享受手机银行提供的全部服务，包括转账、汇款等。

3. 限额控制

为了进一步降低业务风险，手机银行对支付、缴费、转账、汇款、外汇买卖等业务都采用了日累计限额的控制。未来还将引入个人交易限额，客户可以根据自身情况灵活地设置自己的交易限额，既满足个性化需求，又控制了业务风险。

（四）客户关心的手机丢失问题

客户可能十分担心手机丢失后会对本人账户信息和资金构成危险。其实，手机银行有密码保护，此密码存储在银行核心业务系统中，即使他人捡到遗失的手机，在不知道密码的情况下，也是无法使用手机银行业务的。当然，一旦客户发现手机遗失，可以立刻向移动运营商报失停机，这样这部手机就无法进行联机银行交易了，即使窃贼知道客户密码也毫无用处。另外，客户也可以通过手机、网站、银行柜台等渠道取消手机银行服务，待手机找回或使用新的手机号码，再开通手机银行服务。

二、电子机票预订系统

在电子机票庞大的市场诱惑下，传统机票代理、IT企业、商旅网站等不断介入。中国电子机票市场呈现出蓬勃发展的态势。2004年,中国各大航空公司电子机票的发展已经初具规模,其中南航的电子机票销售额超过40亿元。预计不久之后,所有的纸制机票都将退役,取而代之的将是存放在航空公司电脑里的电子机票。

用户通过手机上网浏览机票信息,根据系统中的航空公司、起飞时间、折扣信息、价格等条件选择自己所需的机票并进行在线预订。然后,通过手机银行的账户进行实时支付,完成支付之后系统提示成功信息或失败信息。支付成功后,用户直接凭有效身份证件在机场的航空公司登机口办理登机手续。据测算,一张常规纸质机票包括印刷、打印、配送、结算等各个环节,成本大约是40—50元,而电子机票的成本不过5元钱。如果按照中国民航系统每年7 000万人次的旅客流量计算,整个民航系统至少将节约21亿元人民币。由于电子机票没有有形机票,无须送票,因而减少了航空公司在销售环节中销售网点建设和送票快递方面的投资。与此同时,航空公司与代理人之间的结算以及票款回笼问题也迎刃而解。传统订票方式票款回笼需要两周以上,每天动辄上千万元的票款得不到及时结算,占用了航空公司大量的资金,而电子机票的资金结算通过网上支付会更加快捷。这种经济效益不仅给了航空公司,消费者也将享受到更优惠的价格。理论上,电子机票不仅可以为航空公司节约以前支付给代理的3%—10%的奖励金,还可以将原来给代理的票面价值折扣优惠给消费者。

除了价格优惠之外,方便、快捷是电子机票给旅客带来的最大好处。旅客可以随时登录各大机票预订网站预订机票,在确认相关信息、通过网上支付之后,得到一个电子票号,然后凭借有效证件到机场登机。登机过程中,旅客无须拿到传统的纸张机票,只要凭身份证和电子机票订单号,到机场航空公司专门的柜台,就可以直接拿到登机牌,从而避免了因机票丢失或遗忘造成的不能登机的尴尬。

电子机票预订系统集合了航空公司票务中心、移动运营商两方面的资源,使银行以最短时间和最低成本实现了成功的交易应用。移动支付和银行最终找到了完美的结合方式。

然而,由于移动接入模式的限制,整个系统的安全建立在移动GSM网的安全基础上,手机银行无法提供端到端的安全,因此无法在技术上实现系统的抗抵赖,只能通过与移动服务商的协议,约束其必须提供真实有效的交易信息。鉴于这个原因,在系统安全控制上除了与移动服务商签订协议外,系统还提供了大量的风险控制手段,主要有以下控制机制:

（1）基于签约系统提供产品的访问控制，限制客户访问自己定制的产品和服务。在某些产品和服务存在一定的风险或者不安全因素时，客户有权根据自己的选择不使用该项产品和服务，以保护自身的利益，同时避免交易方与客户的纠纷。

（2）记录所有移动电子机票预订平台发送的消息，供事后安全审计使用。

（3）在手机支付渠道上使用与客户账户、卡密码不同的专用渠道密码，防止客户账户、卡密码的泄露。

（4）提供粗粒度的客户风险控制手段。客户在系统最大允许范围内，可以在产品和渠道一级分别选择自身能够承担风险的最大交易额度和交易次数。

（5）身份认证。在第一次签约验证用户有效身份证件时，向用户提供的手机号码发送随机确认码，以便验证客户身份，并为手机支付渠道单独设置一个支付密码。每当需要通过手机支付渠道发生账务往来关系时，客户必须提供该密码以确认其身份。

访问控制的目的在于限制客户访问某些产品和服务。访问控制功能由集中签约系统统一提供，其粒度应当到渠道和产品级，即客户可以选择只在指定的渠道（可以是多种）享受或者不享受交易方提供的某一种或者多种产品和服务。

复习思考题

1. 简述移动商务所面临的安全威胁。

2. 简述电子商务与移动商务的区别。

3. 在移动商务交易中存在哪些安全威胁？举一个现实生活中的例子，并分析它所受到的安全威胁，以及应如何应对。

4. 比较有线网络和无线网络在安全性方面的区别。

5. 什么是PKI？简述PKI的组成部分，并举例说明PKI在电子商务/政务中的应用。

6. 简述数字证书的工作原理和作用。

7. 比较PKI与WPKI的特点及应用。

8. 详细介绍SET协议和SSL协议的原理，并说明两者的优缺点。

9. 举例说明目前存在的几种移动支付形式及各自特点。

10. 列举两个移动商务在实际生活中的应用案例。

第六章

移动商务的标准与法律保障

学习目的

1. 了解移动商务的相关标准和研究现状；

2. 了解移动商务发展中的相关法律问题；

3. 认识开展移动商务活动中的消费者权益保护问题；

4. 了解移动商务立法的必要性、原则、现状和未来展望。

第一节　移动商务标准化

所谓标准,是技术、格式或过程的指导方针。这些指导方针要么通过国际化审批,要么没有经过正式的过程,已被业内广泛采用。制定标准的目的是“获得最佳秩序”和“促进最佳社会效益”。这里所说的最佳效益,就是要发挥出标准的最佳系统效应,产生理想的效果;最佳秩序,则是指通过实施标准使标准化对象的有序化程度提高,发挥出最好的功能。

标准化工作对产业的发展有着十分重要的意义,它可以改进产品、过程和服务的适用性,防止贸易壁垒,促进技术合作。尤其是对新生的产业,如果在全面发展之前就有可遵循的标准,那么可以减少由于技术、格式或过程的不同所造成的不兼容、不能重复使用等浪费,更有利于该产业的推广和发展。

移动商务作为一个新兴的产业,正处于其发展的初级阶段,各种技术、格式和过程都缺少统一的标准,这在一定程度上给移动商务的发展带来了困难。尽快制定移动商务的相关标准,在技术、运行、信息传递等方面进行统一,将大大促进移动商务的发展。由于移动商务是电子商务的一种新形式,而且电子商务的相关标准已经成熟,因此建立移动商务标准工作要充分借鉴电子商务的相关标准。本章首先介绍了电子商务的前身——EDI 的各项标准,同时,对移动商务发展的重要技术支持——无线网络标准及其他移动技术标准进行了介绍。

一、EDI 标准

电子数据交换(Electronic Data Interchange,EDI)是目前为止最为成熟和使用范围最广泛的电子商务应用系统。其根本特征在于标准的国际化,标准化是实现 EDI 的关键环节。早期的 EDI 标准,只是由贸易双方自行约定,随着使用范围的扩大,出现了行业标准和国家标准,最后形成了统一的国际标准。国际标准的出现,大大促进了 EDI 的发展。随着 EDI 各项国际标准的推出,以及开放式 EDI 概念模型的趋于成熟,EDI 的应用领域不仅限于国际贸易领域,而且在行政管理、医疗、建筑、环境保护等各个领域得到了广泛应用。目前,移动商务正处于其发展初期,如果能够借鉴 EDI 标准建立一套完整的移动商务标准体系,对移动商务的迅速发展将有很大的推进作用。

(一) EDI 标准体系

EDI 标准体系是在 EDI 应用领域范围内的、具有内在联系的标准组成的科学有机整体，它由若干个分体系构成，各分体系之间又存在着相互制约、相互作用、相互依赖和相互补充的内在联系。中国根据国际标准体系和中国 EDI 应用的实际，以及未来一段时期的发展情况，制定了 EDI 标准体系，以《EDI 系统标准化总体规范》作为总体技术文件。该规范作为中国"八五"重点科技攻关项目，是这一段时间内中国 EDI 标准化工作的技术指南，处于主导和支配地位。根据该规范，EDI 标准体系分基础、单证、报文、代码、通信、安全、管理、应用八个部分，大致情况如下：

1. EDI 基础标准体系

主要由 UN/EDIFACT 的基础标准和开放式 EDI 基础标准两部分组成，是 EDI 的核心标准体系。其中，EDIFACT 有八项基础标准，包括 EDI 术语、EDIFACT 应用级语法规则、语法规则实施指南、报文设计指南和规则、贸易数据元目录、复合数据元目录、段目录、代码表，中国等同采用了这八项标准；开放式 EDI 基础标准是实现开放式 EDI 最重要、最基本的条件，包括业务、法律、通信、安全标准及信息技术方面的通用标准等。ISO/IEC JTC1 SC30 推出《开放式 EDI 概念模型》和《开放式 EDI 参考模型》，规定了用于协调、制定现有和未来的开放式 EDI 标准的总体框架，成为未来开放式 EDI 标准化工作的指南。随之推出的一大批功能服务标准和业务操作标准等将成为指导各个领域 EDI 应用的国际标准。

2. EDI 单证标准体系

EDI 报文标准源于相关业务，而业务的过程则以单证体现。单证标准化的主要目标是统一单证中的数据元和纸面格式，内容相当广泛。其标准体系包括管理、贸易、运输、海关、银行、保险、税务、邮政等方面的单证标准。

3. EDI 报文标准体系

EDI 报文标准是每一个具体应用数据的结构化体现，所有的数据都以报文的形式进行传输或接收。EDI 报文标准主要体现于联合国标准报文（United Nations Standard Message, UNSM），其 1987 年正式形成时只有十几个报文，而到 1999 年 2 月，UN/EDIFACT D.99A 版已包括 247 个报文，其中有 178 个联合国标准报文（UNSM）、50 个草案报文（Message in Development, MiD）和 19 个作废报文，涉及海关、银行、保险、运输、法律、税务、统计、旅游、零售、医疗、制造业等诸多领域。

4. EDI 代码标准体系

在 EDI 传输的数据中，除了公司名称、地址、人名和一些自由文本内容外，几乎大多数数据都以代码形式发出，为便于交换各方理解收到的信息，就以代码形式把传输数据固定下来。代码标准是 EDI 实现过程中不可缺少的一个组成部分。EDI 代码标准体系包括管理、贸易、运输、海关、银行、保险、检验等方面的代码标准。

5. EDI 通信标准体系

计算机网络通信是 EDI 得以实现的必备条件，EDI 通信标准则是顺利传输以 EDI 方式发送或接收的数据的基本保证。EDI 通信标准体系包括 ITU 的 X.25、X.200/ISO 7498、X.400/ISO 10021、X.500 等，其中 X.400/ISO 10021 标准是一套关于电子邮政的国际标准。虽然这套标准，ISO 叫做定向电文交换系统（MOTIS），ITU 称为电文处理系统（MHS），但其技术内容是兼容的，它们和 EDI 有着更为密切的关系。

6. EDI 安全标准体系

由于经 EDI 传输的数据涉及商业秘密、金额、订货数量等内容，为防止数据的篡改、遗失，必须通过一系列安全保密的规范给以保证。EDI 安全标准体系包括 EDI 安全规范、电子签名规范、电文认证规范、密钥管理规范、X.435 安全服务、X.509 鉴别框架体系等。为制定 EDIFACT 安全标准，联合国于 1991 年成立了 UN/EDIFACT 安全联合工作组，进行有关标准的制定。

7. EDI 管理标准体系

EDI 管理标准体系主要涉及 EDI 标准维护的有关评审指南和规则，包括标准技术评审规则、标准报文与目录文件编制规则、目录维护规则、报文维护规则、技术评审单格式、目录及代码编制原则、EDIFACT 标准版本号与发布号编制原则等。

8. EDI 应用标准体系

EDI 应用标准体系主要指在应用过程中用到的字符集标准及其他相关标准，包括：① 信息交换用七位编码字符集及其扩充方法；② 信息交换用汉字编码字符集；③ 通用多八位编码字符集；④ 信息交换用汉字编码字符集辅 2 集、4 集等。

EDI 标准体系的框架结构并非一成不变，它将随着 EDI 技术的发展和 EDI 国际标准的不断完善而不断地进行更新和充实。

（二）几种主要的 EDI 标准

1. UN/EDIFACT

联合国行政、商业与运输电子数据交换标准（United Nations Electronic Data

Interchange for Administration Commerce and Transport, UN/EDIFACT)是国际 EDI 的主流标准。当今 EDI 国际标准主要就是指 UN/EDIFACT 标准和 ISO 标准。UN/EDIFACT 标准是由联合国欧洲经济委员会(UN/ECE)制定并发布的，而 ISO 标准由国际标准化组织制定并发布。这两个组织已形成了良好的默契，UN/EDIFACT 标准中的一部分已经纳入 ISO 标准中，UN/EDIFACT 的很多标准都涉及 ISO 标准的应用。UN/EDIFACT 标准比较偏重当前的应用，而 ISO 的一些标准和研究结果则侧重未来的发展。

EDIFACT 由一整套用于 EDI 的国际公认的标准、规则和指南组成，其公布得到了包括美国在内的世界各国的支持，美国也逐步地从 ANSI X.12 标准过渡到使用 EDIFACT。EDIFACT 的产生为电子报文取代传统的纸面单证奠定了基础，从而使得跨行业、跨国界的 EDI 应用成为可能。由 UN/ECE 发布的 EDIFACT 标准和规范有近 200 个，它们大致分为基础类、报文类、单证类、代码类、管理类等。

2. ANSI X.12

当前主要存在两种 EDI 报文格式的相关标准：一种是上面介绍的适用于行政、商业和运输业的国际标准 EDIFACT；另一种则是美国的适用于各行各业的美国国家标准 ANSI X.12。EDIFACT 标准是国际社会公认的 EDI 国际标准，支持这一标准的国家和地区越来越多，其中许多国家已将其转化为自己的国家标准。而 ANSI X.12 由于开发、应用时间较早，目前仍在北美地区流行。

ANSI X.12 和 EDIFACT 的体系结构相似。在 EDIFACT 系统中，将特定的电子单证(如订单、发票等)称为报文，而在 ANSI X.12 系统中，称为交易集。ANSI X.12 现已发布 100 多个交易集标准。

3. FEDI 规范

金融电子数据交换(Financial Electronic Data Interchange, FEDI)是银行与其商务伙伴间以标准方式进行的支付、相关支付信息或金融相关文档的电子交换。目前有四种支付标准方式用于 FEDI，分别是现金集中与支付(Cash Concentration or Disbursement, CCD)、现金集中与支付补遗(Cash Concentration or Disbursement Plus Addenda, CCD +)、公司贸易交换(Corporate Trade Exchange, CTX)、公司贸易支付(Corporate Trade Payments, CTP)。用这四种格式能使贸易伙伴通过其金融机构，以标准格式进行支付与支付相关信息的电子传输。

作为一种新兴的商务模式，移动商务有其自身的独特之处，但归根结底，它是电子商务的一种新的发展模式，是商务与更新的信息技术——移动技术相结合的产物，除部分依赖技术有所不同外，很多方面可以借鉴电子商务的发展方式。由于EDI发展时间比较长，在贸易、行政管理、医疗、建筑、环境保护等各个领域都形成了成熟的标准体系，因此深入研究EDI标准体系对移动商务标准的建立有很重要的实际意义。

二、无线网络标准化研究与发展

在《移动商务——移动经济时代的竞争法则》中，瑞威·克拉克特和玛西娅·罗宾逊阐述了对移动商务的最直接的理解：互联网+无线技术+电子商务=移动商务。而互联网和无线技术形成的无线网络即是实现电子商务向移动商务转变的关键。无线网络的出现为移动商务的发展提供了技术支持，使客户可以随时随地通过任何设备进行商务活动。因此，无线网络标准化对移动商务的发展是十分重要的。

无线局域网（WLAN）是一种低成本的无线接入技术，作为GPRS或CDMA 2000的补充技术，或新的家庭联网方式，它使越来越多的设备供应商涉足此领域。目前应用得比较成功的WLAN技术是802.11，此标准虽然已经过十多年的发展，但目前仍在不断的改进和发展之中，以适应安全认证、漫游和QoS等方面的要求。

802.11b和802.11a是1999年出台的标准，它们分别工作在2.4 GHz和5 GHz频段，前者采用直接序列扩频（DSSS）技术，传送速率可达11 Mb/s，后者则采用正交频分复用（OFDM）技术，传送速率可达54 Mb/s。此后，在媒体接入控制/链路连接控制（MAC/LLC）层面上进行扩展，形成了802.11c以及802.11d标准。当前，IEEE正进行802.11e，f，g，h，i等标准的制定，它们各有侧重，下面将分别介绍这几种标准的最新进展情况。

（一）802.11b和802.11a

802.11b（即Wi-Fi）由IEEE于1998—1999年制定完成，是目前正在使用的专为商业交易设计的无线网络标准。Wi-Fi使用单承载调制（即码分键控），提供三个非重叠道，支持1 Mb/s、2 Mb/s、5.5 Mb/s和11 Mb/s等速率的数据流。尽管存在干扰和安全问题，但它的可支付性以及强有力的支持者仍推动其成为一种可遵循的标准。在制定Wi-Fi的同时，IEEE还制定了另一种支持更高速率的标准——802.11a，它使用多承载调制（即正交频分复用），具有较好的多径性能，只是有效距离小于Wi-Fi。802.11a产品最早出现于2001年第四季度，它是802.11的第二代版本，该标准将数据的传输速率由原来的11 Mb/s提高到

54 Mb/s,将频段移至较宽松的 5 GHz 上。

(二) 802.11g

802.11g 是 802.11b 的扩展版,工作在 2.4 GHz 频段,使用 CCK 技术以便与 Wi-Fi 后向兼容,同时为支持更高的速率(54 Mb/s),802.11g 又采用了正交频分复用技术,可以说 802.11g 融合了 2.4 GHz 及 5 GHz 两个频段。

从 802.11b 到 802.11g,可发现 WLAN 标准不断发展的轨迹:

(1) 802.11b 是所有 WLAN 标准演进的基石,未来许多的系统大都需要与 802.11b 后向兼容。2002 年 802.11b 在整个 WLAN 市场中占据 95% 以上的份额,2003 年年底已有 6 000 万—7 000 万个无线基站使用 802.11b。

(2) 802.11a 是一个非全球性的标准,与 802.11b 后向不兼容,但采用正交频分复用技术,支持的数据流高达 54 Mb/s,提供几倍于 802.11b/g 的高速信道。

(3) 802.11g 通过采用正交频分复用技术可支持高达 54 Mb/s 的数据流,所提供的带宽是 802.11a 的 1.5 倍,与 802.11b 后向兼容。

可以看出,在 802.11g 和 802.11a 之间存在与 Wi-Fi 兼容性上的差距,为此出现了一种桥接此差距的双频技术——双模(Dual Band)802.11a + g(= b),它较好地融合了 802.11a/g 技术,工作在 2.4 GHz 和 5 GHz 两个频段,服从 802.11b/g/a 等标准,与 802.11b 后向兼容,使用户简单连接到现有或未来的 802.11 网络成为可能。

(三) 802.11e

802.11e 是 IEEE 为满足服务质量(QoS)方面的要求而制定的 WLAN 标准。在一些对时间敏感、有严格要求的业务(如语音、视频等)中,QoS 是非常重要的指标。在 802.11MAC 层,802.11e 加入了 QoS 功能,其中的混合协调功能(Hybrid Coordination Function,HCF)可以单独使用或综合使用以下两种信道接入机制:一种是基于论点式的(Contention-based),另一种是基于投票式的(Polled)。

(四) 802.11i

802.11i 是为了解决 WLAN 的安全认证问题而制定的新安全标准。在保证安全方面,WLAN 很重要的一环就是认证。由于 802.11i 与 MAC 层上的功能有关,认证协议在传输层,IEEE 不负责管理,而今市场上提供的解决方案则是使用 802.1x,同时将精力集中在比较容易实施的服务器/协议上,因此出现了许多认证协议。

对于 Wi-Fi 设备来说,安全是一个非常大的问题。在现行的有线等效协议

(WEP)安全系统之外,一些提供商(如思科公司)在卖给企业 802.11 系统的同时,还配备了其他的安全措施,如动态安全链路(DSL)技术,而如今市场上大多数面向消费者的无线局域网设备只提供了 WEP,802.11i 的出台将满足部分市场对安全解决方案的需求。为了使提供商把产品做得更安全,Wi-Fi 联盟宣布在其无线保护访问(WPA)规范中将加入为资料加密以及网络访问控制而新制定的 802.11i 标准。

(1) WPA 将使用当时密钥集成协议进行加密,其运算法则与 WEP 一样,但创建密钥的方法不同;

(2) WPA 将使用 IEEE 802.1x 协议进行访问控制;

(3) 采用 WPA 技术,每个用户都有自己的加密密钥,并且可以定期更改。

(五) 802.11h

802.11h 是欧洲制定的、工作在 5 GHz 频段的无线标准,目的是减少对同处于 5 GHz 频段的雷达的干扰,该标准已于 2003 年第二季度完成。802.11h 涉及两种技术:一种是动态频率选择(DFS),即接入点不停地扫描信道上的雷达,接入点和相关的基站随时改变频率,最大限度地减少干扰,均匀分配 WLAN 流量;另一种技术是传输功率控制(TPC),总的传输功率或干扰将减少 3 dB。

(六) 802.11f

802.11f 是为了解决漫游问题而制定的接入点之间的协议。为了支持用户从一个点接入到另一个点,802.11 标准不限制接入点之间的通信,为此允许不同分布式系统之间灵活运作(如连接接入点的有线骨干网)。但漫游时不同提供商提供的接入点可能无法互通,802.11f 就是专门针对接入点之间的漫游而制定协议,它能为接入点之间支持 802.11 分布式系统功能提供必要的交换信息。

通常,WLAN 的接入点设备可能来自不同的提供商,在没有 802.11f 的条件下,为确保用户漫游时的互通性,运营商只能安装同一提供商的产品。虽然某些情况下,来自不同提供商的接入点产品通过 Wi-Fi 认证可以实现互操作,但如果在接入点设计中加入 802.11f,就能彻底消除产品选择的限制,确保不同提供商产品的互操作性。802.11f 标准确定了在同一网络内接入点的登录,以及用户从一个接入点切换到另一个接入点时的信息交换,该标准于 2002 年年底完成,而支持此标准的相关产品于 2003 年中期相继推出。

三、影响移动商务发展的相关标准

(一) CDMA 相关标准

1. TD-SCDMA

为了完成 TD-SCDMA 在第三代合作伙伴计划(3GPP)作为低码片速率的 CDMA TDD 技术的标准化,中国无线通信标准研究组(CWTS)积极参加 TSG-RAN 的各工作组会议,提交了大量文稿,成功地在 2001 年 3 月的 3GPP 的 Release 4 中完成。之后,积极参与 Release 4 的相关更新工作,目前已基本完成 TD-SCDMA 参与性技术文件的制定。

对于基于第二代 GSM 网络的 TD-SCDMA 标准(即 TSM),已经完成了 2.0 版本及用于 3G 技术试验的相关设备规范和测试规范的制定工作。

2. WCDMA 无线技术及 UMTS 核心网络

近年来,CWTS 一直在积极地跟踪 WCDMA 技术的发展,开展了相应的研究工作,并积极地向 3GPP 提交文稿。同时,完成了基于 1999 年版本的 WCDMA 无线接口、无线接入网、核心网协议等三十多个标准项目的研究。

在此基础上,已经基本完成了用于 3G 技术试验的,基于 3GPP R99 版本的 WCDMA 无线接口、无线接入网、核心网协议等近三十个技术规范和测试规范参考性技术文件的起草和审查工作。

3. CDMA 2000 系列标准

在 3G 系统领域,CDMA 工作组已经完成了基于 Release 0 的 CDMA 2000 1x、IOS 4.0/4.1 和 ANSI-41E 的无线接口、无线接入网和核心网协议等几十个参考性技术文件项目的起草和审查工作。

由于 CDMA 2000 系统的技术特性,移动应用部分的接口和电路交换部分的设备仍然引用了 CDMA 系统的标准。

该测试标准分为两部分:一是信息产业部组织 3GTEG 试验使用的测试标准,主要侧重于与第二代 CDMA One 以及射频部分不同的功能和性能方面,以验证 2G 频段 CDMA 2000 系统的成熟性。二是为运营商 CDMA 2000 系统而准备的测试规范,内容比较全面,以确保商用设备的实施。

(二) 蓝牙标准

蓝牙标准也就是无线蓝牙标准,它是由爱立信、诺基亚、英特尔和东芝等大公司发起的,其目标是提供一种通用的无线接口标准。为了让蓝牙设备间可以实现方便快捷、灵活安全、低成本、低功耗的数据和语音通信,该标准用微波取代了传统网络中错综复杂的电缆。蓝牙的工作频率段选择全球都可用的 2.45 GHz,信道带宽为 1 MHz。如果要实现有效数据传输速率为 721 Kb/s、通信范围为 10 米,其发射带宽就必须为 1 MHz。使用蓝牙技术,可以为手机、笔记本电脑和其他便携式设备提供连接到 Internet 的服务。

目前,由于蓝牙技术在距离等方面的局限性,其使用范围仅限于在手机、笔记本电脑或 PDA 之间建立无线网络,因此无法成为无线网络技术的主流。

（三）Home RF 标准

在美国联邦通信委员会(FCC)正式批准 Home RF 标准之前,Home RF 工作组于 1998 年为在家庭范围内实现语音和数据的无线通信制定出一个规范,即共享无线访问协议(SWAP)。该协议主要针对家庭无线局域网,其数据通信采用简化的 IEEE 802.11 协议标准。之后,Home RF 工作组又制定了 Home RF 标准,用于实现 PC 机和用户电子设备之间的无线数字通信,是 IEEE 802.11 与泛欧数字无绳电话标准(DECT)相结合的一种开放标准。Home RF 标准采用扩频技术,工作在 2.4 GHz 频带,可同步支持四条高质量语音信道并且具有低功耗的优点,适用于笔记本电脑。

（四）HyperLAN/2 标准

2002 年 2 月,欧洲电信标准化协会(ETSI)的宽带无线接入网络(Broadband Radio Access Networks,BRAN)小组公布了 HyperLAN/2 标准。HyperLAN/2 标准由全球论坛(H2GF)开发并制定,在 5 GHz 的频段上运行,并采用正交频分复用调制方式,物理层最高速率可达 54 Mb/s,是一种高性能的局域网标准。HyperLAN/2 标准定义了动态频率选择、无线小区切换、链路适配、多波束天线和功率控制等多种信令和测量方法,用来支持无线网络的功能。基于 Hyper RF 标准的网络有其特定的应用,可以用于企业局域网的最后一部分网段,支持用户在子网之间的 IP 移动性。在热点地区,为商业人士提供远端高速接入 Internet 的服务,以及作为 WCDMA 系统的补充,用于 3G 的接入技术,使用户可以在两种网络之间移动或进行业务的自动切换,而不影响通信。

（五）RFID 标准

射频识别技术(Radio Frequency Identification, RFID)是一种无接触自动识别技术,其基本原理是利用射频信号及其空间耦合、传输特性,实现对静止的或移动中的待识别物品的自动机器识别。RFID 技术对移动商务发展是十分重要的。近年来,RFID 技术进入物流领域,促进供应链等开放流通过程,引起广泛关注。当前,射频识别技术主要用于以下几个方面:

(1) 车辆的识别,如铁路系统车号射频识别系统;

(2) 高速公路收费及智能交通系统;

(3) 电子钱包、电子票证;

(4) 货物的跟踪、管理及监控;

(5) 生产线的自动化及过程控制;

(6) 对动物的跟踪及管理。

随着大规模集成电路技术的发展以及生产规模的不断扩大,射频识别产品的成本也在不断下降,再加上射频识别技术的自身特点和优势,其应用越来越广泛,并进一步引发了对标准的巨大需求。国际 SC31 第四工作组承担了射频识别技术在项目管理应用中的技术与标准化研究工作。射频识别技术主要在项目信息化编码(包括编码的数据格式、语法、结构)、编码在自动识别技术载体中的存储处理、识别处理以及相关识别设备和识别系统的一致性、通信协议等方面进行标准化研究。

1. 通信协议标准

通信协议定义了识读器与标签之间进行命令和数据双向交换的机制。协议基于以下命令及响应交换:

(1) 识读器发给标签的命令;

(2) 标签对识读器的响应。

在射频识别系统中,识读器发射信号并与作用距离内的标签进行通信;标签从识读器上接收到以功率/数据幅度调制信号形式的数据。在标签响应识读器期间,识读器以恒定的射频功率发射信号,而标签则对连接在其天线终端上的射频负载阻抗进行调制,然后识读器再从标签接收其发射回的信号。

ISO/IEC 18000 系列国际标准包括标签和识读器间的命令格式,为所有命令提供了全面的定义。

2. 数据协议标准

射频识别技术是一种无线通信技术,数据的存储、发送和应答都要求这些数据以相同的格式存在于这个开放系统中。ISO/IEC 15961 和 ISO/IEC 15962 规定了射频识别技术中信息交换过程中的数据协议。其中,ISO/IEC 15961 描述了应用层中的数据协议,侧重于应用命令和数据协议加工器交换数据的标准方式;ISO/IEC 15962 侧重于数据加工和射频标签中数据的存储格式。ISO/IEC 15963 规定了射频标签唯一标识的编码系统。

3. 射频识别一致性测试方法标准

射频识别系统由承载了识别信息的射频标签和相应的射频识读设备组成，是实现自动识别与数据采集功能的有机整体。要实现系统的目标功能，系统各部分及各部分之间的相互作用必须达到的技术要求即为系统的一致性要求。ISO/IEC 18046 定义了射频识别设备的性能检测方法，具体包括以下两个方面的检测内容：

（1）标签性能检测，如标签检测参数、检测速度、标签形状、标签检测方向、单个标签检测及多个标签检测等；

（2）识读器性能检测，如识读范围、识读率、单个及多个标签识读等。

ISO/IEC 18047 对确定射频识别设备（标签和识读器）一致性的方法进行定义。

4. 我国发布 RFID 技术应用规定

2007 年 6 月，信息产业部正式发布《800/900 MHz 频段射频识别（RFID）技术应用规定（试行）》的通知，规划了 800/900 MHz 频段 RFID 技术的具体使用频率。规定还要求，在 RFID 设备投入使用前，必须获得信息产业部核发的无线电发射设备型号核准证。

此次发布的《800/900 MHz 频段射频识别（RFID）技术应用规定（试行）》，划定 800/900 MHz 频段 RFID 技术的具体使用频率为 840 MHz—845 MHz 和 920 MHz—925 MHz，并详细规定了该频段 RFID 技术无线电发射设备射频指标，明确该频段的 RFID 技术无线电发射设备按微功率（短距离）无线电设备管理。

该试行规定的发布，为 RFID 在移动商务、移动支付等领域的应用排除了技术应用障碍，将使中国 RFID 行业的制造商和供应商可以有针对性地提供相应的产品和服务，对推进中国的相关产业发展、技术进步和国家信息化具有重要意义，也将对全球 RFID 市场以及供应链、零售业、主要产品市场等产生巨大影响。

第二节 影响移动商务发展的法律问题

移动商务作为未来全球经济的宠儿，代表着未来贸易的发展方向，它将为我们带来无限商机。与此同时，移动商务的跨越式发展也给现行的法律体系带来了新的挑战。移动商务法律的完善与否将成为移动商务能否健康、有序、深入发展的关键因素。移动商务作为一个新兴事物，影响其发展的法律问题有很多。本节主要从移动交易安全、知识产权、税收问题等方面来讨论影响移动商务发展的相关法律问题。

一、交易安全

（一）移动商务交易安全的具体要求

移动商务的开放性、虚拟性和技术性使得移动商务过程中的信息和信息系统极易受到攻击，交易安全是交易主体决定选择网络进行移动商务的重要因素。交易安全是移动商务的生命所在，没有交易安全，就没有移动商务的存在与发展。从交易的角度考虑，移动商务需要考虑以下安全问题：

（1）有效性。移动商务以电子形式取代了纸张，那么保证信息的有效性就成为开展移动商务的前提。因此，要对网络故障、操作错误、应用程序错误、硬件故障、系统软件错误及计算机病毒所产生的潜在威胁加以控制和预防，以保证贸易数据在确定的时刻、确定的地点是有效的。

（2）真实性。在传统交易过程中，买卖双方是面对面的，因此比较容易保证交易信息和交易主体的真实性。而在移动商务过程中，买卖双方通过网络联系，真实性难以保证。因此，移动商务的开展和电子商务一样，要求能够对信息和交易主体的真实性进行鉴别。

（3）机密性。移动商务作为贸易的一种手段，其信息直接代表着个人、企业或国家的商业机密。传统的纸面贸易都是通过邮寄封装的信件或通过可靠的通信渠道发送商业报文来达到保守机密的目的，而移动商务和电子商务都是建立在开放的网络环境上的，因此，必须预防非法的信息存取和信息在传输过程中被非法窃取。

（4）完整性。移动商务简化了贸易过程，减少了人为的干预，但同时也带来了维护贸易各方商业信息的完整性、统一性的问题。由于数据输入时的意外差错或欺诈行为，可能导致贸易双方的信息差异。此外，数据传输过程中信息的丢失、信息的重复或信息传送次序的差异也会导致贸易各方信息的不同。因此，要预防对信息的随意生成、修改和删除，同时还要防止数据传送过程中信息的丢失和重复，并保证信息传送次序的统一。

（5）不可抵赖性。移动商务直接关系到贸易双方的商业交易，如何确定交易对象的真实性是保证移动商务顺利进行的关键。在传统的纸面贸易中，贸易双方通过在交易合同、契约或贸易单据等书面文件上签名或盖章来鉴别贸易伙伴，确定合同、契约以及单据的可靠性并预防抵赖行为的发生，这也就是人们常说的“白纸黑字”。在移动商务交易过程中,也必须为交易双方提供可靠的标志。

(6) 审查能力。根据机密性和完整性的要求,对数据审查的结果进行记录。

(二) 移动支付安全问题

移动支付业务就是将移动网络与金融系统结合,为用户提供通过手机这种手段方便地进行商品交易、缴费等金融服务的业务。目前,中国的移动支付业务发展重点不是很明显。从简单的小额支付到与银行信用卡捆绑的缴费业务、查询业务等,移动公司在各地所推出的支付业务之间的关联性并没有给用户以整体的业务推广、发展策略思路,结果导致相关的手机和业务菜单以及手机操作似乎都没有标准的、大众易于接受和学习的方式。中国已经加入 WTO,未来的移动商务必然要与国际接轨,移动支付也将面向各国用户,其前景是美好的。因此,抓住机遇,把移动支付的蛋糕做大,电信、网络、金融等相关行业都将从中获得可喜的回报。

中国目前尚无有关移动支付的专门立法,仅有中国人民银行出台的有关信用卡的业务管理办法。为了适应移动支付发展的需要,必须用法律的形式详细规定移动支付命令的签发与接受、接受银行对发送方支付命令的执行、移动支付当事人的权利和义务以及承担的责任。

二、知识产权

知识产权和无形产权相联系,是法律规定并受法律保护的。知识产权的所有者拥有对该产权的一系列特有的处置权,法律禁止知识产权的非所有者在未经同意的情况下处置知识产权。

随着无线通信技术和移动商务的发展,关于保护知识产权的讨论更加如火如荼,移动商务以开放的 Internet 为基础环境,在方便资源共享的同时,也方便了无授权软件自由下载等侵权行为。除了专利、版权和商标外,域名、网址之类的问题也是火上浇油。在移动商务中,域名作为企业在 Internet 上的标志和形象,与实际商务活动中的商标很相似,同样属于知识产权的范畴。域名抢注问题在移动商务的推进过程中越来越突出,与商标被抢注一样,域名被抢注同样是企业的知识产权被侵犯。商标被抢注后,目前企业有商标法可以求助,而域名的抢注问题却很难有一个统一的法规来制约。域名的抢注问题不解决,对移动商务的开展将会造成恶劣的后果。

另外,在 Internet 上存在大量电子书籍的任意下载,不但侵犯了原著作者的版权,也侵犯了网上电子书店的利益。网上大量的无授权软件下载以及一些网络使用者不负责任地把并非自己财产的正版软件随意上载以提供他人共享的行为,不仅掠夺了软件开发者的劳动成果,也是对网上软件市场的沉重打击。

这些混乱的侵权行为要求政府尽快制定和实施相关的法律规范,加强对 Internet 网络的管理,制约侵犯知识产权现象的发生。

从某种意义上讲,知识产权就是一种无形资产,由于其具有专有性、排他性、地域性、实践性等特点,所以显得特别重要。移动商务这种全新的交易形式当然也涉及许多知识产权保护问题,同时由于移动商务所依赖的移动通信和无线技术以及交易方式具有很大的特殊性,使得移动商务领域的知识产权保护问题面临着许多新的问题。

(一) 版权

版权是与移动商务相关的最主要的知识产权。版权保护人类创作的成果。版权一般存在于文学作品、戏剧作品、音乐作品、艺术作品、电影、广播和有线电视节目等智力劳动成果之中。版权保护作品的表现形式,而不是作品本身。

版权保护在规定的时间内保证原创作者作品受到保护,借此来鼓励创作者的创造力。目前,版权保护的期限为作者的生存期加 70 年。网站内容受版权保护,但是由于 Internet 上复制素材非常简单,再加上数字化复制品一般比较理想,所以人们更加关注传统法律能否保护知识产权拥有者不会遭受网上侵权。

1998 年的《新千年数字版权法案》(Digital Millennium Copyright Act, DMCA)提出,要保护版权所有者数字化作品的权利,保护教育者和资源提供者访问受版权保护的作品的权利。同时还指出,未经著作权或著作权有关的权利人认可,故意绕过、删除或改变作品和录音录像品等电子信息属于侵权行为。1998 年,为了对 ISP 免责,DMCA 增加了"安全港"条款。该条款规定,ISP 在不知情的情况下如遭到控告,立即将侵权作品从网站上删除,即可进入"安全港",可以"免责"。最后,DMCA 还保护了有版权素材的合理使用。所谓合理使用,是指将有版权的作品用于正当的用途,如教育、搜索和评论等。

对于有版权保护的作品,判断其复制品的应用是否合法,主要有以下四个依据:

(1) 该复制品的用途是通过检查的。例如,受版权保护素材的复制品是否用于商业用途。

(2) 要考虑到受版权保护的作品的性质。例如,与非小说类作品相比,小说会受到更高等级的版权保护，但即便是小说作品，保护的也只是表达方式，而不是内容本身。

（3）已经对素材被复制的量进行了审查。这个条件会产生一个灰色区域，即被复制的素材中有多少是受版权保护的，这将无法判断。所以，要对复制的素材的影响进行审查：被复制的部分对于整个作品，重要性如何？

（4）要考虑到复制的后果：受版权保护的素材被复制后，对潜在市场的影响有多大？DMCA 并没有解决人们对版权保护问题的所有顾虑。首次销售（first sale，即允许版权所有人销售用过的物品，并同意复制用于远程教学节目中的素材）此类的问题还亟待解决。除此之外，事实还证明，在某些情况下（如文件共享系统），DMCA 还缺乏可行性。

（二）专利

专利是政府授予发明者在一定时期内制造、使用和销售其发明成果的唯一的权利。1998 年美国联邦法令规定，将专利保护范围逐步扩大到软件和商业方法。信息技术行业的发展引发了专利问题。根据 Internet 增长的速度，有人认为 20 年的专利期阻碍了软件的持续发展和改进。对于专利法案，批评者认为，如果不能免费共享信息，Internet 的优势便无从谈起。司法制度对竞争性技术的干预会阻碍移动商务的发展。

对于专利技术，有时很难判断专利所授予的权利范围。反对专利法案的人认为，此类制度上的含义模糊是当前申请专利过程的主要问题。1994 年，一家提供无线通信软件和服务的公司 Geoworks 的灵活用户界面技术获得了一项专利。尽管这项专利没有提到 Internet 和无线通信，但灵活用户界面是无线应用协议（Wireless Application Protocol，WAP）的基础，WAP 用于向屏幕较小的无线设备传输网页内容。所以，Geoworks 规定使用其专利技术的公司都必须向其支付许可使用费。但是，Phone. com（一家从事 WAP 规范开发的公司）就拒绝向其支付费用。该公司向 Geoworks 提起了诉讼，称 Geoworks 的专利是专门针对特定面向对象编程技术的，而不是针对 WAP 的。Geoworks 反诉 Phone. com，要求美国国际贸易委员会制止 Phone. com 和其他公司将 WAP 手机出口到美国。

不久后，Phone. com 与 Software. com 合并成立了 Openwave Systems，Geoworks 和 Openwave 达成了一项专利交叉使用协议，从而解决了这一纷争。Geoworks 特许 Openwave 免费使用灵活用户界面技术，作为交换条件，Geoworks 也可免费使用 Openwave 的一项专利技术。

（三）商标和域名注册

商标是商标持有人正式注册的名称和符号。在网上提交商标侵权有若干种方式。其中之一就是寄生虫网站（这是一种从名称上容易混淆用户的网站）。当“寄生虫”输入一个常见的域名时，根据其最常见的拼写形式选择一个域名，注册了很多明显代表某些实体公司的域名（或有个别拼写上的差异、单复数形式上的区别或其他变体）。当这些实体公司想建立网站时，就被迫从这些域名商手中购买域名。

抢注域名没有被明确定义为非法，因为商标名称可以被第三方合理使用。打算对某个商家或组织提出批评的个人就可采用类似于该商家或该组织的域名建立一个网站。例如，X 汽车修理厂的域名可能是 www. xauto. com。对于消费者而言，这可能是最容易想到的域名。但是，假如有一天，某个修理厂出错了，没有把某个消费者的车修好，消费者便决定创建一个网站，提醒其他人不要选择这个修理厂，网站名为 www. x_autoparts. com。不知道 X 汽车修理厂正确网址的消费者可能会键入 www. x_autoparts. com，从而访问到错误的网站，选择另外的修理厂。在其他情况下，个人或组织批评网站会花商家或组织一大笔钱，因为它们往往需要向这些网站的所有者支付一大笔费用。作为商家，应该考虑购买其域名的多个版本，以使自己免受此类言论的攻击。

三、税收问题

随着中国移动手机用户数量的急剧增加，移动交易的业务量将迅速增长。然而，目前中国在无线 Internet 上的无形产品交易的税收征管法律上仍是一个空白，在设计上尚未对移动交易做出明确规定。

移动商务用手机直接完成认购、支付价款、数字化信息商品的交付等全部交易过程，如用手机直接进行电子书籍、电脑软件的交易，完成金融服务和下载统计资料等，交易的特征是所有交易流程均由无线网络完成，由此也产生了一系列的税收难题。例如，征税对象认定问题、交易行为难以认定、居民税收管辖权难以落实、国际税收管辖权相互冲突等。另外，移动商务成为逃避税收的新途径。由于移动商务交易的特点和各国税收制度的不尽完善，给逃避税收提供了更多的机会，各国财政也因此蒙受损失，世界各国对移动商务征税的意见并不统一。

（一）国际上有关电子商务的几种征税方案

（1）把电子商务领域视为特殊关税区，免征关税和销售税。这是在一些国家已实践的对策，其优点是既促进了电子商务的发展，又回避了现行税制对电子商务的不适应方面。但缺点是会大幅度缩小税基，扰乱国际经济秩序，形成新的不公平，同时加大贫国与富国之间的差距。

(2) 针对电子商务以信息为载体的特点，开征以网络传输信息流量为课税对象的"比特税"。比特税是指对信息传输的每个数字单位征税，"比特税"的优点是税制简单且规范，便于征收管理，但缺点是不能区别对待商务与非商务行为，不能区别对待价值量不等的商务行为。

(3) 设立以网上资金支付流量为课税对象的"资金流量税"。这种方案相对于"比特税"有所改进，但还不能区别对待消费性质不同的商务行为，以及商务与非商务性的支付行为。而且，它能否有效实施，还要依赖于全球金融支付体系是否具有统一性和可监控性。

(二) 中国电子商务税收的基本原则

中国对电子商务，一方面要积极扶持，促进其发展；另一方面又要维护国家主权，保证财政收入。因此，构建电子商务税收框架的指导思想，应该是立足中国国情和电子商务的特点，以现行税制为基础，以鼓励扶持为先导，具有灵活性和柔韧性，达到既保证国家财政收入又促进电子商务发展的目的。在这一指导思想的支配下，制定电子商务税收政策应遵循的原则如下：

(1) 中性和公平性。在多种贸易形式并存的情况下，税收政策不能对某一种形式有歧视性条款。税收政策既要有法可依，又要避免重复征税，同时应尽量有利于促进高科技的发展。

(2) 普遍性和前瞻性。对电子商务这个新兴领域，税收政策试图求全是不现实的。税收政策的制定应该简单而明确，具有普遍适用性。在新经济条件下，科学技术每时每刻都在改变着贸易的流程和面貌，电子商务税收必须具有超前性，以保证税收政策具有一定的稳定性和连续性。

(3) 整体性和系统性。电子商务税收要注意与其他电子商务规则、规定的衔接，做到统筹规划、合理配套，形成一个有机统一的整体。同时，还要注意与国际有关法规接轨，避免操作上的不可行性和重复征税、逃税行为的发生。

(三) 对中国电子商务税收改革措施的建议

(1) 尽早出台相关税收法规，改革并完善税制。针对电子商务的特征重新界定居民、常设机构、所得来源、商品、劳务特许权转让等电子商务税收概念的内涵与外延，补充现行税法中有关网络银行的定义、电子凭证的保管、使用和法律效力的规定，改革并完善相应的增值税、所得税税收法律，确保建立公平的税收法制环境。

(2) 建立符合中国税收实际和国际通行的税收征管体系，积极开发现代化征管手段。一是加强税务机关自身网络建设,尽快建立全国税务机关网上税收查询系统和全国税务稽查协作制度,实现与国际 Internet 全面连接和在网上与银行、海关、网上商业用户的连接,实现真正的网上监控与稽查,并加强与各国税务当局的网上合作,防止税收流失,打击偷税逃税。二是实施源泉课征法,积极推行电子征税制度。

(3) 规范管理体系,加大稽查力度。一方面,要建立规范性的认证制度,税务部门应和认证中心广泛合作,充分利用认证中心在电子交易认证服务中所获得的有价值的资源,解决网上应税行为的难确定性,防止避税行为的发生;另一方面,要加强同银行、工商、海关、公安的联系,协同建立监控网络,同时加强对企业密码钥匙的管理,防止电子商务税收中违法行为的发生。

(4) 加强国际税收协调与合作。中国参与国际税收协调与合作应以维护国家税收主权和促进电子商务发展为前提,寻求在总体税制上与国际协调一致,这不仅包括关税、所得税、消除贸易壁垒、跨国所得的重复课税等,还应包括税收原则、立法、征管、稽查以及联合打击跨国偷税逃税行为等诸多方面。

四、其他影响移动商务发展的问题

(一) 垃圾信息

垃圾信息(Spamming)是指未征得接受人的同意,也不考虑信息的合适性,就不加选择地发送信息(如垃圾邮件)。垃圾信息使原本就有限的带宽资源更加紧张,在某些情况下,还会使 ISP 彻底瘫痪。管理营销活动中垃圾信息的主要法律之一是《电子邮箱保护法案》(Electronic Mailbox Protection Act,EMPA)。该法案的出发点是商务宣传应接受政府的监管,同时带来重大负面影响的垃圾信息应受到控制。

垃圾信息浪费了消费者的时间和金钱,但是迄今为止对这种不请自到的广告和短信服务仍然没有有效的法律手段。过滤软件和删除按钮可能是个人对付此类电子广告的最好武器。尽管消费者有权控制传统的广告手段,如电话、广播和印刷品,但是新技术要求与之相适应。

(二) 网上拍卖

eBay 和 Bidland 这样的拍卖网站允许用户张贴和搜索网上拍卖会上出售的各种商品。政府分等级对拍卖进行了规范。在北卡罗来纳州,明文规定拍卖人必须先申请执照。相关条文同样适用于网上拍卖。这意味着,北卡罗来纳州的居民要想在拍卖网站上出售物品,必须先通过州政府举行的许可考试并支付一定的费用。张贴的物品如果没有许可证，就会被处以罚款。

欧洲一些国家，包括法国、德国、意大利和荷兰在内，通常也要求拍卖者申请许可证，但对于个人参与网上拍卖，则没有这样的要求。但是，这些国家对拍卖的商品有一定的限制，其中许多规则都是在网上强制实施的。例如，2000 年 5 月 22 日，巴黎上诉法院针对雅虎公司允许在其法国网站上拍卖纳粹物品的行为发出禁令，要求它在 7 月 24 日的听证会上拿出切实可行的措施。这是法国司法部门首次向全球知名网站发出强制性命令。

对于网上拍卖网站，侵权是另一个迫切需要解决的问题。全球最著名的拍卖网站 eBay，从其网站上进行的交易中抽取手续费。许多大型的拍卖网站都使用智能代理（一种能持续在网上搜索信息的程序），在其他拍卖网站上扫描消费者希望购买的物品，然后将这些物品列在大型网站上。这样一来，大型的拍卖网站的运作就依赖于从其他网站获取信息。所以，它们更应该注意保护自己的版权不受其他网上服务侵犯。

为了保护 eBay 这样的公司，美国出台了《信息收集反隐私法案》（Collection of Information Antipiracy Act, CIAA），这样一来，起诉其他机构从一个公司收集物品和报价单就容易多了。对此，支持方称，如果缺乏此类保护，会导致 eBay 这样的公司限制用户对其网站的访问；反对方称，由于减少用户对公共信息的访问，加大了对比货物的难度，CIAA 将制约 Internet 的发展势头。

欺诈是网上拍卖站点感到头疼的另一个问题。欺诈活动包括哄抬竞价、下虚假的标注等。

（三）用户协议

在很多情况下，用户在进入网站之前都要应网站要求，同意接受该网站所提供的服务或产品的相关条款。如果是打包软件和其他实际的产品，用户协议就是拆封合同（Shrink-wrap Agreement）。该协议会打印在产品包装外，消费者一打开包装，就会看到该协议。在 Internet 上，用户协议通常作为点进（Click-through）来提供。用户协议在弹出式窗口中显示，用户在进行下一步操作前，必须明确表示同意接受协议上的条款。

根据美国法律，用户协议的有效性与其措词有关。对 Web 用户而言，用户协议要容易发现、容易理解。除此之外，用户还必须主动表明自己接受该协议中的条款。这通常通过点击"我接受"或"我同意"之类的按钮来完成。网站所有者应该持有每一份用户协议的记录，以作为法律依据。

（四）网络犯罪

在没有国界的 Internet 世界，网络犯罪现象日益增多；在数字时代，罪犯可能乔装打扮且很少带枪。现在,高科技罪犯通过破译计算机密码进入你的主机,模仿商人或是拍卖者出售并不存在的东西。他们或是盗窃你的钱财,或是窃取你的信用卡账号。当然,上述的威胁并非没有防范。各国的执法部门不断加强人员培训和技术改进,设立网络警察对时刻变化的网络犯罪行为进行跟踪检查。以下是一些比较常见的网络犯罪行为。

1. 在线拍卖陷阱

对于网络骗子来说,引诱用户上当的手段十分繁多。最为普通的就是设置在线拍卖陷阱,诱导用户提供个人财务信息。罪犯很擅长在eBay等网站设置在线拍卖陷阱。他们利用合法的商人账号引导用户进入看起来十分逼真的网站交费。结果,毫无戒心的用户得不到任何东西,而这些罪犯却得到了他们的信用卡卡号。有些拍卖陷阱甚至出售和运送货真价实的东西,以此建立客户对他们的信赖。随后,当钱源源不断地流入他们的腰包时,购买者却颗粒无收。

eBay拍卖网站提醒消费者,要积极预防通过电子邮件连接诈骗网站的犯罪活动,建议人们不要通过无线方式泄露账号、口令等信息,同时要增强自我防护意识。

2. 猎杀陷阱

捕杀陷阱更为疯狂,受害者会以为他们在访问过去一直在访问的网站。通过美国在线、MSN等作为跳板,罪犯把看似真实的垃圾邮件发给用户,用户被引导到这些虚假网站并进行个人数据和信息的升级。通过这种方法,罪犯得到了用户的机密材料。绝大部分时候,合法的组织不会要求用户通过电邮提供信用卡信息,因此,用户遇到这种情况时应拒绝请求。MSN发言人称,任何让你提供口令、账号或是下载软件的邮件请求都可能是一种陷阱,应立即删除。

通常,在用户浏览器显示一些虚假的网站时会报网址错误。但是,高明的罪犯会采取其他方式避免这种问题的出现。利用合法的网址,并提供弹出式提示要求用户再次输入信息。在这种情况下,用户很难辨别真假,因为网址都是一样的。罪犯通常利用知名的网站以消除用户的怀疑,要求输入账号信息的邮件会悄悄地出现,这样用户的疑心就会下降。

3. 跨越国界

罪犯使用的另一种技术是通过偷来的账号购买货物,并把它送到国家法律效力以外的其他地方。随着在线拍卖陷阱、猎杀陷阱和跨境犯罪现象的不断增多,联合破案可能是未来网络犯罪调查的一种范例。在 Internet 世界,各国的界限日益模糊,执法部门呼吁业内要联手打击和防止犯罪行为。

4. 公司诈骗

目前,公司诈骗行为还主要以内部作案为主。那些掌握公司信息并能轻易接入公司计算机系统的雇员是公司财产和信息安全的头号大敌。Stroz Friedberg 公司副总裁凯文·巴罗斯指出:“内部人员作案仍是最大的威胁。此类犯罪行为主要通过计算机接入实现,因为内部人员能够进入公司系统,并找到可以利用的漏洞。”

5. 更为复杂的犯罪

白领犯罪分子作案技巧高明,能轻易地修改电子信息、合同条款等。因此,公司需要经过专业训练、熟悉公司网络犯罪的技术顾问对此类问题做出快速反应。网络犯罪已不单纯是一个 IT 问题,它日益成为一种社会现象。

第三节　移动商务中的消费者权益问题

移动商务作为一种全新的商业运营模式,具有快捷、方便、高效、成本低及可进行灵活交易的优势,因而赢得众多企业和消费者的青睐。移动商务的出现,给企业带来了更多的商机,也给消费者带来了一种全新的购买方式。但由于目前中国网络信息流、物流、资金流制度及相应的法律法规尚不健全,如何保护移动商务应用的消费者的合法权益就成为亟待研究的重要课题。

一、移动商务中的消费者权益保护问题

(一) 移动商务新业务的推广——对消费者选择权的保护

消费者的选择权是消费者根据自己的意愿自主地选择其购买的商品和接受的服务的权利。消费者的选择权有以下几方面的内容:

(1) 消费者有权根据自己的需要和意愿选择商品和服务,其他人不得干涉。

(2) 消费者有权自主选择作为其交易对象的经营者,购买其商品或接受其服务,任何经营者不得强迫消费者接受其提供的商品和服务。

(3) 消费者对经营者经营的商品和服务有权进行比较、鉴别、挑选,购买自己满意的商品和服务。

(4) 消费者有权自主做出决定。在比较、鉴别的基础上,消费者有权决定

接受或者不接受某种商品或服务。只要在挑选过程中未对经营者的商品造成损害，经营者不得强迫其接受。我国《消费者权益保护法》第九条规定："消费者享有自主选择商品或者服务的权利。消费者有权自主选择提供商品或者服务的经营者，自主选择商品品种或者服务方式，自主决定购买或者不购买任何一种商品、接受或者不接受任何一项服务。消费者在自主选择商品或者服务时，有权进行比较、鉴别和挑选。"

（二）信息披露——对消费者知情权的保护

知情权是消费者依法享有的了解与其购买、使用的商品和接受的服务有关的真实情况的权利。消费者为满足生活需要而购买商品或接受服务，因而，商品或服务只有在能满足消费者需要的情况下才会为消费者购买，否则，其需要就不能得到满足。而某种商品或服务是否能满足消费者需要，只有在对该商品或服务了解的基础上才能知晓。同时，有些商品具有一定的危险性，消费者正确地进行消费也依赖于对商品有关情况的了解。消费者的知情权包含两方面的内容：第一，消费者有了解商品或服务真实情况的权利，即经营者向消费者提供的各种情况应该是真实的而不是虚假的。第二，消费者有充分了解有关情况的权利。一般来说，对商品或服务中与消费者有关的一切信息消费者都有权了解。我国《消费者权益保护法》第八条规定："消费者享有知悉其购买、使用的商品或者接受服务的真实情况的权利。消费者有权根据商品或者服务的不同情况，要求经营者提供商品的价格、产地、生产者、用途、性能、规格、等级、主要成分、生产日期、有效期限、检验合格证明、使用方法说明书、售后服务，或者服务的内容、规格、费用等有关情况。"

由于移动电信运营商处于优势地位，消费者处于弱势地位，为维护消费者的利益，必须限制移动电信运营商对其优势地位的滥用。美国《电子资金划拨法》、E 条例及其官方人员注释，主要是通过规定金融机构向消费者提供有关电子资金划拨的充分信息，即通过对消费者知情权的充分保护来保护消费者利益。借鉴美国经验，移动商务的小额电子资金划拨，也应当通过充分的信息披露来维护消费者的知情权。

1. 初始披露

初始披露（Initial Disclosures）指在移动商务中，提供电子资金划拨服务的移动运营商在与消费者签订电子资金划拨服务合同时应当披露与消费者账户有关的电子资金划拨的条件。披露应当使用易于理解的语言，且在适当的范围内，应当包括下述事项：

(1) 消费者对未经授权的电子资金划拨的责任,以及根据移动运营商的要求,发出适当通知以迅速报告任何遗失、盗窃或未经授权而使用卡、密码或其他存取工具的责任;

(2) 当消费者相信一项未经授权的电子资金划拨已经发生或可能发生时,应通知的人或办公室的电话号码和地址;

(3) 消费者可发出的电子资金划拨的类型和性质,包括划拨在次数或金额方面的任何限制;

(4) 进行电子资金划拨的任何费用或获得进行此类划拨的权利的任何费用;

(5) 消费者停止支付预先授权的电子资金划拨的权利和发出此类停止支付命令的程序;

(6) 消费者有获得电子资金划拨文件的权利;

(7) 电子资金划拨出现错误时的处理程序;

(8) 移动运营商关于电子资金划拨对消费者的责任;

(9) 移动运营商可以向第三人披露与消费者账户有关的信息的特定情况。

2. 条件变更的披露

条件变更的披露是指移动运营商应当向消费者通知对消费者不利的服务条件的变更,即移动运营商必须在变更生效日前以书面形式通知在初始披露中要求披露的信息的变更,以及将导致增加费用或手续费、增加消费者的责任、可供使用的电子资金划拨方式的减少或在划拨的频率或金额方面更加严格的限制等。如果账户条件的变更是为维护或恢复消费者账户或电子资金划拨系统的安全所急需,那么移动运营商可不经预先通知而实施此种变更,但如果此种变更是永久的,则移动运营商必须在下一次定期报表中以书面形式通知消费者。

3. 定期披露

移动运营商应当为可能通过电子资金划拨方式存取消费者账户的每一消费者提供定期报表。如果某一账户既未划出也未划入资金,那么金融机构应至少每季度向消费者提供一次报表。定期报表的作用主要是向消费者提供关于向其账户划入资金及从其账户划出资金的最新信息,以及消费者控制其账户的能力的信息。在定期报表中提供的有关每一笔交易的信息包括:① 划拨的金额和发动划拨的日期;② 划拨的类型;③ 在划拨资金或划入资金的金融机构持有账户的消费者的身份;④ 划入资金或划出资金的任何第三方当事人的身份;

⑤ 电子终端的地址或身份。

定期报表还必须包括以下信息:① 消费者账户的号码;② 在定期报表的周期中,移动运营商对划拨或对持有账户的任何费用或收费;③ 该消费者账户的期初余额和期末余额;④ 消费者向移动运营商询问问题或通知错误时的联系地址或电话号码;⑤ 在特定情况下,消费者用以确定事先授权的对账户的划拨是否发生的电话号码。另外,月度定期报表也可以包括关于错误处理程序的简短说明。如果月度定期报表未包括关于错误处理程序的简短说明,那么金融机构至少每年向消费者提供一次关于错误处理程序的说明。

4. 实时披露

对于在电子终端由消费者发动的电子资金划拨,移动运营商应当在该划拨发动时通过短信息的方式向消费者提供该次划拨的电子文件。同时,移动运营商还应当在服务器上保留该项划拨的电子文件,上面必须清楚有效地列明以下信息:① 划拨的金额,也包括该划拨的费用;② 划拨的日期;③ 划拨的种类及划出或划入消费者账户的种类;④ 确认发动划拨的消费者身份、消费者账户或用以发动划拨的存取工具的密码;⑤ 终端的位置;⑥ 划入资金或划出资金的第三方的姓名。

5. 预先授权的电子资金划拨的披露

预先授权的电子资金划拨指事先授权的经基本固定间隔重复发生的电子资金划拨。与其他信息披露一样,预先授权的电子资金划拨致力于确保消费者得到关于借记或贷记其账户的电子资金划拨的充分信息。从消费者账户划出资金的预先授权的电子资金划拨只能由消费者以书面形式进行授权,且授权书副本应在进行划拨时提供给该消费者。如果预先授权的借记消费者账户在金额上是不断变化的,那么移动运营商每次必须在计划划拨日之前向消费者书面通知计划划拨的金额和日期,或从消费者处得到以下授权:仅仅当计划划拨的金额超过了预先确定的范围时才向消费者发出这种通知。消费者有权在预订的划拨日前的任何时候以口头或书面形式通知移动运营商停止支付任何预先授权的借记电子资金划拨。

(三) 消费者电子信息保护——对消费者隐私权的保护

技术进步为世界各国的法律体系带来很大的挑战。隐私就是一个问题,它影响了 Internet 和无线技术在全球各地的普及,消费者在不知情的情况下,其个人信息便被他人滥用。人们通过无线设备(如 PDA、手机和掌上电脑)进行通信时,个人隐私更容易受到威胁,传输的信息会被中途截获,用户所在的位置会被精确定位。

无线通信的主要优势是能够提供基于地理位置的服务。定位技术能使无线运营商为紧急救援人员和其他团体提供精确的用户位置信息。这类信息使出现紧急情况的个人、无线广告客户和消费者受益匪浅，但同样引发了人们对隐私问题的关心。目前各国宪法中还没有明确保护个人隐私权，无线通信由于其特殊性，更容易侵犯个人隐私。

美国《通信强制法律援助法案》(Communications Assistance for Law Enforcement Act, CALEA)要求无线运营商在其数字网络中装有电子监视设施。有了这条法规，执法机关就可以截获和记录手机的呼叫方、接听方、通话内容以及手机用户的位置。通过提供这种能力，基于位置的服务便为出现紧急情况的个人、警方、无线广告客户和消费者带来了好处，但这种定位技术的负面影响是无法预测的，它已经引发了严重的问题。一旦个人随身带上手机、PDA 或使用了定位技术的笔记本电脑，他所在的位置就能被他人知道。反对方担心这种技术会滋生绑架案和其他非法活动，就像这项技术可以帮助救援人员和警方轻易找到伤患人员和失窃车辆一样。

1. 网络隐私权定义

网络隐私权是指公民在网上享有的私人生活安宁与私人信息依法受到保护，不被他人非法侵犯、知悉、搜集、复制、利用和公开的一种人格权。也指禁止在网上泄露某些与个人相关的敏感信息，这些信息的范围包括事实、图像以及诽谤的意见等。

2. 网络隐私内容

网络隐私内容主要包括非个人化信息和个人信息。

(1) 非个人化信息。非个人化信息一般通过 IP 地址来收集，包括浏览器性质、操作系统种类、提供接入服务的 ISP 域名等。

(2) 个人信息。当用户在各种商务平台和系统进行用户注册登记、使用各种网络服务时系统要求用户提供一些个人或公司资料。这些资料包括：姓名、性别、年龄、出生日期、身份证号码、联系电话、通信地址、电子邮件地址、职业、受教育程度、收入状况、婚姻、家庭状况等。

3. 网络隐私权保护现状

随着电子商务的迅猛发展，消费者出于网络交易和接受服务的需要，必须在网络上向各类经营者提供包括自己个人资料在内的隐私内容。而且消费者在网络上的行踪(个人所到访的网站、消费习惯、阅读习惯甚至信用记录等)也常常在毫无知觉的情况下被记录下来。而这些个人资料又可能被收集者转售给其他商业组织。所以,隐私权保护涉及三方面的问题:个人资料的隐私权保护,如特定个人信息、敏感性信息、E-mail 地址、IP 地址、登录信息;通信秘密和通信自由的保护,如电子邮件防止偷窥;电子生活安宁的保护,如我们的邮箱中通常不请自来的大量商业性电子邮件,这足以构成对个人生活安宁的侵害,对这种垃圾邮件的治理,除了通过行业自律外,也需要运用法律手段进行限制。

目前隐私权保护领域遇到的三大问题是:个人数据过度收集、个人数据二次开发利用和个人数据交易。网上隐私权的保护也应该制定相应的规则,并使其规范化,从而在个人隐私权得到有效保障的前提下推动电子商务的发展,进而保障移动商务的顺利开展。

二、移动商务的消费者权益保护的措施

(一) 国际电子商务立法中关于消费者权益保护的规定

1. 欧盟国家的消费者权益保护

欧盟的《消费者保护(远距离销售)规则》于 2000 年 10 月 31 日起实施,它明确规定了远距离销售中经营者或供应商缔约前的义务:供应商(含货物出卖人和服务提供者)在缔约前应当向消费者提供清晰的、可理解的、确定化的信息。该信息应当包括供应商的姓名、地址,货物或服务的规格或描述,货物或服务的价格(包括各种税),支付、交付和履行的各种安排,要约的有效期和消费者解除合同的权利(如果适合的话)。在销售者主动打电话到消费者家里推销时,必须言明其代表的公司名称和打电话的商业目的。这一义务与欧盟电子商务指令中强加给 Internet 服务提供商的义务是一致的。除此之外,还应给消费者额外的提示信息,包括解除合同的权利行使的条件和程序、售后服务和保证以及投诉地点、在解除合同的情形下向供应商归还原物的要求和谁负责返还原物的费用的信息。另外,根据欧盟的此项规则,除非有例外情形,在货物交付或涉及服务条款的合同缔结日起 7 日以内(即冷却期),消费者享有无条件解除合同的权利。在供应商没有以适当方式提供必要信息的情况下,冷却期将延长 3 个月;如果信息是在 7 日之后提供的,那么,从信息提供之日起算。

2. 亚洲及环太平洋经济合作组织(以下简称经合组织)的消费者权益保护

1998 年,在经合组织的渥太华会议上,与会者一致认为,为促进全球电子商务,保护消费者合法权益、增强消费者对电子商务的信任至关重要。在会议通过的四个文件中,有两个和电子商务的消费者权益保护有关,分别是《在全球网

络上保护个人隐私宣言》和《关于在电子商务条件下保护消费者的宣言》,前者同意经合组织应当为根据各国的经验与案例实施经合组织有关保护个人隐私的指导方针提供实用指导,后者认为各国政府、工商界、消费者及其代表必须继续共同合作以确保消费者能获得透明而有效的保护。这里的消费者信任包含两个方面的内容:一个是传统消费者权益保护法意义上消费者保护的内容;另一个是网上交易安全的内容,即使消费者相信网络交易的真实性、可靠性。这两个方面共同的目的是使消费者信赖这种交易方式,并且使消费者在网络环境下发生的交易同样受到与普通交易一样的保护。这一点可以从经合组织渥太华会议通过的《建立用户和消费者的信任全球行动计划》涉及的四个方面看出。这四个方面是:① 保护个人信息;② 消费者授权、市场营销和广告道德;③ 保密和信息合法访问的有关问题;④ 数字签名和认证机构。因此,消费者信任是一个大于消费者保护的新概念,是网络环境下消费者保护的特殊问题。

(二) 对中国移动商务消费者权益保护的政策建议

纵观中国现有法律规定,对电子商务消费者权益的法律保护,散见于《民法通则》、《合同法》、《消费者权益保护法》、《电信条例》、《计算机信息网络国际联网管理暂行规定》、《计算机信息网络国际联网安全保护管理办法》等,内容简单、散乱,缺陷不少,可操作性不强。虽然每一次新法出台、旧法修订都会有所突破和完善,但仍然不能适应电子商务迅速发展所要求的对消费者权益保护的迫切需要。

为了加强中国对电子商务消费者权益的法律保护,当前最主要的是做好以下三项工作,通过立法、司法、管理、技术等手段全面构建电子商务消费者权益的保护体系:

(1) 完善《消费者权益保护法》、《产品质量法》等法律法规,建立电子商务环境中有助于保障消费者知情权的法律体系,如完善《消费者权益保护法》关于交易安全保护、产品"三包"规定、损害责任认定等方面的条例;完善《产品质量法》中关于产品包装的规定和关于管辖范围的认定等方面的条例。必要的时候,要出台专门的电子商务消费者权益保护的法律法规,构建完善的法律体系。

(2) 建立有助于保护消费者的电子商务信用体系。从计划经济到市场经济,我们需要建立信用体系,因为市场经济是一种更为开放、更需要法制与监督机制的经济;而从市场经济再到网络经济,我们更需要建立完善的信用体系,因为网络经济和市场经济相比,又是一种更为开放与灵活的经济模式。开放与灵活在带来更大的市场与更多商机的同时,也必然带来更高的风险,而面对种种风险与不确定因素,仅靠商家的自觉显然是远远不够的,这就需要我们建立完善的法制体系与信用体系。

(3)建立消费者隐私权保护的措施并积极推动实施。目前全球都在采取措施对个人隐私和个人数据进行保护,比如在全球电子商务行动计划中提出了有关保护用户隐私的两条基本原则:① 对用户的保护,尤其是在个人隐私、保密、匿名和内容控制方面,应当通过政策加以保证。这些政策必须以自由选择、个人行使权利和产业为主的解决方案为依据,而且应该遵守相应的法律。② 商业界应该为用户提供可用的手段,使他们有权在个人隐私、保密、内容控制和适当环境下匿名等方面进行选择。

在中国,人们没有重视保护隐私的传统,此领域的立法工作还很落后,公众对隐私问题的认识还有许多误区,对保护自己和他人的隐私的意识还很薄弱,社会上广泛地存在着各种各样的侵犯隐私的行为和现象,甚至有些还是公然实施的。因此,我们必须充分认识到在中国实施隐私权保护的艰巨性、重要性和紧迫性。同时,采取以下几方面措施:

一是在全民中普及有关隐私和隐私权保护的基本知识,作为精神文明建设的重要组成部分来抓,以提高中国公民的文明水平和自我保护意识。二是切实抓紧有关隐私权保护的立法工作,制定专门的隐私权法,并修订其他相关的法律,形成统一的、前后一致的法律体系,使隐私权保护在中国有基本的法律保障。三是加强行业自律,要求各种商业机构制定出有关保护个人隐私的行业守则或规章,从制度上保证消费者的利益不受到伤害,与顾客建立一种真正的互信关系。四是加强中国自己的信息安全技术的开发与应用,为保护个人隐私提供强大的技术后盾。五是制定有关保护个人隐私的法律,应本着最小限度收集个人数据、最大限度保护个人隐私的原则来制定法律,以消除人们对泄露个人隐私以及重要个人信息的担忧,从而吸引更多的人上网从事电子商务。

迄今为止,还没有具体的法规规范定位技术的用法。行业领先者和政府担心相关法规会阻碍无线行业的发展,但综合多方面的因素,业者显然迫切需要制定严谨的安全度量标准来防止定位技术的滥用,切实保护个人隐私不受侵犯。

第四节　移动商务的立法环境与原则

移动商务的立法问题得到了有关国际性、地区性组织和许多国家政府的高度重视，尽快在全球范围内营造良好的移动商务法律环境，正是政府部门在移动商务发展过程中所应发挥的主导作用，及时制定并出台相应的法律法规，鼓励、引导、维护移动商务沿着健康的轨道发展，成为当前世界各国立法工作的一项重要任务。

一、移动商务的法律环境

21 世纪之初，移动商务的快速发展给现行国际法律体系带来了新的挑战。移动商务立法是推动移动商务发展的前提和保障，已成为目前国际社会关注的重点，尽快在全球内营造良好的移动商务法律环境，已成为国际社会的共识。

（一）移动商务的特征及其对法律的要求

移动商务的自身特征决定了它不仅为全球经济的发展营造了良好的大氛围，同时对社会各个领域特别是立法工作提出了许多新的要求和挑战。

1. 无国界性

移动商务是通过无线 Internet 进行交易的，而无线 Internet 的一个重要特征就是全球联通、跨越地域的界限。通过任何一个移动设备就可以访问世界任何一个角落，商家可以随时随地寻找资源和推销产品。无线 Internet 使得商家信息流可以随着移动设备的移动而移动，这样业务人员可以真正做到随时随地获得、携带和传递商业信息，使信息流无处不在、无时不在，大大缩短企业与市场的距离，提高企业对市场的响应能力。于是，移动商务的主体面对的是一个自由的全球性的大市场，而不局限于有线网络的交易。这就要求高度一体化的商业和法律规则，而各国社会制度、政治状况、经济发展程度、现有法律法规、文化传统等千差万别的实际情况之间的协调便成为摆在我们面前最大的难题。

2. 信息的数字化

由于移动设备和无线 Internet 传输的都是表示一定信息的电磁信号，于是以无线 Internet 为载体、移动设备为特征的移动商务双方的谈判记录、使用的资金甚至标的本身都是数字化的。这种虚拟的信息资源向商家的信用提出了更高的要求，并且以这种数字形式存在的信息具有极大的流动性和无线可复制性，知识的传播从而具有前所未有的便捷性。

3. 技术进步快

移动商务领域的技术进步速度已经超过了一个国家适时地调整其法律框架的能力。即使试图对法律框架进行大的变革以适应移动商务的需求，也由于新的意想不到的问题的不断出现和变革速度上的悬殊差距，使得适时的法律调整总跟不上移动商务高速发展的步伐。在移动商务的法律框架缓慢发展的同时，一些非完全技术革新因素（例如，技术与工业之间发展循环周期的缩短，Internet 网民数量的剧增，一些国家对移动商务方面的政策法规进行调整等），也产生了一种跨领域规则的迫切而显著的需要。移动商务引发了一场在数字化市场中对法律框架的根本性反思。

（二）移动商务立法的必要性

1. 移动商务的发展需要法律的保障

移动商务是通过移动终端设备在虚拟的网络空间进行，涉及移动支付、无线 CRM、移动股市、移动银行与移动办公等内容，移动商务独特的运作方式向现有的商务规范模式提出了技术、财务和交易安全等方面的重大挑战。从总体上看，与移动商务的迅猛发展相比，与之相关的法律法规显得滞后。不仅发展中国家如此，发达国家也并未彻底解决。从目前中国的立法情况来看，国内关于移动商务方面的法律很不完善。在目前的技术和管理情况下，对政府而言，网络贸易已经成为税收的“漏斗”；对消费者而言，移动购物的权益和安全性无法得到保障，由于移动金融发展的不完善，个人信息随时可能被盗窃，移动交易的安全性远远低于有形交易，尤其是个人隐私问题得不到保障；对生产厂家而言，欺诈可能无处不在，信誉无法得到保证。一系列侵犯移动交易安全和信息安全的恶性事件不断地给人们敲响警钟。

2. 移动商务立法有利于促进移动商务的发展

基于移动设备的移动商务作为一种更直接、更方便的商务模式受到人们普遍关注，由于移动商务交易安全、电子签名和认证等众多问题阻碍着移动商务的普及，移动商务的立法就显得尤为必要。面对移动商务的美好前景，世界各国都在积极寻求新的解决方案以促进移动商务的快速发展。

3. 移动商务立法还存在大量的问题需要完善

目前在世界范围内虽然有了联合国贸发会《电子商务法》及一系列国际统一规则，但不完全是移动商务的法律规范，只是起到参考作用；而且，由于各国法律制度的差异性，在许多方面没有做出具体性的规定，有的只提出一个总原则，留待各国的国内法今后解决。与此同时，尽管许多国家对国内的原有立法进行了相应的调整，但仍限于局部性与临时性的对策，专门性与基础性的立法很少。在移动商务实践中，大多仍以当事人之间协议的方式来弥补法律法规的不足，具有很大的局限性。由此可见，移动商务的法律问题目前还远未解决，而这一解决最终将取决于各国立法的彻底调整以及有关国际统一规则的最终确立。

4. 中国移动商务的法制建设任重而道远

首先，中国尚处于社会主义建设初级阶段，市场经济条件下的法制建设远远落后于发达的工业国家，加上中国现行涉及商务的法律法规，基本都是针对传统的商务活动而建立的，实践中已有很多不能适应移动商务的迅速发展。其次，发达国家和发展中国家在发展移动商务方面必然存在着利益冲突，围绕如何制定规则和应当遵守什么样的规则等原则性的问题也必然会进行力量和智慧的较量。在国内，移动商务带来的变革也必然会引发各方既得利益的重新分配，为此需要通过立法加以协调。最后，移动商务的全球性的特点使得中国移动商务的法律建设既要考虑国内的环境，又要与全球移动商务的法制建设同步，如果中国有关使用现代信息技术的法规与国际规范有较大的差异，就会限制中国企业积极参与国际竞争。必须密切关注国际在移动商务方面的立法活动，积极融入国际规则的制定当中，并结合中国国情不断完善中国移动商务发展的法律环境，推动移动商务的发展，以谋求未来竞争的主动权。

（三）移动商务立法所面临的困难

与日新月异的技术发展和移动商务模式的更新相比，由于法律固有的稳定性和立法认识能力的限制，与移动商务相关的法律显得跟不上节拍。一方面是法律在一些移动商务带来的新领域里出现空白，另一方面是传统法律与移动商务行为不协调。这方面的弊端主要是使商家无法预见自己行为的法律后果，对既得利益缺乏安全保障，同时，那些不协调的法律可能直接阻碍移动商务的发展。

法律障碍当然主要通过法律手段解决，技术障碍和信用障碍的解决主要依靠技术和市场的完善，但是在技术和市场的完善与发展不能立刻解决自身问题的时候，通过制定相关的法律加以规范与保障，也可在一定程度上促进技术进步与弥补信用的不足，可见立法保障无论从短期还是长远考虑都是非常有必要的。移动商务立法面临以下困难：

（1）由于移动商务的无国界性，越来越要求移动商务立法的国际一致性，这就面临着各国社会制度、政治状况、经济发展程度、现行法律法规、文化传统等千差万别的实际情况之间的协调问题。

（2）移动通信技术突飞猛进、日新月异，更新换代的速度常常以月计，而立法程序相对较慢。

（3）目前与经济生活密切相关的主要法律，如《消费者权益保护法》、《合同法》、《公司法》等都建立在传统的有形商业之上，对无形的“网络经济”并不完全适用。

(4) 从世界范围来看，移动商务在体系、组织、模式、法律、管理和技术等各方面都未完全成熟，特别是技术的发展尚不足以控制网上的一切交易行为，移动商务尚处于不断发展变化之中，这也给立法造成了不小的困难。

二、移动商务的立法原则

在构建移动商务法律体系的过程中应当把握一些立法原则，即制定过程中应当遵循的方向和准则。移动商务立法的基本原则贯穿于整个移动商务的立法过程，对各项移动商务制度和法律环境起到统帅和指导作用。

(一) 世界各国立法的基本原则

1. 中立原则

移动商务立法的基本原则就是要在移动商务中建立公平的交易规则。这是商法的交易安全原则在移动商务立法上的必然反映。参与移动商务的各种主体，出于不同的利益动机，必然发生冲突，为达到各方利益的平衡，实现公平的目的，确立中立原则很有必要。

2. 自治原则

允许当事人以协议方式订立交易原则，是交易的基本属性。因而，在移动商务的立法与司法过程中，都要以自治原则为指导，为当事人全面表达与实现自己的意愿预留充分的空间，并提供确实的保障。

3. 平等原则

这主要针对交易双方进行交易过程中的知情权问题，即双方必须拥有获知对方信息的权利，都可以通过公开的数据获得自己需要的信息，而且在这种传输过程中保证公正、公开和公平。同时，也包括移动电子交易证据的平等待遇问题，即电子签名和文件应当与书面签名和文件有同等的法律地位。

4. 安全原则

保障移动商务的安全进行既是移动商务立法的重要任务，又是其基本原则之一。移动商务以其高效、快捷的特性，在各种商务交易形式中脱颖而出，具有强大的生命力。而这种高效、快捷的交易工具必须以安全为前提，它不仅需要技术上的安全措施，也离不开法律上的安全规范。

(二) 中国移动商务立法应遵循的原则

结合中国国情，为不断完善中国移动商务发展的法律环境，中国移动商务立法应遵循如下原则：

1. 协调性原则

移动商务进行立法应充分借鉴国外先进的立法经验，与国际立法相互协调，使立法最大限度地与国际接轨，避免因过分强调立法的国家权力性和国情而阻碍移动商务的发展。这是因为移动商务是一种世界性的经济活动，它的法律框架不应局限在一个范围内，而应适用于国际经济往来，得到国际社会的认可和遵守。

移动商务立法应与现行立法中有关书面、签名等规定和有关远程合同立法、消费者保护法、跨境交易法等相互协调。移动商务并没有彻底改变现行的交易环境和交易方式，如利用网上交易的电子商务也具备以无线网络为平台的移动商务所具有的交易双方当事人互不谋面、无纸化的特征。

应协调好移动商务过程中出现的各种新的利益关系，如版权保护与合理使用、商标权与域名权之间的冲突、国家对移动商务的管辖权之间的利益冲突等。尤其是要协调好移动商家与消费者之间的利益平衡关系，没有消费者的广泛参与，就没有移动商务的健康发展，移动商务立法应使消费者获得不低于其他交易方式的保护水平。

2. 超前性原则

移动商务的进行离不开有关技术的支持，如保障交易安全的电子认证、电子签名、电子支付制度等都是以密码技术、信息通信技术及其他相关技术的支持为基础的，如果立法将电子签名、电子认证、电子支付等制度依附于某一特定的技术，而相关技术的不断发展将使得建立在先前某一特定技术基础之上的电子认证、电子签名、电子支付等移动商务法律制度不能适应新技术条件下移动商务对安全的需要。移动商务的技术性特征要求在对移动商务所涉及的相关技术和范畴进行立法时必须采取超前性原则，以适应移动商务技术和移动商务自身不断发展的客观需要，追踪移动商务的最新趋势，保持法律的连续和稳定。

3. 兼容性原则

兼容性原则指移动商务立法要与过去的、现在的和将来可能出现的技术手段、技术标准相兼容。

在信息和无线网络时代，技术进步和社会发展日新月异，这就对以移动通信技术和无线网络技术为基础的移动商务立法提出了特殊的要求。移动商务立法对所有涉及的移动商务签名、认证、原件、书面形式、数据电文、信息系统、相关技术等有关范畴应遵循兼容性原则，而不能局限于某一特定的技术手段和技术标准,以适应技术和社会快速发展的要求。

4．安全性原则

所谓安全性原则,是指移动商务立法应充分考虑移动商务对交易安全的需要。安全性原则要求与移动商务有关的交易信息在传输、存储、交换等过程不被丢失、泄露、窃听、拦截和改变等,要求网络和信息应保持可靠性、可用性、保密性、完整性、可控性和不可抵赖性。从国外立法的有关规定来看,都是通过规定电子签名、电子认证、电子支付等具体制度来保证信息和交易安全,把交易安全作为立法的基本原则和重要使命。

5．鼓励促进原则

随着移动电话、电子邮件和电子数据交换等现代化通信手段在商务交易中使用的急剧增多和进一步发展,以非书面电文形式来传递具有法律意义的信息可能会因这种电文本身的法律效力的不确定性而受到影响。为此,需要通过法律加以鼓励和引导,从网络基础设施建设,以及与移动商务相关的技术发展和技术标准、税收、市场准入等方面着手鼓励和促进移动商务的发展,向移动商务的各类参与者提供一套虚拟环境下进行交易的规则,创造一种比较安全可靠的法律环境,平等对待基于书面文件的用户和基于数据电文的用户,充分发挥高科技手段在商务活动中的作用,鼓励使用现代信息技术进行交易活动,使移动商务的应用成为可能或为此创造方便条件,从而促进经济增长并提高国际、国内贸易效率。

6．引导原则

由于目前国内移动商务的发展水平和社会公众对移动商务的认知程度较低,因此,政府应担负起引导职责,从政策、法律上为移动商务创造良好、宽松的经营环境,努力引导企业和社会公众积极参与移动商务。

7．灵活性原则

灵活性原则要求从本国的实际情况出发,在与国际接轨的同时保留鲜明的民族特性,把鼓励和发展移动商务作为立法的前提,适度规范、留有空间、利于发展。

第五节　移动商务呼唤新法律

移动商务带给世界的是全新的商务规则和方式,它对社会、经济、法律等方面的影响,已远远超过了以往任何一项新技术的应用,并对现行法律体系提出了挑战。由于移动商务的交易过程涉及商家、金融、电信、公证、ISP 和消费者等许多方面,其中任何一个环节出现问题都可能引发纠纷,这就需要通过相关的立法来规范。积极探索和研究移动商务的立法问题,加快建立具有中国特色的移动商务法律体系,对于推动移动商务的发展具有极其重要的意义。

移动商务是电子商务发展的新形式,它属于电子商务的范畴,因此,电子商务立法的改进和完善对移动商务法律体系的建设有很重要的意义。在 Internet 和信息技术高速发展的环境下,各国纷纷出台各种政策、行动纲领和规范性文件,以推动本国电子商务的发展,旨在抓住信息技术的机遇,争取新的竞争优势,提高国际竞争力。这些法律的建立和实施为移动商务的发展铺平了道路。

一、国际电子商务立法现状

(一) 主要国际组织的电子商务立法

1. 联合国

联合国国际贸易法委员会是联合国负责国际贸易法律协调和统一的组织,在电子商务立法领域做了大量推动工作。

1996 年 6 月,联合国贸易法委员会制定了《电子商务示范法》。该法确认了在电子商务中国际合同的商业用途,确定和认可了通过电子手段形成的合同规则和范式,规定了约束电子合同履行的标准,定义了构成有效电子书写文件和原始文件的条件,提出了为法律和商业目的而做出的电子签名的可接受程度,同时支持在法庭上和仲裁过程中使用计算机证据,为世界范围电子商务的发展奠定了基础。《电子商务示范法》提供了一套可供各国立法参考并可被国际社会广泛接受的电子商务通则,从而克服现行法律体系不适应电子商务发展的障碍,促进全球电子商务的发展。《电子商务示范法》的颁布为逐步解决电子商务的法律问题奠定了基础,为各国制定本国电子商务法规提供了框架和示范文本。

2000 年 9 月,该委员会电子商务工作组制定了《电子签名统一规则》,并提交联合国会议正式讨论通过。该统一规则的主要内容有:① 强调要无差别地对待签名技术;② 设定了一些判断电子签名是否可靠的条件;③ 具体规范了电子认证中服务提供者和签名者的一些行为。同时,在“功能等同”原则的基础上,又从对使用电子签名进行规范的角度做了一定的完善。

2001 年,该机构又审议通过了《电子签字示范法》,该法现已成为国际上关于电子签章的最重要的立法文件,并在促成全球电子商务安全环境方面做出重要贡献。

2005 年 11 月，该机构又通过了《国际合同使用电子通信公约》，并于 2006 年 1 月 1 日起开放供各国签署。该公约是有关电子商务的第一个专门性公约，公约的目的是消除现行统一法公约和贸易协定对电子商务造成的障碍。

2. 国际商会

国际商会在电子商务立法方面也做出了重大贡献。国际商会于 1997 年 11 月发布了《国际数字签署商务通则》，被认为是第一部真正意义上的电子商务的全球性自律性规范。为使贸易术语进一步规范，国际商会两次对《国际贸易术语解释通则》进行修订，并于 1999 年公布了《2000 年国际贸易术语解释通则》。国际商会制定的《UCP500 电子交单附则》（“eUCP”）也于 2002 年 4 月 1 日正式生效。2005 年 4 月，国际商会发布了经过修订的《营销和广告使用电子媒体指南》。此外，国际商会在 2004 年制定了《国际商会 2004 年电子商务术语》（载有《国际商会电子订约指南》），为当事人提供了两个易于纳入合同中的简短条款。目前，国际商会还在制定《电子贸易和结算规则》。

（二）美国

美国在电子商务立法方面处于领先地位，发展很快。1995 年 5 月 1 日，美国犹他州颁布了《数字签名法》，这是美国乃至全世界范围的第一部全面确立电子商务运行规范的法律文件。随后，美国又先后制定了《全球电子商务纲要》、《统一电子交易法案》和《全球及全国商务电子签章法》等三部重要电子商务法，这些法律的出台不仅明确了电子签名的定义，赋予了电子签名的效力，而且使电子商务与纸本商务处于平等地位，为电子交易的持续发展提供了稳固的法律架构。2000 年 6 月 30 日，美国总统克林顿签署了《国际与国内商务电子签章法》，该法允许消费者和商业企业使用电子签名填写支票、贷款抵押服务以及使用买卖合同，它几乎涵盖了所有传统签名应用的范围。这被认为是网络时代的重大立法，它使电子签名和传统方式的亲笔签名具有同等法律效力，被看做是美国迈向电子商务时代的一个重要标志。

（三）欧盟

欧盟于 1999 年 12 月通过了《电子签名指令》，该指令由 15 个条款和 4 个附件组成，主要用于指导和协调欧盟各国的电子签名立法。其中比较有特色的内容是：电子认证服务的市场准入、电子认证服务管理的国际协调、认证中的数据保护、电子认证书内容的规范。

2000 年 5 月，欧盟又通过了《电子商务指令》，这两部法律文件构成了欧盟国家电子商务立法的核心和基础。

（四）俄罗斯

与其他行业相比，俄罗斯信息产业的发展还是比较快的。除了制定和公布了《俄罗斯网络立法构想》、《俄罗斯联邦信息和信息化领域立法发展构想》、《2002—2004 年大众传媒立法发展构想》等纲领性文件，俄罗斯还先后起草和修订了《电子公文法》、《俄罗斯联邦互联网发展及利用国家政策法》、《信息权法》、《个人信息法》、《国际信息交易法》、《电子合同法》、《电子商务法》、《电子数字签名法》等法律法规，对电子公文的制作与传输、互联网的发展、信息权的保护、电子合同与电子数字签名的法律地位，以及电子商务活动中应遵循的原则等问题进行了详细的规定。这些法律法规的制定，为俄罗斯信息化建设的顺利进行创造了一个良好的法律环境，确保其能够健康、有序发展。

（五）亚太地区

新加坡的《电子交易法》一方面规定了电子签名的一般效力，保持技术中立性，适用于以任何技术为基础的电子签名；另一方面，又对所谓"安全电子签名"（即以公共密钥技术为基础的电子签名）做出了特别规定，并建立了配套认证机制。该法既保持了法律规范的技术中立性，不拘泥于公共密钥技术，使法律规定具有开放性和前瞻性；同时又不失现实性，以公共密钥技术为基础做出了具体的规定。这一立法模式受到美国、欧盟等发达国家和地区的关注和充分肯定。

韩国的《电子商务基本法》是最典型的综合性电子商务立法，如果要订立一部关于电子商务的基本的、全面的法律，则韩国的做法很有借鉴意义。该法共分六章，包括：关于电子信息和数字签名的一般规定；电子信息；电子商务的安全；促进电子商务的发展；消费者保护及其他。这样基本就可以做到对电子商务的各方面都做出基础性的规范。

日本 2000 年制定的《电子签名与认证服务法》主要的篇幅都用于规范认证服务，这一点与欧盟的电子签名统一框架指令十分类似。与欧盟不同的是，日本采用了必须经官方许可的做法，并且对许可的条件、不予许可的情形、许可资格的继承、变更、中止等都做了严格的规定。为了保证相关机制的运转，该法还明确指定了调查机构的权利与义务，形成了一个很有特色的监管模式。

日本的《电子签名与认证服务法》的另一个特色是其中关于相应罚则的详细规定，这是很多国家的电子签名法所不具备的。当然，这种结构是与其行政管制比较细致全面相适应的，处罚条款可以在一定程度上保障认证服务机构、认证管理机构的合法运作。

澳大利亚于1999年初颁布《电子交易法》草案,2000年3月15日正式实施。该法首先开宗明义地规定了电子交易的有效性,并且对其适用范围进行了适当限制。对“书面形式”、“签署”、“文件之公示”、“书面信息的保留”、“电子通信发出、接收的时间和地点”、“电子信息的归属”进行了规定。从总体上看,该法案属于针对电子交易行为的特殊性,将电子交易中出现的特殊问题作为关键点进行规范的结构类型。

(六) 中国

2004年3月24日,国务院第45次常务会议讨论通过《中华人民共和国电子签名法》草案,该草案共5章37条。包括:总则、数据电文、电子签名、法律责任、附则。根据中国电子商务发展的实际需要和实践中存在的问题,借鉴联合国及有关国家和地区有关电子签名立法的做法,草案将中国电子签名立法的重点确定为:一是确立电子签名的法律效力;二是规范电子签名的行为;三是明确认证机构的法律地位及认证程序;四是规定电子签名的安全保障措施。

2005年4月1日,中国开始正式实施了该法案,规范了电子签名行为,确立了电子签名的法律效力,从而促进了中国电子商务及电子政务的发展,增强了交易的安全性,为中国电子商务安全认证体系和网络信任体系的建立奠定了基础。下一步,中国应该陆续推出《电子政府法》、《电子交易法》、《个人信息保护法》、《远距离医疗法》、《电子投票法》等相关法律,构筑起中国电子政务法律框架。

2005年3月7日,国务院办公厅发布了《关于加快电子商务发展的若干意见》(以下简称《意见》),这是中国第一个关于电子商务的政策性文件,也是对中国电子商务应用与发展进行指导和规范的纲领性文件。《意见》分为8个部分,共计25条,将按照国务院要求,遵照积极稳妥推进的原则,在认真贯彻实施《电子签名法》的基础上,抓紧研究制定电子交易、信用管理、安全认证、在线支付、税收、市场准入、隐私权保护、信息资源管理等方面的法律法规,尽快提出制定相关法律法规的意见,并将加快制定在网上开展相关业务的管理办法,推动网络仲裁、网络公证等法律服务与保障体系的建设。这一文件对中国电子商务环境建设、企业应用、产业发展都具有重要意义。

2005年4月30日,中国发布了国内第一部网络著作权行政管理规章《Internet著作权行政保护办法》,并于同年5月30日起正式实施。这个保护办法共19条,主要包括:办法适用的对象、网络信息服务提供者的行政法律责任承担、Internet 信息服务提供者和 Internet 内容提供者在保护网络著作权中的具体做法、对严重违法侵权行为的处理等内容。这一办法的出台在信息网络传播权的行政保护方面明确、细化了一系列具体的规定，有利于信息网络传播向规范化、法制化前进，对中国电子商务的发展有着极大的促进作用。

二、中国对移动商务交易安全的法律保护

移动商务的法律保障问题，涉及两个基本方面：第一，移动商务首先是一种商品交易，其安全问题应当通过民商法加以保护；第二，移动商务交易是通过移动通信设备及其无线网络而实现的，其安全与否依赖于移动通信技术和无线网络的安全程度。中国的第一份"电子合同"已经签订，并已经进入了应用程序。一旦"电子合同"在中国国内得到广泛推广，那么以前企业家们为签订纸质合同、全国各地满天飞的情景将大为改观，商业效率将大为提高。然而，电子合同通过网络化传输，其安全性是否经得起考验，这也是关系到"电子合同"前途的大事。

(一) 中国现行涉及交易安全的法律法规分类

(1) 综合性法律。主要是《民法通则》和《刑法》中有关保护交易安全的条文。

(2) 规范交易主体的有关法律。如《公司法》、《国有企业法》、《集体企业法》、《合同企业法》、《私营企业法》、《外资企业法》等。

(3) 规范交易行为的有关法律。如《经济合同法》、《产品质量法》、《财产保险法》、《价格法》、《消费者权益保护法》、《广告法》、《反不正当竞争法》等。

(4) 监督交易行为的有关法律。如《会计法》、《审计法》、《票据法》、《银行法》等。

(二) 涉及网络安全的行政法规

国务院颁布的《中华人民共和国计算机信息网络国际联网管理暂行规定》和公安部颁发的《计算机信息网络国际联网安全保护管理办法》是对移动商务具有重大影响的行政法规。它们确立了安全管理的新思路，具体包括以下几个方面：① 体现促进经济发展的原则；② 体现保障安全的原则；③ 体现严格管理的原则；④ 体现与国家现行法律体系保持一致的原则。法规在加强 Internet 出入信道的管理、确定市场准入制度、规定安全管理制度与安全责任及行为处罚方面做出了明确的要求，对保障网络安全做出了一定的贡献。

三、构筑移动商务法律体系

移动商务不仅涉及商务和技术领域，而且还作用于法律和公共政策、社会和行为、经济等方面，需要考虑知识产权保护、隐私权保护、关税和贸易管理、出口管制、移动合同合法性等一系列法律法规问题，而且涉及面很广，内容复杂，关系到国内法、国际法、民法，甚至刑法。因此，一方面要完善立法，制定新的法规；另一方面要考虑到移动商务中出现的新问题，对传统立法和电子商务立法做必要的调整，构筑移动商务法律体系，以促进移动商务的健康发展。

（一）构筑移动商务法律体系的必要性

移动商务作为今后的重要经贸方式之一，已成为各国巩固和提高经济竞争力的战略发展重点。但移动商务发展与无线技术进步同步，其速度极快，而一般政府和立法机构对其认识相对落后。为避免国家的管制和立法可能阻碍移动商务的发展，各国对移动商务的立法通常持谨慎态度，他们建议为移动商务立法，明确移动商务的财税课征和市场准入，解决移动商务运营中的数据保护、安全认证、知识产权、域名以及消费者保护等问题。

目前，中国移动商务发展非常迅速，但仍处于初始阶段。考虑到目前移动商务发展的时间不长、交易额小、移动支付系统尚未建立、移动商务框架体系尚不成熟，在现阶段制定全面的移动商务法条件尚不具备。为推动移动商务的开发和应用，中国应当加强有利于移动商务发展的政策法规环境建设，目前已有的相关法律法规适用于移动商务的应从其规定，不适应移动商务发展的需进行修改和完善。

（二）构筑移动商务法律体系的途径

构筑移动商务法律体系并不是脱离传统电子商务法律思想另起炉灶，而是应当继承电子商务法律体系的合理内涵，并与传统法律保持密切关系。这是因为：移动商务虽然在今后的经济生活中占有很大的份额，但是电子商务形式仍将与移动商务协同发展，并且相互发生密切联系，对电子商务和移动商务适用两套完全不同的法律规范不利于两种经济形式的交流；况且，移动商务是电子商务的一个新分支，它们都是一种商务形式，其发展都带有传统商务的烙印，在发展的理念和法律需求上也有相同的一面。

基于以上考虑，在构筑移动商务法律体系的过程中，首先应当考虑原有电子商务法律对移动商务行为的适用性，对于原有电子商务法律不能适应移动商务发展的，应从以下途径着手改造：

(1) 先分别立法，制定单行法规，如移动合同规则、移动支付规则、移动网上税收规则、移动广告等，待时机成熟后，再进行综合立法。这种方法能够及时解决移动商务发展过程中的具体问题，并可在实践中不断积累经验，逐步提出比较完善的综合立法的思路。但因缺乏宏观思考、全局性不足，各单行法规很难实现统一化和一体化。

(2) 先综合立法，出台移动商务基本立法，然后对各个具体问题制定单行法规。这种立法思路有利于从宏观上把握移动商务这一新事物的发展趋势，有利于统一移动商务活动中对关键问题的看法。基本法制定出来后，可以指导、规范实践活动，并随发展现状而及时进行修正。同时，单行法律也需要经常修改和变动，但因有基本法进行整体指导和规范，可减少由此产生的诸多矛盾。这种形式也是国际上普遍采用的方法。联合国《电子商务法》第七条涉及电子签名问题，之后才开始制定电子签名的统一规划，目前这一规划仍在制定过程中。

(3) 创造有利于移动商务发展的配套法律体系。这个配套体系必须有针对性地帮助克服移动商务发展的障碍。例如，针对技术障碍。移动商务的基础建设，包括基础设施建设、技术平台的建立与配套技术的开发和改进都需要大量的资金，而且风险大、回报周期长，这就需要充分利用外资来发展国内的移动商务。但是，中国电信行业还未开放，许多外资通过规避法律的办法进入中国，一方面损害了法律的尊严，另一方面也增加了利用外资的成本。所以，应当考虑在增值业务中允许外商全面进入；在基础业务中加以控制，但也不应排除BOT等合作方式。此外，中国的外资立法存在缺陷，《中外合资企业法》、《中外合作企业法》和《外商独资企业法》中重复的内容达三分之二之多，不同待遇的规定又缺少法理的依据，增加了外资进入的困难。又如，针对信用障碍。由于中国市场经济尚不发达，企业普遍缺乏信用，这就需要法律从外在方面弥补这一缺陷。一方面是增加国家信用，即在移动商务活动中由国家授权的非营利性机构提供信用保证和进行监督，使从事移动商务的交易当事人放心；另一方面，建立和完善信用评级制度，促使企业重视自身的信用和形象，这是发展移动商务的长远之计。

复习思考题

1. 什么是EDI？如何理解EDI与移动商务的关系？
2. 什么是RFID？举例说明RFID在移动商务中的应用。

3. 影响移动商务发展的相关标准有哪些？试述无线网络标准化研究和发展的历程。

4. 移动商务消费者权益保护包括哪些内容？

5. 美国在建设移动商务的政策法律环境方面做了哪些工作？

6. 移动商务交易的法律问题有哪些？如何保障移动商务交易的安全？

7. 论述移动商务立法的必要性。

8. 为什么要保护知识产权？知识产权保护问题有哪些？

9. 保护网络隐私的两条基本原则是什么？

10. 网络犯罪的行为主要有哪些？当前中国网络犯罪的特点是什么？

11. 电子商务法律法规的立法原则有哪些？

12. 简述国际上有代表性的电子商务征税方案及其优缺点。

13. 移动商务法律面临的问题有哪些？中国应如何建设移动商务的政策法律环境？如何构筑中国移动商务法律体系？

第七章

企业移动商务的创建和运行维护

学习目的

1. 了解企业移动商务创建的影响因素和相关步骤；
2. 了解企业移动商务创建的目的和前期评估；
3. 了解企业移动商务创建的准备；
4. 了解企业移动商务的创建实施；
5. 了解企业移动商务运行和维护管理。

第一节　企业移动商务创建的影响因素和相关步骤

企业实施移动商务的内涵在于为移动用户提供自由和价值，彻底改变消费者的生活结构。企业实施移动商务并不是一个简单的过程，而是涉及与之相关的各个方面。企业要真正取得移动商务革命的成功，就必须重视和了解其发展过程中的影响因素。因此，只有具备移动商务发展的基础环境和相关支持，才能推动实施移动商务的企业在全球范围内的迅速发展。在本节中，主要介绍影响企业创建移动商务的因素以及企业创建移动商务的相关步骤。

一、影响企业创建移动商务的基础因素

影响企业创建移动商务的基础因素主要包括：高速发展的无线技术、合理的经营模式、增长的用户基础、电子商务的发展及合适的收费形式。

（一）高速发展的无线技术

高速发展的无线技术为企业移动商务提供了技术上的支持，使得企业可以随时随地完成交易。无线技术是企业移动商务发展的基础，没有无线技术的发展就不存在移动商务。因此，企业要想成功创建移动商务，必须拥有强大的技术支持。

目前，主要的无线技术有无线应用协议（WAP）、通用分组无线业务（GPRS）、CDMA 1x、3G、Wi-Fi、移动 IP 技术、蓝牙技术等。在本书的第四、第五章中已有关于移动商务技术的详细介绍。

（二）合适的经营模式

企业移动商务的发展还需要有与之相适应的经营模式。强大的技术支撑是企业发展移动商务的基础，但要使商务模式真正走向成功还需要先进的经营模式作为保证。

1. 无线产品营销

营销人员将具有独特互动内容的无线通信终端产品，如手机或者袖珍型信息设备，提供给企业的客户。在产品生命周期的扩张期，快速推出数字式的第三代移动通信产品，让消费者传输语音和数据并安全地完成各种移动交易。通过提供以客户为中心的产品设计与支持服务（如分项计费），掌握无线移动网络的网络经济。

2. 推广营销

建立营销平台、渠道和内容,并将三者联系起来,成为一个企业网络,其中包括电信业者、外包制造商、内容供应商、风险基金投资人、订单完成与管理顾问等。借由外包支持服务的方式,掌握移动网络的规模经济,使其茁壮成长。

3. 价格营销

互动式体育娱乐新闻、在线股票交易和移动银行等移动商务形式在年轻人中具有广泛的市场,中年的企业高级主管则希望移动电话拥有语音与资料的交换功能。因此,针对这一特点,价格营销的策略是通过商品定价,把打算卖给青少年的手机价格压到最低,并致力于从这个年龄层和企业主管阶层赚取较多的利润。这可以通过"永远在线"的连接、以用户为中心的内容,以及移动商务的分项计费等各种方式来实现。以价格透明为中心,推出各种声音、影像和数据传输的服务,以及短信、体育或娱乐服务。

4. 细分市场

通过对细分市场进行分析,提高对企业移动商务潜在用户的认知。比如,青少年需要短信服务,中年的企业主管要求语音和资料的传输交换服务,有些家庭想通过移动商务购买商品或服务等。在广泛的人口统计学资料,特别是关于收入、年龄、性别、地区等资料的基础上,重点关注个人价值和个人生活方式,并将这些资料转换成有关用户的营销知识。

营销人员对于细分市场的知识理解需要相当透彻,知道什么样的手机和网络产品、服务能在日本、欧洲、中国,还有全球其他国家流行。营销的重点在于,提供消费者各式各样的信息,刺激他们对新的生活方式产生兴趣,给他们一种崭新的体验。

5. 锁定目标

从目标团体的资料挖掘中得出有关企业移动商务潜在客户的资料。例如,日本"Supli"饮料的主要消费者是年轻的少女,她们十分喜欢 I-Mode 手机上的漫画卡通图案;在芬兰、瑞典,使用诺基亚的大部分是企业主管,这个目标团体喜欢使用 WAP 移动电话来买饮料、付停车费等。由于不同国家文化的不同,相关目标团体的营销知识各有差异。针对每一个目标团体创造"价格—品牌—服务"的价值模式,说服消费者接受移动网络的全新生活方式。

6. 市场定位

将体育、娱乐、饭店、股票交易、网络银行等移动商务产品与服务,定位在能带来收入的目标团体上。特别值得注意的是,消费者并不知道他们的需要会和哪一种移动网络相关,因此对于固定无线、移动网络或 Wi-Fi 无线以太网,营销人员必须发挥其风险分析、财务分析和投资分析的能力,运用所有营销技巧,在适当的时机,以可以接受的成本推出相应的产品或服务。

（三）增长的用户基础

企业移动商务的全面应用还要依赖于其不断增长的用户基础。有需求才会有应用的发展,因此,增长的用户群是企业移动商务不断扩张的又一基础。

拥有庞大的用户群体给经营者带来了网络效应(Network Effect)。用户是企业移动商务发展的核心。大量的用户意味着电信运营商的实力,会促使更多的内容提供商加入到产业链中,从而使电信运营商更具实力。近年来,中国移动通信市场发展迅猛,庞大的用户群体给运营商带来了网络效应。

有调查显示,中国移动用户的年龄以年轻人为主,主要集中在 20—35 岁(比例为 84.0%)。这其中包含了消费群体中的中高端用户,这些用户有追求时尚的需求,又具备一定的经济能力,他们愿意支付一定的费用来获取移动个性化服务。同时,随着手机上网观念的深入,利用 GPRS 手机上网受到不少高端用户的青睐,GPRS 手机发展很快,已占用户的 12.2%。调查还显示了手机市场消费需求的主要期望是对手机功能的期望。调查表明,手机用户已不满足于现有语音与网络功能,人们希望它能具备更多的功能。

由此可见,消费者对于手机功能的期望,不仅仅是一种通信工具、一种便携产品,更希望手机能够整合一些娱乐功能特别是音乐功能以作为随身消遣之用。

（四）电子商务的发展

电子商务给移动商务提供了生长的环境,而移动商务也将以计算机为主要工具的电子商务扩展到了无线领域,使它在更加宽广、更加便捷的领域里运作起来。电子商务的发展为移动商务提供了一个良好的环境平台,更利于移动商务的全球推广。

网络的全球化和市场化,推动了全球电子商务的快速发展。电子商务的市场发展潜力是无穷的,原因有以下两方面:一方面,潜在消费者的发展速度惊人。随着网络的完善和法律的健全,电子商务作为一种新型的交易方式,将越来越多的生产企业、流通企业以及消费者带入了一个数字化生存的新天地。另一方面,电子商务交易额快速增长。据国际著名咨询公司 Forrester 估计,2002 年全球电子商务交易额大约为 22 935 亿美元。到 2006 年可能达到 12.8 万亿美元,占全球零售额的 18%,年均增长率在 30% 以上。

电子商务经过近十年的发展不仅为全球经济带来了数千亿美元的增长，更通过技术革命和观念革新改变着交易模式和管理流程，从而从根本上影响着产业的发展和变革。经过无数的技术创新，电子商务在发展过程中不断地提升。十年间信息处理终端的计算能力倍增而体积却不断缩小，网络环境经历了从窄带到宽带、从有线到无线、从语音到数据并向多网合一的变化，即将到来的3G时代更将在应用设备与网络环境方面彻底改变电子商务的发展方向，“电子商务的移动信息化”将成为未来的主题。

(五) 合适的收费形式

企业移动商务的发展还取决于其合理的收费政策和形式。

价格因素始终是决定用户使用的关键因素，企业移动商务的开展也不例外。尽管现在移动商务已经在不同程度上进行收费服务，但鉴于付款方式及消费者的心理承受能力等因素的影响，目前还不成熟。

二、影响企业创建移动商务的其他相关因素

企业实施移动商务的其他相关因素涉及移动设施、社会、经济、政府、法律、人等各个方面，它们共同协作，影响着企业对移动商务实施的各个过程。

(一) 社会发展需求的促动

人类社会发展的总趋势是由技术经济的低级状态向着高级状态转变。从人类技术发展历史来看，以往的各种技术已经把人类社会的物质文明提高到了一个相当高的程度(当然这是以发达地区为代表而言的)。

在信息时代，信息技术的广泛应用已经渗透到人类社会、经济的各个领域。在全球经济一体化的今天，各个国家的商务实体需要随时随地在全球范围内进行采购、订货、生产、配送、交易、结算等一系列的经济活动。所有的商流、信息流、资金流、物流等贸易要素都在全球范围内流动，那么进行商务活动的主体也要具备流动性，用电子商务方式来获取这些流动的信息已不能满足人们的要求，这就使得企业移动商务在此基础上发展起来。

现在，美国、日本等发达国家的企业在开发利用移动商务方面已初具规模，而新兴的发展中国家的企业近年来也开始注重移动商务的开发利用，否则，将永远无法摆脱在经济上对发达国家的依赖。

移动商务可以满足日益复杂的社会需求。随着无线网络技术的完善，如今传统的电子商务模式面临着一次新的革命，即从有线的电子商务形式转变到移动的电子商务形式，人们的生活方式又将发生质的突变。

（二）人的知识与技能的推动

企业移动商务的推动最离不开的就是人的作用。

首先，移动商务是一个社会性的系统，而社会系统的中心是人；其次，移动商务系统实际上是由围绕商品交易的各方面代表和各方面利益的人所组成的关系网；最后，在移动商务活动中，虽然十分强调工具的作用，但归根结底起关键作用的仍然是人，因为工具的发明、制造、应用和效果的实现都是靠人来完成的。所以，强调人在企业移动商务中的决定性作用是必然的。也正因为人是企业移动商务的主宰者，所以有必要考察什么样的人才是合格的。

很显然，企业移动商务是互联网技术、移动信息技术和商务活动的有机结合，所以能够掌握移动商务理论与技术的人才必然是掌握互联网技术、现代化移动信息技术和商务理论与实务的复合型人才。而一个国家或地区能否培养出大批这样的复合型人才，就成为该国家或地区发展移动商务的关键因素之一。

（三）经济发展水平的持续提高

企业移动商务也是经济发展水平持续提高的产物。社会化大生产和市场经济以及全球经济一体化的发展，需要不受时间和地点、不受气候和环境限制的移动商务。移动商务的出现，满足了企业随时随地进行商务运作、摆脱有线上网限制的需求，这是完全不同于以往的商业网络模式。

（四）政府和企业共同推进

政府和企业在移动商务的发展中扮演着至关重要的作用。它们是移动商务应用的参与者和承载者。缺少了政府的支持和企业的实践应用，移动商务将停留在概念形式，而无法产生巨大的经济和社会效应。为了共同推进移动商务发展，需要做好以下几方面工作：首先，政府应大力扶持整个移动商务的产业；其次，政府要大力推动内容服务提供商的发展，内容服务对移动商务发展的影响巨大；最后，企业和政府共同合作，重视和发展移动商务，并制定出相应的科学战略规划。

（五）各行各业的积极参与

移动运营商、金融机构、信用卡公司、能够提供良好的端到端解决方案的应用开发商以及服务批发商等，是支撑起一个强大、可行的移动商务行业的关键参与者。对每一个参与者来说，它们都需要有一个清晰的角色定位，以便能够把握机会或者准确进行人力、财力等资源投资，以此来发展移动商务。

三、企业移动商务创建的相关步骤

（一）企业移动商务创建的目的和前期评估

在正式创建企业移动商务时，首先必须明确企业移动商务创建的目的，并进行相关的前期评估。如果不能首先明确创建企业移动商务的目的，那么创建企业移动商务就变成了无的放矢，单纯为了创建而创建，也就失去了本身的意义，从而导致企业移动商务的失败。同时，在明确企业移动商务创建的目的后，还要进行有效的前期评估，特别是成本和效益评估，以确定企业移动商务创建能促进企业的经济转换，有利于未来企业的发展。

（二）企业移动商务创建的准备

在明确了创建企业移动商务的目的，并进行了有关的前期评估后，就进入到了创建准备阶段，主要是对企业移动商务系统的实施进行分析和设计。相对而言，企业移动商务创建的准备阶段是整个移动商务系统创建的关键环节，也是比较烦琐的环节。在这一时期，企业决策层的支持是推动企业移动商务系统创建实施的重要力量。

（三）企业移动商务的创建实施

企业移动商务创建就是将移动计算技术与其他信息技术相结合，实现战略设想和功能框架所依附的应用平台，实施并具体化企业移动商务系统。事实上，企业移动商务的创建实施阶段是企业移动商务的具体化阶段。有了前期的评估和准备，移动商务创建只需按照一定的步骤和规范就能够迅速创建起来。一般来说，企业移动商务的创建包括两个方面：一是企业内部网的创建，二是企业前台移动商务网站的创建。同时，由于商务活动的特殊性，企业移动商务的创建还要特别注意安全方面的控制。

第二节　企业移动商务创建的目的和前期评估

任何事物在人为创建之前，必然要首先明确其产生的原因和目的，企业移动商务的创建也不例外。企业移动商务创建必然要达到一定的目的，实现一定的目标。此外，在明确目标的同时，还要进行必要的前期评估，特别是成本和效益评估。本节主要介绍企业移动商务创建的目的和前期评估。

一、企业移动商务创建的目的

企业创建移动商务的目的主要体现在企业移动商务对商务活动主要环节、

企业客户群和企业运作的影响上。因为无论企业要创建怎样的移动商务,其目的都体现在上述三个方面,即改善商务活动的主要环节、增加企业客户群和提高企业的运作能力。

(一) 企业移动商务对商务活动主要环节的影响

企业的商务活动主要包括五个主要环节:市场、销售、订货、交付以及售后服务。其基本的商务流程如图 7-1 所示。

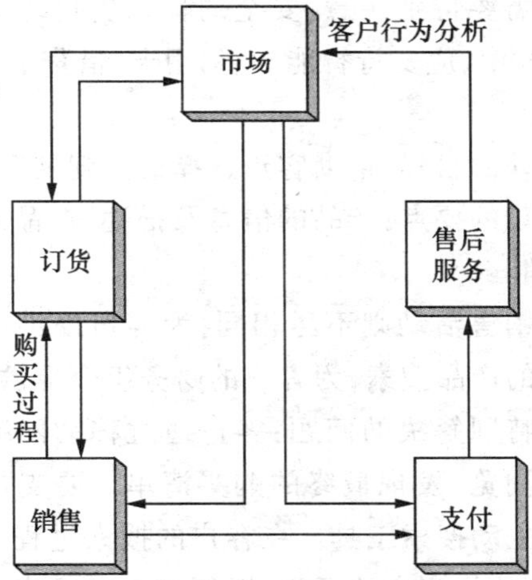

图 7-1 企业商务流程图

在移动商务环境下,这些环节都可能有一定的变化,各环节需要实现的基本目标及可能的变化如下:

1. 市场

(1) 传统市场活动的目标:增加客户对企业及相关产品的认知程度,了解企业的服务;为企业发现潜在的商机;挖掘潜在的客户,发现客户需求;培养客户的忠诚度。

(2) 传统市场活动的要点:企业形象,产品的竞争力,激发客户的需求。

(3) 移动商务和传统市场活动的目标是一致的:寻找新的客户,优化产品,交叉销售产品,客户管理。

(4) 移动商务应特别解决的问题:对 B2C(企业对客户)应具备保持和巩固客户的能力,通过新的移动化手段增加吸引客户的能力;对 B2B(企业对企业)应采取新的手段,为企业提供更新、更灵活的移动销售方式。

2. 订货

(1) 传统订货活动的目标:为客户选购提供方便,良好的支付形式和手段。

(2) 传统订货活动的要点:产品信息如何被客户收集,报价,价格协商手段,折扣,附加费用(运输、包装等),支付及支付确定,支付前的追踪。

(3) 移动商务的订货过程与传统的支付不完全相同,表现在:实时的采购过程,在线报价和价格计算,远程协商,电子支付。

(4) 移动商务中需要特别注意:安全的移动支付环境;保证购买行为的可信和真实;在 B2C 模式中,应支持智能卡、信用卡、借贷卡等方式。

3. 销售

(1) 传统销售活动的目标:帮助客户选择或找到其需要的产品。

(2) 传统销售活动的要点:产品的信息及描述,产品对客户的吸引力,如何发现产品,买前的推销。

(3) 移动商务的销售活动则不尽相同:为客户提供可组合的、灵活的购买计划,提供方便、易用的产品搜索,为客户的财务组合提供帮助。

(4) 移动商务应特别解决的问题:客户通过移动网络执行销售任务,意味着通过移动商务系统浏览、发现最终的购买清单。要支持这一点,应当提供足够的备选产品和客户主动搜索工具。在客户的搜索过程中,在客户发现需要购买的产品前,应由系统分析客户的行为,以便尽快发现客户的潜在需求,主动为客户服务。购买行为发生后,应当记录客户的搜索过程,分析其行为及发生再次购买行为的可能性。

4. 交付

(1) 传统交付过程的目标:执行订货过程的结果,完成产品所有权的转移,交付过程包括产品的包装、运输和递交。

(2) 传统支付的过程:收取交易及商品费用,交付产品。

(3) 移动商务的交付包括产品的交付过程,但它对交付过程起全程信息支持作用;交付过程可视化,订单可追踪。

(4) 移动商务需要特别注意的是:在移动商务中,交付过程应当是可定制的,包装、运输、递交过程可以预先设计;应允许客户的个性化需求,允许用户对供应过程进行动态调整,如变更交付日期、运输方式等。

5. 售后服务

(1) 传统售后服务活动的目标:确认订单的执行情况,提供客户支持;积累和分析商务过程,为市场活动提供依据。

(2) 传统售后服务活动的要点:订单完成情况的检查,产品使用的反馈,订货及客户历史记录,客户行为分析。

(3) 移动商务对传统服务提供更新支持,这些支持反映在服务方式、内容及服务速度等方面:提供随时随地、动态的客户服务,服务的及时反馈,"一对一"的个性化服务,自助式服务等。

(4) 移动商务需要特别注意的是:在移动商务中,服务是商务活动的起点而不是终点;个性化的满足。

企业的商务活动除了以上环节外,还包括企业内部的管理活动(如财务、人力资源等)、供应链管理(运输、保管、配送等)。

(二) 企业移动商务对企业客户群的影响

为了向顾客提供更优质的服务,减少不必要的购物中间环节,提高运作效率,缩短交易时间,企业必须与顾客建立直接的联系。通过移动商务为顾客提供以下四种形式的服务:

1. 为客户移动谈判和完成商品交易提供方便

企业的移动商务系统应当能够向顾客提供销售商所能提供的各种服务。例如,一个销售各种演唱会门票的公司应能使顾客方便地在线或移动订购各种门票,浏览该公司网址的客户可以按演唱会的日期、特征及演员等情况进行查询,还可以随时随地订票,进行电子支付,跟踪订票的执行情况,甚至可以通过公司网址直接与物流配送部门联系,缩短送货时间。

2. 为客户提供最方便的检索手段,促进交流

企业移动商务网站的一个基本功能,就是能够全面、详细地介绍企业及企业产品。事实上,企业可以把任何想让人们知道的东西放到网站上,如企业简介、生产设施、研究机构、产品外观、功能及其使用方法等,都可以展示在网上,顾客在网上就能看到自己想要购买的商品。例如,在西单商场 Internet 购物中心有上网产品 3 000 余种,主要包括软件、图书、家用电器、百货等。网上对产品的介绍包括基本信息(价格、品牌、牌号、规格等)、文字介绍和图片三个方面。部分产品为移动订购者提供优惠价格,同时所有上网商品在北京市区范围内提供免费送货上门服务。目前,移动商务系统以提供服务和交流信息为主,它促使客户更多地了解企业所开展的活动和服务,同时通过短信息中心向顾客提供各种优惠活动信息。

3. 使更多客户了解企业产品,为企业提供新的商机

企业的移动商务系统应能为企业提供开发全新的商品和服务市场的机会,

如进行网络支持服务、无线网络接入服务、内容服务，以及各种各样的移动服务等。这样，企业就可以利用其商务系统开拓国内国际市场。企业在 Internet 上发布的信息，可以为企业带来更好的发展机遇，招揽更多的客户。

4. 为客户提供低成本、高价值的新服务

一个企业应能从其详细的客户资料中提取信息，为顾客某些方面的问题提供有益的服务。客户若对某一产品存有疑问，可通过公司的移动售后或咨询系统向公司询问，或从他人使用该产品的经验中受益。此外，移动交易取代传统的电子商务营销方式，提供了更高级别的服务。移动商务的真正价值在于它为企业创造了一个巨大的买方市场，这个市场具有交易便利、信息便捷的优势，并且还有容易沟通的特点，采用传统电子商务营销方式的竞争对手是难以做到的。

（三）企业移动商务对企业运作的影响

一般而言，企业利用移动通信技术开展移动商务，可以为企业提供以下几种明显的商业机会：

1. 拓展市场范围

由于无线网络无时间和地域的限制，企业通过门户网站进行网上销售活动、提供在线服务，直接与顾客（或重要的销售商、供货商）建立联系，可以面对更多的消费者，把市场延伸到世界各个角落，并在商业活动中越过一些不必要的中间环节。

2. 维系客户关系

企业可以通过移动商务系统中的移动营销环节不断发布关于产品的最新信息，让客户及时了解企业的发展情况，从而吸引更多的客户参与。企业还可以利用移动商务系统中的移动客户服务开展广告宣传和公关活动，保留和争取更多有价值的客户，使更多的客户了解企业及其产品和服务，为新老客户提供产品及与其相关的各种活动。

3. 提高工作效率

通过建立信息服务网络，还可以提高企业提供售后和配套服务的效率和能力，加强管理，及时发现情况并进行处理，提高相关部门的调度能力。这样可以帮助企业实现销售和售后“一条龙”服务，以及销售信息的更大范围的利用和管理。就企业内部管理而言，可以建立虚拟企业管理环境，规范岗位责任和工作模式，建立规范和自动化的内部管理流程，完善内部管理机制。通过移动商务可以对企业原有的信息系统进行整合，促进信息的共享，降低成本和研究开发周期，提高信息处理能力和效率。

总之，应在企业开展移动商务之前，明确企业创建移动商务的目的，并着重分析以下内容：企业哪些商务活动会受到移动商务技术的影响而可能发生变化；可以采取哪些新的方式开展商务活动，是否需要采用新的服务方式开展企业的商务活动，原有的商务活动是否用新的方式取代；是否需要向用户提供个性化服务。在此基础上，才能谈及其他的细节问题。从企业的实际情况出发，制定一个稳妥的移动商务战略。

二、企业移动商务创建的成本评估

移动商务由于具有潜在的增长性而日益受到企业的高度重视。人们通常认为，移动商务能给企业带来巨大的商机，但却容易忽视开展移动商务的成本。当企业决定投资开发移动商务系统时，在接下来的几年里，该企业必须继续追加投资，以确保前期投资的回报。因此，企业可能会陷入一种两难的选择：激烈的市场竞争使得企业必须不断进行创新，积极开展移动商务，但未来难以控制的成本和难以预测的收益又常使企业裹足不前。因此，正确认识移动商务的成本，对于企业进行网络及其他信息技术的投资是十分必要和紧迫的。一般而言，开展移动商务的成本包括内部成本和外部成本两大类。

（一）内部成本

内部成本包括以下五种成本：

1. 硬件成本

包括实施移动商务所需的计算机设备的购买开支。PC 机、服务器、路由器、交换机、移动终端等都是企业开展移动商务必不可少的设备，而这些设备的发展和更新换代是十分迅速的，从而使硬件的投入、更新成为一项经常性、长期性的投资项目。

2. 软件成本

包括系统软件部分和后期开发的应用系统的开发成本。在移动商务中，软件是企业成败的关键。由于软件的发展速度很快，生命周期较短，使得软件的成本相当高昂。同时，软件的成本要受到移动商务系统的结构及移动商务在企业内部应用推广的程度的影响。

3. 移动商务系统的运行与维护费用

企业的移动商务网站建立后，需要时时更新网站上的信息，并对软硬件系统进行维护。企业信息技术部门需要倾注大量的精力提供系统维护、信息管理等服务，以确保对业务部门的技术支持，保证网络系统的可靠性、安全性以及效益。

4. 人员成本

实施移动商务需要得到管理信息系统员工的支持，同时也需要一批移动商务专业人员的参与和支持。这也构成移动商务成本的一部分。同时，人员成本中还包括培训费用。培训费用主要包括由卖方提供的培训及公司内部提供的培训所产生的费用。大多数培训在使用移动商务之前发生，另一小部分是对员工的在职培训，目的是为了让已在从事移动商务工作的员工继续进修和深造，以了解和学习新技术和有关标准方面的变化和进展。这些费用一般发生在移动商务运行以后。

5. 风险防范成本

企业开展移动商务所面临的风险很多，主要包括病毒和网络犯罪两方面。病毒的危害大家肯定都有所体会。网络犯罪除了一些网络黑客通过编制病毒对企业网络进行无意或有意的破坏外，还有一些犯罪分子通过网络盗窃企业机密，从而直接获取非法经济利益。值得注意的是，网络犯罪的金额往往较大。如果企业试图避免风险防范成本，可能会导致更大的损失。因此，与网络紧密相关的这些风险成本应视为成本管理中的必要组成部分。

（二）外部成本

外部成本包括以下两种成本：

1. 企业间的通信成本

包括企业与业务伙伴之间进行移动商务活动时需要支付的通信费、入网费和网络服务费。

2. 观念转化及信用成本

目前，中国企业计算机及移动通信技术的应用水平还比较低，而使用计算机的企业大多是进行文字处理工作。也就是说，生产、资金、销售、信息以及库存、人事等方面的管理，大多没有实现电子化，更谈不上网络化了。因此，企业对移动商务的需求很少，移动商务客户还没有大量出现，在这种情况下，企业开展移动商务的成本很高。另外，中国企业的信用程度普遍很低，消费者往往会担心支付了货款后，得不到自己购买的货物。由此可以看出，企业移动商务的进行会受到客户观念的影响。若企业推行了移动商务，而客户群体却不能接受，企业恐怕会在转变客户观念上耗费很多成本。

三、企业移动商务创建的效益评估

具体来讲,开展移动商务将使企业在以下六个方面获益:

(一) 树立良好的企业形象

良好的企业形象对于一个企业的生存和发展至关重要,在传统的商务环境中,企业需要长期的努力才能获得一定的知名度。在电子商务环境下,尤其是移动商务环境下,企业可以在很短的时间内做到这一点。首先,企业通过在Internet上建立自己的企业网站,开辟一个可以全面展示企业的虚拟空间,及时向公众公布企业的各种经营数据、新产品信息及服务承诺,经济、快捷地建立良好的公众形象;其次,移动商务可以帮助企业及时获得来自市场和顾客的反馈信息,有利于对市场需求做出迅速调整和反应,更好地服务于顾客,提高企业的声誉;最后,率先建立网站并能提供友好的界面和优质的产品与服务的企业,是其竞争实力的表现。

(二) 降低交易成本

1. 降低采购成本

原材料采购是一个程序繁杂的过程,移动商务可以帮助企业加强与主要供应商之间的协作关系,形成一体化的信息传递和信息处理体系。在移动商务中,企业可以实时地变更采购计划,并及时通知采购人员,避免预先订购、重复订购,降低了这部分成本。

2. 降低营销成本

建立和维护企业移动商务系统需要一定的投资,但与其他的销售渠道相比,使用Internet的成本较低。调查结果显示,利用Internet作为广告媒体进行网上促销,销售额可以增加10倍,而费用只是传统广告的1/10。这主要是因为,网络的交互性使经营者更容易获取用户信息以降低营销决策成本。在传统的销售模式中,销售商与顾客之间更多的是一种单向的信息传递过程,即销售者在销售过程中竭尽全力促使销售对象能够更多地了解自己,而他所能接收到的顾客反馈信息微乎其微,在这些信息中,能够通过加工并反馈给管理者以支持其决策的则更少。移动商务则为信息沟通的多元化提供了可能,因而也降低了营销决策成本,经营者可以通过论坛、投票、短信息调查等方式获得有用的信息。另外,一名推销员所能负责的客户极限是他能够亲自走访或电话联络的客户数。当客户数量增多时,推销员也将增多。但是,利用移动商务进行销售活动则不需推销员用电话联络或登门拜访就可以增加新的客户。因为此时的销售职能是由网络服务器来完成，而不是由固定在某个区域的店铺或销售人员来承担，它的范围只受服务器对询问和订货的反应能力的影响。移动商务还可以使一些传统的销售机构运行得更加有效率，因为有了自动订货处理能力，销售代表可以把时间更多地花在建立和维护客户关系上。利用移动商务网络直接进行营销可以缩短再订货周期，增强销售新产品的能力。此外，网上提供客户服务可以大大减少客户拨打免费咨询电话的次数，从而节省了开支和人员投入。

（三）降低管理成本

通过移动商务管理企业活动的一大特点是无纸办公。传统的办公室总是堆满大量的文件，文具费、纸张费、印刷费是办公室的例行开支，而且办公人员还要对文件进行装订、分发和一些必要的销毁，档案管理还要占用有限的办公空间，耗费了大量的人力、物力。移动办公解决了这一难题，通过企业内部网，上级可以向指定的或所有的下级下发文件，下级也可向上级传送工作报表等文件，一些绝密的文件可以通过加密方式传输；档案管理仅需要一台带有数据库程序的服务器就可以实现，而且还可以利用查询系统快速地调出文件；如需打印文件，可以通过打印服务器使一个组织共用一台打印机，既节省了办公成本，又利于办公设备的管理。另外，由于信息的流通，会议的时间可以减少，旅程也相对减少，还可以节省大量的人工，从而降低了内部管理成本。

（四）减少库存

如果产品生产周期长，企业需要较高的原材料库存量来保证生产进度，以及较高的成品库存量来保证按时交货。这不仅增加了运营成本，而且减缓了对客户需求变化的反应速度。而只强调低库存量又可能造成供货短缺。企业若想既满足客户不断变化的需求，又降低运营成本，就只有提高劳动生产率和库存周转率。移动商务可以做到这一点，甚至可以做到“即时产销”，从而实现“零库存”，即在与原材料供应商、中间商甚至消费者之间共享信息资源的条件下，将实时的市场需求信息融入生产体系，使需求量、生产量、原材料供应量协调一致，保证生产出的产品无须库存等待就可及时地到达消费终点。

（五）降低客户服务成本

企业可以将产品介绍、技术支持、常见问题解答等信息全都放在移动商务网站上，并利用信息中心及时地向客户进行宣传，这样企业的客户服务部门的工作量将大大减少，客户服务成本也将随之降低。任何一个厂商的支出必然要分摊到供应商和客户的身上，只有降低支出，才会为客户和供应商带来福利，才会提高客户满意度，并与供应商建立良好的合作伙伴关系。

（六）提高经营管理效率

企业之间的移动商务交易活动能够在无人干预的情况下，在最短的时间内完成原料采购、产品生产、需求与销售、银行汇兑、保险、货物托运及申报等过程。买卖双方从交易的洽谈、签约到货款的支付、交货通知等都在移动办公中进行。畅通、快捷的信息传递可以保证各种信息之间互相核对，防止伪造信息的流通，克服了传统贸易方式费用高、易出错、处理速度慢等缺点，极大地缩短了交易时间，使整个交易快捷、方便、有效。另外，移动商务能够提供每天24小时不间断的服务，因而有利于企业扩大销售市场，提高客户满意度。

第三节　企业移动商务创建的准备

在企业明确移动商务创建的目的并进行了基本的前期评估之后，便进入了移动商务创建的准备阶段。准备阶段是一个比较烦琐的过程，但却是企业移动商务创建比较关键的一个阶段。本节主要介绍企业移动商务创建的一般准备和移动商务创建准备的关键。

一、企业移动商务创建的一般准备

（一）制定实施移动商务的计划

企业开展移动商务需要做很多事情，包括定义顾客群、调查移动商务对业务的影响、确定移动商务的目标、进行成本效益分析、确定由谁提供和更新移动商务系统的内容、人员的组织、软硬件的选择、ISP的选择、信息的收集、系统的建设与维护、搜索引擎的注册、确定移动商务系统需要提供哪些交互性应用、数据库的选择等。针对以上这些具体的任务，企业应根据自己的实际情况确定哪些需要纳入实施计划，以及每项任务的时间、人员的安排，确保企业的移动商务建设有条不紊地实施。

（二）企业业务分析

在开发一个移动商务系统前，必须对企业的业务范围以及业务情况进行分析。只有这样，开发出的移动商务系统才具有实用性，才能达到移动商务系统的真正目的。对企业业务进行分析应主要包括以下几点：

（1）分析企业属于哪个行业。这一点很重要。例如，一个金融企业和一个生产制造企业的移动商务系统，其重点是不一样的。金融企业可能更侧重于电子支付系统的改进，而生产制造企业可能更侧重于业务流程中一些环节的移动化。

(2) 分析移动商务能给企业带来哪些具体的好处。通过此项分析，可以进一步确定企业哪项业务最需要移动化。

(3) 企业的运作情况如何？其市场占有率是在提高还是在下降？利润如何？通过此项分析，可以确定移动商务的投入水平。

(4) 企业的业务在未来是否要进行扩展？通过此项分析，可以对移动商务系统的开发做阶段性计划，以便于分步骤实施。

(三) 设计适合本企业的移动商务系统

1. 设计原则

(1) 适合性。要以企业的实际为出发点，设计适合本企业的移动商务系统。服务器和网络方面以优化通信流量、提高系统的管理性和安全性为重点。

(2) 可靠性。该平台正常运行后，由于面对的是广泛的全球移动网客户，因此系统应能够提供每天 24 小时、每周 7 天的不间断运作能力，为客户提供高度可靠的运行保障。

(3) 安全性。互联网是一个标准开放的网络，在网上进行各种商务活动随时可能面对黑客的攻击、病毒的侵袭等。因此，确保网上信息流通的安全十分重要。安全不仅仅是一个技术问题，还涉及系统的管理、法律法规的保障等。

(4) 可扩展性。互联网具有巨大的商务潜能，没有人可以确切预计系统的最终访问量和最佳的商务运行模式。因此，系统设计的原则之一是可扩展性。随着企业移动网络平台业务量的扩展和平台访问量的增长，系统应该能够具有很强的扩展能力，以适应新业务的发展。

(5) 美观性。良好的视觉效果与强大的功能同等重要，它可以突出企业文化的特色和定位。

(6) 实用性。网站所提供的各项信息、服务等要做到实用，真正能够使网站为用户带来方便。

(7) 交互性。各项在线服务的提供，以及友好的对话关系，可以极大地改善企业的办事效率和形象。

(8) 宣传性。提供实用的宣传功能，使之成为企业自身宣传的重要载体。

2. 从企业的角度进行设计

决定如何设计企业移动商务系统的一个有效方法是首先检查企业的商业战略。如果企业追求的是客户关系的市场营销发展战略，移动商务系统就要尽可能地支持这个战略。如果企业追求的是大规模定制的战略,那么移动商务系统必须通过收集数据的功能来支持这个战略。下面我们分别从所提到的两个商业战略来分析如何设计一个移动商务系统应具备的功能。

客户关系管理战略要求企业从客户的观点出发来考虑如何为客户提供更多、更好的价值,要求解决好客户可能遇到的所有问题,它贯穿于企业必须具备的许多功能,包括销售管理、营销策划、具体实施、分销策略和售后服务。在移动商务的应用中,主要表现为三个方面:销售自动化、客户服务自动化和市场营销自动化。

因此,从客户关系管理的商业战略考虑,一个移动商务系统的功能应该包括下面四个方面:

(1) 销售自动化即网上销售。该功能够帮助移动网上的购买者购买到满意的商品。该功能的设计强调系统作为购买决策支持系统,能够帮助客户在购买商品的时候做出正确的决定。

(2) 客户服务自动化。该功能对移动网上的用户提供服务,特别是个性化的服务。

(3) 市场营销数据收集、分析自动化。该功能集中在对客户信息的全面收集上。这些数据的收集是企业制定市场营销决策和发展战略的基础。

(4) 其他支持功能。移动商务系统不仅是企业交流的渠道,还是一些其他的信息沟通渠道。

大规模定制战略是指商家为消费者提供个性化的产品,价格又和传统大批量生产的产品相差不大。和客户关系管理相近,大规模定制同样强调对客户提供增值服务。不同的是,大规模定制在产品生产上对不同的客户根据需求提供不同的产品,其关键是通过降低固定资产来削减成本。移动网络能使客户和商家更快地进行双向互动交流,企业移动商务系统因而能够使商家从每一个订单开始更好地了解客户的需求。然而,如何通过网站界面来了解客户需求,从而进行产品定制却是一件复杂的事情。这就要求系统设计时尽量考虑到客户需求,通过帮助客户进行购买决策分析,让客户感到在网上购买自己所需要的产品很方便。

3. 从客户的角度进行设计

移动商务系统应该为客户的购买决策提供支持。传统的消费者购买决策过程包括五个阶段:问题识别、寻找信息、选择评估、购买决策和购买后的行为。问题识别阶段发生在消费者感知到他目前的状况和想要的状况存在差别时。

它可以由外部的刺激所激发，比如，当闻到食物的香味时，本来不怎么饿，也会产生想吃的感觉。消费者一旦有了需求，就会尽量寻找信息来设法满足这个需求。信息收集帮助消费者认清各种竞争的品牌、产品及它们的特点。如果消费者认为产品不能很好地满足需求的话，他们在信息寻找过程中也不会花很多工夫。比如说，消费者仅仅从侧面渠道找些线索，而不是非常具体、细节的产品信息。信息收集的结果影响到消费者对可选择产品的特点、特性的认识，从而决定购买哪种产品。消费者会根据自己的经验、内部或外部信息来形成对产品的认识。经过对可选择的对象进行评价后，消费者决定购买他认为能够更好地满足自己需求的产品。还有一些潜在因素会影响消费者的购买决定，如品牌选择、挑选卖家、购买量、购买时机、付款方式等。购买后的行为包括消费者满意或不满意的水平。企业总是通过尽量满足客户需求来巩固和客户的关系。所以，良好的企业移动商务系统要能够提供与消费者购买决策各个阶段相关的信息。

（四）设备与环境的准备

主要指企业移动商务平台的选择。良好的移动商务平台是建立一个好的移动商务系统的基础。一般来说，移动商务平台的选择包括对网络系统、硬件、操作系统、数据库及网络安全措施的选择。

对于网络系统，应根据对网络带宽的要求和企业的投资力度来选择交换机、路由器等网络设备。最好选择同一品牌的产品，以便于统一管理。

在考虑移动商务网站的域名申请时，可以在域名管理机构或代理机构申请。

对于硬件，应根据外部对企业移动商务网站访问量的估计和投资力度选择微机服务器、小型机或集群系统以及必备的移动终端等。

操作系统的选择应从性能、安全性、稳定性、易用性及系统管理员对某种操作系统的熟悉程度来考虑，主要有 Unix、Linux、Windows 2000、Windows NT 等。

数据库的选择应从数据量、外部对企业移动商务网站的访问量、投资力度等方面来考虑。如果数据量大，外部对企业电子商务网站的访问量大，且有足够的投资，可以考虑用大型数据库，如 Oracle、Sybase、DB2。如果投资不是很多，数据量不是很大，且外部对企业电子商务网站的访问量不是很大，则可考虑选用 MS SQL Server。在投资较少时，也可以考虑免费数据库，如 MySQL。

网络安全措施的选择主要是指防黑客、防病毒方案。包括加密机制、签名机制、分布式安全管理、存取控制、防火墙、安全万维网服务器、防病毒保护等。

（五）管理及人员的准备

在移动商务环境下，传统的管理模式已经不能适应移动商务发展的需要，企业应做好向现代管理模式转变的准备。从物流、资金流、信息流集成的角度出发，建立一个敏捷、顺畅、灵活多变的供应链系统，只有这样才能协调好企业内部、供应商、合作伙伴之间的关系，满足客户的个性化需求，快速回笼资金；同时在采购、制造、管理、销售等环节上加强预算和资金控制，节省成本，从而把节省的利润空间留给客户，为客户提供更为便宜的产品。因此，企业要为开展移动商务准备所需的管理人员、技术人员、市场人员、服务人员。

（六）取得企业决策者的最大信任和支持

高层领导如销售副总、营销副总或总经理，他们一定要是移动商务建设的支持者。只有这样，他们才能在实施过程中起到不可或缺的重要作用：首先，由于移动商务的实施必然涉及企业组织结构的改造和业务流程的优化，因此需要这样的领导来为其设定明确的目标，并且推动工作的进行，化解工作过程中产生的矛盾，平息可能产生的冲突；其次，他们可以为项目实施团队提供来自各职能部门的优秀人才，以及足够的财力、信息和争取达到目标所需的必要时间；最后，他们要确保企业全体员工认识到实施移动商务对企业生存的重要性，并在项目出现问题时，激励员工解决问题而不是打退堂鼓。

（七）建立以客户为中心的管理理念和企业文化

目前，企业管理者中有相当一部分人的管理理念依然停留在过去强调提高运营效率和创造利润的阶段，而忽视了建立和维持良好客户关系的重要性，缺乏全局观念，对部门间协同合作的重要性认识不够，在信息的及时沟通与交流上做得不够，在实际工作中忽视对客户信息的收集和整理，忽视客户忠诚度的提升，结果导致客户信息的缺失和客户的大量流失。

鉴于上述原因，在实施移动商务的过程中，企业一定要有一个以客户为中心、将客户视为战略性资产的远景规划，建立合适的管理模式，逐步认识到建立和维持良好的客户关系已成为获取独特竞争优势的重要手段。此外，还需要培养各部门管理者协同合作的观念，并在实际工作中努力打破部门壁垒，培养企业所有人员都坚持以客户为中心的企业文化。

二、企业移动商务准备的关键

（一）转变观念，珍惜机会

开展移动商务首先应该树立起新的观念，具体包括：第一，树立信息化、知识化管理的观念。加大信息化设备投资,实现企业经营管理信息的采集、处理、存储、传输和分配的自动化,实现知识化、信息化管理。第二,确立知识是关键生产要素的观念。充分理解知识是生产和经济增长的内在因素,逐步认识到知识可以提高投资的回报,而高回报又可对知识积累产生正反馈放大效应。第三,确立经营管理的人性化观念。在移动商务环境下,以知识为核心、以信息化为结构体系的生产经营管理更加强调企业的团队文化和文化人的参与,人性化观念不可缺少。第四,改变传统资产的狭隘观念,确认企业的无形资产及其在高新科技企业的资产主体地位。总之,移动商务首先带来的是企业观念的创新和转变。

目前,移动商务正处于发展的初级阶段,因此大部分企业有条件在移动商务领域进行平等、自由的竞争;同时,移动商务关系到国计民生和未来综合国力,政府应采取大力扶持政策。另外,因为移动商务的潜在利益巨大,资本市场融资相对容易。因此,企业应把握好这一良机,适当、适时介入移动商务领域。

(二) 改革管理方法

企业应实现硬、软管理相结合,并逐步过渡到软管理。硬管理指机构、组织、计划、控制等技术性、经济性管理;软管理指通过企业文化建设激发员工的荣誉感,从而达到使员工自我管理、自我控制、自我激励的目的。而在激励机制上,应弱化对过程的控制,将绩效评估作为对员工考核的重要手段,同时给员工以更大的时间弹性和空间自由,强化个性化管理,放松经济性强制管理,充分发挥员工的积极性和创造性。

(三) 加强硬件建设

企业内部应在政府基础设施建设的基础上,加快企业信息化建设的步伐,拓展电子商务业务领域,同时要遵守国家及有关部门制定的相关法律法规、技术标准和安全管理规定。

(四) 重视人才培养

企业应该从资本决定论向人才决定论转变,把企业的竞争定位为人才的竞争,同时采取切实可行的措施来保证人才对企业资源的合理运用,并明确这种合理运用将为企业带来更高的效益。

(五) 克服弊端,防患于未然

首先是商务活动本身的风险问题,外部的风险可由政府通过制定相应法规加以规避,而内部的风险只能由企业自己加以防范。移动商务的广泛推行,使企业对商务活动的控制变得更加无形和抽象。其次,从事移动商务人员的风险也在增加,企业的移动商务设施可以同时用于其他非正常途径,而且不易察觉。因此,企业应不断总结经验,建立风险防范制度,以保证电子商务的良性发展。

第四节 企业移动商务的创建实施

企业移动商务创建就是将移动计算技术与其他信息技术结合,实现战略设想和功能框架所依附的应用平台,实施并具体化企业移动商务系统。通过这种改革给传统的商务活动带来巨大的实质性变革,同时也促进企业在采购、生产以及销售等一系列活动采取新的形态,从而给整个社会经济生活,乃至社会的其他方面带来深远的影响。具体来说,企业移动商务创建包括企业内部网的建设以及企业前台移动商务网站的建设两个部分。在本节中,首先整体介绍企业移动商务应用的体系结构和系统功能层次,然后就企业内部网和前台移动商务网站的建设分别进行阐述。

一、企业移动商务应用的体系结构和系统功能层次

(一) 移动应用的体系结构

移动应用的体系结构是整个移动商务技术平台的框架。从拓扑结构的角度,它指的是移动应用中的功能组件的部署位置和互相通信协作的方式;从系统功能层次的角度,它代表了移动应用系统的分层功能模型。图 7-2 是一个涵盖了 SMS 手机、WAP 手机、PDA、PC 四种终端访问方式的移动应用系统的架构图。传统的 Web 应用扩展到移动应用后,系统架构中需要增加一些重要的组件。

1. 短消息网关、短消息中心和 Push 服务器

短消息网关和短消息中心是 SMS 应用中特有的组件。短消息的通信是异步进行的,发送和接收短消息是两个不同的事件,短消息的传送通过电信短消息中心的存储转发进行,Push 服务器则为短消息的推送提供统一的接口和控制机制。短消息网关实际上是一种中间件设备,最主要的功能是遵循中国移动通信点对点协议(China Mobile Peer to Peer,CMPP)协议连接企业系统,遵循短消息点对点协议(Short Message Peer to Peer,SMPP)协议连接短消息中心,实现企业系统与通信网之间的数据传输。网关可分为电信级与企业级,因此既可以由电信公司或其他短信运营商提供,也可以由企业自行购买部署。

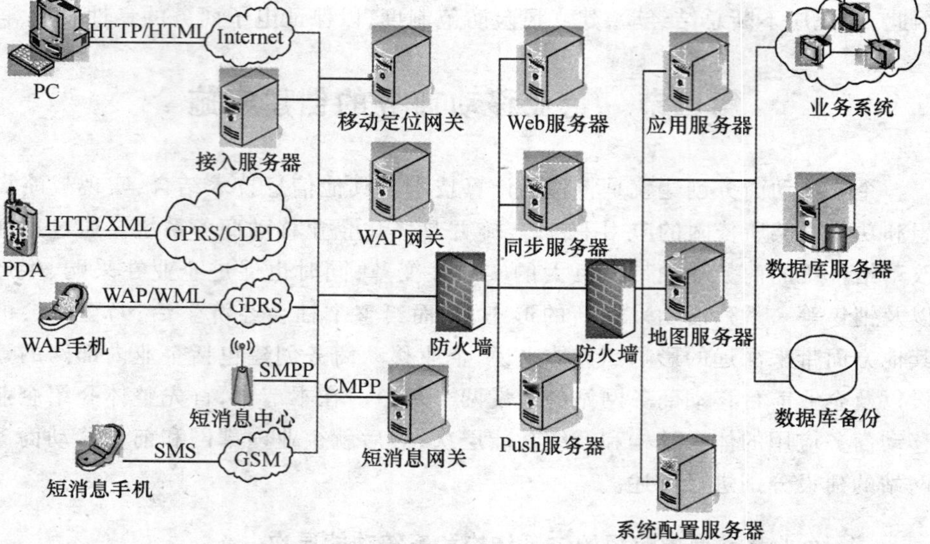

图 7-2　移动应用系统架构图

2. WAP 网关和接入服务器

WAP 网关是开展 WAP 应用的重要组件，负责 WAP 栈和 Internet 栈之间的相互转换以及 WML、WML Script 的编码工作。尽管 WAP 网关也可以作为放置 WML 页面的 WAP 服务器，但是用 Web 服务器来放置这些页面更为方便：一方面企业的 WAP 服务通常由传统的 Web 服务器来提供，另一方面是因为 WAP 网关多为租用形式的，企业不能自行监控（绝大多数企业都只运行源服务器而不运行自己的网关，可向运营商如中国移动或中国联通租用）。接入服务器是远程访问的接入设备，位于无线通信网与 IP 网之间，将 WAP 拨号用户接入 IP 网。

3. 同步服务器

携带移动数据库的手持设备，常常处于网络断接或弱连接状态，尽管借助数据库的复制和缓冲技术便可以不影响使用，但是也造成了多用户情况下的数据不一致的问题。同步服务器担当了企业数据库和移动用户之间的枢纽，可以帮助他们建立多对多连接，保持不同平台上数据的一致。

4. 移动定位网关和地图服务器

提供基于位置的服务的移动应用系统需要配备移动定位网关。这是一个承上启下的综合性管理平台，它一方面提供各种二次开发接口，提供地理信息服务、定位等功能；另一方面为移动运营商提供维护管理功能。移动定位网关可对申请定位服务的用户以及被定位用户监权，保护移动用户的隐私，将移动用户的身份和位置信息分开。

（二）移动应用系统功能层次

从软件配置角度考虑，移动应用系统应该包括六个层次，如图 7-3 所示。

系统配置层
应用整合层
应用逻辑层
安全控制层
设备识别层
通信管理层

图 7-3　移动应用系统功能层次

通信管理层位于最底层，完成对不同网络、不同通信协议的支持，终端软件通过提供可供选择的连接方式来屏蔽这种差异，使上层应用不受影响。例如，支持 Socket 通信、HTTP 通信，支持无线连接和有线连接下不同传输方式的选择。

设备识别层在通信管理层之上，完成对移动终端的识别，使得程序能够根据不同设备类别选择输出策略，转换文字格式、图片格式，从而保障应用逻辑的响度独立于硬件平台。

安全控制层用于确保数据访问的私有性和数据传输的完整性。典型的安全控制策略包括数据加密和解密，如使用安全传输协议，使得数据不被未知的第三方理解；数据编码和解码，如使用 WMLScript 为表单数据编码。同时，可采用加密盒编码的数据存储和用户鉴权。

应用逻辑层完成业务逻辑的执行及业务界面的显示。对于终端而言，在瘦客户端应用中，终端只有显示器，只需要标准的浏览器或者自行开发浏览器组件；而在胖客户端应用中，应用逻辑层是系统功能模块（输入界面、逻辑处理、数据访问、各种格式输出）的稽核。对于服务器端而言，应用逻辑层部署在 Web 服务器、应用服务器、推送服务器中，包括业务逻辑模块、数据访问模块，甚至移动代理组件等。应用逻辑层还可以再细分出数据访问层，包括数据访问接口如 JDBC、JDBC-ODBC 桥、数据库存储过程和 EJB 等组件，应用逻辑通过数据访问层提供的接口以 ADO 等方式来存储数据，数据的管理和维护则完全由关系数据库管理系统（RDBMS）来完成。

应用整合层是将企业的后台系统如ERP、外部系统如供应商使用的Web网站、其他门户网站如业务员Web系统等与移动应用系统进行整合的层次。

系统配置层集中了移动软件的运行环境设置、系统参数设置、安全策略开关选项、加密数据复制备份和数据同步选项等功能。系统配置层是整个软件体系的外围,为软件运行提供基础。

二、内部网的建设

对企业来说,内部网的建设通常外包给专业技术公司或专业技术人员进行,若企业本身有足够的技术实力,也可以自己去做。通常包括以下四方面的工作。

(一) 建立服务器

内部网上需要根据内部网要求安装各种服务器,包括数据库服务器、WAP服务器、电子邮件服务器、FTP服务器、账户服务器、域名服务器、移动商务服务器等。为实现信息的存储及交流,通常需要建立一个企业级或根据企业的规模大小再加装若干部门级的数据库服务器。WAP服务器的功能之一是向企业内部提供一个可以访问的站点,借此完成企业内部日常的信息访问;FTP服务器可以提供文件的上传、下载功能,为网络管理和用户提供方便;电子邮件服务器可以利用E-mail加强内部的信息传递;账户服务器提供企业内部网络访问者的身份认证,不同的身份对各种服务器的访问权限不同;移动商务服务器与数据库服务器通过WAP服务器来提供对内部和外部的移动商务业务的处理服务;由于IP地址是用一串数字表示,很难记忆,通常需要安装域名服务器来实现域名解析,因此需要建立域名服务器等。

(二) 浏览器的安装及移动终端的配备

客户端主要的软件就是内部网的浏览器,主要有微软公司的Internet Explorer或网景公司的Netscape Nevigator,用它们来实现对服务器的访问。同时,还要为那些需要在移动的工作环境中访问企业内部网的工作人员配备必要的移动终端设备,如手机、PDA等。

(三) 与原有系统的集成

内部网必须充分利用企业原有的信息系统资源,如硬件、软件、数据库等,将内部网特有的WAP平台建立在原有系统之上,才能充分发挥内部网的长处。因此,建立一个内部网并不仅仅是WAP服务器、浏览器及移动终端应用等几个部分的组合,与原有系统的无缝集成也是其中很关键的任务。

(四) 建立内部网的安全保护

内部网的安全是一个有关企业信息安全及开展移动商务的重要环节。目前内部网常用的安全策略主要有:

(1) 用户身份认证。这是常用的一种安全保护措施,系统根据用户的私有信息来确定用户身份的真实性,从而判断是否允许用户访问网络资源。

(2) 访问控制。根据用户身份授予其对网络资源的不同访问权限。在设计内部网的访问控制策略时,应将访问控制扩展到网络一级,从而灵活控制哪些用户能够访问哪些网络资源。

(3) 数据加密。数据加密是保证网络资源安全的技术基础,它是一种主动防御策略,主要应用在安全领域的各个方面。目前常用的加密方法有对称密钥系统和非对称密钥系统。

(4) 审计。审计本身并不能增强系统或网络资源的安全性,但它能够准确记录用户对系统的网络资源的访问活动,为管理员完善安全措施提供依据。

三、企业移动商务网站的建设

企业在建立好企业内部网后,就需要相应的前台将这些功能展示出来,建立企业移动商务网站的目的在于:树立企业形象,提高企业的知名度,拓展营销渠道;扩大市场,提高营销效率;改善服务,提高企业服务质量;改变企业的业务流程,将企业移动商务内部网络的功能及优越性更好地表现出来。因此,企业还需要建立移动商务网站(一般为基于 WAP 的移动商务网站)来完成这项功能。移动商务活动所必备的基本功能决定了移动商务网站的功能。解决好移动商务网站的发布与管理问题,才能使这些功能得以充分展示,这些问题包括 WAP 网站的系统架构、网站内容的发布以及网站正常运行后的日常管理与维护。

(一) 基于 WAP 的移动商务网站解决方案

移动 Internet 是建立在 WAP 技术之上的,要真正得到应用,需要经过三个环节,即 WAP 网关的建设、WAP 终端的选择和 WAP 内容服务器的建立,三者缺一不可。WAP 网关的建设一般由运营商(移动通信公司或与大的 ISP 等有关的企业)来建设,WAP 终端由通信硬件生产厂家来制造。有了可以上网的移动终端和无线互联网基础,还需建立 WAP 内容服务器,为移动用户提供可以浏览的内容。图 7-4 是一个简单的示意图。

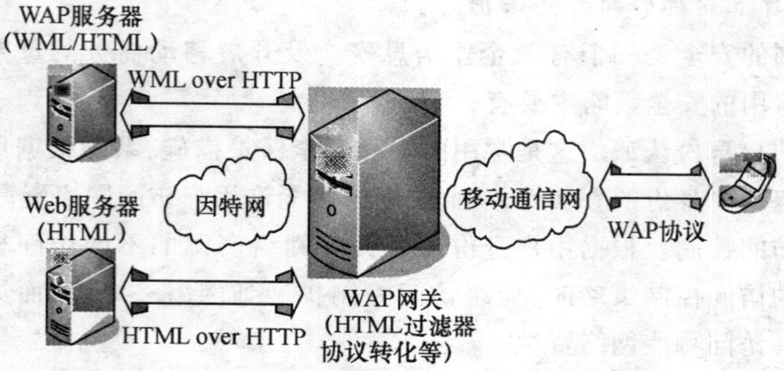

图 7-4　移动 Internet 示意图

WAP 网站有两种基本的解决方案：WAP 内容网站 + 公共网关、WAP 内容网站 + WAP 网关。WAP 网站是寄存于 Web 服务器上的，是 Internet 业务向移动终端的延伸，所以 WAP 网站需要 Web 服务器，WAP 网站可以与 Web 网站共用同一服务器，也可以独立使用。

1. WAP 内容网站 + 公共网关

这种方案投入较少，而且维护费用较低，适合中小企业。具体实施方案也可根据企业的需求进行选择，如表 7-1 所示。

表 7-1　WAP 网站解决方案

名称	Web 服务器	WAP 服务器	说明
方案一	专线 T1/EI	专线 T1/EI	优点：配置灵活，利于维护、开发有特色、功能强大的复杂的应用网站，可自由选择开发平台、编程语言，采用新技术。 缺点：费用高。
方案二	主机托管	主机托管	优点：配置灵活，可自由选择开发平台、编程语言，采用新技术。 缺点：维护、开发不是很方便。
方案三	租用虚拟主机	租用虚拟主机	配置取决于所租用主机的配置，可开发功能简单的一般性网站。 优点：费用少，维护简单。 缺点：无自由配置和选择开发语言的权力，无法使用最新技术。

WAP 则选用一些开放的公共网关，如中国移动、中国联通或其他公司的 WAP 网关。但是，要支付服务费。

2. WAP 内容网站 + WAP 网关

这种方案投入较多，而且维护费用高，适合大型企业。具体实施方案也可根据企业的需求进行选择，如表 7-2 所示。

表 7-2　WAP 网站解决方案

名称	WAP 网关	Web 服务器	WAP 服务器	说明
方案一	可以有很多选择，如诺基亚、爱立信、PHONE. COM 等	专线 T1/EI	专线 T1/EI	优点：配置灵活，利于维护、开发有特色、功能强大的复杂的应用网站，可自由选择开发平台、编程语言，采用新技术。 缺点：费用高。
方案二	可以有很多选择，如诺基亚、爱立信、PHONE. COM 等	主机托管	主机托管	优点：配置灵活，可自由选择开发平台、编程语言，采用新技术。 缺点：维护、开发不是很方便。
方案三	可以有很多选择，如诺基亚、爱立信、PHONE. COM 等	租用虚拟主机	租用虚拟主机	配置取决于所租用主机的配置，可开发功能简单的一般性网站。 优点：费用少，维护简单。 缺点：无自由配置和选择开发语言的权力，无法使用最新技术。

(二) 基于 WAP 的移动商务网站内容的发布

由于 WAP 在信息传输的部分是使用 HTTP 来进行的，与现有的 WWW 信息平台一样。因此，现有的 Web Server 都可以通过对配置的调整成为 WAP Server，提供对无线装置的服务。不论使用何种 Web Server 软件，如 Microsoft IIS、Netscape Enterprise Server、Apache 等，只要加入 MIME Type 设定，就可以提供 WAP 服务了。下面以 Windows 2000 的 IIS(Internet Information Server)服务器为例，介绍如何将 Web Server 转化成 WAP Server，以提供服务。

1. IIS 的安装

首先要确保 Windows 2000 中装有 IIS，如果没有安装，可以通过控制面板中的“添加/删除程序”选项中的“添加/删除 Windows 组件”来添加 IIS。具体方法请参照一般的网站发布相关内容，这里就不再详细说明。

2. 站点文件夹及主目录的设定

打开 IIS，对“我的 Web 站点”进行设置，在 Web 站点标志栏中，在“说明”栏中输入欲设定的 WAP 网站的名称，在“IP 地址”栏中必须输入目前该电脑所在的 IP 地址，其余的设定默认即可。作为 WAP 网站内容发布的内容服务器必须拥有自己固定的网络 IP 地址。选择“主目录”的分页，在“本地路径”栏中输入要放置 WAP 网站资料的位置，其余使用默认值。

3. 配置 MIME 类型

以往的 Web 服务器主要是提供给 Web 浏览器来浏览 Web 信息的，所传送的语言主要是 HTML 格式。现在我们要发布的是基于 WAP 的移动商务网站，就要使用 WAP 手机或是 WAP 浏览器界面来观看信息，所传送的是 WML 格式，所以信息服务器传送到浏览器的文本内容类型必须改为 text/vnd. wap. wml。在传送过程中，需要借助于多用途网际邮件扩充协议（Multipurpose Internet Mail Extensions，MIME），这种格式对电子邮件和网络文件的传输及网络上一些文字资料的相关格式进行设定。MIME 的协议版本都有自己独特的一个类型设定，所以在 IIS 中也要设置正确的 MIME 格式，才能正确传送 WAP 的相关数据格式给用户。设定 MIME 类型时，打开 Web 站点属性中“HTTP”头的部分，选择“文件类型”选项，如图 7-5 所示。

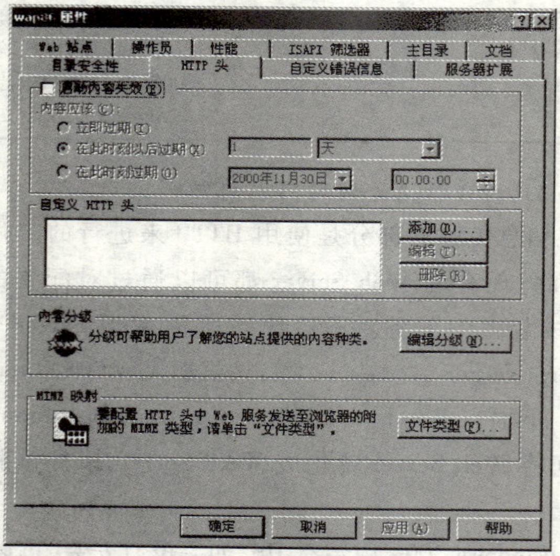

图 7-5 MIME 类型配置

再点击“新类型”，进行设置，具体设置内容如表 7-3 所示。

表 7-3　MIME 类型

Associated Extension	MIME Type
wml	text/vnd. wap. wml
wmlc	application/vnd. wap. wmlc
wbmp	image/vnd. wap. wbmp
wmlsc	application/vnd. wap. wmlscriptc
wmls	text/vnd. wap. wmlscript

完成以后,将会显示以下几种类型,如图 7-6 所示。

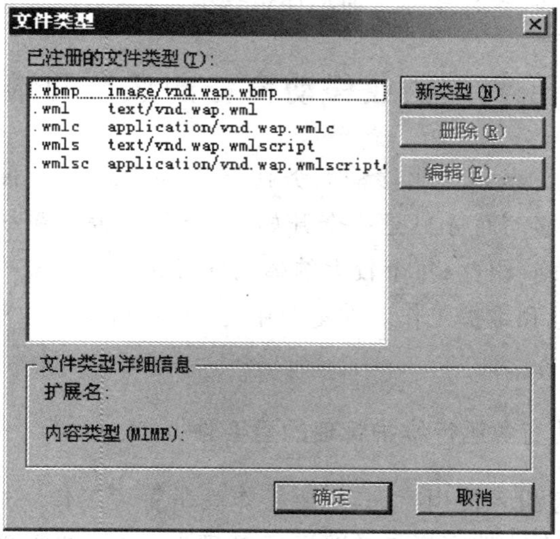

图 7-6　MIME 配置完成后的类型显示

4. 网站发布

在对 IIS 进行以上的必要配置之后,可以在原有的 WWW 服务的子目录下再建一个 WAP 子目录,将所有的 WML 网页放在其中。然后,在 WWW 服务器正常运转的情况下,通过在 WINWAP 等浏览器上输入 http://localhost(本计算机名)/WAP/index. wml 的形式,就可以检测 WAP 网页是否正常发布了。

(三) 基于 WAP 的移动商务网站的维护与管理

要想使移动商务网站正常运行,就必须对网站内容进行更新和维护。企业应对移动商务网站的日常维护开发一套专门的维护系统。该系统应当包含以下功能:第一,信息发布功能。主要是对企业介绍、促销活动等信息的发布与管理。第二,商品信息的维护功能。主要是针对增加新的商品种类、更新商品价格、缺货信息、删除已不存在的商品等信息的处理。第三,客户订货信息的维护与处理功能。主要提供对客户订购的商品及数量、付款情况等信息的查询与处理功能。第四,客户反馈信息的处理功能。主要提供对客户反馈信息的察看及向有关主管人员转发的功能,以便及时处理客户反馈信息。

另外,除了类似一般有线网站的维护如资料备份等事务外,移动网站的维护和管理工作尤其要注意黑客对 WAP 网络的攻击这样的安全问题。黑客对 WAP 网络攻击的主要对象是 WAP 服务器,使手机无法接收正常信息,所以,在移动商务网站的维护和管理上要加强加密技术,克服用户管理杂乱等缺点。

第五节　企业移动商务的运行和维护

在某种程度上,建立企业移动商务比维护和管理企业移动商务要容易得多,因为建立企业移动商务只是一个开始,一旦移动商务系统投入运营就需要不断地维护和管理。因此,每个较大的移动商务系统都要有专门的管理员来完成每日的网站管理和维护工作。在本节中,主要介绍企业移动商务的运行管理和维护管理。

一、企业移动商务运行维护管理的重要性

企业移动商务投入使用后,其主要工作就是管理工作。这里所说的管理工作,是指对移动商务本身的管理(即运行管理)。这里的管理主要是讲技术上的,而不是指一个信息中心或计算中心的行政管理。

所谓运行管理工作或维护工作就是对系统的运行进行控制,记录其运行状态,进行必要的修改与扩充,以便使系统真正发挥其作用。从最广泛的意义上讲,任何机器设备及工具都有一个运行与维护的问题。然而,对于企业移动商务系统来说,这一工作尤其具有特殊的意义。因为一个大型系统,它具有“样品即产品”的特点,不能像其他产品一样,先制造一个样品,在试用中发现问题,然后再生产正式的产品,它只能在运行中边用边改。再加上系统受外界因素影响很大,比其他软件面临更多的变化,因此对移动商务系统来说,维护的工作量很大。有人粗略统计,世界上大多数的软件工作人员是在修改或维护现存的系统,只有部分工作人员在研制新系统。在信息系统生命周期中,运行费用要占

到80%。由此可见,运行管理和维护工作在企业移动商务系统中处于十分重要的地位。

二、企业移动商务的运行管理

企业移动商务运行管理工作主要包括以下几方面:

(一)维护企业移动商务系统的日常运行

维护系统的日常运行包括数据收集工作、数据整理工作、数据录入工作及运行的操作工作、处理结果的整理分发工作。此外,还应包括系统的管理工作及有关的辅助工作(如硬件维护、服务器管理、空调设备管理、用户服务及管理等)。

(二)记录企业移动商务系统的运行情况

记录企业移动商务系统的运行情况是科学管理的基础。数据的情况、处理的效率、意外情况的发生及处理等,都必须及时、准确、完整地记录下来,否则,就谈不上企业移动商务系统功能的评价与改进。

做好管理工作的第一步就是严格记录。记录工作最好是由直接操作的人员边工作边记录,减少中间环节,避免失真。记录工作中,一般容易忽视正常运行情况下有关信息的收集。当出现异常情况时,必须详细记录其原因、现场、采取的措施以及处理的结果,必要时,要尽可能完整地保留现场信息。系统正常运行时的信息,反映系统在大多数情况下的状态和工作效率,对于评价和改进系统同样具有重要的参考价值,但这一方面往往为人们所忽视。

记录的手段有两大类:手工记录和自动记录。手工记录方式比较方便易行,也不用增加多少费用。然而,如果要求不严、制度不紧,就容易流于形式,不能被严格执行,从而降低了记录数据的价值。

运行情况的记录是一件较为麻烦且细致的工作,但这一工作又是十分重要的。因而,企业移动商务系统一定要从一开始就重视并做好这项工作,以保证资料的完整和可靠,这是管理工作中必不可少的环节。

(三)有计划地经常发布企业和商品信息

在企业移动商务系统中,要及时更换商品品种,删除过期商品,商品价格变动时及时在网上变动;要有组织地对系统进行必要的改动,如主页变更、软件工具升级等,以保证系统能正确地执行用户要求的任务,同时适应不断变化的环境条件。

(四)定期对企业移动商务系统数据进行备份

定期对系统数据进行备份,以便病毒或意外情况造成破坏时,可对系统数据进行恢复,减少损失,保证系统连续运转和积累数据的连续性。

企业移动商务系统的数据备份是非常重要的,尤其是对于大中型的移动商务系统。如若心存侥幸心理而不定期对系统数据进行备份,造成的损失有时是无法弥补的。一般来说,数据备份的手段主要有手工备份和系统自动备份两种。

(五) 定期或不定期地对系统的运行情况进行分析与评价

对系统的运行情况进行定期或不定期的分析与评价也叫审计。一般说来,半年或一年总要进行一次,以便确定系统发展改进的方向。

系统的运行分析与评价是在平时对系统进行认真科学管理的基础上,集中对企业移动商务系统运行情况进行的。如果平时没有管理好,没有完整的运行记录、资料,就无法进行这一工作。进行分析和评价工作的主要目的如下:

(1) 检查系统是否达到了预期的目标,即企业和用户提出的要求满足了没有或者满足到什么程度,为企业和用户提供服务的质量如何。

(2) 检查系统中各种资源的利用效率,包括计算机、网络设备、软件以及人力。此外,还包括信息资源,即目前已进入企业移动商务系统的数据是否已得到充分利用,还能用来对移动商务起什么样的作用。

(3) 系统改进和拓展的方向是什么。根据分析的结果,审计人员可以对系统的状况做出评价:是否对企业移动商务工作产生了促进作用,有什么缺点或问题,应当从什么方面去改进,可以考虑进行哪一方面的功能扩展。

在开展审计工作时,主要是利用及分析记录的资料,同时也可以进行某些简单的现场观察及测试。例如,观察某一项典型交易的执行过程,用某些实际的或模拟的数据资料去测试系统的效率,用某些意外情况去测试系统的可靠性等。

以上这些工作可以由不同的人员来完成。(一)、(二)、(四)项属于具体工作,它们分别由信息收集管理人员、系统操作人员完成。这些工作人员必须经过严格的训练,具有高度的责任心、严谨的工作态度和科学处理问题的能力。操作人员应对系统所用的机器设备有深刻的了解。第(三)项应该由系统主管人员亲自掌握。对于数据库,则应由数据库管理员负责进行更新和修改。各级工作人员要努力工作,熟悉了解自己的工作,互相配合,密切协作。这些工作人员和用户都可以而且应该对系统和系统运行工作提出修改意见和建议,但具体的修改必须经过认真讨论,从全局出发,由专业的程序员和系统分析人员来进行,不可只顾局部而不考虑全局。因此,为何修改、何时修改都必须由系统的技术主管来掌握和决定。虽然系统的主管人员并不一定是当初研制时的系统分析和设计的负责人，但是他必须对系统的功能、结构有十分清晰和全面的理解。这样，他才能对每一次修改的收益、代价及影响范围做出正确的判断。第（五）项工作——审计工作，是由系统主管人员自己组织进行的，有时可能组织外面的审计人员进行。进行这项工作需要具有广泛的、丰富的知识和经验，通过对系统做出正确的评价，可以指出企业移动商务系统今后的改进和发展方向。

三、企业移动商务的维护管理

系统维护工作并不仅仅是技术性工作，为了保证系统维护工作的质量，需要开展大量的管理工作。系统投入运行后，事实上在一项具体的维护要求提出之前，系统维护工作就已经开始了。系统维护工作首先必须建立一个维护组织，确定进行维护工作所应遵循的原则和规范化的过程。此外，还应建立一套适用于具体系统维护过程的文档及管理措施，以及进行复审的标准。

（一）企业移动商务维护管理过程

企业移动商务系统投入运行后，应设系统维护管理员，专门负责整个系统维护的管理工作；针对每个子系统或功能模块，应配备系统管理人员，他们的任务是熟悉并仔细研究所负责的那一部分系统的功能实现过程，甚至对程序细节都应清楚，以便于完成具体维护工作。系统维护意味着对系统进行修改变更，这是直接与业务功能密切相关的，为了从全局上协调和审定维护工作的内容，每个维护要求都必须通过一个维护控制部门和系统管理部门共同组成，才能予以实施。这个维护控制部门应该由业务管理部门和系统管理部门共同组成，以便从业务功能和技术实现两个角度控制维护内容的合理性和可行性。具体来讲，企业移动商务系统的维护管理过程如下：

（1）每个维护请求都应该以书面形式的“维护申请报告”向维护管理员提出，对于纠错性维护，报告中必须完整描述导致出现错误的环境，包括输入数据、输出数据以及其他系统状态信息；对于适应性和完善性维护，应在报告中提出简要的需求规格说明书。

（2）维护管理员根据用户提交的申请，召集相关的系统管理员对维护申请报告的内容进行核实和评价。对于情况属实而且合理的维护要求，应根据维护的性质、内容、预计工作量、缓急程度或优先级、修改所产生的变化结果等，编制维护报告，提交维护控制部门审批。

(3) 维护控制部门从整个系统出发,从业务功能合理性和技术可行性两个方面对维护要求进行分析和审查,并对修改所产生的影响做充分的估计。对于不妥的维护,在与管理部门协商的条件下予以修改或撤销。

(4) 通过审批的维护报告,由维护管理员根据具体情况制定维护计划。对于纠错性维护,估计其缓急程度。如果维护要求十分紧急,严重影响系统的运行,则应立即开始修改工作;如果问题不是很严重,可与其他维护项目从维护开发资源上统筹安排。对于适应性或完整性维护要求,高优先级的安排在维护计划中,低优先级的可视为一个新的开发项目组织开发。维护管理员将维护计划下达给系统管理员,由系统管理员按计划进行具体的修改工作。修改后应经过严格的测试,以验证维护工作的质量。测试通过后,再由管理部门对其进行审核确认,不能完全满足维护要求的应返工修改。只有经过确认的维护成果才能对系统的相应文档进行更新,最后交付使用。

系统维护之所以要按照严格的步骤进行,是为了防止维护人员未经允许擅自修改系统。因为无论业务部门直接找程序人员还是程序人员自行修改,都将引起整个系统运行的混乱,例如不及时更新文档会造成程序与文档不一致、多人修改的结果不一致,以及缺乏全局考虑的局部修改。当然,维护审批过程的环节多也可能带来反应速度慢的问题,因此,当系统发生恶性或紧急故障时,也即出现所谓"救火"的维护要求时,应立即动用资源解决问题,以保证业务工作的连续进行。

为了评价维护的有效性,确保系统的质量,记载系统所经历过的维护内容,应将维护工作的全部内容以文档的规范化形式记录下来,主要包括维护对象、规模、语言,运行和错误发生的情况,维护所进行的修改情况,以及维护所付出的代价等,作为系统开发文档的一部分,形成历史资料,以便于日后备查。

(二) 系统维护修改建议的提出

系统的修改建议可从以下不同的角度提出:

(1) 系统主管人员或上级审计人员经过审计发现问题,提出修改的要求;

(2) 操作人员在工作中发现错误及缺点,提出修改的要求;

(3) 环境变化与商品品种变化、价格变动等所提出的修改要求(包括社会条件的变化及机器软硬件配置的变化)。

如前所述,这些变化可以归结为改错、改变及改进。改变的常见内容如下:

(1) 要求提高效率(速度或吞吐量);

(2) 要求增加控制功能(如计算某种统计量);

(3) 要求改变数据结构(如每项的行数、某项计算中的比例等);

(4) 要求增加某些安全保密措施等。

这些要求对系统的影响是不相同的。增加控制功能及修改输出格式往往只牵涉到最底层的某些模块,影响比较小。增加新的加工功能和安全保密措施,牵涉到算法和判断,稍微复杂一点,但是对系统结构的影响还不大。数据结构及某些环境参量的变化则会影响多个模块,而且影响模块的传输数据的格式,对系统影响比较大。最难考虑的是提高效率的要求,因为这不是一个因素造成的,这时必须通过审计,全面分析系统运行情况,找出问题之所在,才能找到具体的修改办法,而且还经常牵涉到系统结构的变化与设备的更新换代,因此是最为复杂的。

一般来讲,进行修改对于系统而言是有副作用的,即由于修改而出现的错误或其他不符合要求的行为,主要来自三个方面:第一,对源代码的修改可能会引起新的错误,一般可以通过回归测试发现这类副作用;第二,对数据结构进行修改,如局部或全局变量的重新定义、文件格式的修改等,可能会带来数据的不匹配等错误,在修改时必须参照系统文档中关于数据结构的详细描述和模块间的数据交叉引用表,以防局部的修改影响全局的整体作用;第三,任何对源程序的修改。如不能对相应的文档进行更新,造成源程序与文档的不一致,必将给今后的应用和维护工作造成混乱。我们在系统维护中,应注意以上三个问题,以避免修改带来的副作用。

另外,在安排系统维护人员工作时应注意,不仅要使每个人员的维护职责明确,而且对每一个子系统或模块至少应安排两个人进行维护工作,这样可以避免系统维护工作对某个人的过分依赖或由于工作调动等原因,使维护工作受到影响而落空。应尽量保持维护人员队伍的稳定性,在系统运行尚未暴露出问题时,维护人员应熟悉掌握系统的有关文档,了解功能的程序实现过程,一旦维护要求提出后,就应快速、高质量地完成维护工作。

最后,我们应注意系统维护的限度问题。系统维护是在原有系统的基础上进行修改、调整和完善,使系统能够不断适应新环境、新需要。但一个系统总有生命周期结束的时候,当对系统的修改不再奏效,修改的困难很多且工作量很大,以及改进、完善的内容远远超出原系统的设计要求时,就应提出研制新系统的要求,从而开始新系统的开发。

第六节　上海光明乳业移动商务解决方案

在本节中,主要介绍上海光明乳业移动商务解决方案。在案例中,主要遵循需求分析、方案设计和方案创建实施三个步骤来探讨上海光明乳业移动商务方案。最后,对上海光明乳业移动商务的解决方案进行总结和分析。

一、需求分析

(一) 保鲜事业部上海销售部现有管理模式

管理架构如图 7-7 所示。

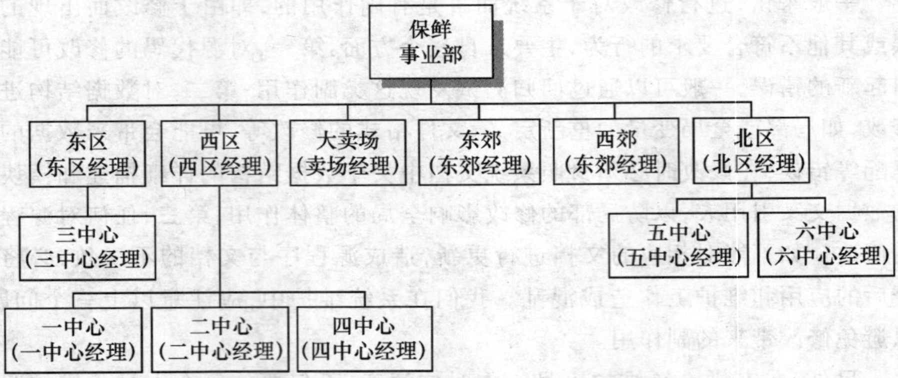

图 7-7　上海光明乳业保鲜事业部管理架构

(1) 整个保鲜事业部负责保鲜类产品和常温类产品,下辖东区、西区、北区、东郊、西郊和大卖场六个区域级销售分部。各区及其下属各中心同时负责保鲜类产品和常温类产品的销售。

(2) 东区、西区和北区销售部下面下辖销售中心,具体为:东区下辖三中心,西区下辖一、二、四中心,北区则下辖五、六中心。各中心为基层管理单位,由中心经理负责,管理和监督本中心范围的销售工作,业务员的工作由中心经理指派。大卖场、东郊和西郊下面不设销售中心,业务员直接向其经理负责。

产品类型如图 7-8 所示。

(1) 同一家店的湿货和干货分两张大单填写,即湿货大单和干货大单,因此,在此项目中业务员应分别在 Palm 上输入湿货和干货订单数据。

（2）在此项目中只考虑产品的正常订单数据，不考虑赠品数据，即在此项目里，业务员只是通过移动设备将订单输入。

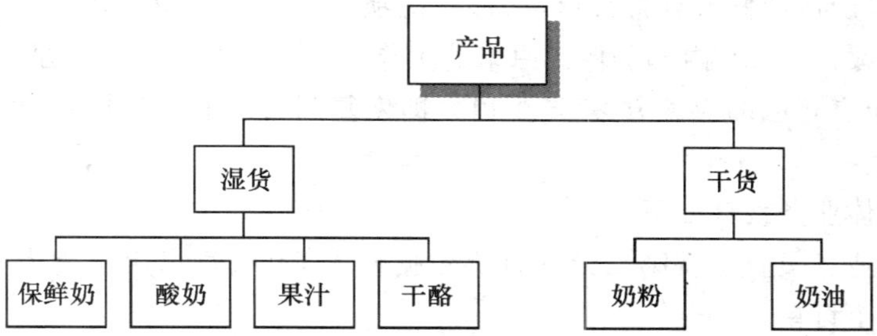

图 7-8　上海光明乳业保鲜事业部产品类型

（二）手工采集订单工作流程

连锁超市手工采集订单的工作流程如图 7-9 所示。上海共有客户 3 000 多家，录入员平均每天录入 30 000 个订单行的数据记录。而且，系统经常在订单上传和导入时出现数据丢失的情况，即 ERP 得到的订单数据少于下载的订单数据。更为重要的是，采用人工方式采集数据步骤烦琐，容易出错，浪费了巨大的人力、物力，并且效率非常低。

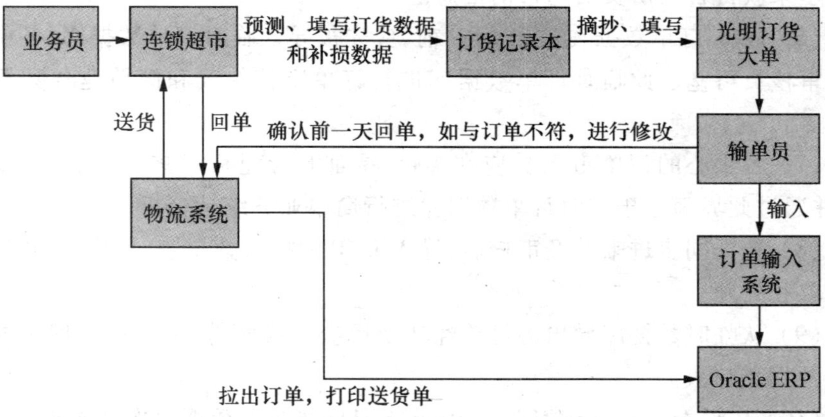

图 7-9　上海光明乳业连锁超市手工采集订单工作流程

二、方案设计

（一）光明乳业移动订单业务设计

此项目业务需求的原则应保证实施后的业务流程简洁、规范和高效，减少中间繁重的人工录入环节，使外部订单数据能及时准确地传送到ERP，以进行精确的生产和资源配置计划，节约成本和减少浪费。同时，还应有订单审核界面来审核、确认和修改异常订单。另外，此项目不对ERP内部的订单处理格式做任何修改，即ERP内部仍保留原来的工作模式。当此项目所构建的平台出现问题时，应有相应的应急方案，至少可立即恢复到目前的工作模式，最大限度地减少损失。

其具体业务设计如下：

(1) 业务员直接将第二天的订货数据输入Palm，每家店湿货为一个订单，干货为一个订单。

(2) 应在Palm上设置订单输入时间记录，订单及其相应的输入时间应一起同步到后台系统。

(3) 将当天所有订单数据都存放在Palm上，然后通过电话线和Modem以Internet方式将订单数据同步到临时订单数据库。

(4) 应设置访问权限，即业务员通过用户名和密码才能登录，登录后只可查看他本人负责的超市和能向这些超市出售的产品价目表。

(5) 管理层重新分配业务员所负责的超市时，业务员应能通过在PDA上更新同步来获得自己所负责超市的信息。

(6) Palm订单数据在进入ERP前，应先被导入临时订单数据库，各中心的订单审核员可基于此临时订单数据库进行订单审核修改和简单业务数据统计分析。

(7) 各中心的订单审核员应在Web界面上管理和审核本中心的Palm订单，并通过此界面基于临时订单数据库进行简单业务统计分析。

(8) 数据同步进来并经审核后，导入ERP的接口数据表，可由ERP直接进行读取和处理。

(9) 从临时数据库导出的订单经转换后应一式两份，一份以数据格式导入ERP数据接口表。

(10) 应设置数据标记以防止Palm上已同步过的数据再次被同步进来。

(11) 数据同步时首选Internet连接，出现问题时业务员回自己所属中心，通过中心内PC将数据进行同步。当上述两种方式都出现问题时，业务员可将存在PDA上的数据摘抄到目前的订货大单上，再通过目前的录入界面进行录入。

光明移动订单项目实施后，其工作流程如图7-10所示。

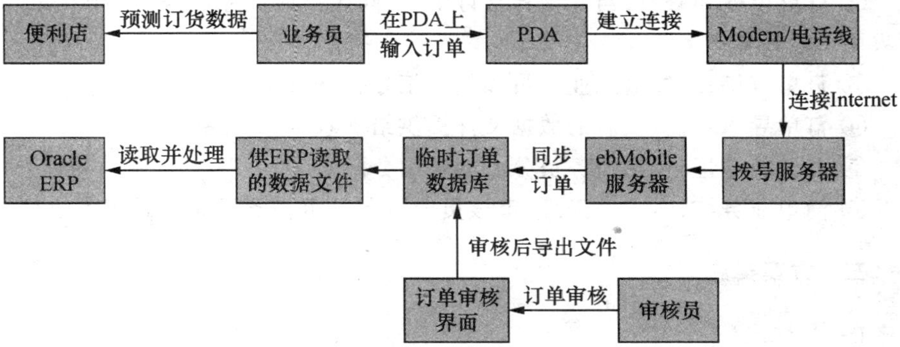

图 7-10 光明移动电子订单工作流程

（二）光明乳业移动订单功能设计

Palm 客户端的功能如下：

（1）业务员可在 Palm 上分别输入保鲜事业部的干货和湿货数据。由于目前一家店的干货和湿货分由两张大单输入，因而在 Palm 上也分两次输入，如先输入一家店的湿货数据，存储后再输入干货数据。

（2）业务员可通过菜单方式在 Palm 上查询产品信息（产品代码、名称和单价），并在输入订单时通过点选的方式输入产品数据。

（3）业务员可通过菜单方式输入客户编码和客户名称，业务员 Palm 上存储的客户应为其本人所负责的客户。

（4）业务员可在 Palm 上查询已输入的订单，方式为：客户 + 日期。

（5）业务员在将 Palm 同光明内部服务器建立连接后，将数据完整无误地同步临时订单数据库，以供审核。

移动电子订单服务器功能如下：

（1）服务器端设置访问权限，当业务员将 Palm 同服务器建立连接并登录后，可将其负责的客户及能向这些客户出售的产品信息下载下来。

（2）订单数据同步进来后先进入临时订单数据库，订单审核员在本销售中心通过 Web 管理界面审核当天同步进来的订单。

（3）应对临时订单数据库设置访问权限，使各中心审核员通过上述 Web 管理界面审核本中心业务员同步进来的订单。

（4）此 Web 管理界面应具有下列功能：

① 订单浏览：在此界面上浏览所有 Palm 订单，包括订单的输入时间、输入订单的业务员。

② 订单审核和修改：当发现异常订单时，同客户或业务员进行确认，然后在此界面上进行修改。

③ 订单查询：通过输入业务员和超市编号查询订单。

④ 订单导入：将审核后的数据文件提供给 ERP 和物流系统。

⑤ 业务员管理：包括业务员分管的超市分配。

⑥ 简单业务统计：中心经理、审核员或业务员可在此界面上做相应统计。

三、方案实施

（一）概述

严格来讲，这一解决方案分为总体解决方案和各事业部的移动商务解决方案两个部分。总体解决方案是帮助光明集团构建一个 ERP 系统外围的 B2B 数据交换平台；移动商务解决方案是帮助各个事业部解决订单采集处理的移动商务化。虽然是两套解决方案，但它们之间并不是孤立的，而是有机地融合在一起的。移动商务解决方案基于总体解决方案并与之集成为一体。在移动商务解决方案中，各个事业部也是共享数据交换平台的。

同时，这一解决方案也涵盖了 B2C 的电子商务模式，即客户可在 Web 上进行网上电子交易。虽然目前的解决方案中订单的审核仍由人工进行，但这一平台有很强的可扩展性，今后可根据需要在这一平台上扩展自动审核功能和在线支付功能。

（二）产品简介

在这一移动商务解决方案中，包含两个主要的软件产品：ebGateway 和 ebMobile。分别简介如下：

1. ebGateway

ebGateway 是一个提供电子数据文档转换服务的网关服务器软件，它可提供 EDI 文档、XML 文档以及电子文本文档之间的格式转换，将外来的目标系统不能处理的文档格式转换为可被最优化处理的格式。它基于公钥基础设施（PKI）的安全认证机制，可以追踪记录每次文档传送的信息，并提供加密、签名等安全认证，使得文档不会被篡改，交易双方无法抵赖。同时，它还集成了数据转换需要的三大功能，即基于 PKI 的安全认证功能、工作流中的数据转换功能和企业应用接口（EAI）功能。因此，它是作为数据交换平台中的数据转换服务器的理想选择。

2. ebMobile

ebMobile 是提供信息收集的移动商务软件。它分为客户端和服务器端两部分，客户端软件运行在 PDA 上，服务器端软件即 ebMobile Server，它处理客户端传来的信息并将其同步到数据库中，再由后台应用程序进行处理。它适合于流动工作人员高效、及时地同公司总部进行信息传递。从光明集团的角度看，它非常适合于那些采集超市和网点订单的业务员，在 ebMobile 的帮助下，他们能及时准确地将订单传回公司总部。

(三) 光明集团总体解决方案

1. 系统架构

下面是解决方案的主体部分——系统总体架构图(如图 7-11 所示)。此架构中的数据交换平台可有效保证各类客户与光明集团内部系统的信息交流，大大减轻了 ERP 的负担。同时，由于基于此数据平台的移动商务的应用，订单信息的传送变得及时、高效，并可大大节省录入成本。

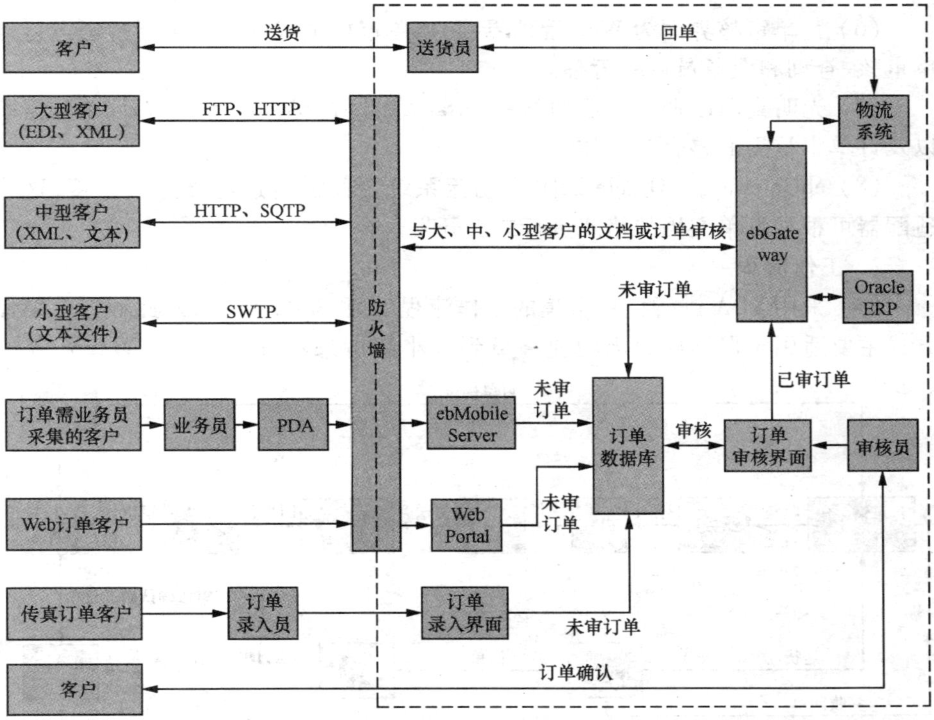

图 7-11　系统架构

(1) 架构图中右边虚线框内部分即为光明集团所需的数据交换平台。

(2) 架构图中左边虚线框外部分均为可实施电子化的客户，它们通过 Internet 传输 EDI、XML 或文本文件的电子订单。订单需业务员采集的客户指的是那些没有实施电子化的客户，如小超市、便利店、网点、站点等。Web 订单客户指的是那些网上订购的客户。传真订单客户指的是那些通过传真形式传送订单的客户，这类客户或者无法实施电子交易，或者由于订单来往不频繁，也不需很及时，基于成本考虑不适合用移动商务采集模式。

(3) 此架构图中所有未经审核的订单均先被导入订单数据库，经审核员通过订单审核界面审核并经客户确认后，再由 ebGateway 分别导入 ERP 和物流系统进行处理。ERP 系统只负责处理有效的订单，这样它的负担就大大减轻。

(4) 通过此数据交换平台，ERP 系统和物流系统就能各司其职，两者之间不再直接进行交流，而是通过 ebGateway 传送相关的信息。

(5) ebMobile 的客户端运行在 PDA 上，它可以与 ebMobile 的服务器端通过无线和有线两种方式进行连接。根据目前国内的具体情况，推荐使用 Modem 有线连接。

(6) 订单审核界面为 Web 管理界面，订单审核员或管理员可通过它进行订单审核、查询和业务员业绩管理。

(7) 光明集团已拥有自己的 WebPortal，它可与 ebMobile Server、订单数据库以及订单审核界面整合为一体。

(8) ebGateway 与 Oracle ERP 和物流系统之间需有适配器进行连接，这些适配器可根据订单文档的格式进行二次开发。

2. 工作流程

(1) 采用 PDA 进行订单采集的工作流程(如图 7-12 所示)。此种订单采集方式主要适用于保鲜事业部的业务员到各小超市采集订单以及瓶袋事业部的

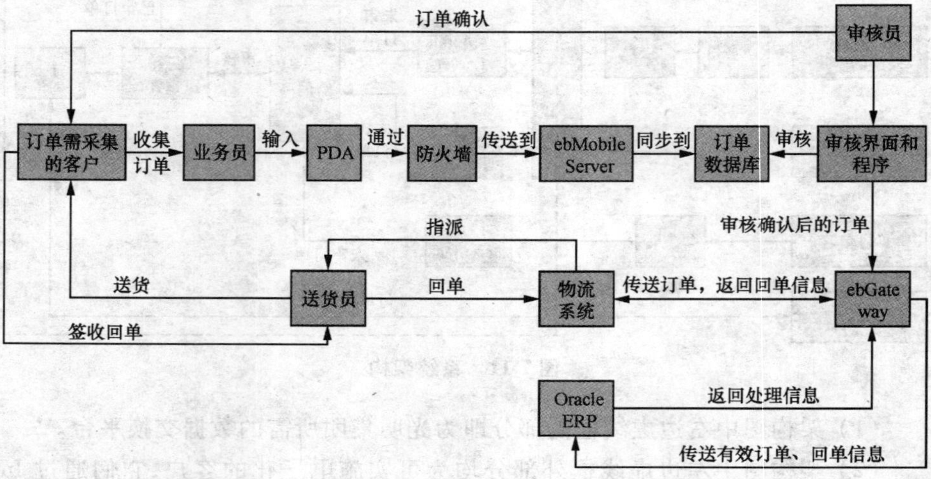

图 7-12　PDA 订单采集工作流程

业务员直接将订单输入到数据平台上。

（2）可实施电子化交易客户的订单工作流程（如图 7-13 所示）。此工作流程指的是那些具有自己的 ERP 或 MIS 系统的可实施电子化交易的客户通过自己的系统提交订单的工作流程。

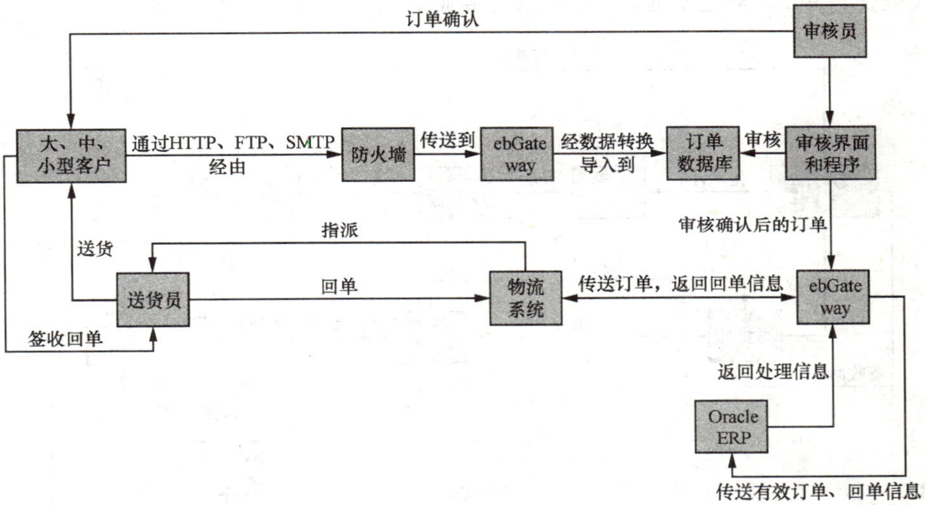

图 7-13　实施电子化交易客户的订单工作流程

（3）客户通过 Web 下订单的工作流程（如图 7-14 所示）。此工作流程指的

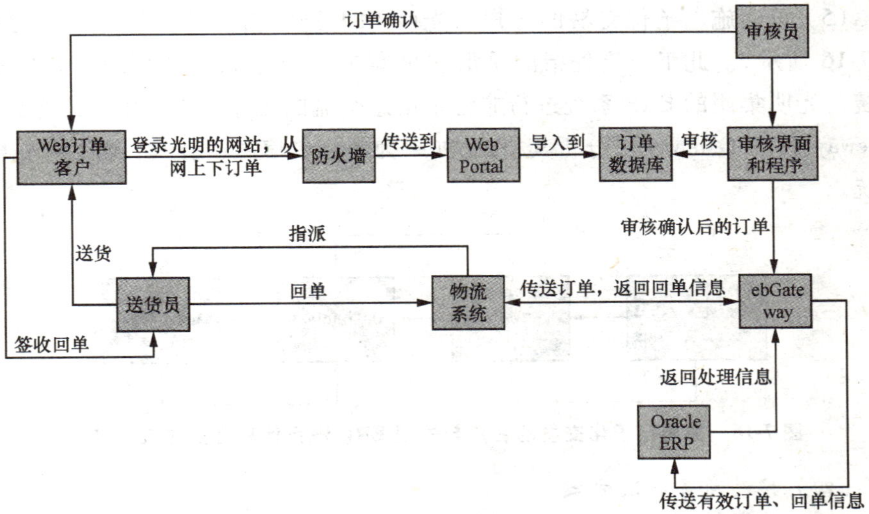

图 7-14　通过 Web 下订单的工作流程

是客户在光明集团的网站上下订单的工作流程,此流程中的订单审核工作可根据需要扩展为由应用程序自动审核,并在网上让客户确认。

(4) 客户通过传真下订单的工作流程(如图7-15所示)。此工作流程适用于那些无法实施电子化交易且订单来往不是很频繁的客户,它们通过传真的方式提交订单,如常温事业部、工业原料事业部的客户就属于这种情况。

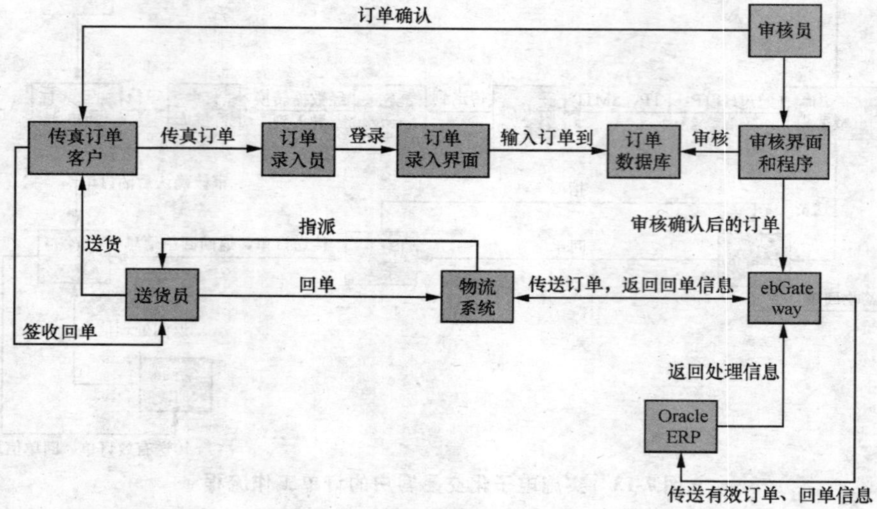

图7-15 通过传真下订单工作流程

(5) 可实施电子化交易的客户与光明ERP进行信息交换的工作流程(如图7-16所示)。此工作流程指的是那些可实施电子化交易的大、中、小型客户系统与光明集团的ERP系统进行非订单信息交流的工作流程。信息传送到ebGateway后,ebGateway可分析其格式,如果为非订单信息,则经转换后导入ERP系统。

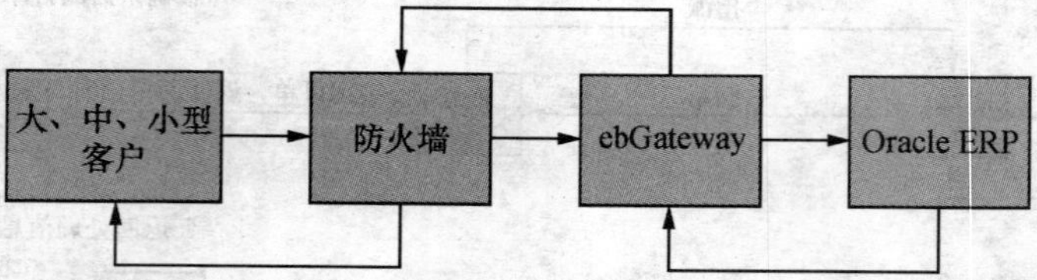

图7-16 实施电子化交易的客户与光明ERP进行信息交换的工作流程

(四) 移动商务解决方案

移动商务解决方案是总体解决方案的一部分,它主要应用于对不能实施电子化交易客户的订单采集工作。

1. 方案基础

移动商务解决方案的原理是基于 ebMobile 的。ebMobile 分为客户端和服务器端两部分,客户端软件运行在 PDA 上,服务器端软件即 ebMobile Server,它处理客户端传来的信息并将其同步到数据库中,再由后台应用程序进行处理。

2. 方案架构

移动商务解决方案架构如图 7-17 所示。

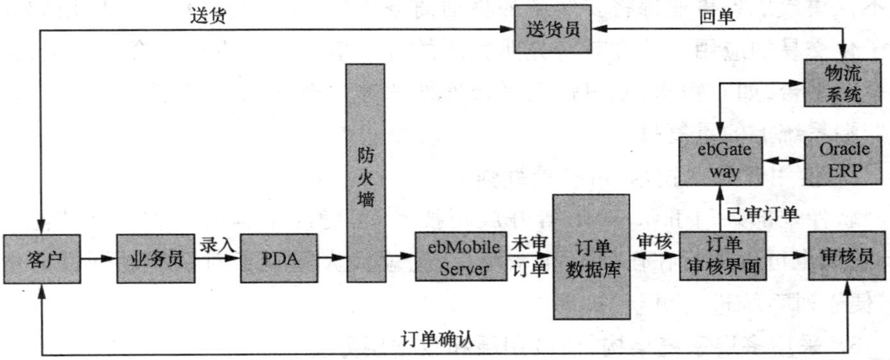

图 7-17　移动商务解决方案架构图

3. 工作流程

移动商务工作流程如图 7-18 所示。

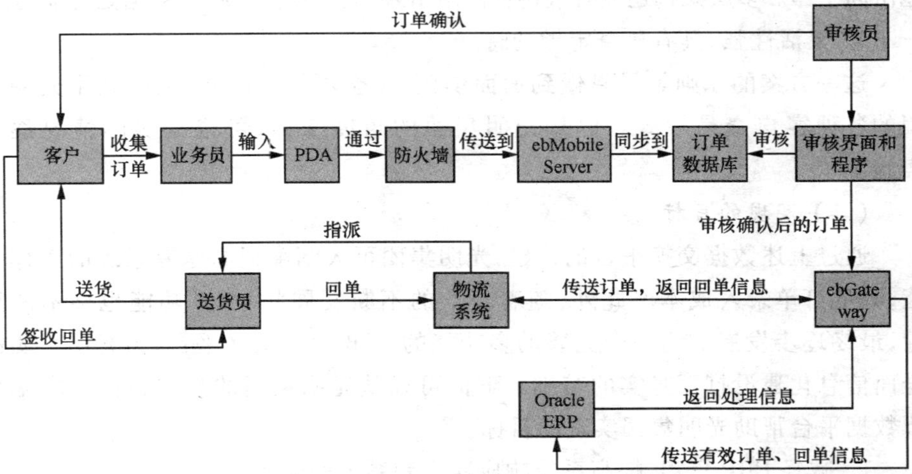

图 7-18　移动商务工作流程

四、解决方案分析

（一）方案技术特点

为光明集团提供的这一解决方案具有以下技术特点：

1. 移动商务和其他应用集成到数据交换平台上

移动商务解决方案能帮助光明集团的各事业部实现订单采集的电子化，大大节约成本和提高效率。而数据交换平台是从光明集团的全局角度进行考虑，它不仅集成了各事业部将要实施的移动商务应用，还承载着传统的应用和其他电子化交易的应用。这样就将光明集团的各个事业部有机地融合在一起，大家共享此平台，如有需求，则只需在平台外部的客户端增加应用，避免了今后在服务器端系统上的重复投资。

2. 使用开放型技术，可扩展性强

软件全部采用 Java、XML 等开放型技术，可随时根据需要扩展其功能。同时，它们也可以运行在任何操作系统上，这就大大降低了对系统软硬件的依赖性，便于对系统进行更新、扩展。

3. 采用多层系统架构，使应用层和数据层分离

多层架构是在客户机—服务器两层架构基础上发展而来的新型分布式系统架构模式，它减轻了两层架构中客户端和服务器端的工作负荷，使得系统更有效率。这种架构模式使系统中的传输层、应用层、数据层之间各司其职，更有效地协同工作。多层架构还能有效避免网络堵塞，大大提高系统的数据处理能力。

4. 灵活性强，具有量身定做的特点

这一方案的原则是尽量做到面面俱到，宁全不缺。因此，它包括了光明集团的各种客户交易模式。但从光明集团的角度来讲，可根据实际情况逐步实施。

（二）实现的目标

通过上述数据交换平台的构建，光明集团可大幅度提高原有系统的工作性能，降低订单录入成本。此外，随着企业的不断发展壮大，其功能也会不断延伸，最终逐步发展成为一个完善的多功能的 B2B 数据交换平台，为光明集团的全面信息化建设打下坚实的基础。下面可以从光明集团的具体目标要求来分析数据平台帮助光明集团实现的目标。

1. 减轻 ERP 负担，提高系统响应速度和系统安全系数

通过构建在 ERP 外围的数据交换平台，所有外来订单均先被导入订单数据

库，经审核员通过订单审核界面审核并经客户确认后，再由 ebGateway 分别导入 ERP 和物流系统进行处理。ERP 系统只负责处理有效的订单，这样它的负担就大大减轻，系统的响应速度也会极大提高。同时，由于所有进出 ERP 系统的信息均先经过 ebGateway 进行数据转换和安全认证，这就在很大程度上消除了系统的安全隐患。因为在 ebGateway 内部有一个基于 PKI 的安全认证机制，它可以追踪并审计所有进出文档，提供加密、数字签名等安全功能。

2. 减少订单录入成本，提高订单录入及时性、准确性和工作效率

通过对各个事业部实施的移动商务解决方案，光明集团可以很容易地实现此目标。这一移动商务解决方案是通过集成在 PDA 上的客户端软件、数据交换平台中的 ebMobile 服务器软件以及它们同平台中其他模块的无缝连接来实现的。通过实施移动商务解决方案，上海光明乳业集团可以做到以下几点：

（1）提高订单数据统计的有效性、及时性，以及业务员的工作效率。由于业务员无须等收集完订单后再返回公司录入数据，因而可将数据统计时间延迟两小时，统计时间越晚，需求数据越准确。

（2）录入成本将大大降低。由于录入工作由业务员直接在 PDA 上进行，因此，将不再需要专门的录入员对订单进行录入。同时，由于效率的提高，业务员的数量也可缩减。

（3）录入准确性将大大提高。由于录入工作由业务员直接在商店或站点完成，因此，可以避免由于笔迹不清晰引起的录入错误。

3. 承担 ERP 系统与外界系统的数据交换任务

数据交换平台的最大特色就是承担 ERP 与外部系统的数据交换，而且能保证数据交换的安全性与可靠性。这也是数据集成软件 ebGateway 的主要功能。在这一平台中，由外部传来的订单文档先被导入到订单数据库，经审核确认后再经 ebGateway 分别导入到 ERP 系统和物流系统进行处理；非订单文档则经由 ebGateway 转换后直接进入到 ERP 系统。同样道理，根据设置在 ebGateway 中的伙伴协议，ebGateway 将 ERP 系统产生的文档转换为外部系统认可的格式后传送出去。因此，数据交换平台真正起到了光明集团内部的 ERP 系统与外部客户系统的桥梁作用。

4. 逐步发展完善为一个 B2B 的数据交换平台

事实上，数据交换平台已是一个名副其实的 B2B 数据交换平台。它一边与内部的 ERP 系统连接，一边与大量的客户系统连接，实施后能有效地打通企业内部信息流和企业外部信息流，真正实现电子商务集成。但信息技术的日新月

异和新需求的不断出现，要求信息系统的建设要有前瞻性，系统平台的构建要有一定的开放性、易维护性和可扩展性。而基于 Java 和 XML 技术的数据交换平台便具有这些特性。ebGateway 内置处理器管理器，可帮助企业根据特定的需要增添或更新量身定做的插件处理器、传输或集成处理器。因此，它的功能可随着企业业务量的扩大而扩展。

（三）获得的收益

这次光明集团成功构筑的 B2B 数据交换和移动商务平台，实现了公司依托高端信息技术进行科学管理、提高业务效率、充分利用资源的原定目标，为公司今后的发展奠定了良好的基础。该项目投入应用后，为企业带来了各方面的利益。

（1）保护了原有投资，充分利用了已有资源。该项目的实施成功集成了企业原有的 ERP 系统，同时又将企业内部的 ERP 外延至供应链，使 ERP 系统的资源能够安全地跟外界进行数据通信，让光明集团能够与商业伙伴顺利地完成移动商务交易。

（2）提高订单处理效率和准确率。可以通过无线终端设备随时随地输入订单，并实时同步到中心数据库。订单输入、导入的处理时间从 3—4 小时缩短为半小时，减少了中间环节，降低了出错率。另外，该系统的应用可以节约用于单据输入的人力资源，从而降低了公司人工费用支出。

（3）增强公司的销售能力。由于数据处理加快，使数据统计结果具有很高的时效性，这对于提高销售预测的准确率非常重要。据统计，预测准确率至少提高了 20% 以上。这使企业和业务员都有充分的时间来预测未来销量，最终达到增强销售能力的效果。

（4）提高企业形象。不仅加快了公司在快速消费品行业的反应速度，同时移动无纸化销售也提高了公司的销售形象，使企业在激烈的市场竞争中处于有利地位。

复习思考题

1. 影响企业创建移动商务的因素有哪些？请简要阐述。
2. 请简要介绍企业移动商务创建的步骤。
3. 企业创建移动商务的目的包括哪些方面？
4. 企业的成本评估和效益评估有哪些？
5. 企业创建移动商务的一般准备有哪些？

6. 请简要介绍企业移动商务的体系结构和系统功能层次。
7. 如何建设企业移动商务中的内部网？
8. 如何建设企业移动商务中的商务网站？
9. 企业移动商务运行管理的工作包括哪些？

第八章

移动商务发展策略与现代企业管理

学习目的

1. 了解移动商务对现代企业管理的影响；
2. 了解移动商务营销的策略；
3. 了解移动商务在新型组织发展中的作用；
4. 了解移动商务发展的现状、策略及应注意的问题。

第一节　移动商务与企业资源管理

在市场经济环境中,任何企业都面临着竞争的压力,如何能够提升企业竞争力、创造企业的竞争优势是每个企业都关心的问题。移动商务的发展为企业提供了一个良好的机遇,它以现代化的电子技术和移动通信技术为基础,利用移动通信网络在信息传递和资源共享方面的特长,在企业资源管理方面起到了积极的作用,有效地创造了企业在移动商务环境下的竞争优势。

一、移动商务与业务流程再造、企业资源计划

(一) 业务流程再造

业务流程再造(Business Process Reengineering, BPR)理论于1990年由美国著名企业管理大师、原麻省理工学院迈克尔·哈默(Michael Hammer)首先提出。BPR实际上就是运筹的概念,即运用系统的观点来优化和改进业务流程中的某个环节或整个业务运作的过程。从管理信息系统的角度来看,就是利用信息技术对组织内或组织之间的工作流程进行分析和再设计,以便减少业务承包,缩短完成时间和提高质量,最终目的是适应快速多变的市场需求。

移动商务本质上受益于数字化商务信息的低成本和高速度的传输,包括企业内部信息交流和共享、移动网际合作和电子交易在内的一整套商务过程。它利用网络把企业的业务系统与顾客、供应商及其他商贸环节连为一体,直接在网上完成从进货到销售的商业行为。由于移动商务的业务载体和业务范围都发生了变化,所以移动商务会促使业务流程的重组。

归结起来,业务流程再造的特征有以下几点:工作单元的划分从以职能为基础变为以流程为基础,工作内容从单一变为丰富,人员角色从被控制变为有决策权,获得工作能力的方法是有计划的系统教育,绩效考评与奖励从观察单一活动(绩效为主)变为观察立体活动(绩效与技能兼顾),价值上从为主管工作变为为顾客工作,生产线管理人员由监督者变为教练或指导者,组织结构由层级式变为为顾客工作,高层主管由事后评判变为对员工主动引导。

(二) 企业资源计划

企业资源计划(Enterprise Resource Planning, ERP)是以计划和控制为主线,以网络和信息技术为平台,集客户、市场、销售、计划、采购、生产、财务、质量、服务、信息集成、业务流程重组等功能为一体的面向供应链管理的现代企业

管理思想和方法。目前,ERP 基于全球化市场竞争和合作,以及企业管理模式的发展,正朝着协同商务的方向发展,以实现更大范围的管理集成、信息集成和技术集成。

随着无线 Internet 技术的发展,ERP 的发展出现以下几个趋势:

1. 更加集成、灵活

ERP 的集成性是指集成同一厂商的两个不同应用和不同厂商的应用软件。现在,客户要求 ERP 厂商采用更开放、更灵活的架构,并支持基于标准的计算技术,以便集成企业的各种软件。

2. 支持移动商务

由于移动商务中自动完成采购、供应链管理和客户关系管理等业务的发展,加上大多数企业客户希望将这些新的应用程序集成到现有的 ERP 系统中,因此 ERP 厂商倾向于支持新型的移动商务的应用。通常,向 ERP 产品中添加的移动商务应用和模块有:销售人员自动化(SFA)软件(通过自动完成采集、认定和组织潜在的客户的过程,提高销售人员的业绩)和移动 CRM(MCRM)软件(采集和组织不同来源的客户数据)。

3. 采用无线 Internet 技术

作为最大的集成平台,Internet 具有巨大的潜力。ERP 厂商纷纷在他们的产品中推出基于浏览器的用户界面,代替原来的客户端程序,以便实现"零安装,零维护"。ERP 软件包越来越围绕 Web 服务器、应用服务器和其他 Internet 标准进行开发。但是,浏览器/服务器(B/S)结构存在速度慢、安全性差、带宽要求高等缺陷,所以根据应用对象,将 B/S、C/S、电子邮件、电话、传真、手机短信息等人机界面有机地结合起来,以实现 Internet 的合理应用。

(三) BPR 与 ERP、移动商务的关系

从层次的角度看,ERP 处于 BPR 与移动商务之间,起着承上启下的作用。

1. ERP 以 BPR 为基础

ERP 软件的应用需要改变传统的经营管理模式,即不能把手工系统的工作方式照搬到计算机系统。它将企业的经营管理活动按照功能分为制作、分销、财务、人力资源管理等几大模块。这些功能的实现无疑要求企业对原有的组织结构、人员设置、工作流程进行重新安排。ERP 系统运行需要大量有效的基础数据,而系统自身无法判断这些数据准确与否,这就需要对基础数据进行优化分析,也就是说,企业在 ERP 应用前一定要开展管理咨询和业务流程重组,通过强化企业管理来确保基础数据的准确性。特别是中国大多数企业长期处于管

理粗放的状态，这个阶段的工作就显得更为重要。例如，如果不对安全库存量、采购提前期、采购批量和市场行情等进行准确的分析和设定，那么 ERP 有效降低库存量和资金占用的功能就无法实现。所以，ERP 是以业务流程为导向，用系统的观点来控制和运作企业所有的软、硬件资源。它的主要内涵是改进和优化。ERP 软件将已经改进、优化的可以定量化处理的业务流程固化下来，用技术的手段来保证在企业范围内形成统一、及时的业务运作和考评平台。在 ERP 系统导入之前进行 BPR 改造，由公司管理层事先确定企业的经营策略及改革目标，通过流程改善和相应的组织变革，再选择并导入适合公司的 ERP 系统，这样才能使 ERP 系统事半功倍，最终获得成功。

2. ERP 是移动商务的业务运作平台

在建立企业移动商务模式的过程中，最重要的是建设新的业务管理和应用系统，而这个应用系统中最有代表性的就是企业内部的 ERP 系统。初期，ERP 应用可为移动商务准备软、硬件平台和企业数据，待环境成熟后，可在销售、采购、客户关系、商务办公自动化管理中支持移动商务模式，所以移动商务是建立在 ERP 基础之上的应用。

客户关系管理（CRM）是 ERP 功能的外延，客户关系是企业的外部资源，实现与新、老客户的信息共享和互动是客户关系管理的基础。ERP 是供应链管理（SCM）的工具，SCM 是企业集团、企业联盟、行业内或跨行业范围的信息共享，必须遵守若干共同的标准和规范，所以不是单个企业所能发展的。ERP 软件应该支持 SCM 的功能，SCM 则应该考虑与不同厂商的 ERP 软件连接。因此，企业只有建立运作良好的 ERP 系统，才能为移动商务的发展、运作提供有力的支持，进而对供应链管理、客户关系管理产生重大的影响。

二、移动商务与供应链管理

（一）供应链发展需要移动技术的支持

很多企业共同组成了大规模的全球性供应链，这加剧了企业之间互相影响的复杂性。在当今的竞争环境下，即便是大中型企业也必须对它们的供应链流程有很好的控制和清晰的了解。随着市场份额和收入的增长越来越取决于企业能否在适当的时间、适当的地点提供适当的产品，供应链管理不再仅仅是一个看起来不错的想法，而是企业必须采取的手段。

无规律可循的客户需求、更加频繁且周期更短的交货要求，以及精确满足客户需求的要求，已经成为决定 21 世纪商业实践成功与否的关键要素。所以企业在努力提高效率和效益的过程中,必须从 B2B 的商业角度来重新审视企业流程。这样的流程评估很可能就将企业的供应链从一组特定的相互分割的流程改造成一个能为顾客传递价值的、紧密联系的系统。

传统观念认为,供应链是通过高效率和低价格来创造价值。但现在,供应链必须通过灵活性来创造价值。客户在下完订单以后仍然会改变他们的想法,供应链的设计必须适应这种情况,这样企业才能对制造和满足需求的流程保持控制力。

高度复杂的信息流和需求流的出现,促使各种供应链的新设计应运而生,如按订单制造、按订单配置和按订单履行。但是,现实和设想往往是矛盾的,原因在于供应链流程的各个环节中包含很多不必要的手工操作或冗余工序,从而导致效率低下和成本的增加。从本质上来说,这是企业内部流程管理问题,而不是技术问题。解决这种流程管理问题是 B2B 解决方案的主题。

无论怎样,B2B 交易的核心仍然是相同的:实现端到端的供应链扁平化,通过减少手工作业和盘点库存的次数来提高效率和节约成本。

因此,利用 Internet 来提高供应链的运转速度已经成为大势所趋——信息的采集和处理更加快速、准确,同时服务水平也实现最优化。供应链中的基本要素,如采购订单、发货清单、起运通知和材料清单仍然是相同的,只是利用 Internet 后,它们的处理过程变得更加快捷、更加便宜和更加准确。

这就需要用新的工具来改进供应链中的协作,而移动应用正开始在实现实时的供应链方面发挥核心作用。因为缺乏获得动态数据的能力,如准确的顾客需求信息以及对在途产品的跟踪,使得大部分传统的供应链应用软件的使用受到限制。随着技术的进步,所引发的变化令人吃惊,这预示着要将供应链推向一个新的发展前沿。

(二)移动供应链解决方案

采购、制造以及将成品运送到顾客手中所需要的时间往往比顾客预想的要长,这是企业经常面临的一个问题。目前,有几大市场发展趋势正在推动着对移动供应链项目的开发和投资,其目的就在于缩短交货期。

1. 从订货到付款过程的流线型化

顾客订货是供应链的驱动因素。但是,订货过程的复杂性,以及需要获得供应链上游的订单信息来对供应链计划的编制提供支持,这些因素都对从订货到付款整个过程的流线型化造成了非同寻常的压力。订单代表的是供应链的起点,而从订单到付款这一循环周期,表示的是实际中端到端的供应链流程。

有三种类型的移动技术可以支持这一循环过程，使这一过程更加迅速、便捷，更具有流线型化。

（1）订单生成和接收的移动应用。供应链正越来越转向市场驱动方式，换言之，供应链必须要对顾客的实际需求做出识别和响应。为了支持这种市场趋势，移动应用正在改变订单生成和接收的过程。通过移动技术，采购员可以使用便携设备随时随地查找产品、下订单，并及时通过移动无线网络传送到生产企业，进入审批程序，完成订购过程。这种移动订购的应用，可以提高订单的生成和接收速度，特别是对于那些全天候生产的企业，是否能及时采购到原材料是至关重要的。

（2）审批流程的移动应用。电子采购虽然将订单电子化，但是仍然要求负责审批的人员必须坐在他们的电脑旁，其工作空间有一定的限制，这就影响了审批的速度和效率。移动应用则放宽了这个空间限制，允许审批人员在任何时间、任何地点对申请进行审批。通过移动设备，管理者会收到提醒信息，告知有订单在等候他们审批，更加高级的审批系统可以让移动中的管理者查看订单，然后决定是否同意，或者就订单向申请人提出相关问题，或是进一步与申请人交流。

（3）货物入库和付款流程的移动应用。许多企业集中精力解决供应链的订货流程，忽略了入库和支付流程也同样需要移动解决方案。目前，大部分企业实行的支付周期仍然是60—90天，并且在货物入库阶段所犯的错误足以抵消在采购流程中努力争取来的效率。随着供应链的扁平化，需要对支付、入库和存货储备流程进行重新审查，对这些流程进行优化将为企业节省时间，节约成本，加快向顾客提供服务的速度。例如，企业负责入库的部门可以使用移动扫描仪，下载原始的采购订单，使得检验员可以核对每一细目，以确认接收。核实购货订单上所有项目后，将启动货款支付流程。这样，作业步骤将减少，通过移动自动化来简化与入库流程相关的、书面形式的业务处理，从而为企业带来巨大的收益。

2. 完成订货过程中协同的准确性

一旦顾客下了订单，为了高效、及时地完成订单，供应商就需要进行大量的协调。顾客要求更快的、以客户为导向的交货方式，这彻底改变了传统的库存管理政策和运输模式。成功履行订单需要本地的、区域的、国内的甚至是全球范围内的协同工作，这要求多重分销渠道之间高度精确的协调一致。

协同就是要求供应链中的各个阶段能够更好地配合、优化以及执行，以便实现供应链效率的最大化。这就需要企业获得越来越详细的信息，而移动技术能够很好地解决这一问题。移动解决方案能够提供应用范围广泛的无线手持设备和车载阅读器，配置这些设备能够提高仓储作业的效率，从而为改进库存管理提供技术支持。同时，移动应用可以提高物流和运输中的准确性，使经销商们能够更快捷地访问到货物的运送、跟踪和投递数据，把握运送过程中的每一个细节，将运输中的误差降至最低。

3. 更完善的资产跟踪和利用

客户希望了解订单的动态信息，他们对供应链执行过程中透明度的要求越来越高。同时，客户也越来越期望无论在什么时间、什么地点，只要他们想知道，他们就能够掌握自己所订购产品的位置和状态。或者在供应链的执行过程中，及时被告知无法达到企业交货条款和服务协议中所列标准的情况。因此，企业在对物资进行动态跟踪方面的投资会越来越大。这些投资将有助于企业降低库存，消除订单完成过程中产生的偏差，降低漏损以及减少退货。

4. 响应性更强的服务管理

为了维持并提高市场份额，企业必须承受边际利润的减少。作为应对之策，许多企业正在重新设计它们的售后服务和支持功能，以减少不必要的作业，降低流程的复杂性，这样做的好处是可以减少拖延、错误，降低成本。

例如，反向物流正日渐引起人们的关注。反向物流意味着，因为顾客不满意，产品必须运回，并需要解释退货原因，然后退还给制造商或是在二手市场上处理掉。在退货处理中，移动技术尤其有用。移动便携设备可以对订货的配送、顾客账户以及其他信息进行跟踪，当客户想要退回某件产品时，递送人员会将信息输入便携终端，生成一个实时的抵消款项数据添加到新账单中，用配备的小型打印机打印出一份经修改的顾客收据，使整个退货过程简单、便捷。

（三）准时制和有效客户响应

1. 准时制

准时制（Just in Time, JIT）作为重要的库存管理技术之一，也是移动商务条件下对生产领域物流的新要求。准时制强调物流到达目的地是准时的，既不能早也不能晚，恰好在需要的时候出现。在供应链的不同部分都可能用到准时制方法，因而出现了准时制生产、准时制库存、准时制交付等术语。准时制的目标是在保证正常生产供应的情况下，避免一切浪费（包括时间、人力、物料和能源等）。Internet、EDI能保障信息传递，增强各工序、各部门，甚至合作伙伴的沟通能力，提高效率。

JIT 方法起源于生产制造领域，但后来却广泛应用于供应链管理的其他领域。应用于采购和供应商关系管理出现了 JIT Ⅱ，应用于零售管理出现了有效客户响应（ECR）。

很多企业在开始实践 JIT 系统时，往往都会把库存压力转嫁给供应商。例如，克莱斯勒公司刚开始在其进货后勤中引进 JIT 库存方案时，供应商为了应付克莱斯勒公司随时变更的交付安排，只能大量增加库存。究其原因，主要是因为供应商没有足够的信息去预见克莱斯勒的订货变化。

JIT Ⅱ 是指企业在实施 JIT 时，强调与供应商合作，增强双方的协调能力，减轻供应商的压力，保障公司原材料供应的通畅。JIT Ⅱ 的主要方法是允许供应商访问一些生产、销售数据，而这些数据原来是企业的机密。

2. 有效客户响应

在零售业，有效客户响应（Efficient Consumer Response, ECR）是指在商品分销系统中，为了降低分销商和制造商体系中不必要的成本和费用、为客户创造更高效率而进行密切合作的一种供应链管理策略。与 JIT Ⅱ 类似，ECR 基于持续补充产品的原则，其本质是由供应商管理零售商店的库存、进货时间和进货数量，从而保证商品不会脱销，同时又不会造成积压。与 JIT Ⅱ 不同的是，ECR 并不是让供应商派人到零售商店去，而是采用信息技术，通过计算机网络连接到零售商店的 POS 实时数据，由用户需求和实际销售拉动商品供应。几年前，沃尔玛和宝洁就使用 ECR 实现了货物的实时补充，但沃尔玛也有一些供应商在库存补充方面表现不佳，缺乏足够的响应速度。另外，有一些零售商店拒绝采用 ECR，宁愿以折扣价大规模买进商品，也有些零售商店采用部分 ECR，主要在共享数据和减少库存方面。

与 ECR 类似的术语还有供应商管理库存（Vendor Managed Inventories, VMI）、持续补充（Continuous Replenishment，CR）、直接商店递送（Direct Store Delivery, DSD）、快速反应（Quick Response）等。

3. 移动商务环境中的 JIT、JIT Ⅱ 和 ECR

JIT、JIT Ⅱ 和 ECR 的目标是需求拉动，建立快速响应能力，这和移动商务中供应链管理的目标是完全一致的。这些方法实现的主要途径是信息共享，而移动商务为信息共享提供了前所未有的支持，因而在移动商务环境中，JIT、JIT Ⅱ 和 ECR 是供应链的主要管理思路，但方法上可以完全改变。比如，JIT 中的看板系统可以利用 Intranet，使用浏览器方式操作，减少工序间传递看板的时间，同时各工序的数据可以在整个企业内共享，易于管理。又如 JIT Ⅱ，在移动商务应用时供应商不必派人入驻企业，只需利用 Extranet，让供应商有权访问企业的生产、库存和配送等实时数据,从而达到入驻企业的效果。而且 Internet 和 Extranet 能把供应链中更多的企业联系起来,不仅包括围绕一个企业的供应商、商店,还可以包括供应商的供应商、客户的客户,由此形成一个庞大的供应链,采用需求拉动、JIT 思想进行供应链管理。

第二节　移动商务与客户关系管理

在移动商务时代,以客户为中心、提高客户满意度、培养和维持客户忠诚度显得日益重要。在无线通信网络迅猛发展后,各种信息化应用纷纷转投到无线网络应用中来,实现了有线 Internet 向无线 Internet 的推进,也带来了整个商业模式的转变。移动 CRM 方案将移动信息化应用与 CRM 相结合,实现更先进、更有效的目标。无线通信技术与无线互联网的发展为 CRM 系统插上了移动的翅膀。移动 CRM 可以使客户收到及时的、满足自己需求的信息,而企业则可以通过无线设备了解、管理销售骨干和营销队伍。

一、CRM 的产生和定义

生产力水平的提高和经济全球化的发展,导致商品极大丰富,市场竞争日益激烈,特别是许多商品的品质区别越来越小,产品同质化越来越严重,品质不再是客户选择产品和服务的主要标准,越来越多的客户更看重商家能为其提供何种服务,以及服务的质量和及时程度。于是,客户关系管理思想便应运而生了。

客户关系管理是企业运用多种信息技术搜集、分析、获取知识,持续改善服务的过程。它把销售的概念从单一销售人员所做的分散性行为扩展为与企业内每个人相关的连续性流程,其指导思想就是通过掌握完整的客户信息,对客户进行系统化研究,准确把握并快速响应客户的个性化需求,为客户提供便捷的购买渠道、良好的售后服务和经常性的客户关怀,以改进对客户的服务水平,并对工作流程进行重组,以达到留住老客户、吸引新客户的目的。在企业具有正确的以客户为中心的经营理念和文化的背景下,它能提供有效的客户关系管理,并支持有效的营销、销售和服务流程。

但是,随着科学的不断进步,Internet、移动通信技术和其他技术的飞速发展,企业所处的商务环境发生了变化,因此更加强调与客户之间保持有效和实时的互动性,即在以客户为中心的移动商务环境下,无论是维系旧客户还是发掘新客户,所有的企业都在绞尽脑汁利用更为与时俱进的技术手段来经营与客户的关系,只有随时随地与客户保持互动,及时响应客户的需求,才能为客户提供优质的服务,最大限度地维持现有的客户,并开拓客户资源,挖掘潜在的销售机会。显然,传统的 CRM 已无法满足这种需求,而将逐渐地演变为一种基于移动技术和服务的 CRM 管理,于是,移动 CRM 便应运而生了。

二、移动客户关系管理的竞争优势

移动客户管理系统突破传统 CRM 系统的局限,为客户提供定制的、基于现场的实时服务,为企业争取新客户,留住现有客户。移动 CRM 通过实时、有效的通信、服务、信息和个性化的解决方案来解决客户问题,响应客户诉求和需要,为客户提供高品质的服务。

客户关系管理是改善企业与客户之间关系的新型管理机制,越来越多的企业运用 CRM 来增加收入、提高客户满意度。移动商务客户关系管理(Mobile Customer Relationship Management, MCRM)是以"客户关系一对一理论"为基础,借助移动通信设备实时获得客户信息,辅助企业经营决策,以提高客户满意度和企业竞争力的一种过程或系统解决方案。它的产生和发展归功于无线技术的快速发展,而移动通信设备提供了最好的途径,企业可以充分利用基于无线通信技术的销售和售后渠道,进行实时的、个性化的营销。无线通信技术把客户和合作伙伴的关系管理提高到一个新的水平。

MCRM 系统为企业构建了一整套以客户为中心的有关客户、营销、销售、服务与支持信息的数据库,帮助企业了解管理渠道,建立和优化了前端业务流程,包括市场营销、销售、产品的服务与支持、呼叫中心等。该系统可以进行深层次的分析和挖掘,从而发现最有价值的客户、新的市场和潜在的客户,创造业务良机。该系统可扩展、可连接的特性使它可以与企业的 SCM、ERP 系统无缝集成,实现实时的数据交换,增强企业与供应商、合作伙伴、客户间的关系,加快客户服务与支持的响应速度,增强企业在电子商务时代的竞争优势。

此外,CRM 是实现精准营销的核心,只有拥有准确而全面的客户资源,营销才能够准确地实现。精准营销是移动商务营销的主要策略之一,因此,将移动性与 CRM 相结合,可以更好地实现精准营销,更好地为移动营销服务。在后面的第三节中,将对移动商务营销策略进行详细的阐述。

三、移动 CRM 的系统应用

完整的 CRM 系统一般由业务操作管理子系统、客户合作管理子系统、数据分析管理子系统和信息技术管理子系统四部分组成。移动 CRM 应用在 CRM 体系的每一部分中都将由新的架构来实现应用的需求,如图 8-1 所示。

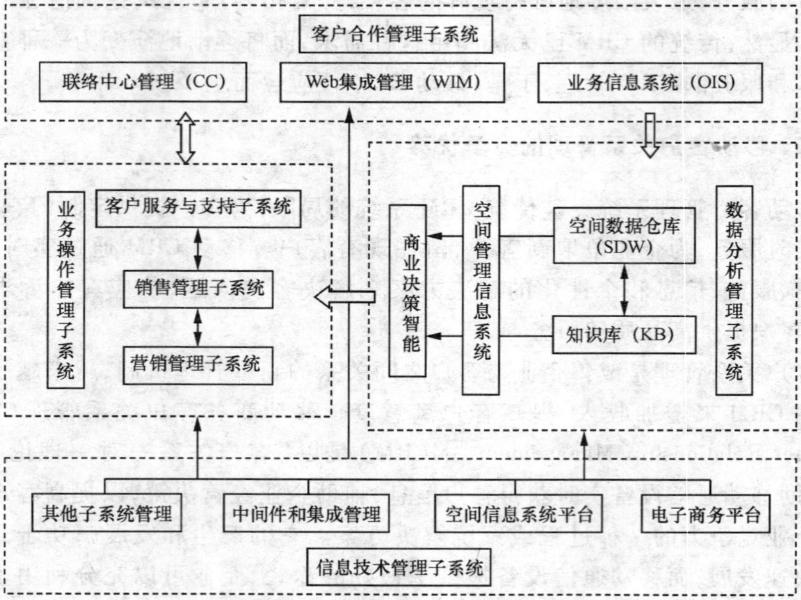

图 8-1　移动 CRM 应用生态系统

在业务操作管理子系统中,CRM 应用主要是实现基本商务活动的优化和自动化,主要涉及三个基本的业务流程:市场营销、销售实现、客户服务与支持。移动 CRM 应用在营销自动化和销售自动化方面的需求最为强烈,要求营销和销售人员可以使用笔记本电脑、PDA、手机等移动信息终端,调用企业 CRM 系统,传递和共享关键信息,包括及时维护和查明产品或服务优势,管理联系名录和其他营销活动,使得销售人员可以将注意力集中在重要的细节上,并关注那些可提高生产力和增加利润的产品或服务优势。在客户服务上,一方面企业可以降低运营成本,将客户服务系统从"成本中心"转变为"利润中心",将产品和服务推荐给客户,提高企业的获利能力。同时,又可以缩短客户响应时间,提高服务质量,从而有效地提高客户满意度和忠诚度。另一方面,客户通过 Web 等渠道与企业进行在线、实时的互动沟通,获得的是"量体裁衣"式的服务,能够极大地满足他们的个性化需求。

在客户合作管理子系统中,移动 CRM 应用主要是为实现客户接触点的完整管理,客户信息的获取、传递、共享、利用以及渠道的管理,具体涉及企业不同职能部门的管理信息体系、联络中心、移动和 Web 渠道的信息集成、处理等问题。如果从广义的移动 CRM 来讲,客户使用移动渠道与企业进行接触,也需要企业在客户合作管理子系统中加强对移动渠道的重点支持。

数据分析管理子系统中的移动 CRM 主要涉及为实现商业决策分析智能的数据仓库建设、数据挖掘、知识仓库建设等工作。从操作数据层面来看,移动 CRM 数据仓库中包括客户基本信息、业务信息和操作控制信息(个性化服务信息);从分析模型来看,包括移动 CRM 的所有分析模型,如市场分析、客户信用度分析、客户满意度分析和销售行为分析等;从数据的流向来看,业务处理部门的数据与分析处理部门的数据流动是双向的,在通过手机等移动联系渠道为客户服务时,将充分调用数据仓库,同时,在为客户服务的过程中产生的来自手机、PDA 或网络的信息又要能被数据仓库所记录。

在信息技术管理子系统中,移动 CRM 的各功能模块和相关系统运行都必须由先进的技术、设备、软件来保障,主要的内容可以分为以下四类:其他子系统应用软件管理,如数据库管理系统、电子软件分发系统等;中间软件和系统工具管理,如中间软件系统、系统执行管理工具等;企业级系统集成管理,如移动 CRM 与企业管理信息系统的集成,乃至整个的企业应用集成方案,以实现 CRM 与 ERP、SCM 等系统的紧密集成;电子商务技术和标准管理,如 Internet 技术、EDI 技术及标准、通信标准的管理等。为支持移动应用,移动 CRM 技术管理子系统将提供与手机、PDA、智能家电等工具的通信接口,采用 J2EE 或. NET 技术平台,并在支持无线传输和无线 LAN 应用等方面进行相应的调整。

总之,传统的 CRM 是通过明确的规则和优化的流程帮助公司与员工、客户进行互动。而移动商务时代的企业不得不给予客户更多的控制权。移动 CRM 应用满足了企业开展个性化一对一营销的要求,将成为促进移动商务发展的重要力量。

四、企业应用移动 CRM 获得的优势

移动 CRM 将帮助企业在客户和工作人员的交互中更好地把握商机,它的管理理念和手段——即时、个性化的客户管理,在新的商务模式下推动了企业前端销售与服务组织的日常运作,为企业带来前所未有的新发展。

(一) 移动 CRM 提高企业对客户的响应、反馈速度和应变能力

移动 CRM 最大的优势就在于能够使客户得到即时的服务。企业一定要在客户产生购买欲望或者服务请求最迫切的第一时间,迅速找到一名最合适的员

工来处理业务。目前,企业所管理的移动用户数量正在大幅度增加,因此,户外工作人员信息化成为商业活动一个很重要的问题,移动 CRM 在这方面有着独特的价值。

移动 CRM 将使企业数据、企业应用、局域网内资料,甚至互联网上内容等通过移动终端设备更快、更容易和更方便地获取。那些使用了手持设备和移动 CRM 的流动服务人员、户外工作者得以获取关键业务信息,并快速准确地记录、跟踪和传送相关数据。比如说,如果户外技术人员能够及时地存取公司的知识库,利用其他技术人员以前遇到相同问题时思考出的解决办法,则客户的满意度一定会得到提高。企业如果想让系统中添加或改动的信息能立即被它的用户所获悉和使用,就需要移动 CRM 来传递信息。这是一种前所未有的、准确的、高速的信息传输。所以说,移动 CRM 使得企业对客户的响应、反馈速度更快。

(二)移动 CRM 提高企业销售收入

根据 Gartner 公司的抽样统计,通过 CRM 采用主动式客户服务的企业,其销售收入增长了 15%—20%。因此,我们更加有理由相信,应用移动 CRM 能增加企业的销售收入。

移动 CRM 为销售人员提供了实时的访问能力,使销售人员对客户重要信息的访问不再受地域和时间的限制,从而更有效地管理客户关系和销售流程,最终提高工作效率。销售人员还拥有实时更新业务报告和进行销售预测的能力,回顾客户信息并及时响应潜在客户和合作伙伴的需求,这对销售指标的制定和完成起到了非常重要的促进作用。

根据客户金字塔理论,企业 80% 的利润是由 20% 的客户创造的,他们对企业的生存和发展至关重要。移动 CRM 使得销售人员能够随时随地通过移动 CRM 了解他们所服务的对象的所有记录,以便于他们采取最合适的方法为最具价值和最具成长性的客户服务。同时,开发一般客户和潜在客户,对低于边际成本的客户找出问题所在和原因。

此外,移动 CRM 的合作伙伴管理子系统还会积极参与经销商管理,使生产和配送更及时,减少产品失效,降低配送成本,帮助经销商更好地销售企业的产品。同时,还可以建立有效的交叉销售,获得更优异的销售业绩。

(三)移动 CRM 改善企业服务,提高客户满意度

客户对服务的满意度的评价受主观因素的影响很大。客户评价服务质量不仅看其技术质量,也看其功能质量(例如,服务人员是否对客户表示关心、服

务的及时程度等),因此企业不仅要改善自身的服务能力和质量,还要在一些附加工作,如客户关怀上大做文章。

移动 CRM 可以提高企业的服务水平,并且针对客户的不同需求制定有差别的服务措施,提高对客户要求的响应、反馈速度和解决问题的应变能力,这在前文中已经论述过。移动 CRM 还可以帮助企业有效开展个性化客户关怀。移动 CRM 提供的“短信平台”不仅用于对指定客户群进行个性化促销,还可用于对指定客户群进行个性化关怀。工作人员可以用它自动、批量地发送短消息、电子邮件或传真,移动 CRM 确保每个发送都自动对应、体现客户的个性化信息。例如,客户收到的短信上写着“尊敬的王伟先生,您好! 3 月 18 日是您的生日……”这让客户感受到企业的真诚。

移动 CRM 强调对于客户的个性化服务与关怀,能够提高客户对企业的满意度,优化客户关系,减少客户流失,提高他们的忠诚度,从而减少企业获取新客户所需要的成本。

(四) 移动 CRM 帮助企业优化业务流程,建立协同工作机制

在移动 CRM 系统中,一方面可以对资源分门别类存放,另一方面可以对资源进行调配和重组。它就像魔方一样,可以根据需要千变万化地围绕某个方面去整合资源,以适应新的经济环境以及市场和客户主导的、灵活多变的市场现状。

通过可实时协调的工作流程将企业的各种业务紧密结合起来,把企业销售/服务的各项营销活动整合到统一的平台上,将个人的工作纳入到企业规范的业务流程中,提升企业整体管理水平,建立规范的销售、市场、服务等部门的协同工作流程,有效避免了销售组织和服务组织之间的壁垒,使原本各自为政的销售人员、市场推广人员、售后服务人员开始真正地协调合作,成为一支以客户为中心的强大团队。

例如,销售代表在与客户的接触中,可以及时地将客户的服务请求和感受传达给服务部门,以便及时响应、解决问题并提高客户满意度。客服代表在与客户的接触中,迅速将新的商机转达给销售代表或直接受理,从而增加了新的销售机会。

(五) 移动 CRM 提高企业工作效率,降低成本

移动 CRM 强大的管理功能使得企业海量的客户信息、业务记录、进程、销售预期、反馈信息等关键信息,在统一的业务平台上得到了规范的管理,并在此基础上与现有的业务流程相适应,从而能够提供多项统计数据,显著减少错误

信息可能导致的不完整和不准确的数据收集。移动 CRM 能够将文本商业流程转变为表单应用形式,包括电话单、订购表、发票、E-mail 等。移动设备能够很好地提供生产率、质量和成本数据。基于表单应用的移动 CRM 能够节省完成一个销售行为所需的多余动作,使交易可以瞬时完成,从而提高工作效率和客户满意度。

利用移动 CRM,可以较低的成本进行大规模的电子促销,通过发送短信迅速将产品信息传达给广大的潜在客户,节约广告收入。同时,还可以对市场活动的全过程进行跟踪,企业的工作人员可以在任何地方使用这些功能,系统的运行成本比较低,维护和升级比较容易。此外,简单的操作程序还可为企业节省一大笔培训费用。

五、成功实施的关键因素

将移动性放到现有的企业管理框架中去需要一个过程,并非一蹴而就。移动框架和电子商务应用框架之间的管理问题是非常复杂的。在将移动方案与电子供应链的初步成果进行结合的时候,不仅要考虑具体企业组织的规模、复杂性、历史、政策和领导风格,还必须做出许多不同的选择以及利弊权衡。移动应用只是手段,而非最终结果。企业必须清楚地审视自己是否适合参与到移动行动中来,包括企业经营范围、组织形式、盈利模式等,只有认清自我,才能真正利用移动的优势促进企业的发展。

(一) 获得企业决策者的最大信任和支持

高层领导如销售副总、营销副总或总经理,他们一定要是项目的支持者。只有这样,他们才会在实施过程中起到不可或缺的重要作用:首先,由于移动 CRM 的实施涉及企业组织结构的改造和业务流程的优化,因此需要这样的领导来为其设定明确的目标,并且推动工作的开展,化解工作过程中产生的矛盾;其次,他们可以为项目实施团队提供来自各职能部门的优秀人才,以及足够的财力、信息和实现目标所需的必要时间;最后,他们能够确保企业全体员工认识到实施移动 CRM 对企业生存的重要性,并在项目出现问题时激励员工解决问题而不是打退堂鼓。

(二) 建立以客户为中心的管理理念和企业文化

由于目前企业中有相当一部分人的管理理念依然停留在过去强调提高运营效率和创造利润的阶段,忽视建立和维持良好客户关系的重要性,缺乏全局观念,对部门间协同合作的重要性认识不够,在信息的及时沟通与交流上做得不够，在实际工作中忽视对客户信息的收集和整理，忽视对培养客户忠诚度做出努力，结果导致客户信息的缺失和客户的严重流失。

由于上述原因，在实施移动 CRM 的过程中，企业一定要有一个以客户为中心、将客户视为战略性资产的远景规划，同时要建立合适的管理模式，逐步认识到建立和维持良好的客户关系已成为获取独特竞争优势的重要手段。此外，要培养各部门管理者协同合作的观念，并在实际工作中努力打破部门壁垒，培育以客户为中心的企业文化。

（三）关注企业实际业务流程和实际资源

在实施移动 CRM 的过程中，一定要注意不要在一开始就把注意力放在技术上，技术只是促进因素，它本身绝非解决方案。如果总是习惯于用手工操作的思维方式去套用信息系统，就容易陷入实施工程的"死角"中，仅仅用计算机、网络去模拟不同环节的手工操作。事实上，要想成功实施移动 CRM，一定要从一开始就关注企业的实际业务流程，花时间和精力去研究现有的流程和服务策略，在发现问题后，分析其产生的原因，讨论其改变的可能性以及改变的方法和策略，并在此基础上结合移动 CRM 既定的功能结构提出相应的解决方案。在拟订解决方案时，还要关注企业的实际资源，包括人力资源、财力资源和信息资源，尤其要关注所处的移动商务时代所带来的复杂的生存环境等，避免一些不切实际的要求，以保证解决方案能切实可行地开展并为大多数员工所接受。

（四）保证与现有系统的整合

很多希望实施移动 CRM 的企业已经在信息化建设上投入了很多的资金，因此面对昂贵的移动 CRM 整体解决方案，可能会感到犹豫。但事实上，只要与现有系统或管理手段进行整合，不仅可以节约资源，还可以收到很好的成效。比如说，铁旅现有的网站已经可以开展信息提供、游客来稿选登等业务，在此基础上开发客户网上议价系统、网上社区，并与原有网站更好地结合起来，就可以获得更加理想、更加经济的效果。

第三节 移动商务与新型组织发展

移动商务是技术和商务相结合的产物，它的应用将对企业组织形式产生深远的影响，尤其是技术进步后产生的新型组织形式。学习型组织和虚拟企业是企业为适应社会进步和日趋激烈的竞争而产生的新型组织形式。要想在全球化市场上立足，企业必须随时改变以适应不断变化的市场和客户需要，而移动商务可以为企业在组织形式上带来深入的变革。

一、移动商务与学习型组织

（一）学习型组织概述

“学习型组织”这一概念是美国哈佛大学福里斯特(Forrester)教授于1965年在《企业的新设计》(*A New Corporate Design*)一文中首先提出的，他在此文中非常具体地勾勒出未来社会中理想组织的一些特征，例如，组织中员工与管理者的关系正逐渐从控制—服从的关系走向亲密的伙伴关系，组织不断学习，不断提高生存能力与创造能力。在此基础上，彼得·圣吉教授发展出学习型组织的蓝图——五项修炼的学习型组织，包括“自我超越”、“心智模式”、“共同愿景”、“团体学习”、“系统思考”五项修炼，以及“组织结构”、“管理模式”、“组织文化”三种形式的创新。

在国内学者对学习型组织的定义中，比较典型的是郭咸纲的定义，他认为学习型组织是指通过培养弥漫于整个组织的学习气氛，充分发挥员工的创造性思维能力而建立起来的一种有机的、高度柔性的、扁平的、符合人性的、能持续发展的组织。这种组织具有持续学习的能力，具有高于个人绩效总和的综合绩效。曹世潮的定义也比较有特色，他认为所谓学习型组织，就是组织是否具有学习的欲望、机制、环境和全体一致的自觉。

综合以上观点，我们认为学习型组织是指：在这种组织中，个人、团队和组织是学习的三个层次，它们在由组织共同愿景所统领的一系列不同层次的愿景引导和激励下，不断学习新知识和新技能，并在学习的基础上持续创新，以实现组织的可持续发展和个人的全面发展。

学习型组织的团队化、扁平化、市场客户导向性、弹性、可重构性等特点，决定了学习型组织符合现代信息技术飞速发展的需要，使企业具备搜集信息、创新、学习、知识管理、变革和危机管理等职能。

（二）移动商务对学习型组织建设的影响

以无线Internet作为主要载体的移动商务，凭借其无可比拟的优势，正以不可逆转的趋势迅速地改变着传统的商业运作模式。为了在未来的竞争中取得优势，世界各国都在发展自己的移动商务企业。在新的移动商务模式中，知识已经成为生产力因素中最重要的组成部分，通过企业知识管理，建立学习型组织，可以把移动商务企业的信息资源以及积累的时间经验和创新思想进行有效的挖掘、共享和利用，从而保持移动商务企业的竞争优势。

学习有三个层次，首先是个人学习，然后是组织学习，最后才是学习型组织。因此，企业的知识管理是形成学习型组织的基础。企业必须在发展知识战略、重塑企业知识文化、实现知识度量、设立知识主管等方面进行有益的探索。

1. 移动商务企业实施知识管理的战略选择

要想成功地实现企业的管理知识化，企业必须掌握两个核心的知识管理战略：一是技术的知识管理。移动商务的系统是在移动交易的引擎基础上建立起来的，这些引擎必须与公司的交易流程相联姻，才能完成从获取顾客到货运仓储、记账和付款的全交易过程。两者的完美结合，需要公司的系统管理人员熟悉各种移动商务技术方案配置及其功能，掌握系统结构及操作界面，将它们融入企业的知识仓库。为此，企业应创造一个系统过程来持续地获取并管理移动商务所需的系统及工具的知识。更重要的是，这些系统管理知识还需要不断更新，以适应企业移动商务的发展。二是战略过程的知识管理。对于移动商务企业而言，必须首先追求自己的差异化战略，而不是互相模仿或仿效传统企业，必须从价格竞争中脱离出来，专注于产品选择、产品设计、服务、形象和其他能使企业差异化的领域。有些企业通过创造自己独特的方式取得了成功，也有些企业通过 Internet 与传统方法之间权衡的细分市场，取得了成功。

2. 移动商务实现企业的知识管理的途径

第一，实现企业内部知识共享。以全面利用市场信息的工作流程为基础，更深入地在企业内部推动知识管理，调动员工的积极性。从简单利用信息到分析信息和主动产生新的信息，保证知识在企业内部能够流动起来，使企业能以对市场的深入理解为核心，全面为市场提供优质服务。

第二，增加对企业外部知识的利用。这是一个信息整合的过程，通过从企业基层到高层对信息的收集与使用的规范化，提高企业各层次的信息使用能力与专业化程度。

第三，加强企业知识网络建设。人类社会正步入知识经济时代，知识经济的一个基本观点是在人们相互交流时知识得到发展。为了充分利用知识使用的外因性，提高企业对相关知识的互动利用，企业必须加强知识网络建设。

第四，提高个人在知识管理链条中的作用。知识是个人认知过程的实现，而不是一种实物资产。同样，知识的创新也只能发生在人们的社会互动过程当中，而且在企业经营管理的各个环节都有可能发生创新。这就要求建立尊重知识、尊重人才、鼓励知识共享的企业文化，让员工在知识创新的过程中扮演核心角色，发挥其在知识管理链条中的作用。

（三）移动商务将推动学习型组织发展

信息技术与创建学习型组织具有密切的关系，学习型组织的创建过程实际上就是企业信息化实现的过程，学习型组织的创建需要借助于各种先进的信息技术。在此过程中，组织必将建立便于组织内部交流的 Intranet，并在此基础上进行组织业务流程的重组，对各种管理信息系统进行整合，进而实现 ERP 在组织内部的应用。随着信息技术在组织内部应用的不断深入，组织必然产生与合作者进行交流的需求，从而 Extranet 得以实现和应用，柔性生产、客户关系管理、供应链管理、准时制等新的管理理念将逐渐融合到组织的管理中去。移动商务是基于现代信息技术发展而来的，移动商务的应用不仅能延续企业信息化的优势，同时可以弥补目前信息化办公不可移动的缺陷，与现代化信息管理相辅相成，从而促进学习型组织的建设和发展。

信息技术的应用和学习型组织的建设具有密不可分的联系，两者相辅相成，信息技术的应用促进了学习型组织的建立，同时学习型组织的建立也加速了信息技术的发展及其在组织中的应用。如果移动商务在组织中得到良好的应用，必将成为学习型组织建设和发展的补充。

二、移动商务与虚拟企业

1997 年 11 月，在国际商会于巴黎召开的电子商务会议上，美国政府认为如果能正确对待的话，电子商务的发展是未来 25 年世界经济发展的一个重要推动力，甚至可以同两百年前工业革命对经济发展的促进作用相提并论。与会专家认为，Internet 将在地球上形成一个新的大陆——虚拟洲，任何企业都将处在这个洲上，企业要发展，必须利用新的手段去竞争。

（一）虚拟企业概述

由于 Internet 和无线通信技术的快速发展，虚拟经营企业如雅虎、亚马逊、戴尔等利用 Internet、信息技术和移动交易等先进技术手段提供商品和服务，向传统企业大规模生产、大批量库存、面对面交易提出了挑战。但是，虚拟经营与虚拟企业并不是移动商务特有的经营方式与企业类型。一般认为，虚拟经营是指一个企业或多个企业以资源为核心，为实现特定的战略目标，依靠信息，通过一种网络式的联盟，实现资源的最佳组合和企业的快速发展。虚拟企业由于仅仅保留最关键的功能和职能部门，而将其他的功能和职能部门虚设或省略，所以能够借助灵活的运营机制减少市场风险，充分利用资源。

虚拟企业的虚拟经营体现了一种经营理念的创新，它突破了传统的投资经营、实体经营的观念。首先是产权虚拟化,通过建立在互惠互利基础上的契约关系,优化资源,降低风险;其次是管理模式的创新,由于产权虚拟化,使得管理层次减少,网络化、动态化管理使得管理成本减低,决策更有效;最后是营销方式的创新,借助网络营销,可以使企业建立网络品牌,扩大市场空间,降低交易费用。虚拟经营是一种先进的、成熟的经营方式,它必将成为21世纪网络经济的重要内容,并且未来的企业多是虚拟企业。

(二) 虚拟企业的特点

1. 虚拟企业使得传统的企业界限变得模糊

虚拟企业不是法律意义上的完整的经济实体,不具备独立的法人资格。一些具有不同资源及优势的企业为了共同的利益或目标走到一起,组成虚拟企业,这些企业可能是供应商,可能是顾客,也可能是同行业中的竞争对手。这种新型的企业组织模式打破了传统的企业组织界限,使企业界限变得模糊。

2. 虚拟企业具有流动性、灵活性的特点

诸多企业出于共同的需要、共同的目标走到一起,一旦合作目的达到,这种联盟便宣告结束,虚拟企业便可能消失。因此,虚拟企业可能是临时性的,也可能是长期性的,虚拟企业的参与者也是具有流动性的。虚拟企业正是以这种动态的结构、灵活的方式来适应市场的快速变化。

3. 虚拟企业是建立在当今发达的信息网络基础之上的企业合作

在虚拟企业的运行中,信息共享是关键,而使用现代信息技术和通信手段使得沟通更为便利。采用通用数据进行信息交换,使所有参与联盟的企业都能共享设计、生产以及营销的有关信息,从而能够真正实现步调一致,保证合作各方能够较好合作,使虚拟企业获得较强的竞争优势。

4. 虚拟企业在运行过程中运用并行工程而不是串行工程来分解和安排各个参与企业要做的工作

虚拟企业按照并行工程的思想将项目或任务分解为相对独立的工作模块,从而使承担分解任务的各方能够充分调动和使用它们的资源,而不必担心核心技术或核心知识被泄露,并且各个合作模块可以并行作业,项目或任务的主持者可以利用先进的信息通信手段在其间不断地沟通与协调,从而保证各个模块最终的互相衔接。这样,既缩短了时间,又节约了成本,同时还促进各参与企业有效地配置自己的资源,充分发挥虚拟企业整体资源的优势。

5. 虚拟企业一般在技术上占有优势

由于虚拟企业集中了各参与方的优势,尤其是技术上的优势,因此在产品或服务的技术开发上更容易形成强大的竞争优势，使其开发的产品或服务在市场上处于领先水平。这一点是任何单个实体企业很难相比的。

6. 虚拟企业可以看做是一个企业网络

该企业网络中的每个成员都要贡献一定的资源，供大家共享，而且这个企业网络运行的竞争优势和竞争力水平大于各个参与者的竞争优势和竞争力水平的简单相加。虚拟企业的上述特点，决定了它具有较强的适应市场的能力。

因此，在当今快速多变的市场与技术环境中，虚拟企业的这种虚拟经营模式是一种很有前途的运作模式，正在被越来越多的企业所认识和采纳。

（三）虚拟企业中的移动商务应用

为形成虚拟组织而贡献资源的那些成员所形成的集团叫做企业网络，这些企业达成合作协议，一旦时机成熟，立即组成虚拟组织。企业网络在虚拟组织的形成过程中具有重要的作用。企业网络的典型特征是网络中的成员同意把资源合并起来，准备共享人力、信息和物资资源。这些成员联合起来制定一套规则，以保证能够迅速、方便地形成骨干队伍，发挥更大的潜力，获得比分散情形下更大的收益。移动商务应用到虚拟企业中，可以通过更及时、有效的信息交换，与其他企业产生紧密的联系，这种联系不仅是企业之间的，也可以是部门或者资源之间的，还可以让企业网络有组织地将资源合并起来，形成更加有力的虚拟组织。

当代先进的通信手段使信息从时空的限制中解放出来，而移动商务应用正是基于这种解放，使各种信息可以在任何时间、任何空间便利地得到。移动技术和设备的应用，与计算机技术、网格技术、多媒体技术以及各种先进的科学技术的紧密结合，为人们提供了一种全新的交流方式。虚拟组织的成员不受地理位置的限制，可以分散在各个不同的地理区域，可以相隔十万八千里，但他们仍然共同工作，靠网络交流信息。通过移动终端和无线网络，分布在不同地理位置的组织成员，甚至不同组织中的人都可以方便地交流。利用移动通信手段交流使所有的成员不用在计算机旁，随时都能共享设计、生产和行销信息，交流意见，提高了虚拟组织的工作效率，增强了虚拟组织的市场竞争力。

第四节　移动商务营销

每一种新产品的问世都需要一个认知和接受的过程，这个过程的长短，以及人们认知和接受程度的高低取决于营销手段。移动商务是一种新兴的应用，对大众而言,还有很多不易接受的方面,如移动终端屏幕小、存储空间有限、用户习惯等。但是,如果用适当的营销手段对移动商务业务进行推广,必然会对移动商务应用的发展起到良好的促进作用。

一、移动商务营销的市场分析

(一) 移动商务营销的特点

营销的特点是与产品的性质和特点密切相关的,因而移动商务的特殊性决定了移动商务营销与其他营销也有所不同。

1. 移动商务的主要特点

(1) 高度的灵活性。由于移动商务是基于移动终端和无线网络而进行的商务活动,因而它具有移动终端的便携性、易用性等优势,而且不受时间和地点的限制,能够为用户提供超越时空的“AAA”式服务,即任何时间(Anytime)、任何地方(Anywhere)和任何方式(Anyhow)。

(2) 突出的个性化服务。受网络技术和移动终端设备的限制,移动商务所提供的服务要更加简单,这就迫使企业以个性化的服务来弥补移动商务与电子商务的不足,根据客户的需求提供针对性更强的服务。移动终端设备通常属于个人所有,商家可以通过移动商务将市场目标定位到个人,而传统的固定电子商务只能将市场细分到一个小群体,比如一个家庭。

(3) 强烈的产品差异性。移动商务与其他信息传播服务提供的应用/内容不同,它在获取信息和服务上的灵活性、在支付上的安全性与方便性、在产品使用上的唯一性,使其与固定电子商务相比拥有强烈的产品差异性。当然,移动商务与固定电子商务相比在网络环境和终端设备上有着先天的不足,如网络带宽窄、资费偏高、稳定性差、处理速度慢、屏幕小等,这些决定了移动商务与固定电子商务是互补而不是替代的关系。

(4) 更为及时的信息获取。移动用户可随时随地访问信息本身就意味着信息获取的及时性。但需要强调的是,同传统的电子商务系统相比,用户终端更具有专用性,信息可以直接发送给用户终端,从而进一步增强了移动用户获取信息的及时性。

2. 移动营销的主要特点

由于移动商务的特殊性,移动营销具有以下特点:

(1) 精确的受众。将信息传递给不需要的人是一种资源的浪费,尽管成本可能并不高,但是浪费却是惊人的。而且,传播会有负面效应,当一个受众不断被不需要的信息所骚扰时,会对信息的传播者产生负面评价,这绝对不是传播者希望看到的。在我们定义好受众之后,必须对受众的行为进行分析,假如是商务人士,那么是不是周一的时候不适合发送信息?因为对方可能会忙于一系列的会议。再例如,有车的人士在下班的时候可能正开车,并无时间去查阅短信。如果能定义出某天的某个时段内受众可能比较空闲,那么传播的效果自然会更好。

(2) 由受众决定移动营销的编码和渠道。移动营销的渠道是短信、彩信还是流媒体,与受众的终端密切相关,而编码形式更是直接决定了受众是否可以接收到你传递的信息。现在的移动营销语言和20世纪80年代没什么区别,大多数都是面无表情地说着同样的话,形式简单而且单一。移动技术的发展必将催生出更多新的信息编码形式,但是如果营销人员没有做好准备,还是满足于移动营销的高到达率,必将丧失在编码形式上的创新能力。

(3) 与社会网络密切相关。手机这种一对一的媒体被用做广播,其实是下下之选,与社会网络结合才是真正发挥其威力的地方。如果你的朋友给你发了一条短信,你可能连看都不看就删除吗?而那些流传很广的拜年、祝福短信,一定是在社会网络中经过了众多移动终端传播的。如果移动营销的信息可以在广播之后进入社会网络传播阶段,就会触发链式反应,其效果是巨大的。

(二) 移动商务营销的市场分析

随着移动通信技术的发展,尤其是3G技术的推出,使增值业务在技术基础和传输速率方面得到了极大的改善和提高,从而促进移动终端的升级换代和各种增值业务的出现。而随着宽带的普及,各类Internet增值业务也将得到广泛应用。从目前移动流媒体的开展应用来看,不仅覆盖了人们对于娱乐、信息的需求,还覆盖了与人们日常生活密切相关的方方面面。

据iResearch的报告显示,到2006年年底,中国有近1.15亿用户使用手机上网,数量超过使用电脑上网的用户。而易观国际分析,2006年移动流媒体用户数已达到1 000万左右,2007年市场规模约为17亿元。当前,流媒体技术在两个领域的应用颇为引人注目,其一是宽带网,其二是移动网,而后者由于其商务模式更容易被人们接受而备受青睐。

移动网络和移动终端的发展共同决定着移动流媒体业务市场的发展进程。不同国家由于其移动运营商和设备制造商已有的基础和发展战略不同,移动流媒体业务市场的发展过程也不尽相同。例如,日本和韩国的3G网络发展迅速,美国的3G网络发展相对较慢,手机终端的发展相对较快。而目前,国内运营商则普遍处于试验阶段。

中研博峰咨询顾问焦明哲认为，以手机流媒体为代表的移动流媒体将成为未来最有力的“眼球”获取媒介。首先，流媒体技术应用的最大特点是：媒体节目边缓存边播放，即内容的获取和内容的消费同步进行。因此，对于用户而言节省了服务时间，无须苦苦等待下载，这一特点使得流媒体技术可以最大限度地在有限的时空内为消费者提供高效的信息服务。其次，手机媒体的自身特点决定了其适合这种形式。手机以其移动性、便携性的优势成为传统媒体的重要补充。手机媒体的出现，使人们能够随时随地且无处不在地享受服务。

有资料显示，手机在改变人们沟通方式、娱乐方式的同时，也正在深刻地影响着产业变革。相对于个人娱乐，手机商务的市场容量更为庞大。美国的调研数据显示，2005 年全球手机商务的市场总额达 2 000 亿美元。计世资讯预测，2008 年中国移动商务应用市场规模将达到 306.5 亿元，年复合增长率达到 40.7%。与此同时，移动商务给个人消费者带来了便捷以及更多的生活体验，而面向企业的无线应用，为企业带来了全新的信息化模式，给整个行业创造了全新的商业机会。数据显示，目前全球已有 14 亿手机用户，远远超过固定电话用户，手机已经成为主要的通信工具。而中国手机用户数量在 2006 年 2 月突破了 4 亿，位居世界第一。预计到 2008 年将达到 5.95 亿。

如此巨大的市场正在吸引着包括运营商、管理软件商、SP 在内的各路“英雄”争相投身其中。例如，中国移动力推“动力 100”移动信息化解决方案，中国联通则扛起到农村做移动商务的大旗，用友、金蝶等公司纷纷向移动商务市场挺进，并积极与运营商合作。业内专家认为，在竞争白热化的 IT 通信业，手机商务是一个需求庞大的新市场，拥有巨大的赢利空间，同时也是迈向 3G 时代的试金石。

目前，已有公司注意到移动商务市场的广阔前景。苹果公司在推出新品 Video iPod 时，为了宣传其最大的亮点就是支持 Video 播放，联手 ABC 推出包括热门电视剧《迷失》、《绝望的主妇》在内的 6 部电视节目的 Video 下载服务，并按照每部 1 小时的长度，以 1.99 美元的价格在 iTunes 上出售。在法国巴黎曾举办过“口袋电影节”，参展的影片完全使用手机来播放，基本上展出的都是 30 秒钟以内的电影短片。由此可见，移动商务的应用正在悄然地融入我们的生活。

二、移动商务营销的策略

一种传播行为要想获得良好的效果，无论采取何种媒介，所要了解的事情都是一样的:营销的受众是谁,媒介渠道的特点是什么,信息该如何编码,以及该由谁来发送这个信息。要研究移动商务营销的策略,就应该对上述几个问题进行详细的了解。

移动营销使用无线技术来为客户提供独特的个性化服务,它改变了传统的营销活动策略,以满足移动客户和无线设备的需求。移动营销战略可分为推战略(Push Strategy)、拉战略(Pull Strategy)或两者兼而有之。推战略假设人们要求将特定的信息实时地发送到他们的无线设备上,拉战略则无须实时将接收方请求的推销信息发送到他们的无线设备上。不管是推战略还是拉战略,移动商务营销的关键就在于精准营销理念。

(一) 精准营销的概念

1. 精准营销的核心思想

精准营销(Precision Marketing)就是在精准定位的基础上,依托现代信息技术手段建立个性化的顾客沟通服务体系,实现企业可度量的低成本扩张之路。

精准营销有三个层面的含义:第一,精准的营销思想,营销的终极追求就是无营销的营销,到达终极思想的过渡就是逐步精准。第二,实施精准的体系保证和手段,而这种手段是可衡量的。第三,实现低成本、可持续发展的企业目标。

2. 精准营销的个性化体系

(1) 精准的市场定位体系

市场的区分和定位是现代营销活动中关键的一环。只有对市场进行准确区分,才能保证有效的市场、产品和品牌定位。

通过对消费者消费行为的精准衡量和分析,建立相应的数据体系;通过数据分析进行客户优选;通过市场测试、验证来区分所做定位是否准确有效。赢家同盟在精准营销的实践中借助自己开发的 Marketing Test 营销测试系统很好地实现了对产品的精准定位。Marketing Test 系统采用复合的数字理论模型,在模拟的真实市场环境中得到真实的实验数据。数据模型是以求证营销为蓝本设计的,在小的真实市场环境下模拟大规模销售。模拟的市场环境包括货架实验、网络实验、用户走访、DM 模拟等。对一个大规模上市的产品而言,只需很少的测试费用就可以知道上千万投入的效果。这就是精准定位的魅力。

(2) 与顾客建立传播沟通体系

从精准营销的字面上大家就可以看到,它采用的不是大众传播,而是要求精准。这种传播大概有邮件、网络邮件、直返式广告、电话、短信、网络推广等形式。

直返式广告是对传统大众广告的改良。传统广告主要是宣传自己的产品怎么好,鼓动大家去什么地方购买。有的也会提供打折、让利等优惠。这需要付出很多的时间和金钱。而直返式广告主要是宣传一次活动,让感兴趣的人参与。直返式广告的设计核心是活动诱因设计,原则是让精准定位的人群对广告感兴趣,设计这部分人群感兴趣的活动,以便达到让他们参与的目的。活动诱因是指让特定的客户感兴趣的东西,它涉及消费心理研究、购买行为研究。

(3) 提供个性化的产品和服务

与精准的定位和沟通相适应,只有针对不同的消费者和消费需求,设计、制造、提供个性化的产品和服务,才能精准地满足市场需求。

个性化的产品和服务在某种程度上就是定制。以戴尔为例,计算机本身标准化很高,要全方位地满足客户对计算机性能、外观、功能和价格等方面的综合需求,相对比较容易。通过综合运用先进的供应链管理、流程控制、呼叫中心、电子商务等多种手段,戴尔能够实现按需生产,即大规模定制。

(4) 顾客增值服务体系

精准营销的最后一环就是售后客户保留和增值服务。对于任何企业来说,完美的服务和质量只有在售后阶段才能实现。同时,营销界一般认为,忠诚顾客带来的利润远远高于新顾客。只有通过精准的顾客服务体系,才能留住老顾客、吸引新顾客。

(二) 精准营销适合移动商务发展

从精准营销的概念、特征和体系可以看出,精准营销的核心思想十分适合移动商务的产品、市场以及受众,因此,是发展移动商务营销的首选策略。

第一,精准营销追求客户的精确性,强调选择最精确的受众进行营销活动。移动商务的活动是基于移动终端进行的,而移动终端分布在每一个客户的手中,也就是说,移动商务的受众是最精细的划分。因而,精准营销策略与移动商务营销结合起来,可以充分发挥移动商务的优势,更好地体现精准营销的含义。

第二,精准营销具有精准的市场定位体系,这与移动商务营销的特征不谋而合。前文在论述移动商务营销的特点时曾说过,移动商务与固定电子商务是互补而不是替代的关系,而移动商务要在克服自身缺陷的情况下,寻找发展之道,就必须对市场有准确的定位。移动商务由于具备灵活性、高效性等特点,因而具有特殊的市场。精准营销可以帮助移动商务找到适合其发展的市场,并成为固定电子商务的有力补充。

第三,精准营销可以提供个性化的产品和服务,能够满足移动商务的发展要求。移动商务的一个重要理念就是提供个性化的产品和服务。由于移动终端属于私人物品,因此,决定了移动商务的产品和服务是私人化的,也就是个性化的。每个人的偏好都不尽相同,要向如此多不同的客户进行营销,精准营销策略是十分适合的。精准营销的特征之一就是向客户提供个性化的产品和服务,如果这种产品和服务通过移动终端这一私有性极强的设备进行营销,那么其精准性就可想而知了。

第四,精准营销的核心是客户关系管理,精确、良好的客户关系管理可以为企业的售后客户保留提供保障。留住一个忠诚客户的成本要比开发一个新客户的成本低得多,因此,留住忠诚客户对企业的发展是十分重要的。前文已经提到,移动商务对客户关系管理的影响巨大,它的移动性和灵活性大大改善了客户关系管理的方式,只要需要,企业的销售人员和售后服务人员随时随地可以记录、查阅、更新客户资料,提高客户关系管理的效率和效果。

精准营销是移动商务营销的重要策略,移动商务发展也推动了精准营销理论的进步。精准营销是营销策略的新模式,而移动商务也是即将兴起的商务模式,这两种前沿的模式相结合,必将产生"强强联手"的效应,互相推动,快速发展。

(三)移动商务营销应注意的问题

预知移动商务的巨大作用是影响用户对移动商务态度和意向的关键因素,也是影响用户是否接受移动商务的关键因素。只有使用户感到移动商务真正有用,用户才会接受和选择它。因此,移动商务应用服务商要充分利用无线网络传输信息的及时性与交互性,利用网络收集用户数据、追踪用户行为和态度的便利性,为用户提供及时、准确、个性化、有价值的信息和服务。商务网站设计既要满足用户搜索、对比信息的要求,还要增加用户进行网上交互的乐趣。移动商家可以开设讨论组、聊天室等,方便用户通过无线网络进行沟通,提升用户的社会交互体验,降低用户对移动商务的预知风险,培养用户的信任。

预知移动商务容易使用也是影响用户接受移动商务的态度、意向和行为的重要因素。与国外相比,中国用户拥有的无线网络经验比较少,所以预知移动商务容易使用对中国用户接受移动商务来说就显得更加重要。由于用户要将大部分时间用于工作和休闲活动,所以接受其他服务的时间有限,而无线、有线网络的出现使用户面临信息过量危机。不变的信息处理能力和网络信息爆炸使得用户在接受移动商务服务时,迫切要求少付出、多回报。

对此，移动商务提供商应该把降低用户使用移动商务需花费的时间和精力作为首要目标。比如，使用移动商务购物时，购物便利应该包括方便进入网站、方便搜索商品信息、方便使用移动设备进行购物、方便撤销订单、方便付款等。首先，提供给用户易学、易懂、易操作的购物方式。其次，提供简便易懂的交互界面，更多地采用图案和标志来帮助用户迅速学习、理解交互界面。最后，采用统一的元素、色彩、格调，以方便消费者迅速查找，确保文字通俗、易懂。

另外，由于预知好玩是吸引用户接受移动商务的重要因素，所以移动商务提供商应该使用娱乐性强的节目或游戏来吸引更多的用户。同时，政府也需要进行宣传，形成良好的接受移动商务的社会氛围。

提高用户的信任程度、降低用户的预知风险是发展移动商务的关键。预感风险因素对用户接受移动商务有消极影响，它是阻止用户接受移动商务的重要因素。而用户对移动商务越是信任，他们预感的风险就越低，因此，培养用户对移动商务应用服务的信任感是十分重要的。

第五节　移动商务发展策略

移动商务是电子商务发展的新形式，它利用移动技术来完成电子交易和服务，为电子商务的发展创造了更为广阔的空间。但是，如果对移动商务发展策略没有一个清楚的认识，即便移动商务有诸多优势，也无法形成有影响力的市场。本节对影响移动商务发展的因素进行了分析，并介绍发展移动商务可能用到的策略、合作对象以及发展模式。

一、影响移动商务发展的因素

影响移动商务发展的因素很多，既有内部环境因素（主要是业务管理、市场营销、技术标准等），也有外部环境因素。外部环境因素主要包括社会环境、软硬件环境、商务服务基础环境和商务应用环境。

（一）社会因素

移动商务是社会生活信息化和国民经济信息化的重要组成部分，并非一个移动网络运营商能独立解决的问题。对此，各级政府和社会各界不但应形成发展移动商务的共识，还要关注与移动商务相关的社会意识普及、人才培养、物流配送等问题。

此外，开展移动商务也要考虑到人们的心理接受过程。受人们消费心理和消费习惯的影响,移动商务与其他新事物一样,需要有一个认知和接受的过程。由于移动商务应用终端与固定电子商务有很大的区别,因而对移动商务应用的接受需要有多方面的推动,同时在宣传、营销、技术支持等方面共同推进,这需要一定的时间来完成。此外,某些产品的消费习惯也使移动商务应用产生了障碍。例如,对于服装零售行业,移动商务甚至可以根据消费者的要求将他们中意的服装的细节图片发送到消费者的移动终端上,但是服装的质地、手感等信息却无法传递。

(二) 法律因素

目前,国内还没有一部针对移动商务的法律法规,致使移动商务的贸易合法问题、税收问题、银行和个人信用问题、法律纠纷问题等仍然无法解决。因而,通过法律手段保障移动商务所有参与方的基本权益成为法律上的一个灰色区域。中国刚刚出台了《电子签名法》,相信会为移动商务法律的发展起到良好的促进作用。

(三) 技术因素

移动商务是信息技术发展的产物,信息技术是开展移动商务的基础,完善与移动商务相关的技术是发展移动商务的前提。

(1) 移动网络技术:无线传输速率和带宽问题、无线通信的稳定性和安全性还需进一步完善。

(2) 移动终端技术:要开展移动商务应用,就必须改进终端设备。目前,移动终端存在内存小、操作不便、屏幕狭小、不便阅读等问题,这给移动商务的发展带了局限性。

(3) 身份认证技术:用户对 IT 安全性方面的要求也会越来越高,进行用户身份鉴别将成为移动商务安全基础设施的一个关键部分。

(4) 网上支付技术:支付是完成交易的重要步骤,无论移动商务的营销手段多么完善、应用内容多么有吸引力,如果没有安全、便捷的支付手段支持,移动商务应用就无法顺利发展。目前,基于 Internet 的支付技术正处于逐步完善的过程中,而基于移动无线网络的支付技术的研究刚刚起步,用户能否通过移动无线网安全、便捷地完成支付过程是移动商务能否顺利发展的关键。

二、移动商务竞争策略

(一) 先占策略

先占策略的理论逻辑是明显的,因为在存在网络效应的市场上,先行者具有先占优势。消费者加入先行者的网络可以获得比加入后来者的网络更大的外部收益。因此,消费者对先行者产生一定的偏好,市场也随之会向先行者偏向,而网络效应会加速这种偏向作用。例如,微软公司在推出 DOS 操作系统之后,又不断地推出 Windows 操作系统,其在 PC 操作系统方面的地位与它的先占优势密不可分。

对于移动商务的网络运营商来说,它们不但要面对最终用户,还要面对设备提供商、应用/内容提供商。先占策略就是要在各种关系中通过争夺客户、争夺有实力的设备提供商等手段赢得市场竞争。

1. 努力扩大用户基数

因为用户基数决定网络规模的大小,也直接影响使用这种产品的消费者效用水平。扩大用户基数的具体策略有:

(1) 价格策略。以低价方式进入市场,扩大用户基数。

(2) 以出租或赠送硬件设备的方式吸引消费者加入网络。在竞争激烈的移动通信市场上,经常有网络运营商向用户赠送手机。通过这种方式可以增强产品的吸引力,扩大用户基数。

(3) 向用户承诺未来有大量价格便宜、种类繁多、性能优良的辅助产品可以提供,消费者就会放心地购买这种硬件产品。

2. 积极吸引辅助产品的供应商为这种产品供应辅助产品

移动商务应用的发展需要各种辅助产品供应商的支持,运营商提供的服务、ICP 提供的内容等都是移动商务发展所必需的。

3. 影响消费者的预期

消费者的预期在决定购买哪一种技术时起重要的作用。因此,要想使你的技术在市场上取得主导地位,成为行业的标准,就应该尽力地影响消费者对你的技术预期。提前宣布将要推出的产品可以减缓竞争对手用户基数的扩张。另外一种影响消费者预期的方式是组成技术的标准战略联盟,尤其是一个行业中的重要厂商加入战略联盟。因为消费者对这些行业中的重要厂商具有很强的消费忠诚度,这些厂商在市场上的声誉足以向消费者承诺这种技术对他们的价值,这是一种“借船出海”的战略。另外,可以通过大量的广告宣传,强调该技术的性能优势、受欢迎程度等。

(二) 纵向整合策略

在市场启动初期,速度竞争胜过质量竞争。任何拖延都可能错失市场机会,眼前的一步落后可能要在将来付出十倍的努力才能挽回,这就是信息时代的竞争规律。所以,即使是实力超群的网络运营商也无暇自行经营 SP 业务,它们所能做的就是联合有实力的 SP,尽快找到一种合理的商业模式,从而整合出一条具有竞争力的价值链。因为从一开始,移动商务行业的竞争就是价值链间的竞争。纵向整合策略一般有战略联盟、资本融合、协议联合等方式。

(三)品牌策略

在统一品牌的前提下,有针对性地树立和强化移动商务业务品牌,建立移动 Internet 业务品牌体系,巩固和强化品牌优势,不断提升品牌价值,在 ICP 和手机用户中形成强烈的品牌冲击,以促使 ICP 提供丰富多彩的网上内容,吸引手机用户使用移动商务,从而建立高信誉度和客户忠诚度的服务品牌。

(四)市场策略

移动运营商在启动移动商务市场之初就要认识到 ISP、ICP 是未来市场发展的主角。在推动 WAP 业务的过程中,运营商的角色是提供网络支持,内容提供商的角色是吸引用户使用。运营商的网络服务是针对 ICP 的,ICP 的服务是针对用户的,因此,ICP 才是启动 WAP 应用的关键。

移动商务发展应以小额电子商务应用为突破口,推广和培育移动商务市场,同时应与内容提供商、银行、证券公司、商场等广泛合作,推广移动炒股、移动银行、移动教育等相对比较成熟的移动商务服务。此外,良好的市场培育也是必不可少的,市场培育是开展新业务的关键。移动商务业务开展的前期市场培育应该优先面向以下一些群体:大客户、具有较高文化素质的新人类(如在校大学生)、市场营销人员、其他同时使用 Internet 和移动电话的用户。

参考国外开展移动商务的经验,中国移动运营商应以市场为导向,面向个人移动商务市场,培养用户使用电子商务的习惯,20—40 岁的移动用户是重点的服务群体。同时,开发面向企业的电子商务市场,将移动商务的应用推广到企业信息资源整合、供应链管理、客户关系管理等过程中。

(五)技术策略

以移动通信网络为基础,建设一个稳定的安全支付系统,统一与银行的支付接口和与 ISP 的金融服务接口;明确各种技术的特点和定位,开发相应的业务;与移动终端厂商合作,制定移动终端标准规范,为用户提供可接受价位的移动终端设备。

三、移动商务合作策略

为了促进移动商务的发展,移动运营商首先要建立以合作为中心的理念,合作者的产品即我的产品，合作者的业务即我的业务，以此提高其他参与者的积极性。

（一）合作目标

移动运营商应制定与发展模式相匹配的战略目标。

(1) 示范效应。通过先行与移动运营商合作企业的成功事实，推动更多的企业加入移动商务行列，从最容易普及的业务（银行、票务）切入，使用户在观念上自然地接受移动商务的概念。

(2) 市场目标。通过支持、引导合作者的业务扩张，实现移动企业自身业务的增长。

(3) 合作者信心。提高合作者忠诚度，使合作者坚信移动商务的商业前景。

（二）合作对象和模式

为了实现合作目标，企业要建立有效的合作模式。针对不同的合作者，采用不同的合作模式，这样既可以提高合作的效果，又可以达到规避合作风险的作用。

在选择合作者时，可以将潜在合作者分为以下几类：

(1) 战略级合作者：战略互补性强，市场占有率高，增长率高，是解决移动商务问题的主要合作对象，如设备提供商、内容提供商、银行等。

(2) 战略级竞争者：战略互补弱，业务相同或类似，业务能力强，市场占有率高，增长率高，是主要的竞争对手，如中国移动、联通。

(3) 战术级合作者：主要是指各类移动商务应用服务提供商，也就是 ASP，它们在移动商务的业务链中连接着网络运营商和传统应用企业，起着承上启下的关键作用。随着移动商务应用需求范围的扩大，对 ASP 的多样化要求也在进一步增加，因此，与战术级合作者的合作将是一项重要的发展策略。

移动运营商可以采用多种模式与潜在的合作者进行合作，如契约方式、合作项目招标、参股、控股、合作发起、战略联盟等。不同的合作模式适合不同类型的合作者，例如，战略级合作者适合战略联盟、合作发起新企业、参股等合作模式，战术级合作者则适合控股、项目招标、契约等方式。

四、政府与移动商务发展

政府与移动商务的关系包括政府通过网络实现移动政府和政府对移动商务进行引导与管理。作为国家管理部门，政府本身实现移动政府的职能将对移动商务的发展起到积极的引导作用,有助于政府管理的现代化。而且政府使用网络能起到支持 Internet 发展的作用,可促进信息产业的发展,同时也将促进全民现代化素质的提高和社会现代化的实现。可以说,移动政府是移动商务营销的重要方向之一。

（一）移动政府的实质

移动商务时代是信息化的时代,是无线网络的时代,是数字经济的时代。政府始终起着引导经济、管理经济和调控经济的重要作用。新的时代要求政府必须运用现代化的手段来管理经济,规范移动商务市场和保证国民经济的健康持续发展。为适应 21 世纪移动商务在无线网络上进行经济活动,政府职能也应该在无线网络上实现,即形成移动政府。

（二）移动政府的目标

移动政府是通过移动通信设备在 Internet 上有效实现行政、服务及内部管理等功能,在政府、社会和公众之间建立有机服务系统的集合。总体来说,移动政府建设的最终目标主要体现在以下五个方面:

(1) 政府各部门实行移动化、电子化、网络化和信息化,提高政府在行政、服务和管理方面的效率。移动政府可利用信息技术,积极推动精简组织、简化办公等工作。

(2) 政府从被动服务于经济转变为主动服务于经济,公众可以不受地点、时间的限制,办理各种事务和手续。

(3) 建立政府内部网络,为公众社会提供优质的多元化服务。政府的信息网络覆盖各级部门。移动政府利用统一的信息资源,通过移动通信设备为公众提供简便的多元化服务。

(4) 以政府的信息化发展推动和加速整个社会的信息化发展。向公众展示高新技术的应用,让社会享受信息网络的便利,切实地推动全社会信息化的发展。

(5) 适应数字经济的发展,引导、规划和管理移动商务活动,建立移动商务的支撑环境。移动政府的建设并不是某一个地方政府的行为,它的最终目标应当是由政府组织,综合税务、工商、邮政、交通、运输、教育、海关、银行等业务部门,通过移动通信和无线网络为公众提供移动政府服务和移动商业服务。

移动政府将极大地丰富网络信息资源,为中国信息产业的健康发展创造一个良好的生态环境,同时对促进中国政治、经济和文化的发展产生深远的影响。建设移动政府不仅能促进中国政府部门办公模式和思维方式的变革,同时也将引发中国普通百姓社会生活方式与观念的转变。移动政府的建设将带来一场革命,这场革命以信息技术为手段,将把中国以崭新的形象带进属于我们中国人的新世纪。

第六节　移动商务发展在中国

移动商务对人类社会经济文化的改变,并非仅限于发达国家,发展中国家同样可以参与国际竞争,借助移动商务向全球市场提供数字化产品和服务,获得金融资源和信息资源,增强其国际竞争力。中国移动商务的发展经历了两个阶段:第一阶段,为用户提供信息服务,如天气和路况、股市行情、新闻等。这些服务的特点是用户在消费前必须和商家签订合同,属于预付费服务,支付以非在线的方式进行,资金的流动形式比较简单。第二阶段,为用户提供具有在线支付能力的移动商务服务,如移动电子银行、移动贸易、移动购物、移动证券、移动缴费等。目前,移动商务正处在第二个发展阶段。

一、加入世界贸易组织(WTO)促进中国移动商务发展

从2004年年底开始,中国已进入加入WTO后的过渡期。加入WTO为国内外企业提供了一个更加广阔的市场空间,也为移动商务的发展提供了众多的市场机会。

1. 对国际贸易的影响

WTO将使全世界最富有生命力的朝阳产业及全球最有竞争力的跨国公司利用中国市场取得它们的全球领导地位。移动商务可以改变国际贸易环境,加快商品的报关、商检、保险、运输、报税和售汇等工作,直接简化国际贸易流程,为企业进入国际市场提供最经济、最快速的条件。同时,移动商务技术在国际贸易中的应用,可以降低流通成本,减少中间环节,从而缩短国际贸易的周期和跨国商品流转的时间。

以移动通信技术、无线Internet等信息技术为核心的移动商务系统,为利用信息技术改造传统贸易提供了可能性,由此,逐步形成全球范围的、电子化的贸易服务方式,为国际贸易提供了一种信息完全、交易便捷的市场环境。电子化的贸易方式突破了传统贸易以单向物流为主的运作格局,使之转变为以物流为依据、信息流为核心、商流为主体的全新体系。同时,由于网上信息的充分性和及时性,减少了国际贸易中供求双方信息的非对称性,从而避免或减少了交易

市场上的逆向选择和败德行为，有利于全球自由市场的发展。总之，移动商务的迅猛发展将会改变整个世界的市场环境，形成“21世纪市场”。信息技术在不断提高生产效能的同时，也显著地影响着现代市场模式。

2. 对消费者移动商务行为的影响

随着外资银行的进入，国外信用等级考核制度将逐步引入国内，信用卡的应用领域也将逐步扩大，特别是在网上进行的消费。国外先进的信用消费形式也将加快在国内普及的步伐，使国内消费者和国外消费者一样，在购买商品和享受各类服务时，能够做到先消费后付款。

外资银行、外资证券公司参与国内市场竞争，刺激了国内网上代客理财业务的蓬勃发展。外资金融机构大多设立专门的代客理财网上站点，针对不同的客户需求，开发出各类投资、融资工具，使客户得到全方位、周到的金融服务。国内金融机构在与外资金融机构竞争的过程中，也会不断提高网上服务意识，开发出实用高效的金融产品，为网民的理财提供全方位的服务，使家庭有限的资金获得最大的效用。

由于WTO允许逐步开放保险市场，允许外资在中外合资的保险公司中拥有50%的所有权，所以会给保险市场带来极大的冲击和震撼。员工险、雇主险、养老金计划等保险品种在国内才刚刚起步，在加入WTO后的过渡期内，这些险种将通过移动通信设备和网络为消费者提供新的投资渠道。

3. 对关系移动商务发展的重大行业的影响

由于WTO允许全球网络公司直接拥有49%—100%的中国网络公司的股份，一大批国外网络公司已经大张旗鼓地以收购和兼并或直接投资的方式进入中国，全球资金最充裕、投资速度最快、对中国市场最饥渴的行业莫过于信息技术和网络行业。

WTO使中国电信行业49%—50%的股权与运营权对外开放，这意味着已经觊觎中国电信市场多年的世界电信公司终于有了进入中国电信市场的机会。

国外银行业在网络技术上的领先地位可能对中国银行造成威胁。网络银行提供在线服务，以及时方便、成本低廉等特点，吸引了大量网民。国内银行如果不能由传统银行向网络银行转变，与移动商务网站结成联盟，就很有可能丧失几十年辛勤培育的客户与银行的依存关系。

IT行业也成为人们关注的焦点。按照WTO的要求，2005年中国已不再对半导体、计算机及计算机产品、电信设备等IT产品征收关税，实行国际通行的零关税。由于计算机行业在中国是一个新兴的行业，在这个行业没有计划经济留下的胎记,从总体上来说不会带来太大的冲击。国内生产硬件的IT行业近年来经过不断调整,从技术、产品、分销网络、售后服务等各个方面全面改进,大大提高了竞争力,已具备与国际IT行业发展相适应的良好基础。但对于软件业来说,由于国内软件行业与国际差距太大,所以面临一定的竞争压力,特别是软件低成本的网络销售,将迫使国内本来就比较弱小的软件业尽快改变自己的经营模式。

国外移动商务之所以发展迅速,很重要的一个原因是因为具备了完善的商品配送系统。在移动商务环境下,企业成本优势的建立和保持必须以可靠和高效的物流运输作为保证。国内这方面和国外差距很大,对此要有清醒的认识。

4. 对移动商务交易的法律法规及政策的影响

在加入WTO后的过渡期内,中国有关移动商务交易的法律法规将逐渐完善,这将为促进移动商务的发展提供法律上的依据。

在吸引外资的同时,中国在加入WTO后的过渡期内不断完善的信息基础设施与信息技术相关法规以及更加宽松的政府政策,也会鼓励和促进移动商务的发展。

二、加快中国移动商务发展的对策和建议

移动商务为中国经济和社会的发展带来了空前的机遇。面对全球经济一体化、信息全球化格局的形成,我们必须抓住机遇,迎接挑战,采取可行措施,加快中国移动商务的发展。

目前,政府正酝酿推出WAP备案制度。最近,信息产业部电信研究院给信产部电信管理局市场管理处提交了一份关于独立WAP的报告。在该报告中,除了指出独立WAP网站市场自身的问题、移动运营商由于采取"产业内循环"造成的产业市场封闭行为外,还主张推出备案制度,希望规范无线Internet产业的发展。这份报告属于政策研究范畴,是给信产部制定相关政策提供参考依据的。"无线Internet的发展是一件大事,它不可能由两家垄断性的移动运营商绝对主导。"这份报告的撰写者之一、电信研究院一位不愿透露姓名的研究员这样说道。有WAP业内人士表示:很明显,备案制度将改变此前移动运营商主导产业的状况,转而以第三方监管机构为主导,这意味着国家对无线Internet的战略开始进入酝酿期。

1. 推动政府信息化

从中国开始实施"政府上网工程"以来,各级政府部门完成或正在进行政务

办公的信息化改造,应用项目的实施进入了良性循环。政府信息化建设的普及,树立了各级政府高效办公、透明管理的新时代形象,同时为广大人民群众提供了极大的便利,也丰富了网上中文信息资源,拉动 IT 行业的需求并带来巨大的商业机会,为中国信息产业的健康发展营造了一个良好的"生态环境",对于推进社会信息化进程具有重大而深远的意义。

2. 制定和完善移动商务的有关政策法规和技术标准

为了建立移动商务应用的健康环境,保障移动商务有关政策法规和标准的连续性和一致性,需要联合包括政府有关部门、科研机构、企业在内的有关力量,制定和完善移动商务的有关政策法规和技术标准,构建适合移动商务发展的法制环境。为保证移动商务的规范化运作,应组织有关企业、研究单位进行移动商务的标准制定,这些标准应符合中国的实际情况,并积极向国际通用标准靠拢,以便今后与国际接轨。

3. 扎扎实实地抓好企业信息化建设工作

移动商务的发展为企业开展业务提供了最佳的机会和舞台,但企业内部信息系统的建设是开展移动商务的基础,没有企业信息化的基础,移动商务的实现是不大可能的。企业利用信息化改变着自己的战略思考与视野,推动经济直接化、虚拟化,拓展自己新的业务空间。在这个过程中,企业转变传统的商务观念是非常重要的,要把移动通信和无线 Internet 应用到企业的生产、销售、客户服务和供应链管理的全过程,升级计算机基础设施,开发网络支持系统和内部技术潜力,满足客户对新增信息供应的要求,以转换和扩展业务流程来适应无线 Internet 时代的发展需求。

4. 大力推进信息基础设施与无线 Internet 的应用发展

在移动通信技术、无线 Internet 等信息技术和跨国公司的推动下,贸易自由化、生产国际化、经济一体化正在突破国家和地区的限制,商品、服务、生产要素与信息的跨国界流动的规模与形式不断增加,国际分工不断深化,世界市场范围内配置资源的效率不断提高,因此必须建立移动商务基础设施平台,进一步打破信息基础设施特别是信息网络的垄断,保证公平接入和互联互通,反对信息服务的行业垄断。

5. 加强移动商务的安全保障体系的建设

科技进步为各国的法律体系带来了很大的挑战。隐私就是一个问题,它影响了 Internet 和无线通信技术在全球各地的普及。人们通过无线设备(如 PDA、手机)进行通信时,个人隐私更容易遭到侵犯,传输的信息会被中途截获,用户所处的位置会被精确定位。所以,一方面,应提供更为有效的无线通信技术,防止个人信息被盗;另一方面,应建立优质的安全移动交易系统,加强移动安全系统专人管理。除隐私问题外,立法机关在为 Internet 和无线通信制定法规时,还必须解决与知识产权、网络犯罪和垃圾邮件有关的法律问题。无线通信技术虽然深刻地影响了我们的生活,但是它对用户身体健康的影响也必须引起我们注意。

6. 加快物流配送体系和金融体系的建设

目前,中国经济已初步具备了发展物流与配送的经济环境和市场条件。从近期来看,以下发展机遇是值得重视的:第一,在外国投资企业中,发展物流和配送的市场需求仍将保持快速增长的势头;第二,在市场竞争中规模逐步扩大的优势电子商务企业,发展物流和配送的市场需求开始萌生;第三,以中小型零售企业为服务对象的社会化物流中心和配送中心、正在快速发展的连锁商业企业内部的物流配送事业,开始起步并进入规范发展阶段。

在金融体系方面,移动金融业务服务推动了金融体系快速发展。手机金融的各项服务为移动客户提供了极大的方便,例如,移动客户只要通过发送手机短信就可以享受银行账户信息及金融信息查询、转账、汇款、捐款、缴费、消费支付等金融服务。同时,应加快完善移动商务支付体系的建设,尽快制定中央银行在移动商务中的总任务、目标、职责,以及商业银行和其他金融机构在中央银行的指导和约束下开展移动银行、移动股票交易等业务的职责和权限划分。

7. 各行业联合互补,形成供应链

为支持移动商务在金融、电信、邮政、航空、医药、制造、交通等重点行业的应用和发展,各行业必须走联合互补的道路,从码头、车站、机场、仓库、集装箱、转运配送站和车辆等的总体建设和配套设施角度来考虑建立与之协调和相适应的现代化物流体系,树立与竞争对手既有竞争又有合作的观念,把各行业集成在一起,形成完整的供应链,使参与移动商务运作的企业获得一个集中的局域网环境,为移动商务的开展打造一个低成本的实物流转和配送平台。

8. 建立移动商务的示范工程

通过建立移动商务的示范工程,提高企业管理层及公众对移动商务的认知程度,推动企业参与移动商务,扩大移动商务市场的规模。该工程旨在重点解决移动商务发展的瓶颈问题,优化移动商务环境,提高移动商务交易数量和额度。我们可以在一些管理和经营特点比较适合移动商务发挥作用的领域中推行移动商务，如通信业、金融业、零售业、出版发行业等，让这些领域中的企业先行动起来，获得成功，在取得经验的基础上，再带动其他企业。对于那些经济比较发达、信息化程度较高、领导重视、对移动商务有需求的地区，应鼓励它们不失时机地发展各种方式的移动商务，以便在移动商务与传统商务的结合中逐步扩大移动商务的比例。对于积极开展移动商务的试点单位，应在资金、税收、宣传等方面给予大力的支持，积极帮助企业解决困难。只有这样，才能保证中国移动商务实现良性发展。

9. 发展移动商务与产业结构调整和升级紧密结合

移动商务的发展必将带来社会经济的大调整，为此，应及时进行产业结构的调整和升级。要未雨绸缪，减少对可能衰退的行业的投资，尤其要防止重复建设，将这一部分节约下来的资金投入到有发展前景的新兴产业和老企业的技术改造和革新上去。大力发展企业与企业之间的移动商务，促进无线网络企业和传统企业的结合，使之发挥各自的资源优势，实现互补。同时，还要大力鼓励企业创新，重视企业核心竞争力的培育和经营，培育中国的品牌企业和支柱企业，开发具有特色和优势的产品，不断加强企业在移动商务时代的竞争力。

10. 对发展移动商务实施一定的鼓励和优惠政策

为了促进全社会电子信息化的进程和移动商务的发展，在一定时期内可采取一些优惠政策和鼓励措施。在企业实施移动商务、采用供应链优化管理取得成本降低效果以前，政府应减少它们经营移动商务的税费，以推动移动商务的发展。为了推动移动商务的普及，还应降低移动设备的价格、手机的使用费等。

11. 加强人才培养，鼓励创新与学术自由发展，形成良好的环境

实现移动商务的关键是人。从整个社会来看，移动商务首先是一个社会系统，而社会系统的中心是在其中活动的人；从行业角度来看，商务系统实际上是由围绕商品交易的各方代表和利益相关者所组成的关系网；从移动商务本身来看，虽然我们充分强调无线网络技术和移动通信技术对交易活动的促进作用，但归根结底，起关键作用的仍然是人。所以，我们必须重视人在移动商务中的决定性作用。移动商务是现代移动通信技术、网络技术和商务的有机结合，所以掌握移动商务理论和技术的人必然是复合型人才。而一个国家或地区能否培养出大批这样的复合型人才，就成为该国或地区发展移动商务的关键因素。

12. 加强国际交流

中国政府和企业要积极参与国际对话，在建立国际社会能够普遍接受的移动商务国际框架的努力中发挥自己的影响力和作用。目前，移动商务国际谈判

主要集中在少数发达国家之间，这样的国际磋商机制与无线 Internet 的原则是不符的，对形成移动商务的国际框架也是不利的。我们应当力争在移动商务的对话中吸收更多的国家参加，尽可能地呼吁在移动商务框架的制定中听取不同区域组织、不同国家和不同规模企业的意见。

目前，中国有 4.7 亿人在使用移动终端，这不仅为移动商务提供了一个广阔的商业空间，对促进市场经济的发展也起到了不可忽视的作用。我们要认清发展移动商务的形势，共同推进社会、法律、技术、人文等方面的进步，为移动商务应用提供良好的环境支持。

复习思考题

1. 试述 BPR、ERP 与移动商务发展的关系。
2. 简述移动商务供应链管理。
3. 什么是 JITⅡ？JITⅡ与 ECR 有何区别？
4. 客户关系管理与精准营销是什么关系？移动客户关系管理有哪些优势？
5. 简述企业开展移动客户关系管理应注意的问题。
6. 移动商务在学习型组织建设中发挥着怎样的作用？
7. 移动商务营销与传统营销有何区别？
8. 什么是精准营销？为什么说精准营销适合移动商务发展？
9. 移动商务营销应注意哪些问题？
10. 影响移动商务发展的因素有哪些？请举例说明。
11. 移动商务发展策略主要有哪些？
12. 加快建设移动政府的途径有哪些？

第九章

移动商务的典型应用

学习目的

1. 了解和熟悉移动商务在娱乐行业的典型应用；
2. 了解和熟悉移动商务在金融行业的典型应用；
3. 了解和熟悉移动商务在旅游行业的典型应用；
4. 了解和熟悉移动商务在教育行业的典型应用；
5. 了解和熟悉移动政务的典型应用；
6. 了解和熟悉移动商务的其他应用，如移动医疗、移动保险、移动博客等。

第一节　移动商务与娱乐业

随着移动网络的不断发展,移动带宽对大数据量传输的支持不断加强,从而使移动网络成为一个全新的传媒与娱乐渠道,为移动娱乐业的发展提供了一个全新的应用平台。目前,互动性游戏和实时娱乐服务正在逐渐走进人们的生活。人们可以通过移动网络终端用一种方便、快捷、安全的方式来获取定制型的交互式新闻报道和娱乐信息服务、音乐与娱乐的升级和传递服务、娱乐活动购票服务以及在线游戏服务等具有特性的移动服务。

移动娱乐作为移动服务的新热点,有着广阔的发展前景。根据美国国际数据集团在"2006 国际移动娱乐峰会"上的报告,2005 年全球移动娱乐市场销售收入达 176 亿美元,比 2004 年增长 71%,预计到 2009 年,整个市场将超过 590 亿美元,这一速度已经大大超过网络游戏的增长。预计到 2010 年仅亚太地区就将产生 470 亿美元的收入,游戏、导航、音乐、视频以及手机电视等个性化移动娱乐应用将刺激该市场的繁荣和发展,成为推动无线数据应用和创收的关键因素之一。因此,目前的移动运营商开始应用和发展丰富的移动娱乐业务模式,以便吸引更多的客户,从中取得丰厚的利益。在本节中,主要介绍移动游戏、移动视频和移动音频等移动商务与娱乐业相结合的典型应用。

一、移动游戏

(一) 移动游戏的定义

移动游戏(Mobile Game 或 Wireless Game),是指消费者利用随身携带并具有广域无线网络联机功能的终端设备(如手机、PDA 等),随时随地进行的游戏。移动游戏运营商将游戏产品与移动终端产品相结合,从而为消费者提供随时随地的游戏服务支持。按照移动终端的类型,移动游戏可分为广义与狭义两种。广义的移动游戏范围广泛,凡是能在移动过程中进行游戏的服务均可称为移动游戏。目前市场上的 PDA、游戏手机等均属于广义的移动游戏服务范畴。狭义的移动游戏主要是指与移动通信终端相结合的游戏服务。就通信领域的移动游戏而言,狭义的移动游戏就是指手机游戏。

(二) 移动游戏的分类

目前,移动娱乐业务中最主流的便是移动游戏。根据不同的分类标准,移动游戏有不同的分类形式,体现出移动商务的不同特性。如果按游戏的执行环境或特征分类，移动游戏目前大概可以分成八类。

1. 嵌入式游戏

嵌入式游戏（Embedded Game）作为移动终端的附加功能安装在终端设备上，如诺基亚手机安装的贪食蛇就属于此类游戏。

2. SMSG 游戏

SMSG 游戏（SMSG Game）利用短消息服务（Short Message Service）传递游戏信息，但由于短消息传递的时间过长，此类游戏多为回合制。SMSG 游戏的优点是实现了用户与游戏的互动，也让用户更加习惯使用手机来进行娱乐游戏。

3. 微型浏览器游戏

微型浏览器游戏（Micro-browser Game）的玩家必须借助于浏览器界面，如 WAP 浏览器，而游戏的内容则通过 WML 或 CHTML 等描述语言来定义。由于玩家的输入命令必须通过移动无线网络传递至服务器，经服务器计算产生对应的游戏画面后，再传回至玩家端，故游戏互动性较不理想。

4. 多人互动游戏

多人互动游戏（Multi-player Game）可以通过广域移动无线网络或蓝牙进行联机，使玩家进行多人互动游戏，从而令游戏更为刺激，互动性更好。

5. 下载类游戏

下载类游戏（Download Game）执行于 Java 或 BREW 平台上。移动玩家可根据自己的兴趣自由选择下载游戏程序。游戏程序可以通过 OTA（Over the Air）的方式，下载到移动终端设备上，从而进行随时随地的游戏。

6. 定位类游戏

定位类游戏（Location-based Game）的游戏内容与玩家的所在地有关。位置信息的取得可以直接通过手机内建的 GPS，或是基地台的 Cell ID 等技术。例如，日本的松下公司与 Dwango 公司就开发过这种与玩家所在位置有关的钓鱼游戏，国内也有相关业者投入此类游戏的开发。

7. 流类游戏

流类游戏（Streamed Game）的特点是游戏的内容，如玩家角色或关卡资料，可以在游戏程序需要的时候，通过网络方式进行传输，达到终端。

8. 扩展类游戏

扩展类游戏（Pervasive Game）延伸于原 PC Game 或 Console Game 游戏。它可以让玩家在家中通过游戏机玩游戏，而外出时则可以通过手机以另一种不同于游戏机的方式继续进行游戏，从而保持游戏的一致性。

上述移动游戏的分类，是以游戏的执行环境或特征分类的，但并不表示这些游戏之间相互独立、毫无关联。实际上，它们是可以互相搭配、相辅相成的。例如，短消息服务游戏可以是多人游戏或是 Java 游戏，也可以拥有流游戏的功能。同时，如果按移动游戏的时间发展来划分，移动游戏则可以分为嵌入式游戏、短信游戏、程序平台游戏、未来游戏等，如图 9-1 所示。

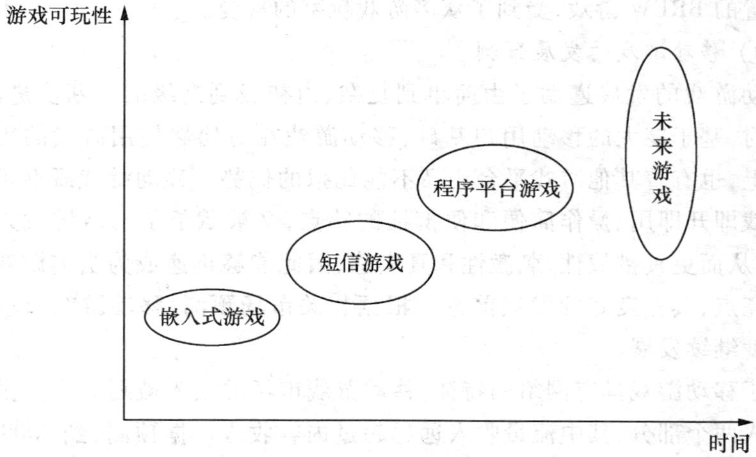

图 9-1　移动游戏的发展

（三）移动游戏的特点

传统的娱乐游戏往往受时间和空间的限制，不能让游戏者随时随地享受到游戏的乐趣。而移动游戏由于移动终端的特性使得游戏的时间和空间被无限扩大。与传统的娱乐游戏相比，移动游戏有很多自身的特点，主要体现在以下几个方面：

1. 随身性和便携性

随身性和便携性是移动游戏不可忽视的一大优势。人们对游戏的需求无处不在，移动游戏的随身性和便携性能满足人们随时随地的娱乐要求。同时，这也是移动游戏与传统游戏的最大区别。

2. 永远在线

永远在线是指移动游戏终端随时随地与移动网络以及通过移动通信网络与其他终端保持联络。目前，网络游戏作为电子游戏产业发展的一个方向，已经在全球范围内快速发展起来，而网络游戏的兴起也极大地刺激了移动游戏的发展。移动终端永远在线的特性使其具备了开放移动网络游戏的条件，为未来游戏产业的发展指出了一个新的发展方向。

3. 位置可知

位置可知是指由于移动终端与移动通信网络保持实时的联系，能使移动通信网络随时确定移动终端的位置。对于移动游戏运营商来说，可以充分利用用户的位置信息开发出基于位置的移动游戏产品，因为增加了位置的元素，从而增加了游戏的趣味性。例如，日本 KDDI 就利用其带有 GPS 功能的手机开通了基于位置的 BREW 游戏，受到了众多游戏玩家的喜爱。

（四）移动游戏的发展预测

移动游戏的发展遵循了由简单到复杂、由初级到高级的不断演进的规律。与此同时，基于庞大的移动用户基础，移动游戏在对偶然使用游戏的用户的吸纳问题上，也有着其他游戏平台产品不能比拟的优势。移动游戏既继承了便携离线游戏即开即用、操作简便和便携性的特点，又被赋予了网络游戏人人交互的特点，从而更具挑战性、刺激性和真实感，因此能够迅速成为当前游戏市场中的一大亮点，具有良好的发展前景。根据相关市场预测，移动游戏市场将会以较快速度继续发展。

由于移动游戏具有网络的特征，移动游戏市场的收入被划分为流量收入和内容收入两个部分，其中流量收入远远超过内容收入。据预测，到 2009 年全球移动游戏市场收入将超过 600 亿美元。同时，从移动游戏用户增长的情况看，几种游戏平台用户的增长都很迅速，其中尤以 Java/BREW 游戏用户的增长最为迅猛，到 2009 年该游戏的全球用户量将会超过 20 亿。

目前，移动游戏还存在很多问题。从技术角度讲，现有移动终端的视听效果和相互兼容性较差，而且数据传输速率不尽如人意。同时，现在的移动游戏缺乏真正吸引用户的信息内容。所有这些都是新型移动游戏服务的障碍。此外，如何吸引游戏开发商转向移动游戏领域和加强用户消费习惯的培养以形成强大的市场需求，也是需要进一步思考的问题。但是，这些问题并不是根本性的，随着技术的发展，都可以在不久的将来迎刃而解。因此，作为下一代移动商务应用中最主要的业务之一，移动游戏业务的发展前景一片光明。

二、移动视频

（一）移动视频的定义

移动视频是指通过移动网络和移动终端为移动用户提供视频内容的新型通信服务。它的主要特征在于传送的内容是比文本、语音更加高级的视频图像，并伴有音频信息。移动视频业务为移动用户分享他们的经历和情感、获得信息和娱乐以及与他人交流提供了新的通信方式和业务享受。移动视频业务是近几年迅速发展起来的新兴网络服务，并将成为3G网络发展的重要业务类型。

（二）移动视频的分类

移动视频有多种划分方式，例如，可以按照通信实体、网络承载方式和业务内容等划分。按照通信实体划分，可以分为终端到终端、终端到网络和网络到终端三种移动视频模式；按照网络承载方式划分，可以分为电路域承载方式和分组域承载方式等；按照业务内容划分比较复杂，目前主要包括以下几种类型：

1. 移动视频消息

移动视频消息是通过某种媒体非实时地发送视频消息，包括人到人、人到PC以及PC到人三种情况。例如，视频邮件和多媒体消息业务就属于移动视频消息业务。视频邮件是在纯文本邮件的基础上，增加了视频和音频的多媒体邮件。视频邮件可以用附件的形式传送，也可以直接以流媒体方式播放。视频邮件不仅使个人移动通信变得丰富多彩，也可以加强企业电子商务的广告效应。例如，日本J-Phone公司推出的Movie Sha-Mail业务，用户可以发送和接收视频短片；日本KDDI公司推出的NaviMail业务，用户可以观看最新的电视广告等。多媒体消息业务（Multimedia Messaging Service，MMS）是一种被WAP组织和3GPP定义为标准的非实时移动消息业务，移动用户通过一个或多个媒体单元来发送和接收视频消息。多媒体消息业务不仅可传递文本信息，还可以传递内容更为丰富的图像、音频、视频等数据信息，将是未来3G的一种核心业务。

2. 移动视频内容配送

移动视频内容配送业务主要是从服务器到人的通信服务，以流媒体或者下载的方式将视频内容传送到移动用户终端。流媒体与下载方式的主要区别在于，流媒体是指通过IP网络以流的方式传送多媒体内容（包括音频和视频），不需要下载整个文件。流是指数据从服务器端向客户端以不间断的流方式传送，当第一个数据包到达时就开始播放。移动视频配送的业务范围非常广泛，目前应用最普遍的主要是视频点播。随着Internet和移动网络的融合，人们越来越希望能够及时、主动地获取各种视频节目，而视频点播业务将极大地满足人们娱乐的需要。目前，全球的移动运营商正在逐步推出采用流媒体方式实现的视频点播业务，以吸引更多用户。

3. 移动视频游戏

目前,移动游戏的种类越来越多,移动游戏市场的竞争也越来越激烈。但是,嵌入在手机终端的游戏、SMS 游戏等画面单一,给用户带来的感受无法同交互式视频游戏相比。现在,基于 Java 和 BREW 的彩屏手机终端可以下载游戏,在某种程度上改变了移动游戏原有的单一面貌。但是,交互式网络游戏将是移动视频游戏发展的最终趋势,同单机游戏相比,交互式网络游戏给移动运营商带来更多的收益。

4. 移动视频电话/会议

移动视频电话/会议是一种使用了视频和语音的点对多点通信业务,在多个移动终端、移动终端和固定视频电话或者 PC 机之间实现视频和音频的双向实时交流。移动视频电话业务是由 UMTS 定义的一种高级 3G 业务,对无线网络带宽有较高的要求。带宽、成本、设备和服务的限制使这一业务的开展具有很大的难度。事实上,只有在宽带网络出现后,移动视频电话/会议才有可能以可以接受的质量被大规模推广。相比较而言,移动视频电话/会议是比语音、数据通信更高级的一种通信形式,实现了点对多点的通信业务,极大地满足了个人通信和商务交流的需求,为商务用户带来更大的便利。

5. 移动视频监控

利用移动无线网络的高带宽,通过移动网络和移动或固定的视频终端,可实现远距离的移动视频监控。一般情况下,移动视频监控业务用于特定的工作用途,也可以用于生活中,如用于儿童安全保护的移动监控系统。移动视频监控系统可以采用基于 IP 传输的视频编码设备,通过无线网络将视频信号传送到信息中心存储和显示。

以上各种移动视频业务的特性不同,因此对移动网络和移动终端的技术要求也各不相同。目前,在移动视频领域,某些业务已经在技术上得以实现并开始进行商用,同时移动视频业务的发展也促使移动终端市场出现了新的商机和竞争态势。但是,由于对带宽的高要求,移动视频业务的全面开展还有赖于 3G 网络的开通。

(三)移动视频的发展预测

随着移动通信的不断发展,传统语音业务市场正不断趋于饱和,价格竞争越来越激烈,移动运营商、设备制造商和内容提供商都在不断地寻找新业务作为新的市场增长点,移动视频业务无疑成为新业务的重要突破口。目前移动视频市场已经启动,许多国家和地区都已相继推出了移动视频业务。移动视频业务由于具有同时传递语音和图像的特点,可以让远隔千里的人们不仅听见也能够看见,在很大程度上满足了人们交流的需要。事实上,在移动通信技术和多媒体技术蓬勃发展的今天,音频、视频和数据的移动无线传输已成为网络信息技术的核心。随着3G网络的不断延伸及各种先进设备的研制成功,移动运营商已经能在任何时候为移动用户提供宽带数据发送及接收服务,这为移动视频业务提供了强大的技术支持。

纵观世界范围内的移动视频市场,虽然在很多国家和地区都已经取得了不小的进步,但是移动视频业务的发展仍然面临着很多困难,如移动视频业务的实时性特点对网络提出了QoS要求,包括基本带宽、丢包率、延迟(时延)等。如果没有这些量化的QoS指标的保障,实时的音频、视频交流就会出现连接丢失、图像不能分辨、声音中断、信号明显滞后、画面不连续等现象。根据Infonetics Research的调查报告,如果移动视频提供商能够解决一系列质量和与内容相关的问题,全球移动视频服务收入将从2005年的4 620万美元飙升至2009年的56亿美元。移动视频业务需要传送的大量语音、视频信息对带宽资源也提出了很高的要求,尤其是在用户终端的接入网上,带宽资源就显得更加紧张,因此很多移动视频业务的实施都依赖于3G网络的全面建设。

三、移动音频

(一) 移动音频的定义

移动音频包括手机铃声、彩铃、手机音乐点播、音乐下载(包括WAP/MMS)和在线收听等音频服务,它涵盖了用户可以通过移动通信网络和终端得到的所有音频服务。与其他移动数字娱乐应用相比,移动音频拥有更广泛的用户群,可以满足不同的目标受众需求。事实上,移动音频是移动娱乐业务中最简单的应用。

(二) 移动音频的特点

移动音频除了具有与传统音频一样的娱乐性、分享性等特征外,其表现形式更为多样。同时,由于移动的特性,移动音频还具备传统音频所不具备的其他特征。

(1) 高效率。由于网络的传播速度极快,一首受到用户喜欢的歌曲可以迅速传播开来。同时,高效率必然会带来高分享率,从而促进移动音频的传播效率。

(2) 方便。用户利用移动终端可以实现随时随地收听和下载,方便快捷地获得自已喜爱的歌曲。当然,最方便的还是移动终端可随身携带。

(3) 可选择。用户可以根据自己的偏好,通过移动终端下载喜欢的音乐。同样一张 CD,不是所有的歌曲都受同一个用户欢迎,因此传统的购买 CD 的方式不具有音频的可选择性。

(4) 费用便宜。一般来说,下载一首单曲仅需付费 1—3 元,而购买一张 CD 至少需要 20—30 元。

(5) 创作主体多元化,平民主动性增强。突破了唱片界对于歌曲的主动权,使普通民众可以通过移动音乐这种形式展现自己的才华。

(6) 内容丰富。由于创作主体的多元化,导致了创作内容的丰富性,各种形式的歌曲开始流行并受到用户欢迎。

(7) 形式多样。目前移动音频常见的有彩铃、炫铃等,其他还有手机音乐点播、无线音乐下载、无线音乐收听等。

(8) 直接面向用户,突破传统模式。2005 年 7 月,网络歌手庞龙的新专辑《你是我的玫瑰花》首先通过华友世纪的手机平台直接面向数亿用户发布,打破了以往音乐专辑首先通过 CD、卖场等渠道发布的传统营销模式。

(9) 为反盗版提供保障。一方面,由于 Internet 上的非法共享音乐大量存在,致使唱片公司承受了巨大的经济损失,因此它们渴望一种新型安全的传播模式。而移动通信方式则是一个非常理想的传播选择,它同时具备高覆盖率和安全性。另一方面,移动通信工具是私有物品,从而使得实施适当严密的私人控制变得简单。

从这些特点来看,移动音频作为新的传播形式不但以方便、高效、可选择、内容丰富等特征吸引了用户,保护了唱片公司等内容提供商的版权,同时也为移动运营商带来了广阔的利润空间。

(三) 移动音频的发展预测

市场研究公司 Gartner 表示,到 2010 年全球移动音频的市场规模将达到 322 亿美元,其中亚太地区将引领市场的发展。从用户角度来看,用户对移动音频的认知度和使用量继续保持平稳增长,特别是铃声、彩铃等业务,业务渗透率已超过 20%,有望成为用户的基础业务。从功能来看,随着用户个性化需求和音乐欣赏水平的不断提高,加上娱乐和音乐资源的丰富和商业化程度的加深,移动音频服务功能将逐步健全,并向个性化、细分化、创新化方向发展。从产业链来看,音频的销售在移动领域是以彩铃、手机铃声和无线歌曲点播等移动增值方式来实现的,因此要推动移动音频市场发展,就需要运营商和 ICP/ISP 密切合作,以正版音乐为基础,以移动增值业务为推动力,发挥各方优势,各个环节之间进行密切合作。

但不管从哪个角度来看,对于移动音频的发展将存在几个需要解决的问题:① 音乐版权的问题。知识产权是未来移动音频发展最为基础的一个影响因素,是大力发展移动音频所面临的首要问题。② 内容展现形式的问题。随着未来音频市场的发展,在音频市场中出现的歌曲、歌手会越来越多,以何种形式把这些歌手以及歌曲展现给用户,让用户能够及时地获得新的音频内容,这是如何扩大市场方面的问题。③ 技术支持问题。未来移动音频的发展必然走向更加完善的地步,通过移动终端获得完全音频的方式将逐步取代传统的音频获得模式。因此,大数据量的下载将成为未来的趋势,这样对于网络容量和下载速度以及下载连续性都提出了更高的要求,需要在技术层面提供更高的支持。

第二节 移动商务与金融业

无线通信技术的飞速发展,使用户能够以更低的价格获得更大的带宽。无线通信技术正在快速进入实用阶段,并且深入各个社会领域乃至百姓生活,给整个社会带来巨大的变革,影响社会经济生活的运作模式和发展模式。其中,金融业作为应用新技术的先锋,与移动商务技术相结合,实现了"移动金融"的典型应用。

在家庭银行、企业银行大发展的时代,人们要求不受时间、地点的限制,交互式地进行金融活动。移动金融应用的产生无疑为满足此类要求提供了发展契机。由于数字化电子货币的使用与发展为人们进行跨地域的商务金融活动提供了方便条件,因此,目前金融业最有影响和发展潜力的应用是移动支付,同时在移动支付的基础上将会发展出更多的移动金融应用。在本节中,主要介绍了移动支付、移动银行、移动钱包、移动证券、移动彩票等多种典型的移动金融应用业务。

一、移动支付

(一) 移动支付定义

所谓移动支付,是指借助手机、掌上电脑、笔记本电脑等移动通信终端和设备,通过手机短信、互动式语音问答(Interactive Voice Response,IVR)、WAP 等多种方式进行的银行转账、缴费和购物等商业交易活动。目前,使用手机进行移动支付已经在很多领域开展,由于移动支付具有使用方便、支付及时、手机终端私有性强等优势,因此具有广阔的应用和发展空间。

移动支付存在多种形式,不同的形式实现的方式也不相同。移动运营商与服务提供商合作,提供基于手机账户的代收费业务,本质上来说就是一种简单的移动支付;而利用银行卡账户或其他银行账户实现的移动支付,则需要更复杂的实现手段。总体来说,根据是否事先指定受付方,可以将移动支付分为定向支付和非定向支付。例如,利用手机完成公用事业费的缴付属于定向支付,而在商场用手机购物则属于非定向支付。根据支付金额的大小,可以将移动支付分为小额支付和大额支付。根据支付时支付方与受付方是否在同一现场,可以将移动支付分为远程支付和现场支付。例如,通过手机购买铃声就是远程支付,而通过手机在自动售货机上购买饮料则是现场支付。

(二)移动支付产业链

从一般的经济规律分析,一个产业的发展和兴起需要产业链中各个环节准确定位、合理分工并进行资源的最优配置。在移动支付业务发展进程中,产业链各个环节之间的合作十分重要。移动支付业务产业价值链由设备制造商、金融机构、移动运营商、移动支付服务提供商(或移动支付平台运营商)、商业机构、SIM 卡供应商、手机供应商、用户等多个环节组成(如图 9-2 所示)。显然,只有建立并不断完善产业链,移动支付业务才能获得健康发展,产业链上的各环节才能在合作中实现共赢。下面仅对移动支付业务产业链主要环节的地位和作用进行分析。

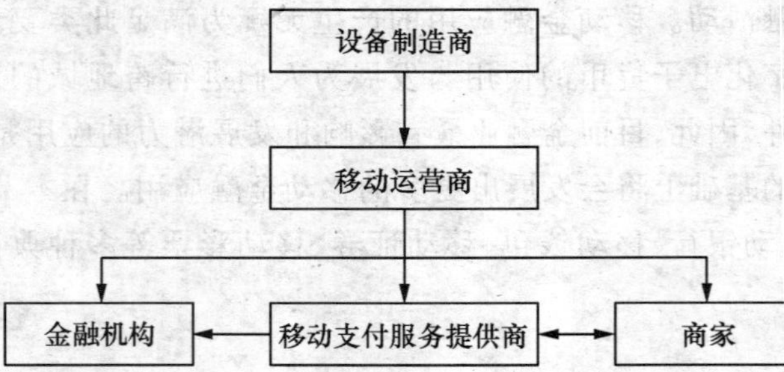

图 9-2 移动支付产业链

1. 设备制造商

随着移动通信由 2G 向 3G 的演进和移动数据业务的不断兴起,设备制造商在向运营商提供移动通信系统设备的同时,还推出了包括移动支付业务在内的数据业务平台和业务解决方案,这为运营商提供移动支付业务奠定了基础。从终端的角度来看,如今具有 SIM 卡智能工具包(SIM Tool Kit,STK)功能的 SIM 卡在日益普及,支持各种移动数据业务的手机也被终端厂商不断推向市场,这为移动支付业务的不断发展创造了条件。

2. 移动运营商

移动运营商的主要任务是搭建移动支付平台,为移动支付提供安全的通信渠道。可以说,移动运营商是连接用户、金融机构和服务提供商的重要桥梁,在推动移动支付业务的发展中起着关键性的作用。目前,移动运营商能提供语音、SMS、WAP 等多种通信手段,并为不同级别的支付业务提供不同等级的安全服务。在移动支付业务中,移动运营商主要从以下四个方面获得收益:第一,来自于服务提供商的佣金。第二,基于语音、SMS、WAP 的移动支付业务可以给运营商带来数据流量收益。第三,移动支付业务可以刺激用户产生更多的数据业务需求,从而促进其他移动 Internet 业务的发展。第四,有利于移动运营商稳定现有客户并吸纳新的客户,提高企业竞争力。

3. 金融机构

作为与用户手机号码关联的银行账户的管理者,银行需要为移动支付平台建立一套完整、灵活的安全体系,从而保证用户支付过程的安全、通畅。显然,与移动运营商相比,银行不仅拥有以现金、信用卡及支票为基础的支付系统,还拥有个人用户、商家资源。金融机构获得的收益来自五个方面:第一,手机银行账户上的预存金额,其增加的储蓄额无疑能让银行受益。第二,每笔移动支付业务的利润分成。第三,通过移动支付业务,能够激活银行卡的使用。第四,能有效减少营业网点的建设,降低经营成本。第五,有助于巩固和拓展用户群,提高银行的市场竞争力。

4. 移动支付服务提供商

作为银行和运营商之间的衔接环节,第三方移动支付服务提供商(或移动支付平台运营商)在移动支付业务的发展进程中发挥着十分重要的作用。独立的第三方移动支付服务提供商具有整合移动运营商和银行等各方面资源并协调各方面关系的能力,能为手机用户提供丰富的移动支付业务,吸引用户为应用支付各种费用。移动支付服务提供商的收益来源有两个方面:一是向移动运营商、银行和商户收取设备和技术使用许可费;二是从移动运营商处提取签约用户使用移动支付业务的佣金。

5. 商家

商家处于移动支付产业链的一端,是移动支付得以推广的应用基础。对于商家而言,在商场和零售店部署移动支付系统,一定程度上减少了支付的中间环节,降低了经营、服务和管理成本,提高了支付的效率,从而获得了更高的用户满意度。

(三) 移动支付的运作模式

目前,移动支付的运作模式主要有以下三类:以移动运营商为运营主体的移动支付业务、以银行为运营主体的移动支付业务和以独立的第三方为运营主体的移动支付业务。

1. 以移动运营商为运营主体

当移动运营商作为移动支付平台的运营主体时,移动运营商会以用户的手机话费账户或专门的小额账户作为移动支付账户,用户所发生的移动支付交易费用全部从用户的话费账户或小额账户中扣减。因此,用户每月的手机话费和移动支付费用很难区分,而且通过这种方式进行的交易也仅限于金额较小的交易。

2. 以银行为运营主体

银行通过专线与移动通信网络实现互联,将银行账户与手机账户绑定,用户通过银行卡账户进行移动支付。银行为用户提供交易平台和付款途径,移动运营商只为银行和用户提供信息通道,不参与支付过程。

3. 以第三方服务提供商为运营主体

移动支付服务提供商(或移动支付平台运营商)是独立于银行和移动运营商的第三方经济实体,同时也是连接移动运营商、银行和商家的桥梁和纽带。通过交易平台运营商,用户可以轻松实现跨银行的移动支付服务。

在移动支付业务产业价值链中,移动运营商、银行、第三方服务提供商和商家等环节拥有各自不同的资源优势,只有彼此合理分工、密切合作,建立科学合理的移动支付业务的运作模式,才能推动移动支付业务健康发展,实现各个环节之间的共赢。

二、移动银行

(一) 移动银行的定义

所谓移动银行,是指利用移动终端设备办理有关银行业务的简称。也就是说,消费者能够在任何时间、任何地点,通过移动终端设备以安全的方式访问银行,而不需亲自去银行。移动银行是世界范围内商业银行应对信息化大潮,并以随时随地为客户服务的宗旨,创新和发展出的一项崭新的银行业务产品。同时，它也是移动运营商在现有无线网络上开发的一项具有可观前景的增值业务。银行的业务性质决定了它每天都要处理以及邮寄大量的单据，这不仅加大了银行的工作量，也造成了资源的巨大浪费。而通过开展移动银行业务，用户可以选择接收邮寄单据或者接收短信发送的简易单据，甚至不接收单据。这样，既降低了银行的工作量，也节约了资源。而对用户来说，使用移动银行业务意味着安坐家中即可方便地投资理财。

（二）移动银行的实现方式和功能

移动银行的实现方式主要有两类：一类是 GSM 短信方式，一类是 WAP 方式。

1. GSM 短信方式

GSM 短信方式利用移动通信公司的 GSM 短消息服务结合 SIM 卡技术，在移动通信运营商端建立短信网关，与银行前置通过专线连接，移动运营商提供无线接入平台。交易流程为：银行前置接收短信网关转发的相关信息，提交银行后台主机完成相关查询和交易业务处理，然后将处理结果加密后转发给短信网关，通过短信中心发送到用户手机，手机解密后显示中文信息。GSM 短信方式要求用户手机使用具有 STK 功能的 SIM 卡，通过操作 SIM 卡中的手机菜单，输入有关交易信息。STK 可理解为用于开发增值业务的小型编程语言，它为 SIM 卡的增值业务提供了可开发的环境，即一个简单、易操作的开发平台。

2. WAP 方式

WAP 是指通过手机等移动通信终端显示 Internet 信息的语言文字和相关信息的通信协议。WAP 方式移动银行是利用目前 GSM 语音通道接入移动通信运营商端的 RAS 服务器，通过 WAP 网关接入银行前置。这种方式可以通过 WAP 手机配备的微型浏览器，实现手机上网。

GSM 短信方式和 WAP 方式各有其优缺点。GSM 短信方式的优点在于投资较少，客户只要更换一张支持 STK 的 SIM 卡，就可以享受移动银行服务；缺点是 SIM 卡容量有限，无法存放复杂的应用，无法存放多个银行的应用。而 WAP 方式，虽然手机可以直接上网，但上网信道占用费用较高，且 WAP 手机价格也较高。另外，WAP 上网是 WML 网页格式，与 HTML 网页格式不同，必须建立专为手机上网的网站。因此，移动银行实现方式有待于进一步改进，以满足广大用户的需求。

移动银行的功能在不同银行之间略有不同，基本功能有以下三项：一是账户查询和信息查询功能。用户既可查询账户上的金额，掌握人民币利率和外汇牌价,还能查询金融类信息,如银行新业务、新动态。二是联机转账功能。即利用手机在银行卡与银行的存款账户之间进行资金转账。三是联机交易功能。如用户可以随时随地用手机查询外汇即时行情,还可以利用手机进行外汇交易、挂单和撤单等。今后,随着用户增多、交易增大和客户需求量增加,移动银行的服务功能将会有更大的扩充。

(三) 移动银行的特点

相比于传统的银行业务,移动银行有其自身的特点和优势,主要体现在:

首先,由于手机用户远多于 PC 用户,使得移动银行的发展具有巨大的市场潜力。随着手机功能的增强,以手机为主要应用工具的移动商务将会成为未来电子商务的主要内容,移动银行支持移动商务。同时,由于手机上网具有传统 Internet 服务所不具备的移动性、互动性、全天候性和便捷性等特点,使得移动银行发展潜力巨大。

其次,对于银行来说,由于竞争日趋激烈,迫切需要创新产品来拓展市场。移动银行是竞争的产物,银行不仅可以通过庞大的手机用户市场来吸引客户,还可以更好地降低成本,提高用户的服务满意度。

最后,由于移动银行与有形银行网点相比,具有建设投入成本与经营管理成本低、营业效率高、建立销售网络快的绝对优势,因而得到大部分中小型商业银行的青睐,使其得以借助移动银行的建设发展来同大型商业银行在市场上一争高低。

目前,移动银行还处在发展期,由于习惯因素,人们接受新的事物需要一定的时间。开展移动银行业务需要转变人们对移动设备的认识,使人们不把移动电话只看做通话工具,还要看到其可用于高级商务目的的功能。这就需要银行在开展移动银行业务时,加大宣传力度,积极引导和鼓励人们使用移动银行业务,密切关注并及时开展移动银行业务,以保证在未来的竞争中保持优势。

三、其他移动金融应用

随着移动商务的发展和移动支付的普及,金融业将不断提供新的服务领域和新的服务方式,金融服务内容也将更好地满足移动商务的要求并提供相应的信息支持。相关的移动金融应用如下:

(一) 移动钱包

在日趋成熟的移动支付市场中,移动钱包是最常见的交易软件。和电子钱包一样,移动钱包也允许用户保存付款和送货信息。用户通过移动设备进行网上购物时,只需一次点击操作即可访问这一信息。移动钱包是一种基于服务器的无线支付解决方案,这种方案使顾客可以使用自己的移动通信设备对 Internet 采购进行支付。这种解决方案将大大促进移动商务的发展。用户只需向他们的移动设备输入所提供的启动身份和密码,并输入他们的个人信息,如姓名、支付卡号码和指定的送货地点,就可以直接通过电子钱包菜单,从支持 WAP 的商家站点购买商品与服务,所有这一切仅需按动一个按钮。移动钱包未来的发展将包括声控应用方案,以及包括个人数字助理(PDA)和网络电视在内的日用设备,使其对用户更为友好。

(二) 移动证券

移动证券是通过无线 Internet,利用网上交易通道帮助投资者用手机进行行情浏览、自行下达证券交易指令、获取成交结果及其他相关资讯的一种服务方式,包括实时行情、股市资讯和在线交易等。移动证券的综合业务平台,可以全面提供专业的财经资讯、实时行情,并支持实时在线交易等服务。移动证券的鲜明特色主要有以下几个方面:首先,移动证券具有高效、便捷的鲜明特征。移动证券采用 GPRS 技术,从而拥有了更快的速度和更实时的服务。其次,丰富翔实的实时资讯则是移动证券的又一特征。它在内容方面充分整合了前端信息资源,24 小时全天候提供,而且每小时都会更新,随时随地提供服务。对于瞬息万变、时间就是金钱的商业领域,这无疑是非常关键的。最后,由于采用了安全性很高的 Java 技术,并使用专门的安全加密方法,所以移动证券在技术上更加安全、可靠。

(三) 移动彩票

在传统的彩票销售中,彩民一般是通过各地的彩票代销点购买,不论是机选还是自选,都是由售票员手工操作电脑实现的。而移动彩票则能实现随时随地想买就买的服务。不论是通过语音还是短信,彩民用手机按键输入号码,或者是由移动彩票系统随机产生号码。之后,彩民就会收到确认短信。移动彩票的购买数据安全地保留在移动彩票系统中,相当于一张购买凭证,彩民可以通过语音或短信查询。最后,购买数据汇总到彩票中心的数据库中保存,并参与抽奖。在这个过程中,移动运营商扮演的就是彩票代销商的角色。

由移动运营商充当代销商,优势非常明显,具体体现为:移动运营商拥有庞大的手机用户群,代销的数量大,无须大量的店面、机器和售票员等各项投入,每一张彩票均摊成本很低。最关键的是,彩票的人气指数剧增。当买彩票变成了举手之劳,彩民参与的热情会显著提高,彩票中心的效益也就会不断提高。

（四）移动电子账单

移动电子账单是通过移动终端以半直接借记方式支付电子账单（比如电话公司的账单）的业务。对于账单的发行方来说，这项业务的出现能够通过减少制造成本和邮寄费用而大大降低账单发送的成本。对于用户来说，移动电子账单可以省时省力，免去了领取账单和到指定地点付费的麻烦。在芬兰，移动用户可以通过手机接收电子账单，比如电话费账单。用户在看到账单后还可以用手机通过借记卡来付费。有了移动电子账单业务，无须再使用纸张形式的收据了。但是，提供这一业务的前提是必须解决好数字签名的安全性问题。

（五）移动金融相关的新兴业务

随着移动商务的发展，与移动金融相关的新兴业务也将得到长足的发展。例如，安全移动交易系统服务，企业、个人移动理财管理，移动委托投资管理，移动证券交易与管理，移动外汇交易与管理，网上保险业务与管理，移动金融评估和认证服务，移动金融安全服务等。

第三节　移动商务与旅游业

随着以 Internet 为服务平台的旅游服务机构的出现，旅游服务的方式发生了很大的变化，人们将这种服务称为电子旅游（E-trip）服务。用户可以直接通过 Internet 获得更多的旅游信息，并进行标准化产品（机票的购买和酒店预订等）的自助式服务。另外，也有一些航空公司能够通过自己的 B2C 系统直接向用户提供低价的折扣票，这使得旅游行业的整体服务水平有了较大的提升。

电子旅游为移动旅游（M-trip）在技术储备和用户培养方面打下了很好的基础。移动旅游服务提供者的挑战在于如何提供引人注意的增值移动服务作为补充并超过现有的电子旅游服务。旅游产品是一种特殊的商品，它具有季节性、无形性、生产与消费的异地性等特点，因而也就决定了旅游产品生产与旅游消费需求之间不可避免地存在时间和空间上的差异。传统的旅游服务无法解决游客在旅游区域和旅行途中临时产生的一些需求，如订餐、租车、购票、订房、更改旅游路线等。而移动商务则能随着移动的游客，提供无处不在的个性化、实时的贴心服务，解决以上诸多问题。在本节中，主要介绍移动旅游业务、移动旅游业务策略和移动旅游业务应用模式等相关内容。

一、移动旅游业务概述

（一）移动旅游业务的定义

移动商务在旅游中的广泛应用，产生了移动旅游业务。移动旅游业务是指旅游服务产品的消费者利用移动终端设备，通过无线、有线相结合的网络，采用某种支付手段来完成和移动旅游提供者的交易活动。移动旅游系统的总体构架如图 9-3 所示。

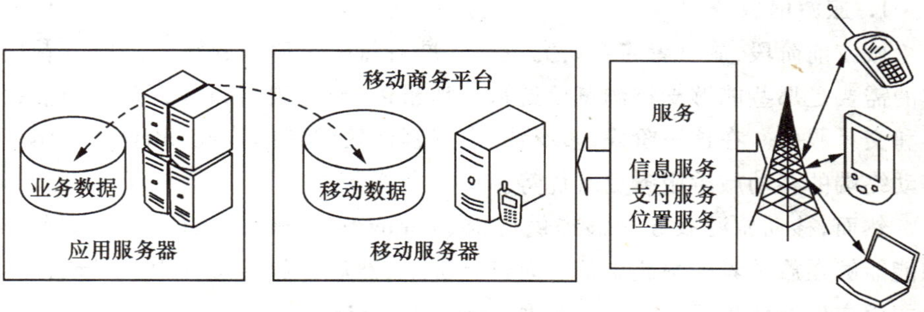

图 9-3　移动旅游系统的总体架构

（二）移动旅游业务的移动商务技术应用

旅游业是信息依托型产业。移动 Internet 和下一代 Internet 作为未来的主流传输网络，在音频、视频、无线接入等方面的出众能力，将成为旅游目的地和企业宣传促销的最佳选择。旅游宣传媒介平台、旅游电子商务平台和旅游实地管理、服务平台将会实现完美融合。移动商务作为新的切入点，结合智能网络技术，将会真正实现以人为中心的旅游移动服务应用。未来对旅游业最重要的移动商务技术主要包括：

（1）移动支付。顾客无论在何时何地，通过移动电话等终端就能完成对旅游单位或个人的安全的资金支付。

（2）短信息服务。以低成本、高效率的信息交流方式，随时随地把顾客、旅游中间商和旅游服务企业联系在一起。机票、酒店预订的结果、航班的延迟等信息皆可随时通知旅游者，并且经过智能处理，成为更适合使用者的“知识”。

（3）基于位置的服务。这是专门针对流动旅游者的服务：事先将个人的数据输入移动电话或 PDA，无论游客位于哪一点，该服务都会告知相关的服务信息。例如，附近哪里有电影院，哪里有游客喜欢的书，哪里有游客喜欢吃的菜，去机场会不会晚点等。这些完全是由移动性带来的。

（三）移动旅游业务的创新服务

一般来讲，一项旅游活动的业务链包括旅游目的地的确定，具体日程的安排，行程路线的规划，包括市内交通、机船票务、中转安排、汽车租赁和酒店预订等内容。当然，一些商务旅游可能会更为复杂一些，具体的时间安排可能无法预先确定，更多地依赖于某一特定的核心活动。电子旅游服务一般只对旅游者事先准备行程有一定的帮助，然而，移动旅游服务可以在旅游的整个过程中提供帮助。

1. 旅游前服务

旅游前阶段，旅游者将会研究、计划、准备每一个阶段的活动。旅游者最基本的需要是那些能够支持浏览旅游目的地景色、预订酒店和购买票务的信息内容和交易服务。在这一阶段，多媒体、大屏幕连接宽带的传统 Internet 要比基于移动终端的移动旅游服务更有优势。

然而，移动旅游服务能够提供传统 Internet 无法提供的功能。设想有一种功能能够在旅游者搜集旅游信息时进行标记，然后在旅游过程中及时地告诉相关的用户他们感兴趣的信息。比如，结合移动定位技术，在游客乘坐的火车接近山海关时，移动内容提供商可以提供天下第一关的一些简单介绍以及本地的土特产的信息，或者旅游者在出发前能够及时了解目的地的天气情况等。

这类服务为旅游服务机构或内容提供商提供了一个伴随旅游者整个行程的契机。当然，最可行的办法是将传统 Internet 的高速、多媒体和高容量等优势与手持移动终端的及时性和个性化相结合，即把通过传统 Internet 获得的丰富信息同步到移动终端进行个人信息管理。为了做到这一点，无论是传统 Internet 的内容还是移动终端的内容，都要经过技术化和个性化处理才可以真正实现。

2. 旅游途中服务

在旅游途中，旅游者会发现传统电子旅游商务所提供的内容和便利全部消失了，而这个阶段旅游者才真正需要了解飞机检票、离港起飞的时间以及始发和终点港口的情况。同时，旅游过程的每一个环节都可能导致旅游行程被迫中断或改变，如由于天气原因航班延误或者取消、由于管理原因行李被误递（根据民航总局公布的统计数字，国内某一航空公司行李的误递率高达41%）、交通事故等。同样，旅游者也可能主动改变行程，如在中转站临时接到通知改变行程或者过于疲劳希望稍事休息等。移动旅游服务提供商必须及时根据客户需求同步相关信息。

在商业旅游中，由于很多的行程安排无法全面考虑客户的因素，因此，客户会根据自己的实际情况主动要求改变旅游路线。这类用户群是旅游服务市场最为忠诚和有价值的群体,也是行程变更最为频繁的群体。一项关于移动业务商务用户的调查表明,该部分用户多使用技术含量较高的手持终端,缺乏价格敏感性,同时,该部分用户也大多通过电子旅游的方式来组织行程,而对传统的旅行社依赖越来越小。移动旅游服务提供商能否帮助这类用户既节约时间又节省费用,同时处理旅游过程中遇到的突发事件是培养用户忠诚度的关键所在。

除此之外,移动旅游服务也可以在日常情况下提供增值服务。例如,即使是航班按时起飞,旅客也需要在众多的登记窗口排队办理登机手续,通过移动系统方案完全能够解决这类问题。

3. 目的地服务

到达目的地后,用户又面临着一系列的等待,如在机场排队租车、在酒店排队登记入住等,此时,移动服务为这样高度接触的服务行业提供更好的服务界面。例如,德国的一家汽车租赁公司的用户可以通过 SMS 或者 WAP 进行车辆的预订,当然还可以通过彩信方式发送精美图片,使游客对自己租用的车辆的性能和外观有一个详细的了解。用户到达后,就会收到一条关于汽车所在的停车位和存放车钥匙的保险箱密码的短信,该服务不但能够为用户节约时间,也能够帮助公司降低运营成本。

移动旅游服务范围正在逐渐扩展,已经从为旅游者提供基本的支持向增加体验的方向延伸。例如,旅游者到达一个陌生的城市常常会感觉进入了信息真空,此时他们可以从移动旅游门户网站查询到各种信息,查阅事先选好的酒店的路线图,或者是当地最有特色的美食广场等,从而缓解内心的陌生感。

另外,根据用户的偏好和其他旅游者的信息跟踪,移动旅游服务提供商可以对用户提供体贴的信息建议。比如,一个热爱音乐的旅游者去厦门参加为期三天的商务会议,服务商可以向用户推荐鼓浪屿的钢琴博物馆并提供相关的票务和船务信息,同时告诉他在某个时段能够听到某位大师的现场演奏等。

二、移动旅游业务策略

移动旅游业不同于传统旅游业的服务模式,它向人们提供了一种随需应用的全新体验方式。因此,移动旅游业的发展必须突出其自身的特点,采用更适合用户的业务策略。具体来说,主要体现在以下几个方面:

(一)追求细节的完美

移动旅游服务必须吸引足够多的市场关注和用户尝试,服务的推出必须要有足够的力度,公司可能要最大限度地把传统的服务和移动技术相结合。用户的体验是最为关键的,所以,可视化、高品质、实用性是绝对不可以忽视的因素。作为对现有服务的替代,用户绝对不会容忍差错和使用不便,同时,较高的通信费用也使得用户对服务误差的容忍性比传统 Internet 低得多。

(二) 锁定移动的特性

移动旅游服务方案应该特别关注移动技术所特有的及时性和移动性,尤其是用户在行程中出现问题的解决。同时,移动旅游方案所开发的服务专注于充分利用移动技术的特性,不仅要能够节约用户的时间,也要能够节约服务商的运营成本。

(三) 提供信息和交易双重功能

移动旅游提供商能够提供大量的旅游信息,在认真回答用户个性化问题的时候,服务提供商就会发现很多的商业机会。然而,仅仅提供信息服务对服务提供商和用户来讲都是不够的,用户必须有能力进行决策,而该决策的体现就是进行交易,包括购买、取消、身份验证等功能。

(四) 高度的个性化

高度的个性化是移动旅游服务的另外一个特点,缺乏相关性和直接性的服务无疑会对客户关系产生不良的影响。然而,个性化需要用户的参与定制,通过移动技术进行用户定制相比其他的平台成本要低。

(五) 加强行业的协同

随着移动旅游服务的发展,参与者应该重新审视与合作伙伴的合作方式。近年来,旅游行业参与者——从航空公司、汽车租赁公司到酒店已经为了更好地服务用户而结成联盟。移动旅游服务需要行业的参与者更为密切地配合,所以加强行业的协同十分关键。最早意识到这一点的机构很可能选择到比较稀缺的优秀合作伙伴,获得先发优势。

(六) 标准的兼容性和开放性

界面设计和内容格式对移动旅游服务来讲非常关键,在设计菜单结构时必须考虑服务的特点和显示器的限制。好的移动设计并不限于终端的显示,更重要的是要把移动和 Internet 资源完整地结合起来,而不同的移动终端以及不同的网络运营商所采取的标准并不统一,游客需要通过简单、友善的操作方式获得想要的服务,所以技术标准的兼容性和开放性是提供移动旅游服务时必须考虑的重要因素。

目前,旅游行业从计算机订房系统、Internet 服务系统,到现在的移动服务技术,正在不断地采用新的技术。其目的是为了提高客户忠诚度和降低服务成本。然而,移动服务技术在旅游行业的应用还需要不断加强市场和用户的培养,要以提升用户的旅游体验为中心,更多地关注用户的需求。研究旅游者需要什么样的信息以及目前旅游服务方面的瓶颈因素,是移动旅游提供商为用户提供具有吸引力的服务的前提,也是不断强化游客旅游体验的成功所在。

三、移动旅游业务应用模式

在将移动商务应用到旅游业的过程中,由于各旅游企业现有的电子商务应用水平和深度、企业的规模不同,应用模式也会千差万别。现阶段,移动旅游系统的构建模式主要有:基于移动运营商的移动旅游商务模式、基于 PDA 的移动旅游商务模式和基于短信平台的移动旅游商务模式。

(一) 基于移动运营商的移动旅游商务模式

移动运营商具有强大的资金实力、技术基础和覆盖面广的网络分布,能为移动商务活动提供较好的安全保障和成熟的认证支付体系,并且已经建立了一套成熟的客服系统,有完整的客户资料管理,最适合移动商务的开展。大型旅游企业可以利用自身的专业经验和内容优势,向移动运营商申请成为服务提供商和合作伙伴,建立基于移动运营商的移动旅游商务平台,开展移动旅游服务。在这种模式的移动旅游商务中,移动运营商的主要工作是建设和维护移动网络,为移动信息的发送提供信息传输载体。而旅游企业利用其丰富的专业经验,对各个景区、企业提供的信息进行全面的加工,完成信息整合的功能。

(二) 基于 PDA 的移动旅游商务模式

旅游景区是旅游者的旅游动机,对旅游者的来访起着一种激发和吸引作用。游客来到旅游景区,目的是从对周围环境的认识和欣赏中得到满足和身心的放松。但是,旅游过程中的经历,使得不同游客对同一景区的感受可能会截然相反。获得满足的游客,会对景区有好的评价,同时影响周围的人群对该景区产生向往。相反,未获得满足感的游客也会把自身的失望或不满转移给周围的人,影响该旅游产品在人们心中的声誉、形象,进而影响了该旅游景区的营销。

基于 PDA 的移动旅游商务是指 PDA 设备事先通过无线或有线下载景区旅游信息,游客在景区游玩过程中随时通过 PDA 运行相关软件获取所需信息;同时,在无线网络覆盖的范围内,快捷地享受相关的旅游服务。例如,旅游提供商可以通过文字、图片及音视频手段,把景区详细的地理位置、文化背景、自然景观分布、特色旅游商品等相关旅游信息实时传送给游客,并基于移动导航服务系统,满足游客个性化的服务需求,增强旅游效果,树立良好的景区形象。同时,提供查找旅游线路、订餐、租车、订房等增值服务。

(三)基于短信平台的移动旅游商务模式

短信服务提供了手机用户之间文本信息的交流方式,是目前最为成功、应用最为广泛的无线移动通信业务。短信平台具有良好的用户基础,因此,对于资金、技术力量不足的中小旅游企业而言,可以选择自建基于短信的移动旅游商务平台。基于短信的移动旅游商务平台主要完成信息发布和接收功能,并实现与旅游企业的管理信息系统的无缝连接。具体实现的功能有:移动信息服务、基于行程的位置服务、安全救援服务、移动营销管理、移动的客户关系管理及移动的工作流管理等。

第四节 移动商务与教育

教育是人类社会发展过程中的永恒主题,并且随着时代的发展,不断涌现出新的教育模式和教育环境。目前兴起的网络教育就是基于先进的 Internet 和多媒体技术而形成的一种崭新的教育模式。但是,Internet 属于有线连接,建设网络环境代价高,扩充新的节点也不是很方便,尤其是在偏远山区难度更大。而且,随着知识爆炸时代的来临和教育内容的日新月异,终身教育已成为现代社会的需要,传统课堂之外的学生人数大大增加,这些学生没有固定的学习模式、学习地点和学习时间。在这种现实背景下,移动教育应运而生。

移动教育是网络教育发展的新阶段,是现代教育技术的一个新方向。移动教育不仅将催生一个规模庞大的产业,而且也将极大地拓展教育对象的范围,促进现有教育模式的改革。在本节中,主要介绍了移动教育、移动教育的实现模式和移动教育发展的必然性。

一、移动教育概述

(一)移动教育的定义

所谓移动教育(Mobile Education),是指以 Internet 和教学服务器为主要载体,以移动平台和移动教育网为连接用户和互联网的主要媒介,运用当前比较成熟的通信技术、网络技术以及多媒体技术,通过目前使用较为普遍的无线设备,为各类用户提供广泛的数字化信息和学习内容,以及灵活方便的交互式教学和学习支持服务。与传统教育相比,它最大的优势是能够突破时间、空间和地域的限制。

（二）移动教育的特点

1. 移动性

学习者可以在任何地点进行学习,不受传统教学固定场所和有线网络固定接入点的限制。同样,也不受时间的限制,任何时间都可以进行学习。此外,学习者可以不受时空的限制访问无线网络教育资源,而教育者则可以在移动中进行教学。

2. 及时性

由于在移动计算环境下,学习时间和空间不受限制,学习者可以在需要某些知识的时候马上学习,因此移动学习也称为及时学习。教育者则可以通过移动 Internet,借助移动终端及时进行辅导。

3. 网络性

移动教育是基于移动计算的网络教育,它以移动 Internet 为平台,通过移动终端接入实现网络教学。总之,移动教育是一种网络教育,但又有其特殊性,因此移动教育实质上是网络教育的扩展,因而具有网络教育的普遍特征。

4. 跨时空性

通过移动教育,学习者可以在任何时间和地点进行学习,教育者也可以在任何时间和地点进行教学,将自己最新的教学资料传到网上,随时对教学资源库进行修改、更新。这种跨越时间和空间的异步交互带给学习者和教育者更多的自由性和灵活性。

5. 虚拟性

在移动教育环境中,教育者可以通过网络动态地组建虚拟学校和虚拟教师队伍,学习者可以动态地组建虚拟班级。教育者和学习者的教学关系也可以是动态虚拟的。

6. 普及性

移动终端的大量普及,为移动教育的普及打下了坚实的基础。任何持有移动终端的人都可以成为移动教育中的学习者和教育者,即使在偏远山区的人也可以通过移动终端进行学习,从而使得教育得到普及,获得广泛性。

7. 个性化

在现代化、信息化的社会里,班级团队学习已远远无法满足人们的学习愿望,个性化学习已成为广大社会成员的普遍学习心理。移动教育的部分功能就是利用人工智能技术构建的智能导师系统,根据学习者的不同个性特点和需求,通过移动资源库、移动讨论区和BBS进行教学和提供帮助,学生不再是被动地接受信息。同时,对相同的学科主题内容,教育者和学习者可以根据自己的需要、能力和兴趣选择不同的难度水平进行探索。

8. 扩展性

现在,以手机为主要移动终端的移动学习,在技术的支撑下功能日益强大。例如,现阶段流行的在GPRS上连线的WAP在线游戏和WAP博客,它们都具有数据高速传输、永远在线和仅按流量计费的优势。

移动教育的目标是摆脱一般教学过程中教学场所、时间等因素的制约,使得教师和学生可以根据教学内容的不同要求,在任意时间、任意空间开展教学。从传统教学到基于网络的教学,教学的形式和方法得到了解放,但基于网络的教学在教学时间和教学环境上还存在很多的限制,如教学过程中需要与网络有线连接的计算机,导致教学场所的约束,也导致了教学时间不能根据教学需要灵活选择。移动教育则表现出更大的灵活性:教师和学生、学生和学生之间的联系可以根据教学内容灵活选择,既可以集中讲授,也可以分组探究,充分发挥教师和学生的主动性和积极性。

二、移动教育的实现模式

移动教育的目的是利用移动设备和移动通信网络使学习者方便地访问Internet上的教育资源,这种资源访问的形式是受移动设备与移动通信网络之间以及移动通信网络与Internet之间的通信协议制约的。目前,移动通信协议主要有两种形式:一种是面向短消息的,另一种是面向连接的。面向连接的移动教育实现模式可以实现实时的通信联系。

(一) 面向短消息的移动教育模式

第二代移动通信网(GSM、GPRS)除了提供语音服务外,还能提供面向字符的短消息服务(SMS)。SMS占用通道的时间短、费用低,可使得两个移动用户方便地进行点对点通信。由于Internet具有丰富的资源,目前众多的短消息服务厂商几乎都与Internet相结合,并形成统一的短消息服务网络。通过短消息既可以在用户之间实现有限字符的通信,也可以实现用户与Internet服务器之间的有限字符传送。利用短消息传递的这一特点就可实现用户通过无线移动网络与Internet之间的通信,进而实现对移动教育资源的访问。如图9-4所示。

通过面向短消息的移动教育模式可以实现一定的教育功能。以典型的教

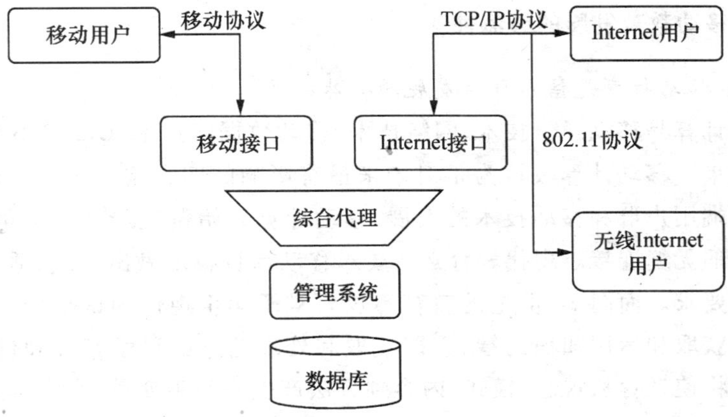

图 9-4　基于短消息的移动教育

育服务器为例，其短消息服务可以实现如下功能：

(1) 学校的教务管理和处理的功能。实现学校对教师的教学活动的通知、教师对学生的教学活动的通知、学生对考试分数的查询、学生选课信息的发送和提交等功能，同时共享网址、学术报告概要和邀请函等信息。

(2) 学生对教师进行提问的功能。当系统中的问题达到一定数量时，系统会通知教师进行浏览和答疑，学生也在数据库资源中浏览各类信息和知识。

(3) 学生定制个人服务的功能。在面向学生的学习特征和学习风格的调查后，由学生个人在某些学习支持服务机构定制学习策略服务。

(4) 学生对学校的指导和评价服务的功能。在每个特定周期内，由学生对学校和教师的教学进行评估，从而使教学更适合学生的成长教育。

(二) 面向连接的移动教育模式

一般来说，SMS 服务提供面向字符的传输，其数据的通信是间断的、非实时连接的，因而这种通信方式并不能实现对网站的浏览，也不能实现多媒体资源的传输和显示(如视频、音频)。但随着 WCDMA、CDMA 2000 和 TD-SCDMA 等主流 3G 技术的推出，以及通信芯片和 DSP 性能的提高，面向浏览器的移动设备将会很快得到推广。

目前，很多手机厂商正在或已经开发能支持浏览器的高档手机，如 WAP 手机、GPRS 手机等都将支持浏览器。以第三代移动设备(手机、PDA、手提电脑等)为主的移动教育在方便性以及服务质量上都将发生空前变化。但是，教育平台从微机到手机的转变也会带来一系列的问题，如微机软件是基于微机屏幕的，因而在移植到手机上时，要对显示程序进行适当的修改才能正常运行。

三、移动教育发展的必然性

（一）移动教育是信息社会发展的必然结果

移动计算是移动通信技术、网络技术、移动数据库技术、GIS/GPS 技术综合发展的结果。移动计算被认为是对未来最有影响的四大技术之一。由于庞大的移动终端用户群和移动技术的发展，移动计算开始覆盖地球每个角落，实现数字地球的无缝连接。现代教育必然要对移动计算技术做出响应，适应信息社会的发展要求。面向 21 世纪的教育不仅要赋予学生现代知识结构，更要培养学生正确获取和运用知识的智慧，即获取和处理信息的科学精神和创造能力。信息技术将使教育从观念、模式、内容到方法产生一系列变革，大大推进教育发展的进程。同样地，移动计算技术也会对教育产生巨大的影响，教育必须适应移动计算所带来的巨大变化。

（二）移动教育是网络教育未来发展的必然选择

移动教育是网络教育的延伸，是符合网络教育理论、适应教育规律发展的全新教育模式。第一，移动教育更能适应学习的需要。通过移动教育，学习者在遇到问题时，能够通过移动网络对该问题进行探讨，寻找解决问题的方法，从而达到学习知识的目的。同时，可以提高学习者学习的主动性、积极性、创造性，提高学习的效率。移动教育使学习者带着问题去学习，克服传统教育模式的弊端。传统的教育模式往往使学习者先学习一大堆理论知识，但遇到问题时，却不能运用这些知识进行解决，甚至许多知识学了没有任何用处。

第二，移动教育更能满足终身学习的需要。现代社会中，学习的重心已从“储备性学习”向“终身学习”转移。终身学习不可能要求人们每年都到学校去学习，而且人们生活节奏快，空余时间少，传统教育资源有限，这些因素都促使移动教育成为终身学习的重要模式。如果网络教育还是采用传统的“储备性学习”，则无法达到终身学习的目标，因为网络时代是知识爆炸和快速更新的时代，任何人都很难学到今后几年或一生所用到的知识。事实上，人们很难预测今后要用到的知识，许多时候可能只有在遇到问题时才知道要用什么知识，因此需要通过即时学习来解决正在遇到的问题。甚至，有些知识在解决了遇到的问题后就再也没有用处。这意味着，许多需要的知识具有突发性、偶然性和瞬时性，因此需要进行终身学习。而只有移动教育才能真正实现终身学习。

第三，移动教育更能适应学习资源的需求。从每个人的成长经历来看，人都有一个终身学习的过程，学习的资源包括学校教师讲授的课程信息资源和图书馆资源、公开销售的图书和杂志资源、广播电视和广告资源、他人的知识和经验资源、个人阅历和经验资源以及网络资源等。一般的终身学习仅把学习资源局限于学校资源，这是不全面的。特别是在网络时代，网络资源比学校资源更重要，必将成为主要的学习资源。在移动教育模式下，人们能够及时访问网络资源，及时进行学习，从而更好地实现终身教育。

第四，移动教育更能满足自主学习的需要。学习者可以通过移动网络自主选择学习的时间、地点、内容、进度等，并且完全按自助模式学习。现代教育崇尚张扬个性，移动教育能够根据学习者的个性进行学习和教育，从而实现学习者个性的张扬。

第五，移动教育更能满足开放教学模式的需要。开放教学模式的开放性体现在学校教育资源的开放性，包括教学内容的开放性、教师的开放性、教师智慧的开放性和教学设备的开放性等。移动教育要求学校教育资源能够向全社会开放，而不仅仅对学校学生开放，任何人通过移动终端都可以随时访问这些资源，从而更好地实现开放教学模式。

第六，移动教育更能实现教育的普及功能。教育具有普及功能，任何人都有享受教育的权利。但是，由于教育资源的短缺，使得某些地区的教育特别是高等教育长期实行分配制度，只有少数经过高考选拔的人才能接受高等教育，而偏远山区连小学教育都难以进行。在移动教育模式下，移动终端已经普及，因此任何人只要通过移动终端就可以接受教育，从而更好地普及教育。

（三）移动教育具有充分的技术和物质基础

各种信息技术的发展，特别是移动通信技术、网络技术、移动数据库技术、GIS/GPS 技术的发展，为移动教育奠定了技术基础；各种移动 Internet、移动运营平台和移动服务为移动教育奠定了运行基础；各种移动终端的出现，为用户提供了充分的选择，移动终端价格不断下降，使得移动用户数量迅速增长，用户群变得极为庞大，从而为移动教育奠定了良好的物质基础。

作为未来终身学习型社会的主要教学方式，移动教育正受到越来越多的关注和研究。不同的移动教育管理系统、移动教育解决方案正在不断推出，基于不同教学内容和教学对象的移动教育实践也在大量开展。虽然移动教育方式的推广和普及还存在多方面的制约，但移动教育方式符合教育的发展方向，必将成为未来社会教学方式的主流。

第五节 移动政务

从20世纪90年代开始,电子政务在全球各地兴起。新世纪伊始,移动政务的概念又被提了出来。移动政务即把电子政务的部分功能从固定网转移到移动网来实现,因此可以把移动政务看成电子政务的一个子集或扩展。移动政务是传统电子政务结合移动通信平台的产物,通过移动政务平台,政府公务人员之间、政府与企事业单位之间、政府与公众之间可以随时随地实现相互间的信息传递,从而提高效率,彻底摆脱了有线网络的束缚。

移动政务应用为再造政府、创新管理模式提供了新的机遇。移动政务的概念主要是基于移动网络的大面积覆盖和移动终端的发展提出的,更适合未来政务管理的发展。在本节中,主要从移动政务、移动政务的意义和移动政务存在的问题等方面对移动政务进行介绍。

一、移动政务概述

(一) 移动政务的定义

移动政务,又称移动电子政务,主要是指移动技术在政府工作中的应用,通过手机、PDA、无线网络、蓝牙等技术为公众提供服务。在公共管理领域,移动政务的重要应用之一是为市民以及现场办公的公共服务人员提供随时随地的信息支持。除了满足政府服务人员移动办公的需要外,移动 Internet 技术还可用于远程数据自动采集。远程数据采集不仅避免了工作人员来回奔波的麻烦,而且提高了信息采集的及时性。最重要的是,通过移动及无线技术对现场信息交互的支持,减少了不必要的物流和人流,推动可持续发展,建设资源节约型社会。

移动政务的表现形式为"移动",核心内容为"政务"。移动政务具有不受网线和网络接口限制、配置简单、应用灵活等特点,对于工作效率的提高、社会资源的节省具有无比的优越性,从而引起了政府部门的兴趣,也为产业链上各环节带来了新的商业机会。"移动"既不是简单地把现有电子政务搬到移动网络上,也不是满足公众对政府主管部门要求和希望的万能钥匙。政府工作的某些方面只能通过电子政务来解决,例如,用于各政府部门之间电子通信和数据传送的基础设施就很难用移动政务来代替。但是,有时又很难区分电子政务与移动政务。一个典型的例子是政府办公楼之间的无线连接,通过此无线连接,公务员不管在哪个办公楼，只要用移动终端（PDA 或笔记本电脑）即可获得数据。如图 9-5 所示。

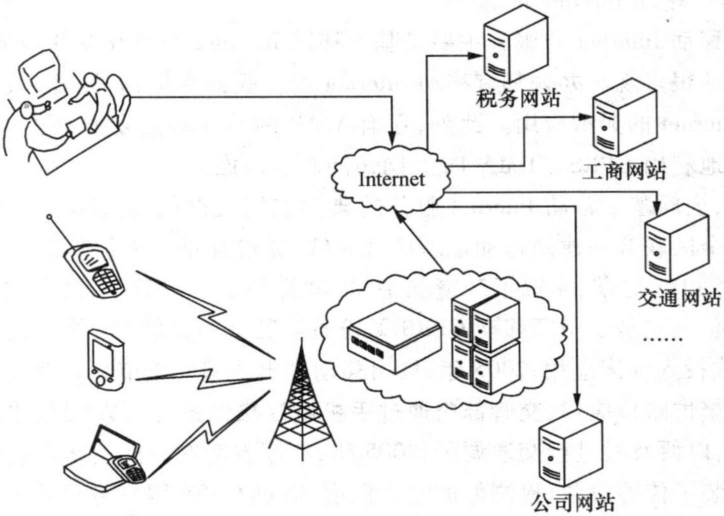

图 9-5　移动政务的典型应用

（二）移动政务的类型

1. 基于消息的服务

基于消息的服务即短信息服务，是门槛最低、应用最多的移动政务应用。目前出现的服务大多数是初级阶段应用，如短信预警、短信公告、短信对内通知、短信对外通知等。基于消息的各种服务，信息的流动方向可以是单向的，也可以是双向的。随着移动 Internet 的普及，尤其是移动电子邮件的普及，短信服务会有一定程度的减弱。

目前，移动政务中基于消息服务的全球典型的应用案例包括：2002 年 11 月，奥地利内务部与西门子合作，利用手机短信给手机用户发送国会选举结果；2003 年 4 月，马耳他宣布进入"移动政务时代"，首批开展的服务包括基于手机短信的公民投诉事宜状态查询、各种证件的更新通知、考试成绩通知；2003 年 7 月，英国负责劳动就业的部门开始尝试用手机短信为失业人员提供就业信息；2004 年 8 月，荷兰政府在全球率先投资建立基于 GSM 网络小区广播的预警系统，这一系统可以向特定区域居民发送自然灾害预警、有害气体泄漏以及烟雾预警等信息；2004 年 10 月，奥地利宣布在 6 个城市进行的为期一年的"移动缴纳停车费"试验取得成功，有 5 万名驾驶员使用了这一服务；2006 年 1 月，北京市东三环京广桥附近路面出现塌陷，北京市政府利用手机短信向全体北京手机用户发送预警信息；2006 年 1 月，北京市居民收到北京市政府拜年短信。

2. 基于移动 Internet 的服务

基于移动 Internet 的服务主要是基于移动 Internet 平台开发的服务。现在，政府部门的很多现场办公都有移动 Internet 进行服务支持，如城管通、警务通都是移动 Internet 的典型应用。此外，还有 WAP 网站这种大众服务方式，网民可以随时随地利用 GPRS、CDMA 1x 上网访问政府网站。

目前，全球基于移动 Internet 服务的典型应用案例包括：2005 年，英国伦敦市北部几个区联合构建的移动地理信息系统，通过移动技术及地理信息系统的结合，配合 PDA 终端，实现了环境保护、市容维护的实时管理；2005 年 7 月，山东大学齐鲁医院基于中国移动 GPRS 无线通信网络构建的"院外心脏远程监护系统"正式投入临床应用；2005 年，佛山移动推出的移动城市管理解决方案在十多个交通繁忙路口应用，交管部门通过手机监控摄像系统可以实时掌握各区域路况信息，以便及时进行交通调配；2005 年，江苏省对在长江及其水系从事运输的船舶安装了传感设备，检测船的吃水深度，通过 GPRS 网络将相关数据上传至监控中心，据此发现超载船舶并及时进行拦截及处罚。

3. 基于位置的服务

基于移动 Internet 的服务是未来移动政务的发展主流，其典型应用是提供基于位置的服务。基于位置的服务是指利用移动通信网络获得特定物体的地理位置，从而为其提供相应的服务。比较典型的是追踪目标，包括车辆追踪、人员追踪等。在这种应用中，被追踪物体与运营商之间以短消息或者移动 Internet 的方式传递信息，同时利用运营商的基站来识别出终端的地理位置。

目前，全球基于位置服务的应用案例主要包括：2005 年，广西利用 CDMA 技术在每辆货车上安装了车辆监控系统，交管局可以实时观察车辆的运行状况，及时发现超载、超速等各种安全隐患以及司乘人员的违规行为；2005 年，江苏省在运输烟花爆竹的车辆上安装 GPS，并利用 GPRS 网络定时上传信息，建立并完善了运输安全监控系统；2006 年 2 月，继奥地利之后，芬兰监狱部门开始借助 GSM 定位、GPS 等技术手段，实现对表现良好及低危险性的犯人重返社会的跟踪管理，新方法比传统方法节约超过 90% 的成本。基于位置的服务在提升精确性之后将会有更广阔的应用空间和更大的市场价值。

二、移动政务的意义

以移动技术为代表的普适计算，使得传统的以计算机为中心的电子政务模式转变成移动的以人为本的技术和策略，突破了传统的政府服务提供范式。移动政务的应用为进一步提高政府公共管理与服务水平，建设敏捷、透明、更具回应性的流畅政府提供了新的机遇，也有助于实现普遍服务，实现和谐管理。开展移动政务的具体意义和作用体现在以下几个方面：

（一）普及政府服务，有效解决数字鸿沟

在美国关于移动政务的报告中，开宗明义地指出：政府应该为尽可能多的公民提供服务。这一点对中国政务的发展也有相应的借鉴意义。2005 年 3 月，信息产业部公布，截至 2005 年 1 月中国移动电话用户总数达 3.398 亿户。而 2005 年 7 月 21 日，CNNIC 在北京宣布，截至 6 月 30 日中国上网计算机数达到 4 560 万台，上网用户总数为 1.03 亿，其中宽带上网人数为 5 300 万人。由此可见，手机用户远远超过拥有计算机的人数，这一点在西部地区和农村地区尤其突出，对实现真正意义上的政务普及具有重要意义。

如何消除数字鸿沟，为更多民众提供优质服务，是众多电子政务专家一直在争论的话题。在提供政府服务的各种渠道中，如办事大厅、Internet、无线网络、数字电视、信息亭、呼叫中心、传真、普通邮件，无线通信网络是覆盖范围仅次于呼叫中心的。在政府对于民众服务方面，全面普及以短信服务为代表的移动政务是当前各种方案中投资最小、见效最快的方案之一。

（二）实时性强，提高办事效率

相对于台式机、笔记本电脑，移动终端更易于携带，并且能够随时随地进行信息处理。无论对普通公众，还是对政府的工作人员，移动政务实时传输信息这一特性都可以有效提高办事效率，这对于执法部门、应急服务部门尤其重要。北京市交警已经开始使用的移动车辆监控系统，可以拍下行驶中车辆的车牌号码，并实时传输给后台系统查询车辆的相关信息，从而决定是否采取措施。

（三）群众基础好，简单易用

拇指经济的蓬勃发展，说明以短信为代表的移动增值消费模式和通信模式已经被广大群众所接受，成为很多人的日常习惯。对于普通民众而言，尤其是老年人，他们对于打字、上网并不熟悉。但是，他们会发送短信。而且，电信运营商可以在手机菜单中嵌入移动政务的程序，更加方便民众使用。

（四）引导 SP 行业健康发展

前几年，被人们称为“拇指经济”的短信业务不仅挽救了寒冬中的 Internet 公司，也启动了一个新的市场。相关数据显示，2003 年短信市值近 300 亿元。但进入 2004 年，短信业务的增长态势开始逐渐放缓，门户网站的短信业务下滑,依靠短信本身盈利的模式遭遇了“瓶颈”。此时,增值服务提供商(Service Provider,SP)行业应用成为众多专家解决“短信业务瓶颈”的药方。作为SP行业的主管部门,政府更应该以自身的应用来带动SP行业应用的推广,以自身效率的提高作为企业界学习的标杆。

(五)投资回报明显,易于推广

对于政府而言,在法律法规允许的范围内,开放信息资源供SP使用,可以获得适当的经济回报以更好地推动政府信息化项目。例如,北京市开通了机动车违章短信查询系统,司机可以发送特定信息查询自己的违章信息,从而避免逾期不交罚款导致的处罚。政府在帮助司机及时了解违章信息、减少损失的同时,也帮助SP赚到了利润。如果政府在热点问题调查中引入短信参与的方式,就可以从电信运营商或者SP的收入中提取一部分,用于奖励群众的参与,以实现更好的互动。

(六)容易同其他信息系统集成

与传统语音通信相比,移动政务更容易与其他信息系统集成。当前,利用计算机进行语音、文字互相转化的技术并不成熟。有些地区的呼叫中心采用人工录入的方式将语音转换为文字,成本较高。现在,也可以用计算机连接电话线来拨打电话,但是这一做法并不普及。而短信系统很容易与OA、ERP、CRM等系统集成,从而有效实现信息的传递。

(七)避免热线电话占线问题

目前,很多政府部门的热线电话存在长时间占线问题。采用多中继线接入建立呼叫中心固然可以缓解这一问题,但成本较高,很难大幅度推广。相反,短信息系统不容易出现堵塞现象,可以有效解决这一难题。

三、移动政务存在的问题

移动政务的提出主要基于以下事实:现在拥有移动电话或其他无线终端的人比拥有PC机的人多,如果把移动用户作为一个群体,那么政府提供给这一群体的服务将比提供给PC机用户的多得多。目前,移动通信网已经覆盖全球大部分国家,而且移动终端非常便于携带,而计算机却很难随身携带。因此,经常旅行和走动的人只要随身带上能接入移动政务的移动终端,就可以在世界各地保持与政府的接触,获得信息和服务,不必再依靠不安全的网吧或服务亭去搜索信息或跟家里通信。尽管如此,移动政务的开展和应用仍面临很多难题。具体来讲,主要有以下几个方面的问题:

（一）信息来源的可靠性问题

在同政府部门交流过程中，身份鉴别问题在信息收集方面至关重要。例如，有些人喜欢恶作剧，利用短信报告井盖丢失问题，等工作人员赶到所谓的事发现场却发现没有问题。中国存在大量的预付费手机用户，这使得很多用户的身份无法有效识别。除此之外，在利用手机操作后台系统时，单凭手机号码不足以鉴别操作者的身份，这其中包括 SIM 卡复制问题，也包括手机借用问题。

身份的识别和信息来源的真实性目前是一个比较大的难题。开展手机信用、培养公共意识、利用密码系统与生物技术是未来解决问题的方向。在当前阶段，设计信息收集系统的时候，可以考虑采用用户信用等级管理、创建黑名单等方法。对于远程办公系统而言，设置登录密码是一个简单有效的办法；而对于较为敏感的系统，则可以考虑生物识别技术。

（二）网络安全问题

就像传统网络安全一样，移动政务的网络安全也是一个重大的问题，特别是在公共空间传播的无线数据和终端设备方面，可能遇到的危险就更大。目前，手机病毒已经开始发展蔓延。对此，可以通过密码来保护信息安全。

（三）法律效力问题

法律法规是保障信息系统良好运行的基础。与移动政务相关的法律法规问题，包括短信的有效性问题以及短信警报系统的操作流程问题。对于公众来说，虚假短信的法律约束力、对于虚假信息带来的损失的赔偿制度、报警系统的流程等都需要有新的规定。同时，在无线办公方面，文件的有效性也需要进一步研究。传统的盖章、签名的方式在移动政务中很难做到，这样就要做出相关的规定来证明文件的有效性。

（四）移动数据通信费用问题

与其他方式相比，移动数据通信费用较高。以北京移动全球通用户为例，四年前无限量包月价格是 200 元，如今这一价格上涨到 500 元。如果借助 GPRS 设计信息系统，政府部门可以凭借用户数量较多的优势，同电信运营商商谈无线数据通信服务价格，以减少开支。

（五）人性化设计问题

由于手机屏幕、短信长度和无线通信稳定性的限制，系统设计者应该充分优化系统发给用户的文字、图片，以方便阅读。此外，如果采用短信方式提供服务，用户发送短信格式错误的时候应该发送帮助信息，引导用户正确使用。移动运营商应该在各自的呼叫中心服务内容中增加对于移动政务的介绍，以推动民众应用。

（六）终端设备安全问题

终端设备安全问题包括移动设备丢失、密码被破解、病毒等。要保障终端设备的安全，培养用户良好的使用习惯非常重要。当计算机仅仅被当做数学运算工具时，没有多少人会想到需要登录密码。而今，计算机里面往往存放了大量重要的信息，登录密码至关重要。当手机仅仅被当做通话工具时，没有多少人会使用密码保护。但是，移动政务的开展提高了手机的重要程度，用户需要培养安全使用的习惯，充分利用各种密码（例如，SIM 卡密码、设备开机密码、设备屏幕保护密码、设备键盘锁密码）来保护信息安全。

作为传统电子政务的扩展，移动政务未来还可以同无线城域网（如 WiMax）、瘦客户端、移动 Internet、普适计算、RFID 等应用进行更深入的融合，为人们带来更好的体验。移动政务关键不在于技术，而在于如何针对自身业务特点进行流程重组。对于政府以及公共部门而言，同移动运营商、SP 共同探讨，充分借鉴已有的成功案例是非常重要的。已经取得一定进展的北京交警部门、北京东城区、广东信息产业厅等，都是值得尊敬的先行者。

第六节　移动商务的其他应用

随着 3G 技术和服务的不断深入以及人们商务模式观念的改变，移动商务逐渐成为近年来发展极为迅猛的应用领域。移动商务的典型应用除了移动娱乐、移动金融、移动旅游、移动教育、移动政务外，还有其他的应用。并且，移动商务的应用会随着时间的发展不断渗透到与人类生活、学习、工作、娱乐相关的各行各业中，成为未来商务的典型形式。在本节中，主要介绍移动医疗、移动保险、移动博客等与人们日常生活相关的典型的移动商务应用。

一、移动医疗

医疗行业的信息化建设关系到国计民生，与人们的日常生活有着密切联系。但是，与银行业、电信业相比，它的信息化程度相对落后。随着人们生活质量的进一步提高，对健康生活的渴望也更加强烈，从而要求医疗行业的信息化程度相应提升。根据国际统一的医疗系统信息化水平划分，医院信息化发展要经历三个阶段：医院管理信息化（HIS）阶段、临床管理信息化（CIS）阶段和局域医疗卫生服务（GMIS）阶段。移动医疗的实现是整合和充分利用系统并实现阶段跨越式发展的重要举措。

（一）移动医疗的定义

从广义上讲，移动医疗是使用移动通信技术和计算机技术来实现远距离的疾病诊断、治疗和健康护理等多种医学功能的医疗模式。它包括移动挂号、移动诊断、移动医疗护理、医药知识定制、移动医疗结费、移动住院登记与预约等所有医学活动。从狭义上讲，移动医疗是指移动诊断和移动医疗等活动。移动医疗是远程医疗的扩展应用，更适合未来医疗建设发展的要求。

（二）移动医疗的应用范围

如图 9-6 所示，移动医疗服务的应用范围主要包括：

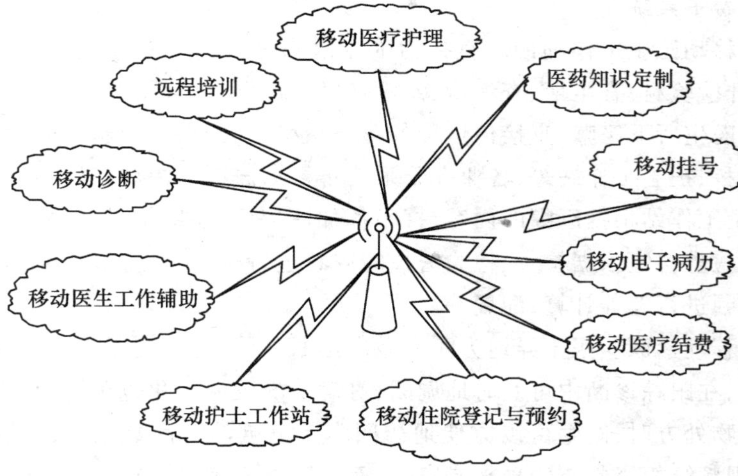

图 9-6　移动医疗主要服务范围

（1）移动挂号。病患者用移动终端实现挂号分诊，包括即时挂号、预约号、退号、划价交费等。通过与医院管理系统的交互，可以将数据同步到管理系统数据库，为门诊病人的后续活动以及门诊工作量统计提供信息。

（2）移动电子病历。利用移动电子病历的传递迅速性，对门诊和住院病案进行出借、追踪、归档管理，提供病案去向信息。这将有助于医生实施治疗监控和统计分析；深入研究、制定精确的医疗方案，提高工作效率；掌握病床动态情况，使患者能够得到及时就诊。

（3）移动医疗结费。移动医疗结费的任务是负责录入门诊病人的处方、检验、检查等收费项目和诊断信息，同时进行划价及收费。通过和门诊部的连接，可以减少退费情况的发生；通过处方的分散录入，可以解决“三长一短”（等待看病时间长，等待付账时间长，等待取药时间长，病人实际就诊时间短）中的等待付账时间长的问题。

（4）移动住院登记与预约。结合电子病历，对需住院的病人进行登记，实时建立病人的住院登记记录。如果无空床，病人可利用手机进行预约排队。同时，还可以方便护士对病房入科、出院、转科和在科的病人进行信息管理，满足病人的移动实时查询需求。

（5）移动护士工作站。移动护士工作站主要是协助完成护士日常的工作，包括利用手持设备执行医嘱和基础护理记录的录入，根据医嘱自动生成各种执行单，录入病人体征信息（体温、脉搏、呼吸等），根据医嘱生成计价信息并传递给住院收费子系统。

（6）移动医生工作辅助。直接为临床医生提供辅助服务，包括下医嘱、书写病历、开检验/检查申请、查询检验/检查报告、病历综合阅读、病案检索、图像传输等。医生所下医嘱，直接传送给各业务系统，如药局、检验科室、检查科室、膳食营养科、护士工作站等，各业务子系统再根据医嘱的内容进行相应的处理。例如，护士工作站根据医嘱的内容，打印各种治疗单、注射单、发药单，执行医嘱等；检验、检查科室根据检查、检验医嘱的内容进行预约、检查等；膳食营养科根据膳食医嘱进行营养计算、配餐等。

（7）移动诊断。医生异地为病人做出诊断之前，可以利用掌上电脑了解病人的资料，在跟踪诊断中可及时地调阅，对病情的发展变化也可做出迅速反应；在开具药物处方时，医生可以方便地访问掌上电脑的药品数据库，并利用通信终端，将视频分析资料传给异地专家，从而对疑难病症进一步制定医疗方案。

（8）远程培训。医生和护士可以通过移动终端实现异地的培训和业务指导，提高医疗质量。医疗专家也可以通过移动网络对医疗专题进行讨论，发表自己的医疗意见。

（9）移动医疗护理。例行查房是病房医生每天的重要工作，护士每天要将大量的时间用于领药、发药、记录病人病程情况（血压、脉搏、呼吸）等。移动医疗护理最主要的功能就是数据同步，实现病人基本信息、医嘱、查房记录、护理、营养、检查、化验信息的检索等。例如，护士利用移动终端设备可以直接记录病人的生理、病理数据，通过有线或无线的方式查询医院业务系统的数据；药剂师可以记录各种各样的实验结果等。

（10）医药知识定制。将医药图书馆浓缩在智能终端中，通过病患者的信息定制医务资料，方便医护人员和病患者使用。信息主要包括：药箱大全，提供病患者使用的各种药物的名称、用法、用量等；化验目录，提供病患者各种化验检查的项目名称、方法、注意事项等；护理规程，提供护理常规和病患者疾病的护理操作规程；医疗收费，提供各类医疗项目的收费明细；相关法规，提供医疗卫生的各类法律法规；保健常识，提供各种保健问题的常见处理办法。

二、移动保险

随着移动网络的发展、办公系统的使用，要真正实现信息共享、协同工作、决策咨询，原有的固定办公系统已经不能为人们提供更广泛、更便捷的信息服务，因此，移动保险的推出势在必行。利用移动保险，保险代理人可以轻松展示保险条款，当场为客户量身定做保险建议书，节省了客户的时间，也提高了保险企业的工作效率，降低了运营成本，吸引优质客户并提高客户的忠诚度。

（一）移动保险的定义

移动商务应用于保险业，赋予了保险新的形式，从而产生了移动保险。从狭义上讲，移动保险是指保险企业利用移动设备，通过移动网络开展电子商务，如通过无线 Internet 买卖保险产品和提供服务；从广义上讲，移动保险还包括保险企业的内部、保险企业之间、保险企业与非保险企业之间以及与保监会、税务部门等政府机关之间的信息交流和活动。因此，移动保险是指保险企业采用移动网络来开展一切活动的经营方式，它包括在保户、政府及其他参与方之间通过移动设备来共享结构化和非结构化的信息，并完成商务活动、管理活动和消费活动。

（二）移动保险的应用范围

移动保险的最终目标是实现电子交易，即通过移动网络实现投保、核保、理赔、给付。具体来讲，移动保险的应用范围主要包括以下几个方面：

（1）移动报价。保险公司和一些分支机构将公司简介、公司险种、受保说明、服务内容等公司信息进行发布，让用户通过终端设备可以方便快捷地进行浏览、查询。

（2）移动咨询。保险公司可以通过移动网络来实时解答客户提出的各种保险问题，宣传保险知识。保险公司可以随时以短信等方式向客户传递有关保险的各种信息。

（3）移动投保。只要投保人将自己的姓名、性别、年龄、职业及需求保险意向等信息输入到保险公司的移动网络上，保险公司的网络系统就会自动从保险产品中为投保人设计一种最佳的保险计划。如果获得投保人同意，即可以完成一份移动投保单，如果保险公司同意承保，即可以通过短信或电子邮件方式予以确认。当保险费通过移动银行划入保险公司后，该份保险合同即可生效。

（三）移动保险的销售和管理服务

1. 销售和管理服务系统的构成

移动保险销售和管理服务所需的系统设施一般由以下相关子系统组成：① 移动运营商的网络支持，主要指适用于移动保险应用的移动网络，如 GPRS 等；② 销售和管理系统后台，主要包括现有的网站和客户信息等各类数据库、系统的后台支持软件、后台服务器的相关配置；③ 无线增值终端软件，这是移动中间件的子类，充当系统后台与移动终端间的服务接口；④ 智能终端，包括配备了客户端软件的移动终端设备，配备了投保软件的移动终端设备，如手机、笔记本电脑、PDA 等。

2. 销售和管理服务系统的基本功能

移动保险销售和管理服务系统的基本功能包括：① 保险服务，在客户端可以实现对不同险种的具体条款的查询，输入相关的投保信息，实现移动过程中(如游客购买保险)保险的购买和生效。它的子功能包括保险类型选择、保险信息输入、核保和保费计算等。② 保单查询，通过客户端平台向服务器查询保单的状态。其中，状态信息包括保单信息输入、查询结果输出等。③ 账户管理，用户可以通过移动终端设备客户端对用户的支付账户进行管理，包括账户余额查询、用户密码变动、账户充值等功能。④ 客户管理，主要指在手持设备客户端保存客户信息，在投保购买过程中避免重复的数据输入。本地的客户信息管理包括客户查看、客户增加或删除、资料修改等功能。⑤ 保单管理，查询本地的保单数据。投保成功后，手机等客户端自动保存的投保数据，除投保时用户输入的数据外，还包括该保单的具体信息，如投保时间、生效时间、保单号等。如果是旅游保险，在手机端选择产品、出行日期、出行种类、保额等信息，无须联网即可计算出保费。

3. 销售和管理服务系统的特色

从系统的功能上进行分析，移动保险销售和管理服务的优点有以下几个方面：① 移动性，所使用的系统具有很强的移动性，能够满足代理人经常在客户之间移动办公的需求；② 及时性，能及时提供大量客户需要的资料，并在第一时间将保险公司最新信息传递到保险代理人手中；③ 实时性，实时将保险代理人收集的客户有关信息输入企业的业务系统中；④ 降低风险性，可扩充的结算功能能够解除顾客和保险公司可能存在的财务风险。

利用移动保险销售和管理服务系统，可以加快保单生效速度，使保单实现在线支付。同时，投保软件下载方便，也简化了客户和业务员的使用。如果在应用中注意与移动办公的深度结合，将大幅度提高保险企业的市场灵敏度，使其能够及时满足客户需求。

三、移动博客

"博客"(Blog 或 Weblog)或称"网络日志"(简称"网志")，就是个人在网络上将自己的所思所想、所见所闻、感悟体会等以网页的形式记录、展示或与他人进行交流。博客是继 E-mail、BBS、ICQ 之后出现的第四种网络交流方式。近年来，博客早已不是陌生的话题，而移动博客作为一种移动商务和博客相结合的新兴业务，也开始不断兴起。博客及 Internet 的快速发展、手机用户数量的快速增长，为移动博客的发展提供了优良的土壤。应运而生的移动博客引起了人们日益广泛的关注。

(一) 移动博客的定义

移动博客，英文简称 Mblog，是在博客、可拍照手机与移动互联业务三者相结合的基础上产生的，是博客的更深层次应用。它是以移动业务应用为媒介、以博客为载体进行信息发布和共享的互动平台。移动博客能使人们随时随地通过移动终端设备(手机)发表日志、上传图片、交流信息、分享成果等，不再受电脑和网线的束缚。

(二) 移动博客的特点

(1) 简易。只要会浏览网页、会使用手机就能使用移动博客。移动博客使每个人都可能成为新闻的创造者，即使不会短信输入的手机用户也可以通过照片、声音、录像等多种形式成为信息的制造者。移动博客有可能成为比短信更加普及的大众化应用。

(2) 个性。博客起源于网络日志。与网络 BBS 不同，博客更加突出了个人空间；与 Internet 个人主页不同，博客更容易上手。可以说，博客代表着未来个人门户发展的趋势。手机不同于 PC，有着鲜明的个人色彩。移动博客为这种个性化的业务提供了延伸服务，使用户打造个人手机名片、个人主页，以及自己的博客专栏、资料库、音乐库和相册等都成为现实，真正做到了个性化。

(3) 随意。只要带着手机，就能随时记录生活中的点滴细节、片刻感动，用手机拍下你捕捉的人物、风景、趣闻等照片，录下大自然的声音、孩子的呀呀学语、宠物的叫声，记录下你突发的灵感、思绪和故事，与朋友分享……可以说，通过移动博客，你可以走到哪儿写到哪儿，真正体会到随时随地直播生活的乐趣。

(4) 经济。目前除浏览和编发短信、彩信要产生费用外，基本没有其他费用，而这种消费方式早已被移动电话用户所接受。博客是一种促进个人参与的社区形式，而移动博客促使用户通过手机制造信息、分享信息，是手机用户真正参与社区交流的最有效的方式，而且这种交流完全是自发的，因而更具有活力。

(5) 交互。移动博客可同时在 Web 和 WAP 中发布，具备良好的交互性。目前，中国联通和中国移动的 WAP 应用不能穿插，数据不能实现互通，但是通过移动博客可以做到。注册成为移动博客的用户，同时就拥有了一个个人博客站点和手机 WAP 地址，无论何时何地都可以通过发送彩信的方式发布图片，并通过 WAP 浏览。手机作为良好的无线 Internet 终端，已在很多领域突破了传统 Internet 的限制，使信息交互真正进入了移动时代。

(6) 传播。移动博客给博友们提供了实时交流的平台，不但可以随时随地通过多种方式阅读其他博友的日志，还可进行实时交流。通过博客展现自己，吸引志同道合的博客参与其中，这将极大地拓展个人的社交网络。

当前，移动博客正处于起步阶段。当移动博客普及到一定程度时，它对人们的生活和工作方式，对整个社会的信息传播方式都将产生潜移默化的影响。"手机 + 博客"不仅是服务模式上的创新，也是对博客机制和理念的发展与提升。通过移动博客，手机用户可以随走随写、随录随拍、随发随读，同时，移动信息的获取、浏览及反馈的效率和方式也都在发生巨大变化。移动博客鼓励个人发布，鼓励个人成为媒体中心，这将对"第五媒体"产生革命性的推动作用。

复习思考题

1. 简述移动游戏的定义、分类及其特点。
2. 移动视频的典型分类有哪些？
3. 简述移动支付产业链的构成。
4. 移动银行的实现方式有哪些？
5. 简述移动旅游的创新服务和应用模式。
6. 为什么说移动教育是未来教育发展的必然？
7. 移动政务的类型和存在的主要问题是什么？
8. 谈谈你对移动商务其他典型应用的理解。

第十章

移动商务是社会发展的必然

学习目的

1. 了解和熟悉移动商务的优势和效益；
2. 了解和熟悉发展移动商务的推动因素；
3. 了解和熟悉发展移动商务的制约因素；
4. 熟悉和分析移动商务发展采取的战略和策略；
5. 预测和分析未来移动商务的市场发展；
6. 了解移动商务是社会发展的必然。

第一节 移动商务的优势和效益

在全球范围内,移动商务正迅速以各种各样的形式发展着。手机等移动终端用户数量的不断增长,使得移动商务在企业的商务活动中将有更加广泛的应用,如移动办公、移动数据服务、移动物流监控、移动营销、移动客户服务、移动支付等不断创新的应用使企业能够更快地对市场做出反应,而且更灵活地参与竞争,管理也更加人性化。移动商务的发展为商业应用带来了无穷的价值和特有的优势。在本节中,重点对移动商务的优势和效益进行分析,同时与传统的电子商务模式进行比较分析,进一步明确移动商务的未来发展。

一、移动商务的优势

移动商务是一种新型的电子商务交易方式。由于使用无线设备和无线通信技术,使移动商务具有传统电子商务无法比拟的移动性。此外,移动商务的主要优势在于能够提供更多更完整的服务,提升顾客的时间价值。具体来讲,移动商务的优势主要体现在以下几方面:

(一) 移动商务将提供新的自由

移动商务突破了时空的限制,使人类享受自由的愿望得到进一步的提升。

首先,移动商务将提供交易和选择的自由。通过移动通信设备,企业所提供的内容可在任何时间、任何地点到达用户手上。换句话说,使用者不论何时都可通过移动通信设备来取得他们感兴趣的资料,而且也不用顾虑自己身处何地。就这种观点而言,当某些需要出现时,无论何时何地,移动商务都可以提供相关的应用服务。

其次,移动商务将提供关系的自由。移动商务通过移动性、个性化,改变了传统商务形式中用户与商家、用户与用户、商家与商家之间的关系。顾客不必直接面对商家,也不必和其他顾客发生直接的联系,他们可以随心所欲、不受任何人影响地进行交易。虽然在传统的电子商务形式下,已经实现了非直接接触的交易模式,但在移动商务环境下,这种优势会更加明显,也更具有普遍意义。移动商务还改变了商家与商家之间传统的竞争关系,使之更加关注资源和知识的竞争。移动商务甚至改变了商家与批发商以及厂家之间传统的供求关系,使物流供应转变为信息流供应的需求更加明显。同时,移动商务使许多步骤、人员、信息以及商业流程设计变得完全移动化,这种移动化可以为整个供应链和相关物流运作以及商务伙伴关系增加价值。

由于移动通信设备的拥有者对于应用与服务各有所需,因此移动商务的应用能够实现个人化,即用户可以根据自己的实际需求选择提供商,服务提供商根据用户的需求为其提供特定的服务内容。这不但构建了服务提供商全新的销售和促销渠道,同时也加强了用户和服务提供商之间的关系。

(二) 移动商务将创造更大的价值

为了使用户满意,移动商务必须提供有价值的服务。但是,在开展有价值的移动商务时,必须首先考虑用户的使用,从用户的习惯中找到协助用户提升商务体验的途径,并逐步引导用户在移动商务的路上前行。移动商务的突破口在于对传统商务进行提升,而不是另起炉灶。毫无疑问,移动商务将创造更大的价值。

首先,移动商务可以创造时间价值,因为它可以大大缩短商务活动的时间。

其次,移动商务可以创造成本价值。虽然移动商务开展之初需要投入大批的资金进行技术开发和基础设施的建设,但一旦建设完成之后,将大大降低商务活动的成本,商家追求的低库存甚至是零库存将变为可能。所以,不能因为前期的巨额投入而否认移动商务带来的更大价值。

最后,移动商务可以创造自由价值。自由本身并没有价值,但当自由变成一种习惯,人们为了自由宁愿付出相应代价的时候,价值就体现出来了。

(三) 移动商务蕴藏着无穷的潜力

移动商务将是一个非常巨大的产业,因为它综合并加快了自由经济中所有的驱动力量。虽然移动商务要成为商务的主流还需要一段时间,但发展前景无法估量,因为人们具有享受自由的愿望。而一旦尝试了自由带来的便利之后,享受自由将被认为是理所当然的事情,对自由的这种渴望和追求必然会使移动商务的用户群渐渐变大。

首先,有了移动商务技术,人们就可以实现流动办公、移动办公。像机场、火车站等运输中心,利用移动 Internet 技术就可以把所有工作人员“网”在一起;而经理们无论在世界哪个角落,都可以迅速发出和获得最新信息。事实上,移动商务为用户提供的几乎是完全个性化的定制服务和“一对一”的服务,它实现了信息、媒体和娱乐服务的互通互联,形成了密切合作的 IT 产业联盟价值链。

其次,移动商务随时随地为用户提供贸易、网站控制、商机查询和认证信息等服务,使服务更具个性化、信息获取更为及时。通过移动商务,企业可以不用购买专用设备,将网络营销交给电子商务平台而无须聘请专门人才,而且负责人可以随时随地进行商业决策。

最后,移动增值业务逐渐成为带动移动运营商业务收入增长的关键业务,其业务种类和组合模式也日趋增多。可以说,在移动商务领域,对移动增值业务的利用是大有可为的。

总之,移动商务的顺利发展为个人用户带来了更加便捷的商务体验,为企业带来了更多的营销贡献,造就了完整的新型移动商务产业链,从而创造出更多的产业盈利机会。同时,在移动商务的发展过程中,企业和个人对于移动商务模式具有潜力的独特属性的利用是至关重要的,决定着移动商务的发展潜力。

二、移动商务的效益

(一)无线通信设备和无线网络技术所带来的效益

1. 移动性/无所不在(Mobility/Ubiquity)

移动通信网络不像有线网络那样受限于个人电脑的地点,而且还必须有电话线,它让用户能够通过随身携带的上网设备随时随地(不论在车上、郊外)上网。

2. 速度(Speed)

速度的提升必须等到3G或GPRS移动通信推出后方可实现。到那时,用户不但能享受较高带宽和较低费用的好处,也无须浪费时间等待连线,而是就地连线。

3. 追踪/定位(Track/Location)

通过移动运营商的通信网络,用户所在位置能被随时追踪、定位,这项功能提供了潜在的商机。例如,用户可以获知距离最近的加油站在哪里,也可以通过导航服务避免交通高峰,这类服务已经开始在欧洲推广。

4. 个人化(Personalization)

与个人电脑比起来,移动通信网络的上网设备更具个人化特色。我们可能会和其他人共用一台电脑,但应该没有人会和其他人共用一部移动电话或PDA。这种个人化的特色,将成为人们从事个人化行销或提供个人化服务的利器。

5. 安全性(Safety)

一般认为,移动通信网络的安全性会比目前的有线网络高出许多,原因在于SIM智慧卡及各种加密技术的应用。SIM卡是GSM移动电话内的一张智慧卡，里面包含用户的电话账户信息，可以随身携带并插入任何一部 GSM 移动电话中使用。

（二）移动商务的特性和功能所带来的效益

1. 任何时间、任何地点、任意方式完成任何作业

据 Gartner 预测，到 2009 年全世界会有超过 35% 的上班族使用移动装置工作，也就是说，会有 2.6 亿工作者不必留在办公室，只需通过移动装置，即可与公司保持密切的联系。通过掌上电脑、PDA、智慧型手机等产品，结合无线通信，无论人们身处何地，都可上网处理各种公司或个人事务。

2. 移动消费与服务模式

随着无线传输环境的普及，在不久的将来，移动商务使用者将超过固定网络电子商务使用者。移动商务中最重要的商业应用首推通过移动装置的购买与消费，随着人们对移动服务便利性认识的提高、使用习惯的建立与服务项目的多元化，通过移动装置购买的行为会越来越普遍。

3. 个人化移动媒体的资讯传播威力

移动商务的另一项延伸服务是移动媒体。所谓移动媒体，简单来说，就是一种以机制为媒介的传播。

（三）移动商务所带来的效益

1. 无所不在（Ubiquity）

移动通信设备提供了使用者在任何地点随时接收资讯以及进行交易的可能。

2. 便利性（Convenience）

由于移动通信设备的便捷及易接近性，使得人们不再因为时间或地点的限制而无法进行电子商务的活动。

3. 区域性（Localization）

由于通过 GPS 技术可以精确地掌握使用者的位置，所以可以据此来因地制宜地开展区域行销（Location-based Marketing）。

4. 个人化（Personalization）

由于便利性及区域性的基础，使得移动商务能够提供个人化的信息，包括视觉及听觉上的选择。

三、与传统电子商务模式的比较分析

移动商务的优势很大程度上体现在其对传统电子商务的继承和超越上。

移动商务虽然建立在传统电子商务的基础上，但却有别于传统的电子商务模式。

（一）特性比较

与传统的电子商务相比，移动商务具有许多独特的优势。首先，移动商务具有随时随地的特点。与传统的电子商务相比，移动商务的最大特点是"随时随地"和"个性化"。传统电子商务已经使人们感受到了网络所带来的便利和乐趣，但它的局限性在于台式电脑携带不便，而移动商务则可以弥补传统电子商务的这种缺憾，让人们可以随时随地购买彩票、炒股或者购物，感受独特的商务体验。

其次，移动商务的用户规模比传统电子商务更具优势。显然，从电脑和移动电话的普及程度来看，移动电话远远超过了电脑。而从用户群体来看，手机用户中基本包含了消费市场中的中高端用户，而传统的上网用户中以缺乏支付能力的年轻人为主。由此我们不难看出，从某种程度上来说，以移动电话为载体的移动商务不论在用户规模上，还是在用户消费能力上，都优于传统的电子商务。

再次，移动商务有较好的身份认证基础。对传统的电子商务而言，用户的消费信用问题是影响其发展的一大瓶颈，而移动商务在这方面显然拥有一定的优势。这是因为手机号码具有唯一性，手机 SIM 卡上存储的用户信息可以确定一个用户的身份。对于移动商务而言，这就有了信用认证的基础。

最后，与西方发达国家相比，目前中国银行卡的使用率不高，商业信用体系尚不健全，个人信用体系缺位。银行卡使用率低、网点少等现实问题的存在，都给移动商务发展提供了机遇。一些专家认为，在中国以移动终端为载体的移动小额支付，有可能代替信用卡，弥补整个社会消费信用制度的缺位，成为人们较易接受的新型电子支付方式。

（二）商务应用比较

移动商务更适合大众化的商务应用。由于基于固定网络的电子商务与移动商务拥有不同的特性，移动商务不可能完全替代传统的电子商务，两者是相互补充、相辅相成的。移动通信所具有的灵活、便捷的特点，决定了移动商务应当定位于大众化的个人消费领域，提供大众化的商务应用，因此 B2C 可能成为移动商务发展的主要模式。

同时，移动商务时代是四个身份即姓名、身份证号码、通信号码、信用卡号码统一的时代。由于这种商业特性，互联网价值将逐渐向移动网迁移。这样的迁移将造就新的商业模式，运营商将会出现从通信运营到信息运营的转型。此外，由于四个身份的统一，移动商务的商务流程将会使营销、购买、服务流程紧密地结合在一起，一次完成。由于通信的个性化需求，信息化服务在移动通信上将以更加个性化的服务、更加人性化的互动，为企业提供更加精准的营销服务。基于这些特性，移动商务与我们想象的传统电子商务大不相同。

未来的移动商务市场将主要集中在以下几个方面：① 自动支付系统，包括自动售货机、停车场计时器、自动售票机等；② 半自动支付系统，包括商店的收银柜机、出租车计价器等；③ 日常费用收缴系统，包括水、电、煤气等费用的收缴等；④ 移动 Internet 接入支付系统，包括登录商家的 WAP 站点购物等。

（三）发展比较

移动商务能够有效规避传统电子商务出现的泡沫。近年来，互联网经济大起大落，电子商务曾陷入低谷。一些电子商务网站之所以在上一轮网络泡沫中悄然倒下，主要是因为传统的电子商务缺乏现实的用户基础，没有良好的盈利模式，搭建起的是一幢没有支撑的"空中楼阁"。

与传统电子商务不同的是，在手机钱包、手机银行等移动商务发展进程中，移动运营商发挥着十分重要的作用。移动运营商不仅拥有庞大的用户群，而且拥有稳定的收费关系及收费渠道。更为重要的是，近几年来，移动运营商已经构建起了成熟的移动数据业务发展产业价值链以及与 SP 进行利润分成的商业运作模式，这为移动商务业务的发展创造了良好的条件。此外，在移动商务发展之初，主要面向大众市场，这使得移动商务的发展从一开始就有了现实的支点。因此，移动商务在一定程度上可以避免传统电子商务所出现的泡沫。

当然，移动商务与传统电子商务的区别，最关键的还在于访问终端和通信网络。移动商务一般使用便携式计算机或者支持 Web 访问功能的手机，而电子商务使用的是台式电脑或者笔记本电脑；移动商务主要通过移动网络进行通信，电子商务则主要通过有线网络进行。

第二节　移动商务发展的推动因素

移动商务的内涵在于为移动用户提供自由和价值，彻底改变消费者的生活结构。移动商务的发展并不是一个简单的过程，而是涉及与之相关的各个方面。要真正取得移动商务革命的成功，还必须重视和了解移动商务发展的推动因素。总体来讲，在中国，移动商务未来的市场将获得持续发展，特别是 2008

年奥运会、2010 年世博会，都将为移动通信及其商业数据应用提供大量需求。据赛迪顾问预计，2006 年到 2010 年中国移动商务产业年均复合增长率将达 35.68%，产业规模到 2010 年将实现 260.72 亿元。在本节中，主要介绍推动移动商务发展的因素和中国发展移动商务的优势所在。

一、移动商务发展的推动因素

（一）技术推动因素

3G 和 IPv6 时代的到来将成为推动移动商务发展的重要技术因素。实现 3G 的关键技术包括码分多址技术、多载波调制技术、多用户检测技术、智能天线技术、功率控制技术、高效信道编码技术等。目前，移动应用即将跨入 3G 时代，而 3G 的最大优势在于能带来 2G(或 2.5G)无法实现的高速无线数据通道，传送大容量的影像文件，实现高速率的可视通话、视频监控、高速上网等功能，使手机变成真正的多媒体终端，真正体现移动商务的便利性与即时性。因此，3G 时代将使移动数据传输访问取代短信的主体地位，创造比普通单一的短信更加丰富的应用，实现真正的即时移动办公。在未来，移动上网的资费也会与固定上网资费基本相当，这就为移动商务的普及奠定了基础。事实上，目前日、韩两国的 3G 通信已处于世界领先地位。日本是世界上最早实现 WCDMA 商业运营的国家，早在 2001 年 10 月即推出速度为 384 Kb/s 的 3G 移动通信服务。

IPv6 技术近年来取得了实质性突破。IPv6 的主要优势体现在以下几方面：扩大地址空间、提高网络的整体吞吐量、改善服务质量(QoS)、安全性有更好的保证、支持即插即用和移动性、更好地实现多播功能。其中，最突出、最实用的优点是 IPv6 拥有无限的地址，这大大增加了地址空间，恢复了原来因地址受限而失去的端到端连接功能，为互联网的普及与深化发展提供了基本条件。同时，移动硬件设备越来越轻，小的路由器可以随身携带，笔记本电脑有的不到 1 千克，这些都为移动商务应用带来极大便利。随着信息技术的进步，移动运营商和应用服务商在网络安全、身份认证、信息加密、数字签名等方面有了可靠保障，可以确保使用者在任何时间、任何地点，安全、及时、交互地享受信息接入服务，降低了用户在移动商务中数据传输失真、非法篡改、抵赖等交易风险。

（二）社会推动因素

信息化的普及成为推动移动商务主要的社会因素。目前，多数企业用户以及政府、教育部门已经有了一定的信息化应用基础，很多行业用户已实现了自动化办公、财务管理等方面的信息化，还有一些企业实现了 ERP、CRM 和 SCM

等方面的应用,这些应用为移动商务提供了坚实的社会基础。移动商务是基于企业已有管理软件的增值型应用,越是信息化程度高的企业对移动商务的需求越是强烈。因此,移动商务市场必将伴随信息化的普及而快速增长。

同时,移动商务是基于 Evernet 理念的应用,从而使得随时随地进行商务及秘密通信成为可能。尽管传统的通信覆盖了社会的各个层面,然而在不久的将来,市场细分和顾客细分将不断增长。而移动通信界面的个性化设计为用户简化了服务与信息的接入方式,从而满足了社会发展的需要。

(三) 经济推动因素

经济全球化的发展成为推动移动商务的经济因素。随着全球经济的不断发展,移动商务将逐渐成为未来商务的主流模式。在经济水平高度发展的今天,几乎每个人都拥有移动终端设备(移动电话),这就为移动商务的推广奠定了良好的应用基础。同时,经济的快速发展使散落在地球各地的人都可能产生交集,而移动商务的开展使得这种可能迅速转变成事实。因此,全球经济的发展和变迁会不断推动移动商务的迅速发展,也会不断扩大移动商务带来的各种效应。而全球经济也会在移动商务的促进下,更加蓬勃地发展。

(四) 内在推动因素

企业的业务需求构成了移动商务发展的内在推动因素。企业用户的关键业务目标:一是追求良好的客户服务,即尽量提高客户满意度,以吸引新客户、维护老客户;二是追求卓越的处理能力,包括简化业务流程,提升自动化能力;三是追求卓越的运营力,提高员工的生产效率,降低生产成本;四是实现规范管理,包括进行有效的风险管理,实现管理的透明度;五是追求可持续的行业领导地位,不断优化业务组合和业务配置,实现科学的价值定位。为了实现这些目标,企业的需求是:① 在协同管理系统方面,需要对外部出差人员的行踪和各项任务执行情况进行跟踪,以及动态的应急调遣和指挥;② 在企业信息管理方面,需要加强上游供应商和下游经销商的关系,实现对下游分销情况、库存和客户信息的实时了解。所有这些需求,利用传统的信息技术手段已难以满足,这就构成了企业对移动商务的内在驱动。

(五) 外部保障因素

商务模式的改进与用户消费意识的提升构成了移动商务发展的外部保障因素。在 3G 技术的推动下,宽带传输、手持终端、终端数据等技术表现形式将获得进一步发展,从而催生出各种可行的移动商务模式。目前,在公安、交通、金融等行业应用领域,正在推出多种移动商务和移动信息化整体解决方案,并实现了由部分试点到全面启动的突破。其中,“手机银行”、“移动证券”、“警务通”、“集团彩铃”等移动商务服务已在一定程度上普及和推广,这自然会吸引大批客户,客观上也激发了用户的消费兴趣和意识。

因此,随着技术、社会、经济、内在和外部各个因素的不断融合,移动商务有望吸引全球各个领域的人们参与其中。目前,全球的移动商务正在全面展开,移动商务的应用也开始深入各行各业。在未来,移动商务必将成为商务发展的新模式。

二、中国发展移动商务的优势

近年来,移动商务的发展在全球范围内掀起了新高潮。日本在移动商务方面处于领先地位,其建立在宽带基础上的3G网络,具有可视电话、数码照相、数码摄像及高速上网等多媒体功能,成为移动商务的高速信息传输平台。欧洲很多国家开发的用移动电话支付的自动售货机业务已受到广泛关注,用移动电话订票的应用正在逐步推广。随着移动商务在全球的不断发展,中国也逐渐加入其中,并不断显示出各项优势。

(一)增长的用户基础

移动商务的全面应用依赖于不断增长的用户基础。有需求才会有应用的发展,因此,增长的用户群是移动商务不断扩张的基础。

拥有庞大的用户群体为经营者提供了网络效应(Network Effect)。用户是移动商务发展的核心。大量的用户意味着电信运营商的实力,能够促使更多的内容提供商加入到产业链中,从而使电信运营商更具实力。

近年来,随着中国移动通信市场的迅猛发展,庞大的用户群体给运营商提供了网络效应。根据赛迪顾问的预测,到2010年,行业移动定位服务市场规模将达30.87亿元,5年的复合增长率高达61.71%;个人移动定位服务市场规模也将达29亿元,5年的复合增长率为80.58%。

有调查显示,中国移动用户以年轻人为主,主要集中在20—35岁(比例为84%)。这其中包含了消费群体中的中高端用户,这些用户有追求时尚的需求,又具备一定的经济能力,他们愿意支付一定的费用来获取个性化移动服务。同时,随着手机上网观念的深入,利用GPRS手机上网受到不少高端用户的青睐,GPRS手机发展很快,已占用户总数的12.2%。调查还显示了手机市场消费需求的主要期望是对手机功能的期望。调查表明,手机用户已不满足于现有的语音与上网功能,人们希望它能具备更多的功能。

由此可见，消费者对于手机的期望，不仅仅是一种通信工具和便携产品，更希望手机能够整合一些娱乐功能，特别是音乐功能，以作为随身消遣之用。

（二）底层技术基础

移动商务的快速发展还得益于无线通信技术的迅速发展。3G、IPv6、短信等技术都为移动商务的发展提供了强有力的支持。未来随着移动商务底层技术的应用融合，无线通信产品将为人们提供速率高达 2 Mb/s 的宽带多媒体业务，支持高质量的语音、分组数据、多媒体业务和多用户速率通信，这将彻底改变人们的通信和生活方式。同时，3G 作为宽带移动通信技术，将手机变为集语音、图像、数据传输等诸多应用于一体的未来通信终端，进一步促进了全方位的移动商务的实现与开展。

目前，中国在无线通信的底层技术方面已经走在了前面，中兴通讯、大唐、华为、首信、东信等电信企业都具备了生产第三代移动通信器材的实力。在 CDMA 技术上，中国也具备了同世界顶尖公司竞争的实力。

以中兴通讯为例，在发展中国提出的具备自主知识产权的第三代移动通信标准 TD-SCDMA（以下简称 TD）的过程中，中兴通讯作为最早参与 TD 标准研究和设备研发的公司之一，一直坚定地支持 TD 标准，并为此投入了大量的人力和物力。随着 TD 标准的产业化和产业链的成熟，中兴通讯在产品上推陈出新，在继续关注产品功能和性能的同时也开始考虑用户体验、安装维护等更加细致的问题。在系统设备方面，中兴通讯一方面在宏蜂窝基站的基础上加紧研发系列化基站，针对各个覆盖场景推出对应的产品；另一方面，也更加关注运营商的实际需求，推出了第二代 TD 基站。在终端设备方面，中兴通讯推出了业界第一部双卡双持 TD 手机 U350，有力地推动了 TD 的商用进展，解决了用户从 2G 网络向 3G 网络平滑过渡的难题，真正实现了 2G 和 3G 用户同时在线。由于在移动通信方面所做的努力，2007 年中兴通讯已经成为全球领先的综合性通信制造业上市公司，并且作为近年来全球增长最快的通信解决方案提供商之一，中兴通讯凭借优异的全球业绩，已经跻身美国《商业周刊》评出的“中国十大重要海外上市公司”和“中国最佳品牌 20 强”。中国民族企业在移动通信技术方面所取得的成绩，使得中国移动商务的发展具有自己的特色，也具备了全球竞争的实力。

（三）移动通信运营商的推动

中国移动通信运营商均属国有企业，因而在移动商务市场上会获得一些政策倾斜与支持，这将对企业在市场竞争中的地位产生巨大影响。同时，国有大型企业的背景也使中国的移动通信运营商具有雄厚的资金实力，有能力推动移动商务的变革。

目前，中国的移动通信运营商主要是中国移动和中国联通，它们对网络资源的垄断，导致其在未来的竞争中居于主导地位，并且具有巨大的品牌影响力。2000 年 11 月 10 日，中国移动携 6 000 万手机用户，率先启动了“移动梦网创业计划”，核心是“以客户聚集者的身份架起服务提供商与用户之间的桥梁，现有的 WAP 平台、短消息平台均可向合作伙伴开放”。由此可见，中国移动实质上想要成为中国移动商务市场的搭建者和管理者。以移动梦网为中心，聚集起众多的移动商务服务提供商，向其手机用户提供手机增值服务。

从 2001 年 8 月 1 日开始，中国联通在全国 29 个省、市、自治区开通以“联通在信”为品牌的无线数据业务，以后将陆续在全国其他省市推开，这标志着中国第二大移动运营商也正式加入到移动商务市场的争夺中来，势必极大地推动移动商务应用在中国的开展。

同时，中国银联开通的移动销售终端服务（POS）业务，使移动商务业务突破信息商品的范畴，实现了不受时间、地点、路线限制的商务交易活动。经过几年的发展，现有的移动商务服务内容非常丰富，如网上购物、网上金融服务、网上支付、电子彩票、电子钱包、手机邮箱、新闻浏览等。随着 3G 时代的到来，中国的移动商务业务将得到更大的发展，用户也将得到越来越广泛、越来越丰富的服务。

（四）政府扶持和监督

国家的政策扶持使中国移动商务的迅速发展成为可能。同时，政府在发展移动通信的过程中，也大力推动内容服务提供商的发展，并同移动商务应用有关的企业共同合作，重视和发展移动商务，制定出相应的科学战略规划和相关策略。

当前，中国经济社会发展进入了新的历史阶段，中国政府已经明确了信息技术应用在建设节约型社会中的重要地位。2005 年，在“十五”计划的最后一年，也是衔接“十一五”计划的重要一年，为了适应电信行业向信息服务行业转型的新形势，加快发展移动通信，使其成为推动行业增长的三大引擎之一，电信监管部门结合市场发展状况，加快法制建设，积极推进资费管理改革，加强互联互通和服务质量管理，为移动通信行业的健康持续发展创造良好的政策环境和公平、公正的市场环境。

政府的积极推动,使得中国的移动商务行业蓬勃发展。移动支付、移动娱乐、移动银行、移动旅游等移动商务的应用也开始深入人心,获得了良好的市场反应,使中国进一步融入全球移动商务应用的潮流中。

第三节　移动商务发展的制约因素

移动商务是21世纪主要的生存方式,它不仅是企业竞争的利器,更是直接关系到国家生产力与贸易竞争力的重要因素。移动商务不仅是一场科技战,也是一场商战,是一场不见硝烟的争夺经济持续发展制高点的综合战。但是,移动商务在为企业和社会带来新的机遇的同时,也面临着巨大的挑战。在本节中,主要介绍目前移动商务发展面临的制约因素、中国移动商务发展面临的问题等相关的方面。

一、移动商务发展的制约因素

任何新事物的发展都有个曲折的过程,移动商务也不例外。作为技术和商务需求相结合的产物,移动商务的发展也面临着各种各样的难题,其中主要涉及的有安全问题、隐私问题、认证问题、配送与支付问题、传统观念问题、行业规范问题等。

(一)安全问题

尽管移动商务给人类的生活和工作带来了诸多优势,如减少服务时间、降低成本和增加收入等,但安全问题仍是阻碍移动商务进一步推广应用的瓶颈。目前,无线设备仍然缺乏足够的内存和运算能力来运行大多数病毒扫描程序和入侵检测程序,这使得移动商务的安全性受到潜在使用群体的质疑,不利于移动商务的推广和发展。

1. 网络本身的威胁

移动通信网络可以不像有线网络那样受地域环境和通信电缆的限制,可以实现开放性的通信。无线信道是一个开放性的信道,它给移动用户带来随时随地通信自由的同时,也带来了诸多不安全因素,如通信内容容易被窃听、截获、篡改以及通信双方的身份容易被假冒等。在移动通信过程中,所有通信内容(如通话信息、身份信息、数据信息等)都是通过移动信道开放传送的,任何拥有一定频率接收设备的人均可以获取移动信道上传输的通信信息。特别是无线局域网和个人网用户,由于其网络通信一般工作在全球统一开放的工业、科学和医疗频带(2.5 GHz 和 5 GHz)上,任何团体和个人都不需要申请就可以免费使用该频段进行通信,因而其通信内容更容易被窃听、截获和篡改。

2. 无线 Ad Hoc 应用的威胁

无线 Ad Hoc 网络是由一组自主的无线节点或终端相互合作而形成的,独立于固定的基础设施并且采用分布式管理的网络。Ad Hoc 网络和传统的移动网络有着许多不同,其中一个主要的区别就是 Ad Hoc 网络是一种没有有线基础设施支持的移动网络,网络中的节点均由移动主机构成,并通过移动节点间的相互协作来进行网络互联。目前,Ad Hoc 网络正在逐步应用于商业环境中,但由于其网络的结构特点,使得 Ad Hoc 网络的安全问题尤为突出。Ad Hoc 网络的一个重要特点是网络决策是分散的,网络协议依赖于所有参与者之间的协作。攻击者可以基于该种假设的信任关系入侵协作的节点。

例如,入侵一个节点的攻击者可以向网络散布错误的路由信息,甚至使所有的路由信息都流向被入侵的节点,从而截获通信信息。同样,移动用户会漫游到许多不同的小区和安全域。当通信由一个小区切换到另一个小区时,恶意的或被侵害的域可以通过恶意下载、恶意消息和拒绝服务来侵害无线装置。

3. 网络漫游的威胁

网络漫游使无线网络中的攻击者不需要寻找攻击目标,攻击目标就会漫游到攻击者所在的小区。在终端用户不知情的情况下,信息很有可能被窃取和篡改,服务也可能被经意或不经意地拒绝。无线媒体为恶意用户提供了很好的藏匿机会。由于无线设备没有固定的地理位置,它们可以在不同区域间进行漫游,可以随时上线或下线,因此很难被追踪。因此,对无线网络发起攻击是攻击者的首选,尤其随着无线设备数量的增长,这种趋势也越来越明显。

4. 无线设备本身的威胁

无线设备另一个特有的威胁就是容易丢失和被窃。由于没有建筑、门锁和看管保证以及体积小等特点,无线设备很容易丢失和被盗窃。对个人而言,移动设备的丢失意味着别人将会看到电话上的数字证书,以及其他一些重要数据。利用存储的数据,拿到无线设备的人就可以访问企业内部网络,包括 E-mail 服务器和文件系统。

(二) 隐私问题

无线通信的主要优势是能够提供基于地理位置的服务。定位技术能使无线运营商为紧急救援人员和其他团体提供非常精确的用户定位信息。这类信息使遇到紧急情况的个人、无线广告客户和消费者受益匪浅,但同样引发了人们对隐私问题的关心。

1. 垃圾短信的问题

在移动通信给人们带来便利和效率的同时,也带来了很多烦恼,遍地而来的垃圾短信广告影响着人类的生活。在移动用户进行商业交易时,会把手机号码留给对方;在街头进行社会调查时,也往往需要被调查者填入手机号码;甚至在网上注册信息时,也会把手机号码公布在网上。这些都是垃圾短信得以蔓延的渠道。垃圾短信的蔓延使得人们对移动商务充满恐惧,从而不敢在网络上使用自己的移动设备从事商务活动。

2. 定位业务的潜在问题

定位是移动业务的新应用,其技术包括:① 全球定位系统(Global Positioning System,GPS),该技术利用三颗以上 GPS 卫星来精确(误差在几米之内)定位地面上的人和车辆;② 基于手机的定位技术(TOA),该技术根据从 GPS 返回响应信号的时间信息定位手机所处的位置。

定位业务在受到人们欢迎的同时,也暴露了其不利的一面——隐私问题。移动酒吧就是一个典型的例子,当你在路上时,这种服务可以在你的移动设备上列出离你最近的 5 个酒吧的位置及其特色。或者当你途经一个商店时,会自动向你的手机发送广告信息。定位服务在给人类带来便利的同时,也影响到了个人隐私。利用这种技术,执法部门和政府可以监听信道上的数据,并能够跟踪一个人的物理位置。如果定位技术被恐怖分子利用,他们通过定位通信用户的位置,可以对其实施犯罪活动。

3. 法律漏洞的问题

传统电子商务的迅猛发展推动了相关的立法工作。目前,已经有 60 多个国家就电子商务和数字签名颁布了相关的法规。1995 年,美国犹他州颁布的电子签名法则是全球最早的电子商务领域的立法。同样地,移动商务的发展也需要法律的支持。举例来说,移动商务的一个典型应用就是娱乐行业。随着生活水平的提高,越来越多的青少年拥有手机、PDA 等移动设备。游戏对青少年具有较大的诱惑力,但对于什么类型的游戏适合青少年有着不同的法律规定,在移动游戏领域也出现了相应的隐私和法律问题。

(三)认证问题

移动商务可以开展移动证券、移动采购、移动支付等多种类型的移动交易。而这些交易的安全性,尤其是在采用手机这种“非面对面”、“非面向连接”的交易方式时,交易者身份的真实性与交易的不可抵赖性就显得尤为重要。

1. 现有认证机制的限制

在网络中，通过移动设备进行的交易如果遇到突发状况被中途打断，再刷新连接时不进行重新认证。这种机制引起的连接重新建立会给系统引入不安全因素。没有再认证机制的交易和连接的重新建立是危险的。通信连接一旦建立，使用 SSL 和 WTLS 的多数站点不需要进行重新认证和重新检查证书，攻击者就可以利用该漏洞来获利。目前，手持移动设备最大的问题就是缺乏对特定用户的实体认证机制。

2. 无线基础设施和移动设备本身的限制

目前，移动通信基础还很不健全，仍然存在着各种各样的安全隐患和认证技术上的障碍。同时，由于移动设备内存和处理能力等方面的限制以及其自由灵活的特性，使得普通的认证安全机制无法简单地移植到移动商务应用中，必须针对移动特性进行再设计和再创造。

（四）配送与支付问题

1. 物流配送的问题

与传统电子商务一样，物流配送始终是困扰移动商务发展的一个难题。具体体现在：配送手段落后、速度慢，无法满足顾客的配送要求；仓储运输企业各自为政，不能进行有效的协调和组织；行业性、区域性、全国性的物流配送中心及配送体系还不完善，没有使用先进的物流配送技术，也没有有效的物流配送模式。

2. 支付体系的问题

移动商务需要优质、高效、快速、安全的电子金融作为保障，而目前的金融业务大多采用现金结算、邮局汇款、银行汇款等传统支付方式，未能实现整个环节的电子化。要实现移动商务，就必然要求由移动银行来完成支付和结算，实现“移动支付”。与传统支付方式相比，移动支付最主要的特点是支付灵活便捷，交易时间短，可以减少往返银行的交通时间和支付处理时间。目前，社会商业信用体系还不是很健全，移动用户还没有实现完全的实名制。这就为恶意透支等欺诈行为留下了潜在的机会，也使移动运营商和银行对此有所顾忌，并影响了它们对移动支付推广的积极性。

（五）传统观念问题

1. 传统运营模式的限制

移动商务是一种新兴的商务模式，与传统电子商务发展模式截然不同。因此，不论是服务提供商抑或是企业均必须极力摆脱传统内容服务和营运模式的限制，并制定进入的最佳策略，才可赢得切入市场的最佳时机。移动商务所带来的便利性，将有利于企业内部摆脱传统架构的束缚，并提高作业与生产效率，为服务提供商和企业赢得效益。

2. 传统购物模式的限制

对个人用户而言，移动商务所带来的移动购物、移动支付等形式有别于传统的购物模式。而且，部分消费者认为移动购物会丧失逛街购物的乐趣，不肯轻易相信移动商务带来的便利。另外，用户对移动商务的意识还很淡薄，觉得没有这方面的需求。

（六）行业规范问题

作为新兴业务，移动商务目前尚缺乏明晰的行业规范，包括准入政策、监管政策、网间漫游、资源共享、服务质量保障、服务规范制定等，都需要有明确的规定才能支持市场的健康发展。移动商务的运营模式和盈利模式大多在探索之中，产业链主体不明，在3G时代电信运营商向综合信息服务商转型的趋势下，运营商、增值服务商（SP）、应用开发商之间的关系将更为复杂。各方都希望在移动商务产业链中争取到更加有利的地位，但是只有通过多方合作才能使移动商务服务的内容更充实、更多样化。因此，产业链各方如何平衡利益、实现多赢，并为用户带来移动商务价值，还需要更多的探讨。

二、中国移动商务发展面临的问题

作为移动商务发展的主要国家，中国发展移动商务也面临着诸多难题，主要体现在以下几点：

（一）移动商务人才匮乏

移动商务是信息现代化与商务的有机结合，需要大量掌握现代信息技术的复合型人才。目前，企业信息化进程日益加快，移动商务必将成为企业经营信息化的又一重要手段。如果不重视人才的培养或人才培养滞后，那么，人才短缺问题就会成为制约中国移动商务发展的根本问题。

（二）移动通信技术的限制

移动商务以移动通信技术为基础，必然受到移动通信技术发展水平的限制。

首先，移动终端设备性能相对低下。随着终端设备功能的增强、支持业务的增多，需要处理的数据必然增加，这对移动终端的处理能力提出了很高的要求。很多用户抱怨他们的手机或PDA等移动设备响应速度比较慢，操作时常常有迟滞的感觉。更严重的问题是，移动设备的功能越强大，意味着能量消耗越大，其电池供电时间就会缩短，因此降低了移动终端的便携性。

其次，移动通信网络数据传输率较低，安全性还不高。现有移动通信网络的传输速率和3G比起来还相差甚远，不足以支撑各种移动商务业务的全面展开，而且其安全性也比较低，基于WAP的机制没有端到端的加密，只要用户关心安全问题，他们就不会将钱花在移动商务上。移动通信的安全性还应该通过各种方式进一步增强，如电子签名、认证和数据完整性等。

（三）移动商务的商业模式有待巩固

移动商务的商业模式涉及移动运营商、网络设备提供商、手机制造商、内容提供商等各个方面的参与者。这些参与者以移动用户为中心，在一定的政府管制政策的限定下开展各种活动以实现自己的商业价值。在各参与者中，运营商维护用户的个人数据，并提供与业务有关的个人信息和计费手段。因此，在移动商务商业模型的确定中，移动运营商自然应当处于主导地位。

目前中国虽已形成了以运营商为主导的商业模式，但内容提供商和手机提供商的实力较弱。内容提供商也仅限于几家门户网站或运营商本身的业务开发部门，广大中小企业还没有足够的参与热情，市场还没有形成良好的公平竞争环境和“百家争鸣，百花齐放”的繁荣局面。

（四）移动商务的业务模式有待完善

中国移动和中国联通现有和即将推广的移动商务服务，主要还是以推式服务和拉式服务为主。所谓推式服务，是区别于自助餐式服务的一种服务形式，主要用于公共信息发布，包括时事新闻、天气预报、股市行情、旅游、招聘等信息，属于一种个性化的信息服务。拉式服务主要用于信息的个人定制接收，包括航班信息、影院安排、火车时刻表、娱乐信息（音乐、图片下载）等。而移动商务提供的最常用的交互式服务却没有得到很好的发展。交互式服务包括电子购物、博彩、游戏、证券交易、在线竞拍等。交互模式克服了时间和空间的阻碍，使用户体验到“面对面”的优越性。交互式服务使移动商务平台更加丰富多彩，能够真正吸引用户的注意力。

（五）移动商务的立法有待解决

移动运营商的一些不规范行为也会成为移动商务发展的绊脚石。移动运营商在移动商务的产业链中扮演着关键角色，如果移动业务经营不规范，势必会造成广大用户对移动商务收费的疑虑，影响移动商务业务的推广。目前，中国移动业务经营中存在强定制、偷定制、诱定制的不规范行为。所谓强定制，就是运营商在不告知用户的情况下,为用户开启某项业务并收取费用。所谓偷制定,就是给用户发送一些内容普通但非常温馨的短信,用户毫无戒备地简单回复,结果竟被视为某项业务的定制信息。而诱定制的触角更是遍及电视、广播等媒体。有的以大奖为诱饵,有的以栏目感召力为诱饵,更有甚者以不健康内容吸引移动用户投票、竞猜或者发表评论来赢取礼品、参与互动,其实质是含糊其辞,诱定信息。

第四节　发展移动商务应采取的对策

目前,移动商务的发展还面临各种各样的困难。但是,不可否认的是,移动商务的开展是不可逆转的趋势。因此,在推动移动商务发展的过程中,要针对移动商务发展过程中可能存在的问题,采取相应的对策,促进移动商务的全面发展。

在本节中,主要介绍移动商务的企业和政府战略、开展移动商务的具体策略以及中国移动商务发展所应采取的相关对策。

一、移动商务战略

科学的战略规划是移动商务发展的必要条件,从国家到企业必须要有科学制定战略规划的能力,同时要明确移动商务的挑战和市场机遇。

(一) 企业移动商务战略

无论是移动商务还是传统的电子商务,其核心都应该是企业。电子商务能否成功,关键是看它能不能为企业节约成本,为企业赚钱,让企业更方便地发展业务。

企业战略规划是指企业制定的、使企业的经营目标与它的经营能力及变化中的营销机会相适应的一系列计划,战略也从以往的经历中总结出发展模式。未来企业的成败取决于塑造市场的能力,因此,总体战略设计就变得至关重要。在移动商务发展中,企业需要在掌握移动商务有关信息的基础上,及时抓住机会,确立目标并采取行动。

战略是企业长期适应性的调整,特别是移动商务战略,它取决于市场方向,需要有整体思考和长远目标。具体来讲,企业在推动移动商务发展的过程中,要注意以下的战略原则:

1. 追求经济效益

要注重企业的实际应用,为企业创造价值。移动商务带给企业的效益是显而易见的。Internet 与移动技术的结合为服务提供商创造了新的商业机会,使之能够根据客户的位置和个性提供服务,从而建立并加强其客户关系。有了移动商务技术,就可以实现流动办公,大大节约成本,提升企业或个人的运营效率。

2. 加强教育培训

目前,有关移动商务的教育很少,而且企业也不知道通过开展移动商务能得到哪些益处。在许多情况下,多数企业把移动商务看做是好的,但并不是必不可少的。即使已经开始使用移动商务的公司,也有很多在抱怨没有得到应有的回报,部分公司甚至还感到非常失望。出现这种情况的主要原因是企业没有看到这种服务的需要,认为投资太高,没有把这种服务摆在足够高的优先位置,导致企业开展移动商务时非常谨慎。

3. 注重应用普及

移动商务不仅要注重企业应用,也要从大众化的应用方面入手,才能全方位地推动移动商务的发展。电子商务方兴未艾,移动商务又走进了人们的视线,不少 IT 业界人士也开始关注移动商务的发展之路。虽然中国已经开始了这种服务,但是这些服务主要还是试验或试用性质的,不是完全成熟的服务。在这个阶段,移动商务在很大程度上还是一个新兴的市场。因此,发展移动商务不仅要注重企业应用,也要注重大众化的应用。

(二) 政府移动商务战略

移动商务的发展,除了相关企业包括移动通信运营商、终端设备制造商、应用开发商和内容服务提供商等的努力和通力合作外,政府也应该大力扶持整个产业。

政府和企业共同密切关注和重视移动商务,分别制定出相应的科学战略规划是移动商务健康发展的必要条件。

政府在移动商务的具体战略规划方面主要是做好移动商务的发展规划和宏观指导,建立移动商务框架,培育移动商务发展环境,组织并参与国际合作等。

二、移动商务具体策略

(一) 加快移动技术开发和基础设施建设的力度

移动商务首先需要先进的技术和一大批基础设施作为保障,这笔投入非常巨大,许多企业可能无法承受。所以,可以由政府牵头,采取股份制经营的形式,联合一些有实力的企业共同开发先进技术,共同完成基础设施的建设,按股权多少来分享移动商务的成果。

(二) 加快整合移动服务运营商,制定相关的行业标准

相关职能部门应该发挥宏观管理者的作用,尽快协调各大运营商之间的关系,制定相关的行业标准,使移动商务的竞争在一个公正、透明、有序的环境下进行。

(三) 相关的法律法规

法律法规不仅要保护移动商务运营商的利益,还要保护普通消费者的利益。移动商务法律法规的制定是一个长期的过程,对于发展过程中出现的新问题,应该及时进行补充。同时,法律法规的制定要与时俱进,适应移动商务发展的新形势。

(四) 加快物流配送环节的建设和移动支付技术的革新

建立全国性物流配送中心,在各中小城市设立分支配送机构,将物流仓库转变为智能仓库;采取邮局和企业共同经营等多种配送方式,充分发挥现有配送中心的潜力,提高物流配送的效果和效率。同时,加快移动金融体系的建设,发展移动银行,完善移动支付的手段,提高移动商务支付的安全便捷性。

第五节　移动商务的市场分析与展望

移动商务的发展主要取决于移动 Internet 的用户数。当然,移动终端的性能、价格以及移动商务提供的应用质量也将影响移动商务的使用程度。因此,在推动移动商务发展的时候,要注意各方面因素的融合。在本节中,主要对移动商务的市场进行分析,并对移动商务的未来发展进行预测和展望。

一、移动商务的市场分析

通过移动技术的发展和应用,最大化地满足移动用户对移动商务的需求,这是开展移动商务的基础。但对运营商和开发商来说,只有移动用户对新业务

从接受到经常性使用，才意味着移动商务的成功开展，这就涉及移动商务应用市场的开拓。

不同类型的消费者对任何一种新技术的市场应用存在不同的接受阶段，移动商务同样如此。运营商可以根据移动用户接受的阶段性，对消费者群体进行市场细分，大致可分为以下几类：

（一）移动商务早期市场

早期移动商务市场的客户主要是由创新采用者和早期采用者构成，他们或者热衷于技术，或者能够预见到这种新技术的市场潜力。最近，全球出现了一群"Smart Mobs"族，他们就属于移动商务早期市场重要的客户组成。著名网络学者霍华德·莱因戈尔德（Howard Rheingold）为他们下了定义：他们是一群会用网络、手机等科技产品，互相沟通并参与特定族群活动、做出实际行动的人。他们的出现引发了一场全球性的消费文化革命。

1．创新采用者

创新采用者积极追求新产品，乐于探索新产品的新功能。他们具备一些共同特征：极富冒险精神，教育程度和收入水平较高，多为年轻白领阶层。该类采用者所占比例较低，但任何新产品都是由少数创新者率先使用的。在新产品推广过程中，有针对性地对这一人群开展移动商务的促销宣传活动，则是新产品推广成功的保证。

2．早期采用者

早期采用者是第二类采用创新产品的群体。与创新者相同的是，他们在产品生命周期中很早就对创新产品产生了浓厚的兴趣。他们想尽早享受新产品带来的利益，喜欢凭着直觉和感觉来购买产品。他们大多在所属群体中具有很高威信，受到拥护和爱戴，在西方被称为"舆论领袖"（Opinion Leaders）。因此，早期采用者对新产品扩散具有决定性影响。

（二）移动商务大众市场

相对于早期市场而言，大众市场比较复杂，由早期大众、晚期大众和市场落后采用者构成。企业如果不能从早期市场过渡到大众市场，就会失去获得高额回报的可能。

1．早期大众

与早期采用者相比，早期大众对创新产品呈现出一定兴趣，但他们更为实际。总体来说，早期大众的采用时间较平均时间要早，其普遍特征是：行动都经过深思熟虑，态度谨慎，决策时间长，社会经济地位尚可。他们在购买前需要收集大量完整的产品信息,消费行为模仿舆论领袖。由于早期大众所占比例较大,吸引住这部分群体将是企业盈利和发展的保证,因此,研究他们的消费心理和行为具有重要意义。

2. 晚期大众

这部分采用者的采用时间较平均时间稍晚。他们没有能力在购后学会和使用新产品,所以多在产品进入成熟期后购买,其基本特征是:疑虑重重,行动迟缓。他们更愿意从周围的同事和朋友那里接受信息,教育程度和收入状况较差,如果是技术含量高的产品,在购后寻求更多的技术支持。虽然针对这类采用者进行市场扩散是极为困难的,但随着产品步入成熟期后,利润开始下降,所以争取这部分消费者对企业利润的积累还是有所帮助的。

3. 落后采用者

落后采用者是采用创新产品的落伍者,他们多在产品成熟期后期乃至衰退期采用。他们对新产品没有兴趣,可能是经济原因,也可能是个人性格原因。对于这一类采用者,则可以不必重视。

由于处于相同阶段的移动用户具有某些共同的特征,运营商在进行移动商务市场开拓时,可以针对不同的消费群体制定不同的市场策略。例如,可以将市场先行者作为移动商务应用的试用用户,而基本放弃市场落后者。在发展的早期,最为关键的应该是采取各种措施大力争取早期接受者,而早期大众消费者将是市场的主体。因此,在运营商的市场策略中,准确界定各类消费群体便成为市场开拓的关键。

移动商务实践者要想在商务模式变革的过程中取得成功,关键是要准确分析市场趋势并把握市场先机。在移动商务中,关键的一点是以用户为中心,如果能成功地把握住个性化方面的市场先机,则完全有可能成为移动商务的规则制定者,从而摆脱以往的模仿命运。

二、移动商务的未来展望

未来的移动商务是由手机、掌上电脑、笔记本电脑等移动通信设备与无线上网技术相结合所构成的一个电子商务体系。美国一些电子商务专家认为,目前移动通信技术已经成熟,全球拥有移动通信设备的人越来越多,移动商务将很快得到人们的认可和接受,因为通过移动商务,人们可以随时随地上网,查询信息,购买产品,预订服务,既方便、快捷,又节省时间。

虽然现在通过移动终端(主要是手机)进行移动商务还不是很成熟,因为许多手机上网的基础设施还不完善，但不少分析家坚持认为，移动商务将在一些优势明显的领域大行其道，包括书籍、音像制品、软件和各类门票的销售，以及旅游服务和网上证券交易等领域。未来移动商务的发展大致将经历以下三个阶段：

（一）开发无线网站内容

由于目前无线上网的发展还处于调试阶段，难免出现一些问题，再加上风险投资商普遍看好硬件厂商而对内容提供商表现得很冷漠，因此，全球特别是中国的无线上网服务尚需一段时间的努力和大量的资金投入。现阶段，硬件的生产已不再成为问题，问题的关键在于无线互联网的内容贫乏、不够实用，且多数网站大同小异，毫无个性可言。因此，许多专家认为，目前要大力推动移动商务服务，首先要重点发展和完善无线网站的供应内容。

那么，针对现阶段网速慢、分辨率低和屏幕小的限制，无线网站到底应该提供哪些方面的内容才能取悦于用户，从而激发客户的购买欲望呢？根据调查表明，时效性、位置感强的信息和个性化、本土化的短信息将是无线用户非常感兴趣的。例如，时效性强的股票和金融信息是可供参考的内容之一，由于无线互联网不受地域的限制，因此人们可在任何时候和任何地点观看股市行情的需要得到了满足。同时，本土化的生活信息也不失为一条出路，如购物、娱乐等查询。现有网站并不缺这些内容，但问题在于如果信息不符合用户的要求或是不够全面，用户想要查询的内容不能找到，那么全部内容将变得毫无意义，从而失去用户。

当前，中国的无线网站存在“不患多而患均”的现状，也就是说，不是网站过多，而是内容过于重复。因此，每个网站都应保持自己特殊的定位以吸引特殊的消费群体，实现个性化。

（二）完善卫星定位功能

由于人们从来没有接触过什么移动商务，因此要想让他们改变传统商务的观念，就必须建立起一套信息定位系统来确定用户所在的地点，并随时提醒用户开展所需的商务活动，这样移动商务才能在人们的头脑中扎根。例如，假如你走到一家商场门口，你的手机可能会自动通知你，这家商场有你需要的商品，同时你的手机屏幕上会出现你需要商品的具体价格或者产品介绍信息。当然，这个功能的实现需要由全球卫星定位系统来完成，目前这方面的功能正在不断完善之中。

（三）完善通信手段

由于移动商务是通过无线设备来上网购买服务或者产品，所以它最大的特点是,上网的时间和地点不受限制。例如,用户既可以在国外购买国内的商品,也可以在出租车上通过手机来和客户洽谈生意,当然还可以在上班途中进行股票交易等。这就要求通信手段更加齐全,通信方式更加灵活。

现在,有不少电信营运商发现移动商务巨大的发展前景,开始实施大的投资计划,与手机生产厂商共同合作,开发这方面的服务和应用,以便确保在未来,用户可以在世界各地使用各种无线通信设备来自由地购物和上网。

未来将有越来越多的手机具备上网功能,移动商务下一步将向购物付账的方向发展。例如,用移动电话来买汽水、戏票或快餐,最终可进行大宗交易或银行转账等重要财务工作。

当然,成功的移动商务并不是简单地建立在购物的基础之上,而是构建在提供信息和内容服务方面,只有依靠丰富的内容、实用的信息,才能刺激用户进行商务的欲望。从这个意义上来说,移动商务的根本就是提供足够多的信息,以便为用户购买商品提供依据。

在未来,移动电话和掌上电脑将成为名副其实的电子钱包。人们将通过移动电话或掌上电脑购物、订票等,各种新技术如高速宽带无线网络(CDPD)、无线应用协议(WAP)、双制式移动电话和各种界面友好的掌上电脑将大大推动移动购物的发展。

展望未来,不论是金融业、制造业、流通业,还是服务业,都将积极涉足移动商务。2005 年,欧洲的移动商务贸易额超过了 390 亿美元,而全球的电子支付与移动商务市场规模也超过了 2 000 亿美元。据权威机构预测,全球的移动商务交易到 2010 年将吸引 20 亿用户,移动商务有望成为 IT 行业新的创富模式。可以预见,更多的"创富神话"将出现在移动商务时代。

三、未来市场发展预测

(一) 全球移动商务发展预测

随着移动商务技术的发展和社会需求的不断融合,全球范围内的移动商务正显示出不可逆转的发展趋势。

1. 移动商务的开展已不是遥不可及的梦想

目前,在移动电话技术领先的欧洲和网络信息化发达的美国都已经开始展望移动商务的美好前景。尽管消费者进行无线购物还要等上一段时间,但是手机下载信息、手机付款在欧洲已不再是一种神话。例如,瑞典网上唱片商店已经非常成功地通过移动电话向用户发送商品信息和确认采购信息。移动物流配送中心、移动收银结算系统、无人售货亭不久也将出现在我们身边，移动商务已不再遥远。

2. 从全球来讲，企业移动数据市场是一个快速增长的领域

庞大的移动用户和移动终端将成为未来企业和公众数据服务的基础。目前，全球企业正在充分利用各种移动解决方案来增加收入、降低成本、提高员工的工作效率。例如，远程 Internet 接入、移动办公、销售力量自动化（SFA）及现场力量自动化（FFA）等移动解决方案，在员工人数众多的美国、日本及欧洲公司中日益普及；而定位服务（LBS）、设备监控和移动支付等解决方案正作为更复杂的应用而兴起。这些应用可以降低各行业（如银行、交通和零售业）的成本，提高运营效率。

（二）中国移动商务发展预测

近年来，移动通信在全球范围内迅猛发展，数字化和网络化已成为不可逆转的趋势。中国移动通信业务经过多年的发展，在网络基础设施、用户规模和移动通信服务等方面都保持了快速发展势头。同时，3G 技术的发展将会进一步促进移动通信产业链资源的丰富与整合，催生出各种可行的移动商务模式。

与传统的电子商务整体水平偏低的状况相比，中国移动商务的前景要乐观得多。随着移动通信技术的发展，服务于 9 400 万互联网用户的电子商务应用将扩展到服务于 34 000 万手机用户的移动商务应用。市场规模和用户数量大幅度扩张以及移动商务应用的特殊性，都预示着中国移动商务的发展面临新的机遇和挑战。中国移动目前已推出手机银行、手机炒股、手机彩票、移动支付、用于增值的消息服务、内容下载和预付费充值、GPRS 位置服务等移动商务服务。

事实上，目前大多数交易属于所谓的小额交易。但是，随着 3G 时代的来临，电子商务产业将快速增长，从而加速移动终端功能的提升，为移动商务发展奠定基础。同时，中国中小企业将成为电子商务领域的主力军，对移动商务的需求将不断增加。无线客户关系管理、销售管理和其他企业应用将使得企业用户不论在收入还是办公效率方面都获益匪浅。因此，移动商务企业应用将成为未来企业应用的重点。

中国的移动商务前景十分广阔。具体来说，移动商务的发展趋势体现在如下几个方面：

1. 移动运营商和通信设备制造商将加大宣传力度

移动运营商和通信设备制造商已经在数据通信设备和运营许可证上投入

了巨额资金。因此,未来它们将围绕着移动 Internet 进行大规模宣传,倾尽全力唤醒用户的意识,并使其接纳这一通信方式。

2. 企业应用将成为移动商务领域的中心和热点

通过移动商务平台,企业可以充分优化管理流程和工作流程,加快信息的搜集和处理,缩短产品开发、生产周期,提高生产效率,发现更多新的商业机会。

3. 消费者使用移动设备主要是为了获取信息而不是事务处理

对消费者来说,他们主要使用手机来获取电子邮件、股票行情、天气、旅行路线和航班等信息。尽管这些服务并不代表直接的商业机会,但是在电子商务的引导下,这些业务有助于构建客户关系,并且创造间接的商业机会。

4. 移动通信设备将集多种功能于一身,但仍将继续保持多种设备共存的局面

PDA 厂商会将电话功能加入到它们的设备中,使 PDA 越来越像移动电话,而移动电话厂商则努力使得它们的设备更像 PDA。移动电话中将集成嵌入式条形码阅读器,这一新功能将在传统商业和网络商业之间架起桥梁。嵌入式条形码阅读器解决了数据输入的问题,从而使得移动商务迈上了一个新的台阶,该功能对于那些移动商务专业人士特别有用。手持设备的显示屏将有所改善,但是表格输入和原始数据录入依然存在问题,狭小的显示屏和烦琐的数据录入方法依然是限制移动 Internet 易用性和功能性的主要障碍。

5. 移动安全将成为一个热点问题

随着人们开始通过移动设备接入互联网,他们也开始日益关注安全性问题。尽管目前全球使用的具有数据传输能力的移动设备达到了数百万之众,但是这些设备几乎没有什么安全机制。安全性是影响移动商务发展的关键问题之一。相对于传统的电子商务模式,移动商务的安全性更加脆弱。因此,如何保护用户的合法信息(账户、密码等)不受侵犯便成为一个迫切需要解决的问题。除此之外,目前还应解决好电子支付系统、商品配送系统等安全问题。可以采取的方法是借鉴传统电子商务的安全防范措施,并根据移动商务的特点,开发高效的安全协议,如面向应用层的加密等。

6. 无线通信设备上的广告将继续增加,并且成为一种时尚

虽然无线通信设备上的广告不会成为运营商的重要收入来源,但是它为广告客户提供了一种新的宣传媒介。无线广告的优势在于它们能让消费者随时随地接受商业信息,刺激他们的购买欲望,其方法就是配合装有 GPS 的手机,考虑到消费者的兴趣和所处的地点,提供特定的广告。比如,当用户经过药房时,

手机就会告诉用户：现在药房的某款产品在打折。

虽然，中国移动商务发展整体上还处于起步阶段，但是，随着用户认识的逐渐提高，移动商务的巨大潜力开始逐步显现。2005 年 8 月 12 日，计世资讯在移动商务趋势论坛上发布的报告为业界展示了移动商务巨大的市场前景。该报告显示，2004 年中国企业移动商务应用市场规模为 78.2 亿元，到 2008 年将达到 306.5 亿元，年复合增长率为 40.7%。

第六节　移动商务——必由之路

在未来几年中，伴随着无线网络的日益发展，移动计算设备将变得更加普及。计算机技术和无线技术的结合将成为最终趋势，传统电子商务模式也将向移动商务过渡。

在本节中，我们介绍了移动商务对各方面的要求，包括工作方式变迁的要求、结构性变迁的要求、新商业价值的要求等。同时，指出移动商务是世界和中国经济发展的必由之路。

一、移动商务对各方面的要求

（一）工作方式变迁的要求

移动工作的发展大致可分为个人移动工作与企业移动商务两个发展主轴。移动终端设备具有可移植性和数据处理能力，已经吸引了众多上班族与学生使用。而移动终端设备在企业的应用，能够更有效地发挥无线网络的通信能力，展示强大数据库的交换运算能力，从而带动移动商务的发展。具体来讲，工作方式的变迁主要体现在以下几个方面：

1. 信息沟通方式的变化

信息沟通方式的改变，不仅带来计算机应用效益的改变，而且会带来工作方式与生活形态的改变。随着无线上网的日益普及，人们摆脱了以往必须在固定场所上网的限制。无线上网让工作与生活更具灵活性，工作的进展将不再受时空的限制。在竞争日趋激烈的数字时代，工作的实时性将越来越重要，速度与时间将成为企业竞争的关键。

2. 作业效率需求的变化

未来的商业环境对企业的工作效率提出了新的要求。而移动商务的发展可以大幅度提升企业的沟通与作业效率，从而成为很多企业信息化的重点。

目前，惠普、IBM、微软及许多软件系统整合公司都相继宣布介入移动商务服务市场，这标志着移动商务时代已经到来。有人甚至预测，未来两年将会有近1亿人不必留在办公室，只需通过移动装置，即可与公司保持密切的联系。

3. 工作环境移动的变化

未来，人们的工作环境将向移动化发展，工作场所不再是固定不变的。通过掌上电脑、PDA、智能手机或其他移动式终端，无论人们在哪里，都可以轻易上网处理各种公司或个人事务。

随着无线传输环境的普及，在不久的将来，移动商务使用者将超过固定网络电子商务使用者。除了基本的PDA功能外，还可以通过移动网络实现在线购物、卫星定位、在线视频会议、收发电子邮件、下载数据、在线游戏等功能。

(二) 结构性变迁的要求

惠普、IBM、微软等公司的变化正在描绘出一种结构性的变迁模式，即从以个人计算机为中心向以客户为中心的移动模式转变。所有这些变化对商务活动将产生深远影响。在未来的十年中，伴随着宽带接入和无线网络的日益普及，移动计算设备将变得很普通。计算机技术和无线技术的最终融合，对从汽车到玩具等事物都将产生深远的影响，所以现有的商业模式必须改变，这样才能使企业赢得竞争优势。

1. 客户关系管理的变化

回顾历史，当新的客户偏好和期望出现时，会带来新的商业机会。而在未来，与客户之间的交互管理将会带来新的市场契机。

目前，移动技术正以一种无法预见的方式改变着客户交互模式，并且使传统的利润和收入模式面临不确定性和潜在风险。因为当今的客户关系管理是以一种带有局限性的、闭门造车的工作与思维方式为特征的。当新技术和新趋势逐渐将重心从受限制的模式向无约束的模式转变时，将迎来变革的浪潮。企业正期待着这一浪潮迅速到来，以便能够彻底改造自己。

移动商务的应用对客户关系管理产生的变革是：从第一阶段——客户需要到有计算机的地方(即以PC为中心)向第二阶段——有客户的地方应有计算机(即以客户为中心)转变。

这种转变所带来的最有意义的经济效果就是增强企业与客户、企业与员工以及企业与供应商之间的实时交互。管理层必须充分估计到以客户为中心的大趋势将如何改变现有的商业模式，并将如何推动企业发展，以获得技术变革所带来的最大利润。

目前,随着移动技术的发展,客户上网有了多渠道的选择,这种变革将产生深远的影响。没有人能准确说清,何时以及如何建立一种新的经济模式,以及哪些企业将在新经济中获胜,但移动商务是大势所趋。

2. 创新劳动力的要求

移动商务为创新劳动力提供了一个丰富的发展平台。移动 Internet 的出现代表着全球发展的大趋势,它能连接多种设备和多种信息网站,也意味着脑力劳动者施展才华的新阶段即将到来,所以说我们正迎来一个 Internet、无线技术和电子商务相互融合的、富于创造性的发展时期。

3. 结构性变化的趋势

图 10-1 描述了过去 20 年中全球发生的五个层面的结构性变化。在这期间,变化的范围和速度是前所未有的。最初的两个结构性转变——系统集成和商务再造,主要是要求企业内部进行重组。以美国钢铁产业为例,迫于竞争压力,无论是为了应对国外的竞争还是为了提高企业效率,美国都必须大幅调整产业结构。同样,汽车产业为了降低成本,也必须做出类似的结构性调整及重组。

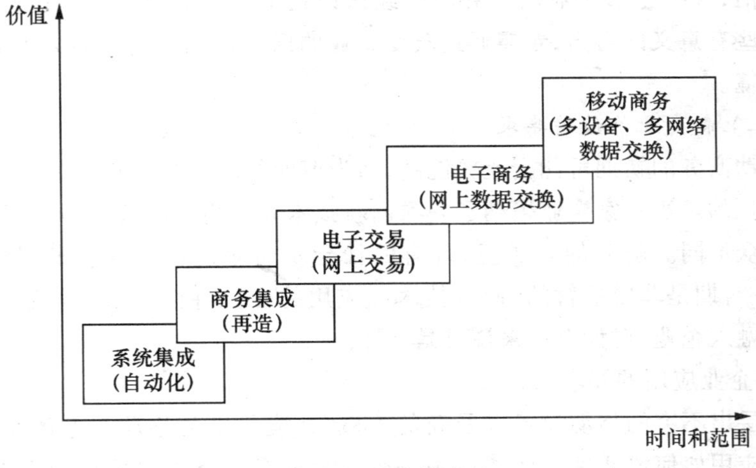

图 10-1 结构性变迁

自 1995 年以来,已经出现了三个连续的结构性转变——从电子交易到电子商务再到移动商务。事实上,这一系列的结构性变化并未被企业的高墙所限制,反而对企业的界限产生了冲击。电子交易方式已经对企业与客户的交易产生了巨大的冲击;电子商务则在企业的供应商和员工方面产生类似的冲击;移动商务将会产生更猛烈的冲击,因为它已无所不在。由于移动商务将在三个层面，即基础设施和设备、应用和体验、合作伙伴和供应链上同时产生影响，所以它将是独一无二的。

4. 新技术发展的必然

移动计算技术的发展使许多企业都预见到了移动商务在未来的增长趋势，它们之所以这样认为是基于以下两个主要原因：首先，移动计算技术使人们通过购买多种装置、应用程序以及其他工具可以控制其交流方式；其次，允许人们控制其获得信息的时间和频率。这些特性都预示着移动商务是未来商务的必然发展趋势。

移动商务是 Internet、电子商务以及移动技术的集成，而移动技术可以使客户随时随地通过任何设备保持在线。移动 Internet 还常常被赋予各种各样的名称，如恒网、X 互联网以及超级网，未来将有数百万的客户通过移动设备登录到下一代多种网络连接、多种内容提供的 Internet 上。移动商务环境下的交易将以比现在更快的速度、更好的交互性、更个性化的方式为客户提供现有的和下一代的业务和应用。为支持这种设想，一种新的价值链应运而生，这种价值链将以移动商务类型、无线接入技术以及内容提供的融合为核心而展开。

目前，一些主要企业的领导层已经认识到了技术变化的严重性，并且正在进行一些有意义的努力，希望通过改变企业的商务设计和商务能力来成功地适应新环境。

（三）新商业价值的要求

移动商务的初期可能会比较混乱，因为商业领域对技术创新的接纳很少是一帆风顺的。当一家企业采纳了一项创新技术并产生新的商业价值后，它就会变得与众不同。随后的日子里，现有的社会及商业过程常常会出现混乱。然而，这一时期是非常短暂的，而且技术和应用的变化将很快以一种稳定和渐进的方式融入企业，对大企业来说更是这样。

1. 企业应用的要求

在层出不穷的移动设备以及新的 Internet 应用推动移动商务蓬勃发展时，技术和应用如何渗透到企业将成为一个主要问题。有些媒体评论家将这种向移动商务的转变描述成一种完全彻底的剧变，这种剧变将涉及各行各业的所有企业。那些经历了新经济发展的观察家们则认为，这种转变是商业状况的逐渐演进，而且随着时间的推移，企业文化会平衡地适应这种创新。事实上，移动商务涵盖了上述两种观点的各个方面，它是剧变与渐进的有机结合。

2. 交易复杂性的要求

运用无线技术接入计算机在创造无限商机的同时,也带来巨大的复杂性。移动 Internet 提高了客户期望,也加剧了竞争,在这种环境下,人们发现再快都不算快。快速移动是远远不够的,成功的交易必须是实时完成。面对如此大规模的结构性变化,企业家、企业管理者以及投资商们必须前瞻性地制定企业战略,以适应实时交易的复杂性。

对每一个参与者来说,价值最大的环节是在创新阶段将新价值理念率先投入市场。参与者通过在技术导入期提供增值应用而成为市场领导者,市场利用移动技术不时地提供服务和生产产品。对有头脑的投资者来说,最大价值则涵盖了上述两个阶段——投资给新市场领导者以及投资给新价值理念引导者。显然,如今已有大量的新进入者涌入移动市场。下一代成功的商业领导者将是那些诠释了完整的移动概念,而不是把移动仅仅看做是移动技术创新初期所指的某种特定的产品或服务的移动商务应用者。

商业发展的历史一再表明,当新技术出现或技术发生变化时,那些理解并实施各种战略以建立新商业价值的企业将会成为市场的领导者。市场领导者开展竞争并非基于产品和服务,而是以建立新价值理念为基础,它们不会在降低成本上修修补补,而是在努力创造那些能够带来巨大增长的新的市场机会。

二、移动商务是必由之路

移动商务是一场具有划时代意义的革命。在过去的历次产业革命中,中国由于种种原因,没有抓住历史的机遇,失去了许多难得的发展机会。现在,以网络为核心的信息产业革命为中国提供了一个非常难得的历史发展机遇。

(一)世界经济发展的必然趋势

移动商务是国际贸易发展的必然趋势,中国要想成为 21 世纪贸易大国、强国,就必须顺应潮流,创造条件,建立和发展属于自己的移动商务。目前,中国移动商务才刚刚开始起步,手机购物、手机订票等仅仅是移动商务的初步应用,并且大部分还未能真正实现移动支付,因此,与发达国家的移动商务相比,差距还比较大。

中国的移动商务首先要面对国内的大市场,不断完善贸易方式和商务水平,逐步实现与发达国家的接轨。信息技术对于世界各国的企业来说都是一种发展机遇,尤其对于中国的企业来说,这个机遇就更加珍贵了。近年来,中国移动商务的技术基础不断加强,一大批高科技企业得到了培养和锻炼,而且中国政府和有关主管部门对移动商务采取了积极的态度，这一切都是在中国推动移动商务的有利条件和保证。

（二）知识经济发展的必然趋势

世界正在进入知识经济时代，因而信息流的作用日益重要。在国内外商贸活动中，应用电子信息技术加强对信息流的有效管理和利用，已成为提高竞争力的重要手段。信息技术和与之相关的移动商务已经成为中国企业的真正机遇。最近几年，绝大多数产品都发展成买方市场，流通的重要地位不断上升，经济合理化的速度不断加快。客观形势给经贸工作带来了机遇和挑战，迫使我们大力发展移动商务，促进流通，加强贸易，以保证国民经济不断发展。

从诸多层次来看，移动商务为我们创造了新的市场机会。在机会面前，谁把握得及时，谁就能成功。可以预见，在未来的几年中，基于移动商务的产品和技术一定会迅速占据市场。相应地，那些及时调整方向，基于移动商务而进行投资、进行产品技术开发的企业将走出市场困境，找到新的生存环境。考虑到中国美好的经济前景、巨大的贸易额以及辽阔的疆域，移动商务在中国的发展将更有力地推动中国经济的迅猛发展。这是一个不可逆转的大趋势，是中国经济发展的必由之路。

复习思考题

1. 请你谈谈目前中国移动商务的发展现状。
2. 目前移动商务发展面临的问题有哪些？
3. 移动商务的优势主要体现在哪几个方面？
4. 请你对移动商务的价值链进行分析。
5. 影响移动商务发展的基础因素有哪些？请你谈谈相关的认识。
6. 移动商务市场有哪几类？各有什么特点？
7. 移动商务未来发展的阶段有哪些？
8. 请你谈谈移动商务在中国发展应采取的相关发展策略。
9. 为什么说移动商务是未来商务的必由之路？

参考文献

1. 爱立信公司:《移动商务安全性白皮书》,2000 年。
2. 陈恭和、吴晨:《ebXML 技术框架——全球电子商务的革命》,载《中国金融电脑》2001 年第 12 期。
3. 陈潇:《移动博客——全新的手机娱乐》,载《互联网天地》2006 年第 2 期。
4. 丁美玲、陈抗生:《移动 Internet 的解决方案》,载《电信科学》2000 年第 10 期。
5. 丁明一:《企业电子商务基础》,电子工业出版社 2002 年版。
6. 董德民:《移动银行——网上银行新业务》,载《浙江金融》2002 年第 4 期。
7. 董月红:《浅析我国移动商务发展现状与问题》,载《商场现代化》2006 年第 22 期。
8. 杜小慧、周玲强、断健平:《移动商务在旅游中的应用模式与营销创新》,载《商业经济与管理》2006 年第 7 期。
9. 方美琪:《电子商务概论》,清华大学出版社 1999 年版。
10. 傅铅生:《电子商务教程》,国防工业出版社 2006 年版。
11. 庚志成、赵庆:《移动游戏全球综述》,载《通信世界》2004 年第 36 期。
12. 龚尚福:《电子商务原理及应用》,西安交通大学出版社 2003 年版。
13. 巩曜平:《移动商务市场,蓄势待发》,载《中国科技投资》2006 年第 11 期。
14. 关振胜:《公钥基础设施 PKI 与认证机构 CA》,电子工业出版社 2002 年版。
15. Glenn E. Weadock:《如何建立小型企业商务网》,电子工业出版社 1998 年版。
16. 郝颖:《基于 XML 的 Internet EDI》,载《华南理工大学学报》(自然科学版)2001 年第 6 期。
17. 道格拉斯·拉蒙:《移动商务的营销趋势和策略》,机械工业出版社 2002 年版。
18. 胡道元:《信息网络系统集成技术》,清华大学出版社 1996 年版。
19. 胡静:《电子商务认证法律问题》,北京邮电大学出版社 2000 年版。
20. 胡凯、宋京民、阚志刚、武壮:《网络计算新技术》,科学出版社 2001 年版。
21. 黄重阳:《信息资源管理》,科学技术出版社 2001 年版。
22. 黄立明、伍支贤:《电子商务管理》,复旦大学出版社 2002 年版。
23. 黄伟:《论移动商务应用》,载《重庆邮电大学学报》(社会科学版)2007 年第 1 期。
24. 黄云森、林强:《电子商务基础教程》,清华大学出版社 2000 年版。

25. 贾新政:《现代市场营销学》,吉林大学出版社 2005 年版。
26. 江堆金:《移动商务—— ERP SCM CRM 整合》,科学出版社 2004 年版。
27. 蒋海波、吴云凤、金怀玉:《移动商务的特点与发展对策研究》,载《江苏商论》2004 年第 3 期。
28. 姜旭平:《电子商贸与网络营销》,清华大学出版社 1998 年版。
29. 栾斌:《电子商务与网络营销基础教程》,科学出版社 2001 年版。
30. 李昌麟、许明月:《消费者保护法》,法律出版社 1997 年版。
31. 李崇荣:《Internet 基础与应用》,电子工业出版社 1998 年版。
32. 李琪:《电子商务概论》,西南财经大学出版社 1997 年版。
33. 李蜀青、李元萍、李元良:《WAP 网站建设的研究》,载《湖南大学学报》(自然科学版)2001 年第 6 期。
34. 梁晓春、安徽:《电子商务:从理念到行动》,清华大学出版社 2001 年版。
35. 梁新元:《移动教育》,载《计算机工程与应用》2003 年第 39 期。
36. 刘剑、安晓波、李春生:《无线网络通信原理与应用》,清华大学出版社 2002 年版。
37. 刘新:《基于 J2EE 和 XML 的移动商务服务系统的研究与实现》,武汉科技大学 2004 年硕士学位论文。
38. 刘志远、杨植超:《Ad Hoc 网络及其安全性分析》,载《计算机技术与发展》2006 年第 1 期。
39. P. J. Louis:《移动商务速成教程》,人民邮电出版社 2002 年版。
40. 吕廷杰:《电子商务教程》,电子工业出版社 2000 年版。
41. 吕廷杰、徐华飞:《中国电子商务发展研究报告》,北京邮电大学出版社 2003 年版。
42. 瑞威·克拉克特、玛西娅·罗宾逊:《移动商务——移动经济时代的竞争法则》,中国社会科学出版社 2003 年版。
43. 吕欣:《移动商务的安全和隐私问题》,载《计算机安全》2005 年第 9 期。
44. 刘军:《电子商务系统的规划与设计》,人民邮电出版社 2001 年版。
45. 祁明:《电子商务实用教程》,高等教育出版社 2000 年版。
46. 祁明:《电子商务安全与保密》,高等教育出版社 2001 年版。
47. 齐华宁、李姝:《XML 技术和电子商务的发展》,载《辽宁大学学报》(哲学社会科学版)2001 年第 5 期。
48. 钱世德、蔡小虎、徐迎晓:《电子商务入门》,科学出版社 1998 年版。
49. 曲鸣镝、马灵芝:《移动商务平台的设计实现》,载《计算机工程与现代化》2003 年第 2 期。
50. 瞿裕忠:《电子商务应用开发技术》,高等教育出版社 2000 年版。
51. 邵兵家:《电子商务概论》,高等教育出版社 2003 年版。
52. 沈明刚:《移动支付业务现状及发展初探》,载《当代通信》2006 年第 14 期。
53. 沈庆国:《移动计算机通信网络》,人民邮电出版社 1999 年版。

54. 石滨:《移动商务的价值链及赢利模式分析》,载《商场现代化》2005 年第 1 期
55. 宋刚、李明升:《移动政务推动公共管理与服务创新》,载《办公自动化》2006 年第 9 期
56. 宋玲、陈进、王小岩:《电子商务实践》,中国金融出版社 2000 年版。
57. 宋玲、陈进、王小岩:《电子商务战略》,中国金融出版社 2000 年版。
58. 舒彤:《电子商务的实现途径及其发展障碍分析》,载《湖南大学学报》1998 年第 12 期。
59. 隋清江、张艳萍、张进宝:《移动教育:国内外实践研究综述》,载《教育探索》2004 年第 8 期。
60. 孙健、林则夫、王稳:《论电子商务对企业管理的挑战》,载《中国软科学》2000 年第 8 期。
61. 孙铁成:《计算机与法律》,法律出版社 1998 年版。
62. 覃正、刘大光、曹昌军:《浅谈影响我国移动商务发展的主要因素》,载《软科学》2003 年第 6 期。
63. 唐应茂:《电子货币与法律》,法律出版社 2002 年版。
64. 王健:《电子商务——赢得 21 世纪全球竞争优势》,机械工业出版社 2000 年版。
65. 杰克林 · 伊斯顿:《你的无线未来:用移动商务赢得新客户》,中信出版社 2002 年版。
66. 王涛:《Sybase 同步技术的移动商务解决方案——上海光明乳业移动商务应用》,武汉理工大学 2005 年硕士学位论文。
67. 汪应洛、王刊良、冯耕中:《我国电子商务对管理影响研究的现状与不足》,载《中国软科学》2000 年第 3 期。
68. 吴兴兴:《网络数据库应用实例》,人民邮电出版社 2001 年版。
69. 吴伟陵:《移动通信中的关键技术》,北京邮电大学出版社 2000 年版。
70. 谢艳梅、于凌云:《移动教育的发展现状与实现模式》,载《教育技术导刊》2006 年第 1 期。
71. 辛伟:《浅析移动视频业务》,载《移动通信》2005 年第 6 期。
72. 弗雷德里克 · 纽厄尔、凯瑟琳 · 纽厄尔 · 莱蒙:《无线营销》,华夏出版社 2003 年版。
73. 杨善林:《电子商务概论》,机械工业出版社 2002 年版。
74. 袁雨飞、王有为、胥正川等:《移动商务》,清华大学出版社 2006 年版。
75. 姚梅镇:《国际经济法概论》,武汉大学出版社 1989 年版。
76. 恽刚、赵少平:《电子商务完全手册》,机械工业出版社 2000 年版。
77. Kapil Raina 等:《移动商务安全实用指南》,清华大学出版社 2006 年版。
78. 张楚:《电子商务法初论》,中国政法大学出版社 2000 年版。
79. 张楚:《网络法学》,高等教育出版社 2003 年版。
80. 张铎:《电子商务与物流》,清华大学出版社 2000 年版。
81. 张进:《电子商务概论》,北京大学出版社 2001 年版。
82. 张润彤、朱晓敏:《电子商务》,北京出版社 1999 年版。
83. 张润彤、朱晓敏:《知识管理学》,中国铁道出版社 2002 年版。
84. 张润彤:《电子商务概论》,电子工业出版社 2003 年版。

85. 张润彤、樊宁:《网格就是商务》,清华大学出版社、北京交通大学出版社 2006 年版。
86. 张润彤、周建勤:《电子商务物流管理》,东北财经大学出版社 2007 年版。
87. 赵干辅:《我国移动商务的价值链研究》,北京邮电大学 2006 年硕士学位论文。
88. 赵立平:《电子商务概论》,复旦大学出版社 2000 年版。
89. 赵文晶、李传莉:《移动政务构筑新一代电子政务》,载《办公自动化》2005 年第 12 期。
90. 赵燕平:《电子商务基础与应用》,北京大学出版社 2001 年版。
91. 赵铮、杜宏伟:《移动游戏市场综述》,载《世界电信》2004 年第 7 期。
92. 甄阜铭:《电子商务基础教程》,东北财经大学出版社 2001 年版。
93. 周朝民、石峰:《移动商务的模式架构和发展对策》,载《上海管理科学》2003 年第 6 期。
94. H. M. Deitel:《无线互联网和移动商务编程金典》,清华大学出版社 2003 年版。
95. Cvyrus Peikari 等:《无线网络安全》,电子工业出版社 2004 年版。
96. 周潇、杨春玲、余英林:《移动视频业务综述》,载《移动通信》2004 年第 10 期。
97. 周忠海:《电子商务法导论》,北京邮电大学出版社 2000 年版。
98. 朱夫昌:《电子货币概论》,中国金融出版社 1994 年版。
99. 朱稼兴:《电子数据交换与信息高速公路——EDI and NII》,北京航空航天大学出版社 1995 年版。
100. 朱稼兴:《电子商务——E-business》,北京航空航天大学出版社 1998 年版。
101. 朱旭红:《宽带 CDMA:第三代移动通信技术》,人民邮电出版社 2000 年版。
102. 纂朝辉:《现代移动通信技术》,国防工业出版社 2006 年版。
103. Debra Cameron, *Electronic Commerce: The New Business Platform for the Internet*, Computer Technology Research Corporation, 1997.
104. Michael Chissick and Alistair Kelman, *E-commerce*, Sweet & Maxwell UK, 1998.
105. Ghosh, A. K. and T. M. Swaminatha, Software Security and Privacy Risks in Mobile E-commerce, *Communication of The ACM*, 44(2), pp. 51—57, 2001.
106. Olivier Hance and Suzanne Dionne Balz, *Business & Law on the Internet*, McGraw-Hill, 1997.
107. Ravi Kalakota and Andrew Whinston, *Electronic Commerce: A Manager's Guide*, Addison Wesley Longman, 1997.
108. Ravi Kalakota, *E-business: Roadmap for Success*, Addison Wesley Longman, 1999.
109. David R. Kosiur, *Understanding Electronic Commerce*, Microsoft Press, 1997.
110. Charles Perkins, *IP Mobility Support*, RFC 2002, October 1996.
111. Charles Perkins, *IP Encapsulation within IP*, RFC 2003, October 1996.
112. Charles Perkins, *Minimal Encapsulation within IP*, RFC 2004, October 1996.
113. Salam, A. F., L. Lyer and P. Palvia, Trust in E-commerce, *Communication of The ACM*, 48(2), pp. 73—77, 2005.

114. Andrew B. Whinston, Dale O. Stahl and Soon-Yong Choi, *The Economics of Electronic Commerce*, *Macmillan Technical Publishing*, 1997.

115. Zhang, Y. G. and W. Lee. Intrusion Detection in Wireless Ad-Hoc Networks, *Mobicom ACM*, pp. 275—283, 2000.

[14] Andrew B. Whinston, Dale O. Stahl and Soon-Young Choi. The Economics of Electronic Commerce. Macmillan Technical Publishing, 1997.

[15] Zhang, Y. G. and W. Lee. Intrusion Detection in Wireless Ad-Hoc Networks. Mobicom. ACM, pp. 275—283, 2000.